Anonymus

Des Herrn Le Beau

Geschichte des morgenlandischen Kaisertums

Anonymus

Des Herrn Le Beau
Geschichte des morgenlandischen Kaisertums

ISBN/EAN: 9783741173196

Hergestellt in Europa, USA, Kanada, Australien, Japan

Cover: Foto ©Andreas Hilbeck / pixelio.de

Manufactured and distributed by brebook publishing software (www.brebook.com)

Anonymus

Des Herrn Le Beau

Des Herrn Le Beau,
Professors der Universität zu Paris und des königl. Collegii,
Secretairs des Herzogs von Orleans und der Academie
der Inschriften und der schönen Künste,

Geschichte

des morgenländischen

Kayserthums,

von

Constantin dem Großen

an,

als eine Fortsetzung der Werke
der Herren Rollin und Crevier.
Aus dem Französischen übersetzt.

Erster Theil.

Mit allergnädigster Freyheit.

Leipzig,
verlegts Caspar Fritsch, 1765.

Dem
Hochgebohrnen Herrn,

HERRN

Heinrich Adolph

Reichsgrafen

von Brühl,

Erbherrn auf Bedra, Braunsdorf, Leiha, Schalckendorf u. s. w.

Sr. Churfürstl. Durchl. zu Sachsen hochbestallten Cammerherrn,

Amts-Hauptmann des thüringischen Creyses,

Meinem gnädigen Grafen und Herrn.

Hochgebohrner Reichsgraf,

Gnädiger Graf und Herr,

Noch haben die Musen ein Recht zu Ihrer Vertraulichkeit, und noch ist eine Stunde, die Sie den Büchern, den vortrefflichsten Meisterstücken der Alten und Neuern, wiedmen, für Sie die angenehmste Beschäfftigung: obgleich wichtigere Geschäffte des Vaterlandes und des Hofes Sie rufen; ob Sie gleich in den Armen der liebenswürdigsten Gemahlinn Sich überzeugen, daß Ihrem Glücke weiter nichts fehle.

Von jenen vergnügten Tagen an, da ich die Ehre hatte, der
Führer

Führer **Ihrer** ersten Schritte in die Welt zu seyn, habe ich diese Liebe zu den Wissenschaften an **Ihnen** bewundert; und wie würde ich mich freuen, wenn gegenwärtiges Werk, in dem deutschen Kleide, das es von mir erhalten hat, das Glück haben sollte, **Ihnen** zu gefallen.

Nehmen **Sie** es wenigstens, **Gnädiger Graf,** als ein Zeichen

chen der wahren Ergebenheit und Verehrung an, mit welcher ich Zeitlebens bin

Hochgebohrner Reichsgraf

Meines gnädigen Grafen
und Herrn

unterthänig gehorsamster

Johann Adam Hiller.

Vorrede
zur deutschen Uebersetzung.

Der Herr Verfasser des gegenwärtigen Werks hat es nicht für nöthig erachtet demselben eine Vorrede vorzusetzen; weder der erste, noch einer von den folgenden Theilen, ist mit dergleichen versehen, da sich doch leicht vermuthen läßt, daß einem Schriftstel-

Vorrede

ler bey einem so weitläuftigen und mühsamen Werke mancherley einfallen müsse, was er der Welt im Vertrauen, das ist, in einer Vorrede sagen könnte. Ich habe diesen Mangel, wenn es anders einer ist, bey gegenwärtiger Uebersetzung ersetzen wollen; ich füge eine Vorrede bey, die vielleicht noch überflüßiger ist, als die, die Herr Le Beau nicht geschrieben hat. Einige andere Arbeiten hindern mich, daß ich an die Bearbeitung derjenigen Materien nicht denken kann, die ich zum Inhalt dieser Vorrede bestimmt hatte, und die ich bis auf eine andere Gelegenheit versparen muß.

Ich will nur einige, wie es mir scheint, nöthige Anmerkungen bey dem Werke überhaupt, und bey der Uebersetzung dieses ersten Theils ins besondere machen. Ich fange bey dem Titel an: dieser

zur deutschen Uebersetzung.

dieser hat einen kleinen Zusatz bekommen. Die Worte: als eine Fortsetzung der Werke der Herrn Rollin und Crevier stehen nicht im Originale; niemand aber zweifelt, daß sie da stehen könnten. Die römische Geschichte des Herrn Rollin geht bis auf den Augustus, oder bis auf die Schlacht bey Actium; die Kayserhistorie des Herrn Crevier aber fängt vom Augustus an, und fährt fort bis auf Constantin den großen; und Herr Le Beau, der seine Geschichte mit Constantin dem großen anhebt, hat wirklich eine Fortsetzung der vortrefflichen Werke beyder vorbenannter berühmter Männer geliefert; das ist es, was ich auf dem Titel kurz gesagt habe. Man findet außer diesem zusammenhängenden Faden der Geschichte auch einerley Einrichtung und Abtheilung in allen dreyen Werken.

Das

Vorrede

Das Hauptwort des Titels Bas-Empire, habe ich lieber das morgenländische Kayserthum übersetzen wollen; es ist diese Benennung nicht allein kürzer, sondern auch bestimmter und gewöhnlicher, als wenn man es genau das untergehende oder im Verfall gerathene römische Kayserthum, übersetzen wollte.

Das Werk selbst verdient unter den nützlichen und angenehmen Büchern allemal einen vorzüglichen Platz; es verdient der römischen Geschichte eines Rollin und der Kayserhistorie eines Crevier an die Seite gesetzt zu werden. Es ist wahr, daß Herr Le Beau nicht jene großen Helden der Tugenden und Laster, jene in Erstaunen setzende und fast übernatürliche Handlungen auf den Schauplatz stellen

zur deutschen Uebersetzung.

len hat, welche die Geschichte der heidnischen Kayser, und besonders der freyen Republic, so glänzend machen; er erklärt sich selbst darüber in der Einleitung dieses ersten Theils: aber es öfnet sich hier eine andere Scene, die weit wichtiger ist, als alles, was dem Heidenthume Ehre macht. Die christliche Religion hebt aus den Trümmern der blutigsten Verfolgungen ihr Haupt empor; das Schwerdt fährt wieder in seine Scheide, die Scheiterhaufen verlöschen, und wilde Thiere nähren sich nicht mehr vom Raube der Bekenner Jesu Christi; sie erleuchtet die Augen gekrönter Häupter; sie spricht durch sie vom Throne herab, und die Abgötterey sinkt zu Boden. Neid und Bosheit, in Ketzergestalt, verschwören sich wider sie: sie ruft ihre Diener; eine Wolke von Zeugen umgiebt

Vorrede

giebt sie; was sie spricht ist Wahrheit; Irthum und Verläumdung fliehen entweder beschämt zurück, oder kriechen schüchtern im Finstern. Dieß ist das Bild, das uns die Geschichte eines Constantin vor Augen stellt; ein Bild, das uns in der That mehr reizen muß als alles Glänzende jener römischen Helden, die vielleicht oft mehr bewundert werden, als sie verdienen. Der Herr Verfasser hat sich auch mit den mannichfaltigen Begebenheiten der Religion mehr beschäfftigt, als er nöthig gehabt hätte, wenn er blos eine politische Geschichte, von den Zeiten des Constantin an, hätte schreiben wollen. Er ist von einigen deßwegen getadelt worden: aber ich weiß nicht, ob ihm nicht viele Leser Dank wissen werden, daß er diesen Tadel zu verdienen gewußt hat.

zur deutschen Uebersetzung.

Ob sein Werk übrigens im guten historischen Tone geschrieben sey; ob es gegen die Werke eines Rollin und Crevier nichts verliehre, oder vielmehr in Ansehung des kurzen und runden Ausdrucks gewinne, will ich die Leser selbst beurtheilen lassen. Ich hoffe indeß, daß sie es mit eben so vielem Vergnügen lesen werden, als ich es mit Vergnügen übersetzt habe.

Die historische Richtigkeit ist ein Werk mühsamer Untersuchungen, und es ist zu vermuthen, daß es Herr Le Beau daran nicht werde haben fehlen lassen: aber mit welchen Schriftstellern hatte er es zu thun! Die guten Geschichtschreiber waren zu den Zeiten des Constantin eben so selten als die republicanischen Helden; Fabeln und Partheilichkeit verdrängen in den Geschich-

Vorrede zur deutschen ꝛc.

Geschichten der damaligen Zeit sehr oft die Wahrheit und Aufrichtigkeit, und man kann es einem neuern Schriftsteller leicht vergeben, wenn er von blinden Leitern bisweilen irre geführt wird. Leipzig, den 25 April 1765.

Der Uebersetzer.

Inhalt

Einleitung
in die
Geschichte
des
morgenländischen Kayserthums.

Ich setze mir vor die Geschichte Constantins und seiner Nachfolger zu schreiben, bis zu dem Zeitpunkte, da ihre Macht, von außen durch die Anfälle der Barbaren erschüttert, und von innen durch die Unfähigkeit der Regenten geschwächt, endlich den Waffen der Ottomannen unterliegen mußte. Das römische Reich, das mächtigste und ordentlichste unter allen, die ie gewesen sind, war auch das regelmäßigste in seiner stufenweisen Abnahme und in seinem allmähligen Verfalle. Seine verschiedenen Perioden haben mit den verschiedenen Altern des menschlichen Lebens ein genaues Verhältniß. Anfänglich durch Könige regiert,

Einleitung. ―――giert, welche ihm eine dauerhafte Gestalt gaben; stets in Bewegung unter den Bürgermeistern, und durch beständige Uebung der Kriege gestärkt, gelangte es endlich unter dem Augustus zu seiner rechten Größe, und erhielt sich ganzer drey hundert Jahre lang bey seinem Glück, der Unordnungen eines ganz soldatischen Regiments ungeachtet.

Das Werk, das ich unternehme, ist die Geschichte seines Alters. Es hatte daſſelbe anfänglich noch Lebhaftigkeit genung, und der Verfall des Staats war nicht eher deutlich zu spüren, als unter den Söhnen des Theodosius. Von dieser Zeit an, bis zu seinem gänzlichen Untergange, verflossen noch über tausend Jahre. Die Macht der Römer hatte eben die Festigkeit, eben die Dauer als ihre Werke: Mehr als ein Jahrhundert, und oft wiederholte Schläge gehörten dazu, um dieselbe zu erschüttern und über den Haufen zu werfen; und wenn ich auf einer Seite die Schwäche der Kayser, auf der andern aber die gewaltsamen Anfälle so vieler Völker betrachte, welche das Reich nach und nach zergliedern, und auf den Trümmern desselben alle europäischen Reiche disseits dem Rhein und der Donau erbauen,

bauen, so glaube ich einen alten Pallast zu sehen, der sich nur durch seine dauerhafte Masse und feste Bauart noch erhält, den man aber nicht mehr ausbessert, und den fremde Hände nach und nach niederreißen, um seine Bruchstücken anderwärts zu brauchen.

Es ist wahr, daß die vorhergehenden Jahrhunderte dem Auge eine weit lebhaftere und glänzendere Scene vorstellen. Man siehet daselbst heroischere Handlungen und mehr ins Auge fallende Verbrechen. Tugenden und Laster waren Wirkungen oder vielmehr Ausschweifungen des Muths und der Stärke; hier aber haben sowohl die einen als die andern ein gewisses Merkmal der Schwäche an sich: Die Politic ist schüchterner; List und Verstellung nimmt am Hofe die Stelle der Kühnheit ein; der soldatische Muth wird nicht mehr durch Zucht und Ordnung regieret; die Römer dieser letztern Zeiten sind weiter auf nichts bedacht, als sich zu vertheidigen, da hingegen ihre Vorfahren es wagten anzugreifen; das Laster ist weniger kühn, aber weit heimtückischer; Haß und Herrschsucht bedienen sich öfterer des Giftes, als des Degens; jener allgemeine Trieb, jene Seele des Staats, die man Liebe zum

Vaters

Einleitung. Vaterlande nannte, und welche alle Theile desselben mit einander verband, verschwindet, und macht dem persönlichen Eigennutze Platz; alles trennet sich, und die Barbarn dringen bis ins Herz des Reichs ein.

Diese Gegenstände, ob sie gleich weniger ins Auge fallend sind, verdienen dem ohngeachtet die Aufmerksamkeit eines nachdenkenden Lesers. Die Geschichte des Verfalls des römischen Reichs ist die beste Schule der Staaten, welche, nachdem sie zu einem hohen Grade der Gewalt empor gestiegen sind, nichts mehr zu bekämpfen haben, als die Laster, die ihrer Einrichtung schaden können. Die römische Macht über den Haufen zu werfen, mußten alle Krankheiten zusammen kommen, von denen eine jede einzeln im Stande gewesen wäre, Regierungen umzustürzen, die nicht auf so festen Gründen beruhet hätten.

Ein so finsteres Gemälde wird dem ohngeachtet durch einige Strahlen des Lichts erleuchtet werden. Selbst alsdann, wenn alle Tugend erloschen, und das ganze Reich ohne Geist und Leben scheinen wird, werden, so zu sagen, bisweilen Helden aus diesen Gräbern hervorkommen; und was die Neugier der

der Leser noch mehr unterhalten, und dieser Geschichte einiges Feuer geben wird, ist, daß sie von Zeit zu Zeit aus den Ruinen des Reichs mächtige Staaten werden entstehen sehen, deren einige heut zu Tage schon wieder untergegangen sind, die andern aber noch im Flore stehen, ob sie gleich nur einen gar kleinen Theil des weitläuftigen Gebietes in sich fassen, welches ehemals der römischen Herrschaft unterworfen war.

Die Regierung Constantins ist eine sehr merkwürdige Epoche. Die christliche Religion, den Händen der Scharfrichter entrissen, um mit dem kayserlichen Purpur bekleidet zu werden, und der von Rom nach Byzanz verlegte Sitz der Kayser, geben dem Reiche eine ganz neue Gestalt. Ehe ich aber diese grossen Begebenheiten ausführlich erzähle, muß ich zuvor einen Abriß von der damaligen Beschaffenheit der Staatssachen machen.

Von der Schlacht bey Actium an, welche dem Augustus seine unumschränkte Gewalt bestätigte, bis auf die Regierung des Diocletians, in einem Zeitraume von drey hundert und vierzig Jahren, hatte Rom eine Reihe von neun und dreyßig Kaysern gesehen. Verschiede-

Einleitung. schiedene dieser Fürsten betraten nur einen Augenblick den Schauplatz, und regierten nicht länger, als ihre Mitbuhler Zeit haben mußten, an ihre Stelle zu treten, und ihnen Krone und Leben zu rauben. Jeder von diesen Prinzen suchte das Reich erblich auf seine Familie zu bringen, indem die Thronfolge durch kein ausdrückliches und vom Reiche angenommenes Gesetz fest gesetzt war. Das Ansehen derer, die eines ruhigen Todes starben, überlebte sie, und gieng auf ihre Kinder oder auf diejenigen, die sie an ihrer Statt angenommen hatten, über. Bey gewaltsamen Thronveränderungen aber eigneten sich sowohl der Rath als auch die Armeen das Recht der Wahl zu, und die Waffen, welche nachdrücklicher reden als die Gesetze, wenn sie sich auch noch so deutlich ausdrücken, gaben stets den Ausschlag. Die Genehmigung des Raths war eine bloße Formalität, welche denen niemals fehlte, welchen ihre Ueberlegenheit ein furchtbares Recht verschafte.

So ward durch die Stimmen der Soldaten, nach dem Tode des Carus und seines Sohns Numerianus, Diocletian im Jahr Christi 284 zum Reiche erhoben. Er war von sehr geringer

ger Herkunft aus Dalmatien; er hatte sich aber unter dem Aurelianus, und Probus im Kriegshandwerke so geübt, daß er zu den höchsten Würden empor gestiegen war. Ein großer Staatsmann und großer Feldherr; unerschrocken im Gefechte, aber furchtsam in Berathschlagungen, weil er allzuvorsichtig und klug war; ein Mann von ausgebreitetem, scharfsichtigen und geschicktem Geiste, alle Mittel geschwind zu finden, und anzuwenden; gütig von Natur, grausam aus Staatsabsichten, und bisweilen aus Schwachheit; geitzig und der Pracht ergeben; ein Räuber fremder Güter, um verschwenden zu können, ohne seine eigenen Schätze anzugreifen; geschickt seine Fehler zu verbergen, und alles, was ihn verhaßt machen konnte, andern aufzubürden; und was noch mehr von seiner Geschicklichkeit zeigt, ist, daß, da er seine Gewalt mit dem Maximianus und Galerius getheilt hatte, welche wild und verwegen genug schienen, um niemand zu schonen, er dennoch Meister über den erstern blieb, nachdem er ihn zu seinem Mitregenten angenommen hatte, und den andern lange Zeit in einer billigen Unterwürfigkeit zu erhalten wußte.

Einleitung. Sobald er seine Gewalt durch die Niederlage und den Tod des Carinus befestigt sahe, warf er seine Blicke auf alle Theile dieser weitläuftigen Herrschaft. Das römische Reich hatte damals beynahe eben die Grenzen, in welche Augustus dasselbe hatte einschliessen wollen. Es erstreckte sich von Abend gegen Morgen vom atlantischen Meere an, bis an die Grenzen Persiens, die den Römern stets eben so unburchbringlich waren, als der Ocean selbst. Der Rhein, die Donau, das schwarze Meer und der Caucasus schieden es von den nordischen Völkern; gegen Mittag hatte es den Berg Atlas, die libyschen Wüstenenen und das äußerste Ende von Aegypten, nach Aethiopien zu, zu Grenzen.

Die Barbarn versuchten schon seit mehr als einem Jahrhunderte diese Grenzen zu überschreiten; sie waren auch bisweilen durchgebrochen; aber es waren nur flüchtige Streifereyen, die man bald wieder zurück getrieben hatte. Zu den Zeiten des Diocletianus fingen sie an sich in zahlreichen Schaaren, die aus Norden kamen, und mehrentheils aus unbekannten Völkerschaften bestanden, an den Ufern der Donau zu zeigen. Die Perser und Sarazenen fielen Mesopotamien

tamien und Syrien an; die Blemmyes und die Nubier griffen Aegypten an, und die Grenzplätze des Reichs zitterten auf allen Seiten.

Da so viele Ungewitter sich auf einmal aufzogen, so merkte Diocletianus wohl, daß es einem einzigen Manne zu schwer fallen würde, alles in Sicherheit zu erhalten. Die Erfahrung des vergangenen zeigte ihm wie gefährlich es sey, die Armeen und die Zahl der Feldherren zu vermehren. Verschiedene seiner Vorfahren waren von solchen Anführern aus dem Wege geschafft worden, welche, da sie die süße Bezauberung der Befehlshaberwürde empfunden hatten, selbst gegen den Kayser die Waffen kehrten, die sie von ihm zur Vertheidigung des Reichs erhalten hatten; und die Besatzungen in den Grenzfestungen, die so wie sie den Prinzen aus dem Gesichte verlohren, auch die Ehrerbietung gegen ihn bey Seite setzten, wollten keinen andern Gebieter weiter haben, als denjenigen, der sie zum Gehorsam gewöhnt hatte. Es mußte demnach der Kayser, seiner eigenen Sicherheit halber, seine Armeen einem Anführer anvertrauen, der durch ein wirksameres Interesse, als die Pflicht, an

Einleitung. ihn gebunden war; der das Reich als sein Eigenthum vertheidigte, und der zugleich die Gewalt seines Wohlthäters beschützte, indem er die seinige vertheidigte. Um alle diese Absichten zu erreichen, sahe sich Diocletianus nach einen Collegen um, welcher mit dem zweyten Range zufrieden wäre, und über welchen ihm die Ueberlegenheit seines Genies eine dauerhafte aber unvermerkte Gewalt gewährte.

Er fand ihn im Maximianus. Es war dieser ein mittelmäßiger Kopf, bey dem sich weiter keine hervorragenden Eigenschaften fanden, als die Diocletianus von demjenigen verlangte, den er zum Reichsgenossen annehmen wollte, Tapferkeit nemlich und Erfahrung im Kriege. Eitel und von sich eingenommen, und zwar nur von der Seite des Soldaten, war er sehr geschickt, sich unvermerkt nach den Absichten eines Mannes leiten zu lassen, der listiger war, als er. Bey Sirmich in Pannonien gebohren, in großer Armuth, unter den beständigen Unruhen und Streifereyen der Barbarn erzogen, hatte er weiter nichts gelernt, als was zu einem Soldaten und zum Kriege gehört, dessen Beschwerlichkeiten und Gefahren er mit

mit dem Diocletianus getheilt hatte.
Die Gleichheit des Standes, und noch
mehr, die Aehnlichkeit in der Bravur
hatte sie zu Freunden gemacht. Das
Glück trennte sie auch nicht; es erhob
einen wie den andern zu den höchsten
Stufen bey den Armeen, bis auf den
Augenblick, da sich Diocletianus über
ihn hinweg, und zum höchsten Range
empor schwung. Er rufte seinen Freund
bald nach, da er die Fähigkeit desselben,
ihn zu unterstützen, ohne ihm Gelegen=
heit zur Eifersucht zu geben, kannte.
Maximianus, ob ihm gleich der ruhm=
volle Titel Augustus beygelegt ward,
behielt dennoch das Rauhe seines Lan=
des und seines ersten Standes beständig
an sich. Soldat bis auf den Thron,
war er zwar freymüthiger und aufrich=
tiger als sein College, aber auch härter
und gröber. Mehr verschwenderisch als
freygebig, plünderte er ohne Verscho=
nen, um nur übermäßig verschleudern
zu können. Er war verwegen, aber
ohne Ueberlegung und Klugheit; vie=
hisch in seinen Wollüsten, räuberisch,
ohne sich an die Gesetze und an die allge=
meinen Begriffe der Ehrlichkeit zu keh=
ren. Mit dieser verwilderten Gemüths=
art, ward er dennoch stets vom Dio=
cletia=

cletianus regiert, welcher sich seiner
Tapferkeit bediente, und selbst aus seinen Fehlern Vortheile zu ziehen wußte.
Die offenbaren Laster des einen gaben
den falschen Tugenden des andern einen
Glanz. Maximianus ließ sich gutwillig zu Ausführung aller Grausamkeiten
brauchen, welche Diocletianus für
nothwendig hielt, und die Vergleichung,
die man zwischen beyden Prinzen anstellte, fiel allemal ganz zum Vortheil
des letztern aus. Man sagte, daß Diocletianus die goldene, und Maximianus die eiserne Zeit zurück brächte.

Die beyden Kayser behaupteten durch
ihre Siege die Macht und den Ruhm
des Reichs. Während dem, daß Diocletianus die Perser und Sarazenen
aufhielt; daß er die Gothen und Sarmaten zu Boden warf, und die Herrschaft der Römer auf der Seite von
Deutschland erweiterte, brachte Maximianus, der die abend= und mittäglichen Gegenden zu vertheidigen hatte, die
in Gallien aufrührisch gewordenen Bauern wieder zum Gehorsam, trieb die
Deutschen und Franken über den Rhein
zurück, und erhielt in Italien, Spanien
und Africa Ruhe und Sicherheit.

Diese

Diese beyde unermüdeten Prinzen, die wie der Blitz von einer Grenze zur andern flogen, mit einer Geschwindigkeit, welcher die Geschichte kaum folgen kann, wären vielleicht im Stande gewesen, das Reich zu vertheidigen, wenn es nicht zu eben der Zeit, da es von aussen auf allen Seiten angefallen ward, auch durch innerlichen Aufruhr in Verwirrung wäre gesetzt worden. Während daß die Perser sich den Ufern des Euphrats und die mitternächtigen Völker den Ufern des Rheins und der Donau näherten, hatte sich Carausus, der aus einem schlechten Ruderknechte zum Herrn des Oceans geworden war, Großbritanniens bemächtigt, und beyde Kayser genöthigt, ihn für ihren Collegen zu erkennen, nachdem er den Maximianus geschlagen hatte, welcher sich auf den Krieg zur See nicht verstund. Julianus in Africa, Achilldas in Aegypten hatten alle beyde den kayserlichen Titel angenommen; außerdem hatten sich auch noch die Einwohner Libyens empört.

Um alle diese Bewegungen zu stillen, mußte man die Armee theilen, und ihr verschiedene Anführer geben. Diocletianus, der seinen politischen Grundsatz

Einleitung. satz beständig beybehielt, wollte keine andern Commandanten an die Spitze seiner Armeen stellen, als die durch ihren persönlichen Nutzen an das Glück des Staats gebunden waren. In dieser Absicht war er willens zween Cäsars zu machen, welche den beyden Augusten zur Seite seyn, und ihre Stelle vertreten sollten. Er hatte von seiner Gemahlinn Prisca nur eine einzige Tochter, und Maximianus hatte von der seinigen, welche Eutropia hieß, einen Sohn, Nahmens Maxentius. Dieser war aber noch ein Kind, den man zu nichts gebrauchen konnte. Sie sahen sich demnach außerhalb ihren Familien um. Zween Officiern standen damals bey den Armeen in großem Rufe; beyde hatten das Kriegshandwerk mit dem Diocletianus und Maximianus in einerley Schule erlernt, und sich darinne durch tausend tapfere Thaten hervor gethan. Der eine war Constantius Chlorus, des Eutropius, eines edlen Dardaniers, und der Claudia, der Tochter des Crispus, Bruders des gothischen Claudius, Sohn. Constantius war demnach, von Seiten seiner Mutter, der Kleinenkel dieses Kaysers. Er hatte anfänglich unter einem

Regi-

Regimente gedient, welches man die Beschützer nannte, und die Leibwache des Kaysers war. Er gelangte hierauf zur Würde eines Tribuns. Eben so glücklich als tapfer, ward er vom Carus mit der Stadthalterschaft in Dalmatien beehrt. Man sagt sogar, daß dieser Prinz, von seiner Liebe zur Gerechtigkeit, Gefälligkeit, Uneigennützigkeit, ordentlichen Lebensart, und andern guten Eigenschaften, die sich durch eine gute Bildung und durch einen ins Auge fallenden Muth noch mehr empfohlen, eingenommen, einige Neigung gehabt habe, ihn zum Cäsar, an statt seines Sohns Carinus zu ernennen, dessen lasterhaftes Leben er sehr verabscheuete.

Der zweyte, auf welchen Dioclesianus die Augen warf, hieß Galerius. Er war eines Bauern Sohn aus Dacien. Sein Vater hatte ihn in der Jugend das Vieh hüten lassen, und er erhielt von diesem Umstande, nach seiner Erhebung, den Beynahmen Armentarius. Alle seine persönlichen Eigenschaften kamen mit seiner Geburt und Erziehung überein. Doch blickte selbst unter seinen Lastern ein gewisser Grund der Billigkeit, die aber blind und plump war, hervor. Den Wissenschaften feind,

von

Einleitung. von denen er nichts begriffen hatte; trotzig und hartnäckig; unwissend in den Gesetzen, von denen er keine kannte, als die sein Degen gab, hatte er sonst nichts vorzügliches, als daß er die Waffen gut zu führen wußte. Sein Körper war schlank, und anfänglich nicht übel gebildet, aber die Ausschweifungen im Essen und Trinken machten ihn so dick, daß er ganz verstellt ward. Seine Worte, der Ton seiner Stimme, seine Mine, seine Augen, alles war wild und fürchterlich.

Die Vorsichtigkeit des Diocletianus ward dieses mal hintergangen; denn indem er dem Galerius den Titel eines Cäsars gab, zu eben der Zeit, da ihn Constantius Chlorus erhielt, im Jahr Christi 292, sahe er nicht voraus, daß ihm sein eigenes Geschöpf einst fürchterlich, und die Geißel seines Alters werden würde. Selbst in der Eintheilung, die er von beyden Cäsarn machte, ließ er seinem Collegen den Constantius, und nahm den Galerius zu seinem Gehülfen, dem er den Namen Maximianus gab, als eine Vorbedeutung der Eintracht und der Ergebung in seinen Willen. Die beyden Kayser hatten aus einem lächerlichen Stolze

stolze Zunahmen angenommen: Diocletianus nannte sich Jovius, und Maximianus, Herculeus; jeder von ihnen theilte denselben auch dem Cäsar mit, den er zu sich nahm. Constantius ward stets als der erste angesehen, und stehet in öffentlichen Denkmälern immer vor dem Galerius, es mag nun seines Alters, oder seiner Geburt wegen geschehen.

Einleitung.

Die beyden Kayser, um sie desto genauer mit sich zu verbinden, nöthigten sie auch, ihre Weiber zu verstoßen. Constantius verließ seine Helena sehr ungern, da er sie liebte, und einen Sohn von achtzehn Jahren von ihr hatte, welches der große Constantinus war, um Theodoren die Tochter der Eutropia, von ihrem ersten Manne, den sie vor dem Maximianus gehabt hatte, zu heyrathen. Galerius vermählte sich mit der Valeria, der Tochter des Diocletianus.

Man hatte schon verschiedene mal zween Kayser zu gleicher Zeit gesehen: Sie hatten aber stets das Regiment ganz und ohne Theilung geführt. Man glaubte sogar, daß das Reich theilen, eben so viel sey, als dasselbe schwächen und verunehren. Die Gründe nun, die

I. Theil.   B   den

den Diocletianus bewogen hatten, sich einen Collegen und zween Cäsares zu ernennen, nöthigten ihn zwar seine Kräfte, aber nicht die oberherrschaftliche Gewalt zu theilen. Es ward bis zur Abdankung des Diocletians an keine solche Theilung gedacht. Die Gewalt eines jeden der beyden Kayser und auch der beyden Cäsars erstreckte sich über das ganze Reich; sie übten dieselbe aber unmittelbarer Weise, und in einer gewissen Anzahl Provinzen aus, in welchen sie sich auch insgemein aufhielten. Constantius, der besonders mit dem Maximianus in Verbindung stand, bekam die Aufsicht über Großbritannien, Gallien, Spanien und Mauritania Tingitana. Maximianus herrschte über Oberpannonien, Noricum und alle Länder bis an die Alpen, über Italien und Africa, nebst den Inseln, die dazwischen liegen. Diocletianus überließ dem Galerius die Sorge für Niederpannonien, Jllyrien und Thracien, und vielleicht auch über Macedonien und Griechenland; für sich aber behielt er Asien, Syrien und Aegypten. Er schlug seine Residenz zu Nicomedien auf, und stellte diese Stadt auf das prächtigste wieder her, nachdem sie unter dem Valerialerianus von den Scythen geplündert und verbrannt worden war. Galerius hielt sich zu Sirmich, Maximianus zu Meyland, und Constantius zu Trier auf.

Diese Vermehrung der Regentschafte dem Diocletianus Erleichterung, fiel aber dem Reiche zur Last. Da jeder von diesen Prinzen eben so viel an Truppen halten wollte, als die Kayser, die allein regierten, gehabt hatten, ward alles Soldat. Die Zahl derer, die Löhnung erhielten, war weit stärker, als derer, welche Abgaben bezahlten; die starken Auflagen erschöften die Quelle, woraus das Geld zur Bezahlung genommen werden sollte, und der Landbau gerieth darüber im Verfall. Da nach der politischen Verfassung iede Provinz in verschiedene Theile war getheilt worden, so brachten gleichfalls die Menge der Gerichtshöfe und der Aemter nicht weniger Schaden. Ein Schwarm von Präsidenten, Officianten, Einnehmern und Schreibern von allerhand Art fraß den Unterhalt des Volks auf, und die Unterthanen des Reichs fanden um so viel weniger Sicherheit und Recht, iemehr die Anzahl ihrer Vertheidiger und Richter wuchs.

Einleitung. Es ist wahr, daß die Barbarn zurück getrieben und die Aufrührer im Zaum gehalten wurden. Constantius, welcher durch seine Gütigkeit das Elend der Unterthanen milderte, trieb die Cauzen und Frisen zu Paaren, legte Festungen auf der Grenze an, durchstreifte Deutschland vom Rheine bis an die Donau, bauete Autun wieder auf, welches unter der Regierung seines Großonkels Claudius war ruinirt worden, eroberte Großbritannien wieder, indem er den Tyrannen Alectus, der dem Carausius nachgefolget war, schlug und ums Leben brachte, führte fränkische Colonien nach Belgica, schlug die Deutschen, so oft sie sich gelüsten ließen über den Rhein zu kommen; und seine Tapferkeit war für das Reich auf der Abendseite eine undurchdringliche Vormauer.

Maximianus stellte den Frieden in Africa wieder her; er brachte die Einwohner von Pentapolis wieder zum Gehorsam; er brachte den Usurpator Julianus zur Verzweiflung, und bezwang die Mauren in ihren unersteiglichen Gebirgen.

Unterdessen standen Diocletianus und Galerius einander bey, um die Grenzen gegen Morgen und Mitternacht sicher zu erhalten. Als Sieger der Barbarn jenseits der Donau, theilten sie unter sich die beyden wichtigsten Feldzüge, in Persien nemlich und in Aegypten. Galerius, der anfänglich von den Persern war geschlagen worden, schlug hernach wieder ihren König Narses, und nöthigte ihn, den Römern fünf Provinzen am Ursprunge des Tigers abzutreten. Dieser Fluß ward also, so weit er läuft, die Grenze beyder Reiche, und der Friede, welcher die Frucht dieses Sieges war, dauerte vierzig Jahr.

Diocletianus eroberte Alexandrien wieder, brachte den Achilläas um, welcher seit fünf Jahren den kayserlichen Titel geführt hatte; machte sich ganz Aegypten aufs neue unterwürfig, und strafte noch dazu den Aufruhr mit Plünderungen, Massacren und Verheerungen ganzer Städte. Er gab hierauf seinen Nachfolgern ein Beyspiel, welches nur allzuoft nachgeahmt ward: Er trat mit den Nubiern und Blemmnes in Unterhandlung, die durch ihre öftere Streifereyen die Grenzen von Aegypten beunruhigten; er trat ihnen sieben Tagereisen Land längst dem Nil ab, und versprach ihnen einen Tribut zu bezahlen,

zahlen, welcher dem Reiche wehe that, und dennoch ihren Feindseligkeiten kein Ende machte.

Bis hieher hatte Diocletianus lauter glückliche Tage gehabt. Angebetet, sagen die Schriftsteller, von seinem Collegen, und den beyden Cäsarn, war er die Seele des Staats. Er ging seiner Seits mit ihnen als mit seines gleichen um, und machte sich dieselben um so viel mehr unterwürfig, ie angenehmer er ihnen diese Unterwürfigkeit zu machen suchte. Da er aber den stolzen Geist des Galerius eingesehen hatte, bediente er sich, um denselben zu demüthigen, der Schaam, die ihm der von den Persern über ihn erhaltene Sieg verursachte; er ließ ihn, sogleich das erste mal, da er sich vor ihm zeigte, ohngefehr tausend Schritte neben seinem Wagen und in seinem Purpurrocke zu Fuße laufen. Nachdem aber Galerius diesen Schimpf bald durch einen glücklichern Erfolg ausgelöscht hatte, so wußte er sich wegen dieser Demüthigung schadlos zu halten, und ward so stolz, daß er sich den Titel, Sohn des Mars beylegte. Er wickelte sich gänzlich vom Diocletianus los, und suchte, da er nicht länger mehr unter ihm stehen wollte, denjenigen des

Reichs

Reichs zu berauben, dem er doch seine ganze Gewalt zu danken hatte.

Sein unruhiger Charakter trieb ihn an, das Reich erstlich von innen in Verwirrung zu setzen. Die christliche Religion hatte sich feste gesetzt, so viel Mühe sich auch die vorhergehenden Kayser gegeben hatten, dieselbe auszurotten. Die grausamsten Martern und Lebensstrafen hatten sie nur noch fruchtbarer gemacht, und die Zahl der Christen war, zum großen Vortheil ihrer Verfolger, immer stärker geworden. Durch ein höheres Gesetz verpflichtet, den menschlichen Gesetzen zu gehorchen, und durch die Gefahr, in welcher sie ihres Glaubens wegen waren, gewöhnt, das Leben zu verachten, waren sie die getreuesten Unterthanen im Reiche, und die besten Soldaten unter den Armeen. Seit dem Tode des Aurelianus, vom Jahr 275 an, war keine allgemeine Verfolgung mehr gewesen: Aber ihr Leben blieb doch stets dem Eigensinne der Statthalter ausgesetzt, welche nach ihrem Gefallen die wider sie ergangenen Befehle der vorigen Kayser erneuerten und zur Ausübung brachten. Maximianus, indem er sich seiner blutdürstigen Neigung überließ, hatte, sogleich im Anfange seiner

ner Regierung, eine ganze Legion hingerichtet, und der Grausamkeit des Rictius Varus, Statthalters in Belgica freyen Lauf gelassen. Constantius Chlorus hingegen, der voller Güte und Leutseligkeit war, hatte das Blut der Christen geschont; und so sehr er ein Heyde war, hatte er doch immer einige von ihnen um sich, und bewunderte ihre unwandelbare Standhaftigkeit im Dienste ihres Gottes, welche er als ein sicheres Pfand der Treue gegen ihren Prinzen ansahe. Diocletianus, der immer mit Staatssachen und mit Kriegen beschäftiget war, sahe die Religion nicht anders, als mit gleichgültigen Augen an: Doch war er wegen der großen Menge der Christen in Sorgen, und hatte sie so wohl von seinem Pallaste, als auch von seinen Armeen ausgeschlossen.

Galerius aber, der der Sohn einer heydnischen Priesterinn, und gegen die Feinde der Götzen sehr aufgebracht war, verband zwey sehr ähnliche Laster mit einander, die Grausamkeit und den Aberglauben. Er hatte lange am Diocletianus zu arbeiten, welcher die Ruhe suchte; er mußte die Sklaven des Hofes und die Orakel zu Hülfe nehmen, die beyde bende gleich leicht zu bestechen sind. Endlich ward im Monat Februar 30 die Verfolgung durch ein Edict anbefohlen, in welchem die Christen mit den grausamsten und ungerechtesten Martern bedrohet wurden. Es ist sehr wahrscheinlich, daß Valerius, der nicht einzusehen im Stande war, wie weit ihre Treue ginge, sich auf einen Aufruhr Rechnung machte, welcher den Diocletianus furchtsam und des Regiments überdrüßig machen sollte. Die verfolgten Christen aber wußten nichts, als zu sterben; und ob gleich ihre Menge dem ganzen Reiche hätte Trotz bieten können, so kannten sie doch gegen ihre Oberherren, so grausam sie auch waren, keine andern Waffen, als die Geduld. Galerius ließ so gar, um die Grausamkeit des Kaysers noch mehr zu reitzen, zweymal in dem Palaste zu Nicomedien, allwo sich Diocletianus damals aufhielt, Feuer anlegen; er schob die Schuld auf die Christen, und rettete sich selbst nach Syrien, um nicht, wie er sagte, von diesem den Göttern und ihren Prinzen feindseligen Geschlechte lebendig verbrannt zu werden.

Das Entsetzliche dieser doppelten Feuersbrunst zog nicht allein für die Christen,

sten, sondern selbst für den Kayser sehr traurige Wirkungen nach sich. Diocletianus beschloß die Christen auszurotten, und vergoß Ströme von Blut: Sein Verstand aber fing von der Zeit an schwach zu werden. Als er nach Rom kam, und daselbst mit dem Maximianus im Triumphe einzog, konnte er die Spöttereyen des Volks nicht vertragen, welches sich über seine Sparsamkeit, die er in den Anstalten zu diesem Feste blicken ließ, aufhielt. Er begab sich daher im Monat December wieder von da hinweg, um, wider die Gewohnheit, die Ceremonie seines Eintritts ins Consulat zu Ravenna zu feyern. Die Kälte und die Regen, die ihn unterwegens trafen, zerrütteten seine Gesundheit; er brachte das ganze folgende Jahr in einem schwachen Zustande, beständig in seinen Pallast verschlossen, zu, anfänglich zu Ravenna, hernach zu Nicomedien, wo er zu Ende des Sommers anlangte. Am dreyzehenden December hielt man ihn für tod, und er kam aus dieser tödlichen Schlafsucht nur wieder zu sich, um von Zeit zu Zeit in eine Art von Unsinn zu verfallen, welche Krankheit bis an das Ende seines Lebens anhielt.

Es

Es ward nun dem Galerius nicht schwer, einen alten Mann unter sich zu bringen, der sich in so schwachen Umständen befand. In dieser Hofnung eilte er sogleich nach Italien, um den Maximianus zu bereden, daß er gutwillig die Crone niederlegen sollte, ehe er sich dieselbe durch einen bürgerlichen Krieg mit Gewalt nehmen ließe. Nachdem er diesen mit den fürchterlichsten Drohungen erschreckt hatte, begab er sich nach Nicomedien: Er stellte anfänglich dem Diocletianus sein Alter, seine Schwachheit, und das Bedürfniß der Ruhe nach so rühmlichen, aber beschwerlichen Arbeiten, mit aller Gelassenheit vor: und da Diocletianus die Stärke seiner Gründe nicht gnugsam zu empfinden schien, sprach er aus einem höhern Tone, und sagte ihm frey heraus, daß er nun schon dreyzehn Jahre sich mit Verdruß an die Ufer der Donau verwiesen, und stets mit den Kriegen wider barbarische Nationen beschäftigt sehen müßte, da indeß seine Collegen ruhig die schönsten Provinzen des Reichs besäßen; und daß, wenn man ihm nicht nunmehro den ersten Platz einräumen wollte, er sich desselben schon zu bemächtigen wissen würde.

Der

Einleitung. Der schwache Alte, der außerdem noch durch die Briefe des Maximians, worinne er ihm seine Furcht mittheilte, und durch die Zurüstungen, die Galerius zum Kriege machte, furchtsam war gemacht worden, fing an zu weinen, und ergab sich endlich. Er brachte an die Stelle der beyden Cäsars, die nun Kayser wurden, den Maxentius, des Maximianus Sohn, und den Constantin, den Sohn des Constantius in Vorschlag; Galerius aber verwarf sie alle beyde: Den ersten, weil er der Crone nicht würdig sey, ob er gleich sein Eidam war; und den andern, weil er derselben zu würdig sey, und folglich nicht geschmeidig und seinem Willen unterthänig genug seyn würde. Er schlug zween andere an ihrer Stelle vor, die alle beyde weder einen Nahmen, noch sonst viel Ehre hatten, über die er aber Herr zu seyn sich einbildete. Der eine hieß Severus, aus Illyrien gebürtig, von unbekannter Familie, ohne Sitten, und ohne eine andere Geschicklichkeit zu besitzen, als die, daß er im lüderlichen Leben nicht zu ermüden war, und ganze Nächte mit Saufen und Tanzen zubrachte. Galerius schätzte ihn dieser Eigenschaften wegen,

wegen, und hatte ihn, ohne die Einwilligung des Diocletianus abzuwarten, schon an den Maximianus geschickt, um von ihm den Purpur zu empfangen. Den andern kannte niemand weiter, als Galerius allein, dessen Schwester Sohn er war. Er hieß Daja oder Daza, und hatte anfänglich, so wie sein Onkel, das Vieh gehütet, welchem er auch in der Lebensart, nicht aber in der Herzhaftigkeit und in der Geschicklichkeit die Waffen zu führen gleich kam. Galerius, der ihn zu seinen Absichten für bequem hielt, hatte ihn seit kurzem gleichsam geadelt, indem er ihm den Nahmen Maximinus beygelegt, und ihn geschwind hinter einander bey den Soldaten von einer Würde zur andern bis zum Tribunat erhoben hatte. Diocletianus konnte von einer so unanständigen Wahl nicht hören, ohne zu seufzen: er mußte aber nachgeben, da Galerius hartnäckig darauf bestand.

Diocletianus hatte am ersten May, im Jahr 305 seine Soldaten bey Nicomedien zusammen kommen lassen, und that ihnen da mit Thränen kund, daß seine Schwachheit ihn nöthigte die

last

Einleitung. Last der Regierung andern Prinzen aufzulegen, die geschickter wären dieselbe zu tragen. Er ernannte den Constantius und den Galerius zu Kaysern, und gab dem Severus und Maximinus den Titel der Cäsarn. Man wundert sich darüber, daß er zween ganz unbekannte Männer dem Constantinus vorzieht, der doch von den Truppen sehr geliebt und geschätzt ward: Aber das Erstaunen selbst über eine so unerwartete Erhebung verschließt allen Anwesenden den Mund; kein einziger wendet etwas darwider ein; Diocletianus nimmt seinen Purpurmantel, wirft ihn dem Maximinus, welcher gegenwärtig ist, auf die Schultern; und dieser von seiner Würde entblöste Kayser, fährt nun auf seinem Wagen durch Nicomedien, auf Salone sein Vaterland los, allwo er in seinem Herzen noch Stärke genung fand, um länger als acht Jahre ein Bedauern zu unterdrücken, welches nicht eher, als in den letzten Augenblicken seines Lebens ausbrach.

Maximianus nahm an eben dem Tage zu Meyland eben diese Feyerlichkeit mit dem Severus vor. Da er sich aber nicht so zwingen konnte, wie Diocletia-

cletianus, und die unumschränkte Ge-
walt, deren Glanz ihn verblendet hatte, *Einleitung.*
nie aus den Augen los ward, begab er
sich in die angenehmsten Gegenden Lu-
caniens, um daselbst seine gezwungene
Abdankung zu beseufzen.

Constantius war als Kayser mit
den Provinzen zufrieden, die er als Cäsar gehabt hatte, und dem Severus
überließ er alle die Länder, welche Maximianus regiert hatte. Der herrsch-
süchtige Galerius aber nahm Asien zu
seinem Antheil, und gab dem Maximinus nur den Orient. So nannte
man damals die ganze Reihe der Provinzen vom Berge Amanus an, bis
nach Aegypten, welches selbst bisweilen
mit darunter begriffen war, und welches auch dem Maximinus mit gegeben ward.

Galerius sahe sich als den unumschränkten Herrn des ganzen Reichs an:
Die beyden Cäsars waren seine Crea-
turen; er rechnete den Constantius
Chlorus für nichts, weil er zu gelinde
und friedfertig war. Außerdem machte
er sich, wegen der schlechten Gesundheitsumstände dieses Prinzen auf einen na-

hen

hen Tod desselben Rechnung; und wenn die Natur seine Wünsche nicht zeitig genung erfüllte, so war er sicher in seiner und seiner beyden Freunde Kühnheit Mittel genung zu finden, sich einen Collegen vom Halse zu schaffen, den er als einen Nebenbuhler haßte.

Doch er durfte seine Zuflucht zu keiner Schandthat nehmen: Constantius Chlorus starb bald; er hatte aber lange genung gelebt, um zu zeigen, daß die unumschränkte Gewalt ihn nicht verändert habe. Er hatte es als Cäsar gewagt, ein tugendhafter Mann zu seyn, und die Gefahr nicht gescheuet, durch seinen Lebenswandel das Leben der Kayser zu tadeln, denen er sich, seines Nutzens wegen, hätte gefällig machen sollen. Es kostete ihm daher, nachdem er Kayser geworden war, nicht viel Mühe, seine Tugend vor den Verführungen der höchsten Gewalt zu bewahren. Leutselig, mäßig, bescheiden, und über das alles noch freygebiger, bekümmerte er sich wenig darum, ob er seinen Schatz bereicherte; er sahe das Herz seiner Unterthanen für seinen wahren Schatz an. Man muß deßwegen nicht meynen, daß er eine seiner Würde anständige Pracht nicht

nicht geliebt habe; er gab gern öffentliche Feste: Aber die kluge Sparsamkeit, die er bey seinen alltäglichen Ausgaben beobachtete, setzte ihn in den Stand, die Majestät des Reichs auf die anständigste Weise zu zeigen und zu behaupten, ohne daß er seinen Unterthanen zur Last fallen durfte.

Er wollte es auch durch neue Eroberungen erweitern. Großbritannien gehörte den Römern, bis an die Mauer, welche Severus zwischen den beyden Meerbusen Clyd und Forth aufgeführt hatte. Das heut zu Tage sogenannte mitternächtliche Schottland aber diente den Picten zum Aufenthalte, die schon lange darinne gewohnt hatten, und von denen die Caledonier einen Theil ausmachten. Constantius beschloß diese Völker zu bezwingen, und sich dadurch die ganze Insel zu unterwerfen. Seine Flotte lief mit vollen Segeln aus dem Hafen zu Boulogne aus, als sein Sohn Constantinus, den er zu sehen sehnlich wünschte, den Händen des Galerius entgieng, wie ich in der Folge erzählen werde, ans Ufer kam, und sich mit seinem Vater zugleich einschiffte,

Einleitung schiffte, um ihn auf diesem gefährlichen Feldzuge zu begleiten. Die Picten wurden geschlagen; Constantius aber überlebte seinen Sieg nur um etliche Tage. Er beschloß sein Leben zu York, nachdem er ein Jahr und ohngefähr drey Monate vorher zum Augustus war erklärt worden. Ich will nun zu meinem Werke mit der Geschichte seines Nachfolgers den Anfang machen.

Inhalt
des ersten Buchs.

1. Geburtsumstände Constantins. 2. Sein Vaterland. 3. Seine Herkunft. 4. Stand seiner Mutter. 5. Nahmen Constantins. 6. Seine ersten Jahre. 7. Abbildung dieses Prinzen. 8. Seine Keuschheit. 9. Seine Gelehrsamkeit. 10. Galerius ist auf ihn eifersüchtig. 11. Sucht ihn aus dem Wege zu räumen. 12. Constantin entgehet den Händen des Galerius. 13. Kommt bey seinem Vater an. 14. Folgt ihm nach. 15. Wird zum Kayser ausgerufen. 16. Begräbniß des Constantins. 17. Absichten des Galerius. 18. Seine Grausamkeiten. 19. Gegen die Christen. 20. Gegen die Heyden. 21. Strenge der Auflagen. 22. Die Ausschweifungen seiner Officiere sind ihm zuzurechnen. 23. Er schlägt dem Constantin den Titel Augustus ab, und giebt ihn dem Severus. 24. Maxentius zum Reiche erhoben. 25. Maximian nimmt den Titel Augustus wieder an. 26. Maximin nimmt an diesen Bewegungen keinen Antheil. 27. Beschäftigungen Constantins. 28. Sein Sieg über die Franken. 29. Er bezwingt sie gänzlich. 30. Er bedeckt die Ländereyen Galliens. 31. Severus wird verrathen. 32. Sein Tod. 33. Vermählung Constantins. 34. Galerius belagert Rom. 35. Er ist genöthigt sich zurück zu ziehen. 36. Er verwüstet unterwegens alles. 37. Maximian komt wie-

der nach Rom, und wird daraus verjagt. 38. Marentius nimmt ihm das Consulat. 39. Maximian sucht den Constantin und hernach den Galerius auf. 40. Abschilderung des Licinius. 41. Diocletianus schlägt das Kayserthum aus. 42. Licinius Augustus. 43. Maximin fährt fort die Christen zu verfolgen. 44. Bestrafung des Urbanus und Firmilianus. 45. Maximin nimmt den Titel Augustus an. 46. Maximianus Consul. 47. Alexander wird zu Carthago zum Kayser ernannt. 48. Maximianus legt den Purpur zum zweytenmal ab. 49. Er nimmt ihn wieder. 50. Constantin geht auf ihn loß. 51. Er versichert sich seiner Person. 52. Tod des Maximians. 53. Herrschsucht und Eitelkeit Maximians. 54. Consulate. 55. Constantin bringt dem Apollo Opfer. 56. Er verschönert die Stadt Trier. 57. Krieg wider die Barbarn. 58. Neue Gelderpressungen des Galerius. 59. Seine Krankheit. 60. Edict des Galerius zur Sicherheit der Christen. 61. Tod des Galerius. 62. Verschiedenheit der Urtheile über den Galerius. 63. Consulate in diesem Jahre. 64. Theilung des Maximin und Licinius. 65. Ausschweifungen des Maximin. 66. Maximin hebt die Verfolgung auf. 67. Loßlassung der Christen. 68. Kunstgriffe gegen die Christen. 69. Edict des Maximin. 70. Die Verfolgung geht wieder an. 71. Große Neigung Maximins zu den Opfern. 72. Verläumdungen gegen die Christen. 73. Verschiedene Märtyrer. 74. Hungersnoth und Pest im Oriente. 75. Krieg wider die

Arme-

Inhalt.

Armenier. 76. Zustand der Christen in Italien. 77. Krieg gegen den Alexander. 78. Niederlage Alexanders. 79. Verwüstungen in Africa. 80. Blutbad zu Rom. 81. Geitz des Maxentius. 82. Seine Raubereyen. 83. Sein lüderliches Leben. 84. Tod der Sophronia. 85. Aberglaube des Maxentius. 86. Constantin rüstet sich zum Kriege. 87. Er schaft der Stadt Autün Erleichterung. 88. Er kehrt nach Trier zurück. 89. Beleidigungen, die ihm Maxentius anthut. 90. Sie verstärken sich beyde durch Bündnisse. 91. Vorbereitungen des Maxentius. 92. Stärke des Constantin. 93. Unruhen dieses Prinzen. 94. Betrachtungen, die ihn zum Christenthume geneigt machen. 95. Erscheinung des Creutzes. 96. Constantin läßt das Labarum machen. 97. Verehrung dieser Fahne. 98. Göttlicher Schutz mit dem Labarum verknüpft. 99. Untersuchung wegen des Orts, wo dieses Wunderzeichen erschien. 100. Untersuchung der Wahrheit dieses Wunderwerks. 101. Gründe, sie zu bestreiten. 102. Gründe, sie zu behaupten. 103. Constantin läßt sich unterweisen. 104. Bekehrung seiner Familie. 105. Widerlegung der Fabel des Zosimus.

Geschichte
des
morgenländischen Kayserthums.

Erstes Buch.

Constantin der Erste mit dem Beynahmen der Große.

Constantin I. Geburtsumstände Constantins. Bucherius in Cyclis p. 276 et 286. Du Cange. Fam. Byz. Pagi in Bar. Baron ann. 306. §. 16. Till. Constant. art. 78.

Die ersten Begebenheiten in dem Leben Constantins sind mit vieler Ungewißheit vermischt. Man ist weder wegen der Zeit, noch wegen seines Geburtsorts, noch wegen des Standes seiner Mutter einerley Meynung. Die besten Schriftsteller sagen einstimmig, daß er den sieben und zwanzigsten Februar gebohren sey; sie theilen sich aber in Ansehung des Jahres. Nach einiger Meynung war es das Jahr 272; nach anderer Muthmaßung aber das Jahr 274. Diese letztere Meynung scheint mir die wahrscheinlichste zu seyn.

Ueber

Ueber sein Vaterland wird nicht weniger gestritten. Seit den Zeiten des Justinians gieng die Rede, daß Helena, die Mutter des Constantins, zu Drepano, einem Flecken in Bithynien, gebohren, und dieser Prinz daselbst erzogen sey. Procopius sagt es uns. Es scheint aber, daß diese Rede nichts anders zum Grunde habe, als die Ehre, die Constantin diesem Flecken erwies, da er ihm den Nahmen Helenopolis gab und zur Stadt machte, aus Ursachen, die ich in der Folge anführen will. Die engländischen Geschichtschreiber, denen Baronius in diesem Stücke nachfolgt, geben vor, daß dieser Prinz auf ihrer Insel das Licht der Welt erblickt habe: Einige sagen, daß es zu Vork, der Residenz der römischen Statthalter, geschehen sey; andere aber zu Colchester, allwo Carl, der Vater der Helena regiert haben soll. Man siehet daselbst noch die Ruinen eines alten Schloßes, von welchem man behauptet, daß Helena und ihr Sohn allda gebohren sey. Diese Meynung, die von einer Menge Schriftstellern angenommen, und aus einigen Stellen der Panegyristen, welche eine ganz andere Erklärung leiden, sehr schlecht behauptet wird, hat nur durch den

Constantin.
2.
Sein Vaterland.
Proc. de Aed. l. 5. c. 2. vsserius in Brit. ecclesi. antiq. Alford Anc. Brit. Stilling- fleet in or. g. Brit. Aldhe m de laud. virgin. Incert. Pan. Max. et Const. n. 4. Eumenii pan. Constant. n. g. Cuper prae- fat. in Lact. de morte per- sec. Mem. d' Anglet. p. 61. Firmicus. l. 1. c. 4. Anony. Valesi Steph. Byz. Const. Purph. l. 2. them. 9. Cedrenus Tillem. not. 1. sur Con- stantin.

Constantin. den Beyfall der Geschichtschreiber einer berühmten Nation einiges Gewicht erhalten. England hat sich zur Ehre gerechnet der christlichen Religion und dem Reiche einen Prinzen zu geben, der beyden gleichviel Ehre gemacht hat. Dieses Vorgeben wird aber von allen Geschichtschreibern widerlegt, welche vor dem siebenden Jahrhunderte geschrieben haben, von denen keiner, so verschieden auch ihre Meynungen über diesen Punct sind, Großbritannien für das Vaterland des Constantins ausgiebt. Das Schloß zu Colchester ist auch nicht eher, als im Anfange des zehnten Jahrhunderts, durch den König Eduard, einen Sohn des Alfrieds erbauet worden. Die gemeinste Meynung, welche heut zu Tage behauptet wird, weil sie sich auf die ältesten und sichersten Schriftsteller gründet, ist, daß Constantin zu Naissus in Dardanien gebohren sey. Man sieht in der That, daß dieser Prinz ein Vergnügen daran fand, diese Stadt zu verschönern, von welcher er, um dieser Ursache willen, der Erbauer genennet wird; daß er sie sehr vergrößerte, und daß er sich gern daselbst aufhielt, und die Luft seiner ersten Jugend einathmete, wie man aus dem Dato verschiedener Gesetze von ihm ersehen kann. Man

Man zweifelt in Ansehung seiner Familie nicht, daß er von väterlicher Seite von adelichem Geschlechte sey. Aber nach dem Zeugnisse eines zeitverwandten Schriftstellers, war in den ersten Jahren der Regierung Constantins sein Ursprung fast gänzlich unbekannt. Die öftern Staatsveränderungen der damaligen Zeit hatten, gleich reißenden Winden, die Spur davon weggewehet; und der Zwischenraum von vier Regierungen, welche alle nicht lange dauerten, sich aber auf eine traurige Art endigten, hatte schon unter dem Diocletianus den gothischen Claudius, seiner Tugenden und Siege ohngeachtet, fast ganz in Vergessenheit gebracht. Er hatte auch nicht länger als zwey Jahr regiert. Von dem Vater dieses Kaysers stammte Constantius Chlorus ab, und zwar durch seine Mutter Claudia, die eine Tochter des Crispus und Nichte des Claudius war. Weiter kann man in dieser Genealogie nicht gehen: Der Vater des Claudius und Crispus ist unbekannt geblieben, und alles, was man von ihrer Mutter weiß, ist, daß sie aus Dalmatien war.

Man weiß noch weniger von der Herkunft der Helena, der Mutter Constan-

Constantin.
3.
Seine Herkunft.
Eumenii Pan. Constant. c.
2. *Anony. Vales. Pollio in Claudio c.* 13. *Du Cange Fam. Byz.*

4.
Stand seiner Mutter.

stantins. Man giebt Großbritannien, Trier, Naissus, Drepano in Bithynien, Tarsus, und auch Edessa zu ihrem Geburtsorte an. Das sicherste ist, wenn man sagt, daß man das Vaterland und die Eltern dieser Prinzeßinn nicht wisse. Die Art ihrer Verbindung mit dem Constantius Chlorus ist eine wichtigere Frage und die vielleicht noch schwerer zu beantworten ist. Alte Schriftsteller und selbst Kirchenväter geben der Helena nur den Nahmen einer Beyschläferinn, und schreiben ihr die allerniedrigste Herkunst zu. Andere Schriftsteller aber, denen man in historischen Dingen nicht trauen darf, geben ihr den Titel einer rechtmäßigen Gemahlinn, und ihr Zeugniß wird durch verschiedene Gründe bestätigt. Würden die Panegyristen der damaligen Zeit, so sehr auch diese Gattung von Rednern zu allen Zeiten der Schmeicheley ergeben gewesen, es wohl gewagt haben, den Constantin ins Angesicht zu loben, daß er die Keuschheit seines Vaters nachgeahmt, und sich von seiner frühen Jugend an vor einer flüchtigen Liebe in Acht genommen habe, um sich in eine ernstliche und rechtmäßige Verbindung einzulassen, wenn schon die Geburt dieses Prinzen,

vor

Constantin. Zos. l. 2. Chron. Alex. p. 278. Hieron. in Chronico. Ambros. orat. in fun. Theod. Eutropius. Aurel. Vict. Anony. Vales. Inscript. Grut. Theophanes. Zonoras. Cedrenus. Incert. Pan. c. 3 et 4. L. praef. ff. de ritu nupt. L. eos qui eod. tit. Till. not. I. sur Constantia.

vor welchem sie redeten, diesen Lobspruch
widerlegt hätte? Wäre eine so große *Constantin.*
Unwahrheit nicht einer Satyre vollkom=
men ähnlich gewesen? Würde Diocle=
tianus den Constantin wohl als den
vornehmsten Unterthan seines Hofes an=
gesehen haben? Würde er ihn wohl zu
erst vorgeschlagen haben, da es darauf
ankam neue Cäsares zu ernennen? Und
würde Galerius nicht die fehlerhafte
Geburt dieses jungen Prinzen sogleich
vorgewendet haben, da er ihn ohnedem
auf alle Art zu entfernen suchte? Er hat
es aber nicht, wie wir aus der Erzäh=
lung des Lactantius sehen. Noch
mehr: Alle Schriftsteller, die von der
Trennung des Constantius und der
Helena reden, als er Theodoren hey=
rathen mußte, reden als von einer Ehe=
scheidung davon. Sie war demnach
seine Gemahlinn. Das, was vielleicht
der gegenseitigen Meynung einigen Bey=
fall verschaft hat, ist, daß Constantius
die Helena in einer Provinz heyra=
thete, wo er die Statthalterschaft führte:
Denn die römischen Gesetze bestätigten
eine Heyrath nicht, die ein Staatsbe=
dienter in der Provinz schloß, in welcher
er gebraucht ward. Ein anderes Ge=
setz aber fügte hinzu, daß, wenn dieser

Offi=

Constantius.

Officiant, nachdem sein Dienst zu Ende gegangen, fortführe, die Frau, die er in der Provinz genommen, als seine Frau zu halten, die Heyrath gültig seyn sollte. Außerdem mußte auch der Umstand, daß sie von unbekannter Familie war, ihr vor der Erhebung ihres Sohns viel Abbruch thun. Die Hoheit und der Stolz der Theodora, als einer Stieftochter des Maximians, und die allen Glanz des kayserlichen Purpurs mit sich in das Haus des Constantius brachte, verdunkelten diese geschiedene Gemahlinn; und die Hofschmeichler ermangelten ohnfehlbar nicht den Stolz und die Eifersucht der zweyten Gemahlinn zu unterstützen, indem sie die erstere unterdrückten, obgleich blos die Politic jene zum Gegenstande der Zärtlichkeit des Constantius gemacht hatte.

§. 5.
Nahmen des Constantins.
Till. Constant. art. 4. Buch. Belg. l. 3. c. 2. Numism. Mezab. Poll. Claud. c. 13 et 3. Du Cange diss. de inser aevi numism. c. 36.

Der Sohn dieses Prinzen und der Helena führte die Nahmen Cajus Flavius Valerius Aurelius Claudius Constantinus. Eine Aufschrift giebt ihm den Vornahmen Marcus. Von seinem Vater hatte er die Nahmen Flavius Valerius; die drey folgenden waren zum Andenken Claudius des zweyten, Gothicus genannt. Dieser Kayser hatte den Nahmen Aurelius selbst ge=

geführet, und der Nahme Constanti- *Constantin.*
nus rührte gleichfalls von seiner Familie her, in welcher auch eine von seinen Schwestern Constantina hieß.
Der Nahme Flavius ward berühmt:
Einige behaupten, daß Claudius II.
ihn schon als einen Beweis seiner Ab-
stammung von der Familie der Vespa-
siane geführt habe. Diese Abstam-
mung aber sieht einer Fabel sehr ähnlich,
und ich finde in der Geschichte nichts,
was mich bewegte, diesem Prinzen die
Eitelkeit zuzuschreiben, berühmte Vorfahren zu entlehnen, deren seine Tugend
nicht nöthig hatte. Der Text des Pollio, auf welchen man sich gründet,
konnte wohl auch nur so viel bedeuten,
daß Claudius seinem Kleinenkel Constantius den Nahmen Flavius gegeben habe, weil er voraus sahe, daß die
Nachkommen dieses Prinzen die Tugenden des Vespasianus und Titus wieder erneuern würden; und dieses wäre
weiter nichts, als eine Schmeicheley eines Schriftstellers, welcher unter der
Regierung der Familie des Claudius
schrieb. Das gewisseste ist, daß der
Ruhm Constantins diesen Nahmen
Flavius auf seine Nachfolger fort-
pflanzte: Er ward so, wie der Nahme

Cäsar

Cäsar und Augustus ein Titel der unumschränkten Gewalt. Indeß behielten ihn die Kayser nicht allein; sondern
verschiedene berühmte Familien nahmen
ihn aus Stolz an, und so gar die barbarischen Könige, als der Longobarden
in Italien und der Gothen in Spanien
suchten eine Ehre darinne.

Constantin.

Als Constantius Chlorus im Jahr
292 zum Cäsar ernannt, und nach Gallien geschickt ward, um den Occident zu
vertheidigen, gieng Constantin ins
neunzehnte Jahr. Diocletianus behielt ihn als ein Unterpfand der Treue
seines Vaters bey sich, und erwieß ihm
an seinem Hofe alle vorzügliche Ehre.
Er nahm ihn mit sich nach Aegypten;
und in dem Kriege wider den Achilläas
machte sich Constantin, der eben so
gern gehorchte als befahl, sehr beliebt
beym Kayser und bey den Truppen,
durch seine Tapferkeit, durch seinen Verstand, durch seine Großmuth, und durch
eine Festigkeit des Körpers, welche alle
Beschwerlichkeiten nichts achtete. Wahrscheinlicher Weise war es auf diesem
Feldzuge, daß er zum Tribun ernennet
ward.

6.
Seine ersten
Jahre.
Anony. Val.
Euf. vit. l. 1.
c. 19. Theo-
phil. p. 6.
Hist. Misc. l.
11. Lact. de
mort. persec.
c. 18.

Sein angehender Ruhm zog aller
Augen auf ihn. Man lief ihm, als er
aus

7.
Abbildung
dieses Prin-
zen.

aus Aegypten zurück kam, haufenweise
entgegen, und alles wollte ihn sehen.
Alles verkündigte an ihm den Prinzen,
der zur Herrschaft gebohren war. Er
gieng dem Dioclerian zur Rechten;
seine gute Mine unterschied ihn von al=
len andern. Ein edler Stolz, und eine
gewisse Stärke und Lebhaftigkeit, die
man an seiner Person bemerkte, erreg=
ten beym ersten Anblicke eine Art von
Furcht. Diese kriegerische Mine aber
ward durch eine angenehme Heiterkeit
gemildert, die über sein Gesicht ausge=
breitet war. Er hatte ein großes, zur
Freygebigkeit und Pracht geneigtes Herz;
er war voller Muth, voll Rechtschaffen=
heit und einer Liebe zur Gerechtigkeit,
welche seinen natürlichen Stolz milder=
ten. Ohne dieses Gegengewicht wäre
er fähig gewesen alles zu unternehmen
und auszuführen. Sein Geist war leb=
haft und feurig, ohne übereilt zu seyn;
eindringend ohne Mißtrauen und Eifer=
sucht; vorsichtig, und doch dabey im
Stande sich augenblicklich zu entschlüs=
sen. Und damit ich ihn endlich ganz
schildere: Er hatte ein breites und sehr
rothes Gesicht, wenig Haare auf dem
Kopfe und Barte, große und feurige,
aber dabey angenehme Augen, einen et=

*Constantin.
Eusebius. Pa-
negyrici. La-
ctantius. Eu-
tropius. Au-
rel Vict. et
Epit. Hist.
Misc. Cedre-
nus. Niceph.
Call.*

was

was dicken Hals, eine spitzige Nase, ein zärtliches und nicht gar zu gesundes Temperament, das er aber durch ein mäßiges und nüchternes Leben, und durch eine Zurückhaltung in den Ergötzlichkeiten wohl in Acht zu nehmen wußte.

Constantin.

8. Seine Keuschheit.
Vict. epit.
Zos. L. 2. Zonar. l. 13. Eus.
Vit. Paneg.
Till. art. 4.
Hist. Misc.
Du Cange
Fam. Byz.

Seine Sitten waren rein und keusch. Seine Jugend, die stets mit großen und edlen Gedanken beschäftigt war, fiel nicht in die Schwachheiten dieses Alters. Er vermählte sich jung, und es muß ohngefähr um die Zeit seiner Reise nach Aegypten geschehen seyn. Die Herkunft der Minervine, seiner ersten Gemahlinn, ist eben so unbekannt, als seiner Mutter Helena, und die Schriftsteller sind nicht weniger wegen ihres Standes getheilt. Eben die Gründe, aus welchen wir die Ehre der Helena vertheidigt haben, beweisen auch, daß diese Vermählung eine den Gesetzen gemäße Heyrath gewesen sey. Es ward aus dieser Ehe ein Prinz erzeugt, der den Nahmen Crispus erhielt, und durch seine treflichen Eigenschaften eben so berühmt ist, als durch sein Unglück. Er ward um das Jahr 300, und folglich im Oriente gebohren, allwo sich sein Vater damals aufhielt, nicht aber zu Arles,

les, wie einige Schriftsteller haben behaupten wollen.

Man ist wegen der Gelehrsamkeit Constantins und wegen seines Geschmacks an den schönen Wissenschaften nicht einerley Meynung. Einige lassen ihn nur ein weniges davon gekostet haben; andere geben ihn für ganz unwissend aus; und einige andere halten ihn für einen großen Gelehrten. Eusebius, sein Lobredner, macht mit seiner Gelehrsamkeit und Beredsamkeit viel Wesens, und beweist diese großen Lobsprüche ziemlich schlecht durch eine sehr lange und einschläfernde Rede, die er dem Constantin in den Mund legt. Es ist wahr, daß er als Kayser für die Künste und Wissenschaften mehr that, als sie von einem großen Prinzen fodern. Er ließ es nicht dabey bewenden, daß er sie schützte, daß er sie als eine der größten Zierden seiner Regierung ansahe, und daß er sie durch seine Wohlthaten ermunterte: sondern er schrieb so gar selbst, und hielt bisweilen Reden. Doch nicht zu gedenken, daß der Geschmack an den Wissenschaften nicht der Geschmack des Hofes war, an welchem er war erzogen worden, und daß alle Prinzen der damaligen Zeit, den Maxi-

9.
Seine Gelehrsamkeit.
Cedren. t. l. p. 169. Anony. Valef.
Euf. Vit. l. 4. c. 55. Eutropius. Vict.
Epit. Niceph. Call. l. 7. c. 18. Oratio ad S. Coetum.

I. Theil.　　D　　minus

Constantin. minus ausgenommen, sichs nicht einfallen ließen gelehrt zu seyn, so sehen wir auch aus dem wenigen, was uns von seinen Schriften übrig geblieben ist, daß er eben nicht mehr Wissenschaften und Beredsamkeit gehabt habe, als nöthig war, um von seinen Hofleuten bewundert zu werden, und selbst überzeugt zu seyn, daß ihm diese Eigenschaften nicht ganz und gar fehlten.

10. *Galerius ist auf den Constantin eifersüchtig.*
Theoph. p.6.
Niceph.Call. l. 7. c. 19.
Lact. c.11.

Ich kann das nicht glauben, was einige Geschichtschreiber sagen, daß Dioclctian, auf die Verdienste Constantins eifersüchtig, seinen Untergang gesucht habe. Ein so böses Vorhaben schickt sich besser zu der Gemüthsart des Galerius, dem es auch andere zuschreiben. Es scheint, daß nach dem ägyptischen Feldzuge Constantin diesen Kayser in verschiedenen Kriegen begleitet habe; seine hervorleuchtende Tapferkeit brachte dieser niedrigen und aufgeblasenen Seele einen Argwohn bey, und Galerius, der seinen Untergang beschlossen hatte, verhinderte zuerst, daß er nicht zur Würde eines Cäsars erhoben ward, welche ihm doch, als einem Sohne des Constantius, seiner Verdienste und der Achtung halber gehört hätte, in welcher er bey den Kaysern

und

und dem Volke stand. Er behielt ihn
unterdeß an seinem Hofe, allwo aber *Constantin.*
das Leben dieses jungen Prinzen in weit
größerer Gefahr war, als mitten in den
Schlachten.

Unter dem Vorwande, daß er sich 11.
Ruhm erwerben solle, setzte ihn Gale= *Er sucht ihn*
rius den größten Gefährlichkeiten aus. *aus dem*
Als in einem Kriege wider die Sarma= *Wege zu*
ten beyde Armeen einander im Gesichte *Anony. Va-*
standen, befahl er ihm, einen feindli= *lef. Zonar.*
chen Officier anzugreifen, der seiner *Lact. c. 24.*
Größe wegen unter allen Barbarn der *Praxag. apud*
fürchterlichste zu seyn schien. Constan= *Photium.*
tin gieng auf ihn los, warf ihn zu Bo=
den, und brachte ihn bey den Haaren
bis vor die Füsse seines Feldherrn ge=
schleppt. Ein andermal bekam er Be=
fehl, zu Pferde durch einen Morast zu
setzen, hinter welchem die Sarmaten
standen, und von welchem man nicht
wußte, wie tief er wäre. Constantin
reitet durch, zeigt den römischen Trup=
pen, wie sie ihm nachkommen konnten,
wirft den Feind über den Haufen, und
kommt nicht eher als nach rühmlich er=
haltenem Siege wieder zurück. Man
erzählt sogar, daß ihn der Tyrann genö=
thigt habe mit einem grimmigen Löwen
zu kämpfen, und daß Constantin, auch

D 2 in

Constantin Jahr 306.

12.
Constantin entwischt den Händen des Galerius.
LaQ. c. 24.
Anony. Valef. Zof. L. 2.

in diesem Kampfe, Sieger über dieses fürchterliche Thier und über die bösen Absichten des Galerius geblieben sey.

Constantius hatte verschiedene mal seinen Sohn zurück gefodert, ohne daß er ihn aus den Händen seines Collegen bekommen konnte. Als er aber im Begrif war nach Großbritannien zu gehen, und die Picten zu bekriegen, machten ihn seine schlechten Gesundheitsumstände besorgt, daß er, wenn er vielleicht stürbe, seinen Sohn dem Muthwillen eines herrschsüchtigen und blutdürstigen Tyrannen überließe. Er sprach aus einem ernstlichern Tone. Der Sohn hielt auch seiner Seits sehr nachdrücklich um die Erlaubniß, zu seinem Vater zu gehen, an, und Galerius, der nicht offenbar mit dem Constantius brechen wollte, willigte endlich in die Abreise Constantins. Er gab ihm gegen Abend den benöthigten Schein, daß er Postpferde nehmen sollte; doch bedung er sich dabey ausdrücklich, daß er nicht eher als den folgenden Morgen, und wenn er neuen Befehl dazu würde erhalten haben, abreisen sollte. Er ließ sich seinen Raub sehr ungern entgehen, und verzögerte die Abreise des Constantins nur deßwegen, daß er noch einigen Vorwand

wand finden möchte, ihn gar zurück zu behalten, oder daß er es dem Severus melden könnte, damit ihn dieser auf seinem Wege durch Italien anhielte. Den folgenden Tag blieb Valerius mit Fleiß bis an den Mittag im Bette liegen; und da er hernach den Constantin zu sich wollte rufen lassen, erschrack er, als er vernahm, daß er schon mit einbrechender Nacht abgereist sey. Er schäumte für Wuth; er befahl ihm nachzusetzen und ihn zurück zu bringen: aber es war nicht möglich ihn einzuholen. Constantin, der sich auf seiner Flucht nicht säumte, hatte die Vorsicht gebraucht, daß er allen Pferden, die er hinter sich lassen mußte, die Gelenke zerschneiden ließ: so daß der ohnmächtigen Wuth des Tyrannen nichts weiter übrig blieb, als das Bedauern, daß er es nicht gewagt hatte das letzte Verbrechen zu begehen.

Constantin war wie der Blitz durch Illyrien und über die Alpen hinweg, ehe noch Severus Nachricht davon bekommen hatte, und langte in dem Hafen zu Boulogne an, als eben die Flotte unter Segel gieng. Man kann die Freude des Constantius bey diesem unerwarteten Anblicke nicht beschreiben.

Constantin. Jahr 306.

13. Er kommt bey seinem Vater an. Eumen. Pan. c. 7 et 8. Anony. Valef. Till. vit. f. sur Constant.

Er

54 Geschichte des morgenl.

Constantin. Jahr 306.

Er schloß den Sohn, den so viel Gefahren ihm noch unschätzbarer machten, in seine Arme, und unter der Vermischung ihrer Thränen und der Kennzeichen ihrer Zärtlichkeit langten sie in Großbritannien an, allwo Constantius, nachdem er die Picten überwunden, den fünf und zwanzigsten Julius im Jahr 306 an einer Krankheit starb.

14.
Er folgt ihm nach. Liban. in Basilico. Euseb. vit. l. I. c. 21.

Er hatte aus seiner Ehe mit Theodoren drey Söhne erzeuget, den Dalmatius, Julius Constantius und Hanniballianus; ingleichen drey Töchter, Constantien, welche die Gemahlinn des Licinius ward, Anastasien, welche den Baßianus heyrathete, und Eutropien, die Mutter des Nepotianus, von dem ich anderwärts reden werde. Die höchste Gewalt aber schien ihm zu ehrwürdig, als daß er sie unter seinen Kindern zu einem Zankapfel hinterlassen wollte; er war auch zu vorsichtig, daß er nicht seine Staaten durch eine Theilung geschwächt wissen wollte. Das Recht der Erstgeburt, durch eine vorzügliche Geschicklichkeit unterstützt, rief den Constantin zum Throne, da er schon ins drey und dreyßigste Jahr gieng. Der sterbende Vater, mit Ruhm gecrönt, mitten unter seinen Kindern,

welche

welche in Thränen zerflossen, und seinen letzten Willen als Orakelsprüche annahmen, umarmte aufs zärtlichste den Constantin, und ernannte ihn zu seinem Nachfolger. Er empfohl ihn den Truppen, und befahl seinen andern Söhnen ihm Gehorsam zu leisten.

Constantin. Jahr 306.

Die ganze Armee war bereit die letzten Verordnungen Constantins ins Werk zu richten. Kaum hatte er die Augen geschlossen, als die Officiere und Soldaten, vom Eroc, dem Könige der deutschen Hülfsvölker noch mehr ermuntert, den Constantin zum Kayser ausriefen. Dieser Prinz suchte anfänglich die Hitze der Truppen zurück zu halten, weil er einen bürgerlichen Krieg befürchtete; um auch den Galerius nicht zu erzürnen, wollte er vorher seine Einwilligung abwarten, ehe er den kayserlichen Titel annähme. Die Ungeduld der Soldaten aber kehrte sich an diese politische Zurückhaltung nicht. Den ersten Augenblick, da Constantin, noch voll Thränen in den Augen, aus dem Zelte seines Vaters heraus kam, umringten sie ihn alle mit großem Geschrey. Vergebens suchte er ihnen, da er sich zu Pferde gesetzt hatte, zu entfliehen; man holte ihn ein; man bekleidete ihn mit

15. Wird zum Kayser ausgerufen. Eum. Paneg. c. 8. Euf. vit. l. c. 22. Vict. Epit. Zof. l. 2. Hist. Misc. L 11.

D 4 dem

56 Geschichte des morgenl.

Constantin.
Jahr 306.

dem Purpur, so sehr er sich auch widersetzte. Das ganze Lager erschallte von Glückwünschungen und Lobsprüchen. Constantius lebte in seinem Sohne wieder, und die Armee sahe keinen Unterschied, als den Vortheil der Jugend.

16.
Begräbniß des Constantius.
Eus. Hist. l. 8. c. 13. et Vit. l. 1. c. 22. Numism. Mezzab. Till. art. 7. Alford Ann. Brit. an. 306. §. 6. Usser. Brit. Eccl. Antiq. p. 60.

Die erste Sorge des neuen Kaysers gieng dahin, seinem Vater die letzte Pflicht zu erweisen. Er ließ ihm ein prächtiges Leichenbegängniß halten, und gieng selbst mit einem zahlreichen Gefolge vor demselben her. Es ward auch, der Gewohnheit gemäß, befohlen, dem Constantius künftig göttliche Ehre zu erweisen. Der Herr von Tillemont erzählt, nach dem Zeugnisse des Alford und Usserius, daß man sein Grab an verschiedenen Orten in Engelland zeige, und besonders an einem Orte, den man Cair-Segeint oder Sejont, bisweilen auch Cair-Custeint, d. i. Stadt des Constantius oder Constantins nennt; und daß, da man im Jahr 1283 seinen Körper an einem andern Orte, der nicht weit davon ist, gefunden zu haben vorgab, Eduard I, der damals regierte, ihn in eine Kirche habe bringen lassen, ohne sich zu bekümmern, ob die Gesetze der Kirche erlaubten einen heydnischen Prinz daselbst aufzubehalten.

Camb-

[...]ambden, setzt er hinzu, erzählt, daß [...]urze Zeit vor ihm, das ist, zu Anfange [d]es sechzehnten Jahrhunderts, als man [z]u York in einer Grotte nachgrub, wo [m]an das Gräb des Constantius vermuthete, man daselbst eine Lampe gefunden habe, welche noch brannte; und [I]lford meynt, daß aller Wahrscheinlichkeit nach, dieses würklich der Begräbnißort des Prinzen sey.

Constantin. Jahr 306.

Sein Tod schien die Absichten des Galerius zu begünstigen; er kam dem Plane zu statten, den er entworfen hatte, sich allein zum Monarchen zu machen; er war aber noch etwas zu zeitig [ge]kommen, und dieser Fehler in der Zeitrechnung vereitelte alle seine Maaßregeln. Er hatte sich vorgesetzt seinen alten Freund Licinius an die Stelle des [C]onstantius zu setzen; er bediente sich öfters seines Raths, und versprach sich von ihm eine blinde Unterwürfigkeit. Er bestimmte den Titel Augustus für ihn, und in dieser Absicht ließ er ihm nicht den Titel Cäsar geben. Wenn er also nun Herr von allem gewesen wäre, und dem Licinius nichts als einen Schatten der Gewalt gelassen hätte, würde er mit allen Schätzen des Reichs nach seinem Gefallen haben schalten und walten

17. Absichten des Galerius. Lact. c. 20. et seq.

kön=

Constantin.
Jahr 306.

können, und würde, wenn er ungeheuere Summen beysammen gehabt hätte, so wie Diocletianus, nach zwanzig Jahren die Herrschaft niedergelegt, und sich nach einem sichern und ruhigen Orte umgesehen haben, um da sein Alter in allen Wollüsten zuzubringen; den Severus und Licinius würde er zu Kaysern, und den Maximinus und Candidianus, seinen natürlichen Sohn, der erst neun Jahr alt war, und den er von seiner Gemahlinn Valeria an Kindesstatt hatte aufnehmen lassen, ob er gleich erst nach der Vermählung dieser Prinzessinn auf die Welt gekommen war, zu Cäsarn hinterlassen haben.

18.
Seine Grausamkeiten.

Wenn nun dieses Project gelingen sollte, so mußte Constantin ausgeschlossen werden; Galerius aber hatte sich durch Grausamkeit und Geitz allzu verhaßt gemacht. Er hatte, seit seinem Siege über die Perser, die despotische Regierungsart, die zu allen Zeiten in diesem reichen und unglücklichen Lande eingeführt gewesen, gänzlich angenommen; und ohne Schaam, ohne sich an die Begriffe einer billigen Unterwerfung zu kehren, woran die Römer schon seit langen Zeiten gewöhnt waren, sagte er
frey

…rey heraus, daß man keinen bessern Ge- **Constantin.**
…rauch von seinen Unterthanen machen **Jahr 306.**
…önnte, als wenn man sie zu Sclaven
…machte. Er richtete auch seine ganze
…Auffführung nach diesen Grundsätzen ein.
…eine Würde, kein Privilegium konnte
…or der schimpflichen Züchtigung der Ru-
…hen schützen, oder die obrigkeitlichen
…ersonen in den Städten von den schreck-
…chsten Martern befreyen. Creutze
…unden aufgerichtet, und erwarteten
…ie, die er zum Tode bestimmte; andere
…urden in Fesseln gelegt und in Kerker
…eworfen. Er ließ die vornehmsten
…rauenzimmer in Hurenhäuser schlep-
…en; er hatte im ganzen Reiche die größten
…Bäre zusammen suchen lassen, und ih-
…en besondere Nahmen gegeben. Wenn
… nun aufgeräumt war, ließ er einige
…erben führen, und hatte seine Freude
…ran, wenn sie vor seinen Augen Men-
…chen nicht nur augenblicklich auffraßen,
…ndern ihnen das Blut aussaugten,
…d hernach den Körper in Stücken zer-
…ßen. Nichts kleineres als dieses konnte
…esen finstern und wilden Tyrannen
…m Lachen bewegen. Er nahm selten
…ne Mahlzeit zu sich, daß er nicht Men-
…enblut dabey vergießen ließ. Gemeine
…ute brachte er nicht auf eine so weit

herge-

Constantin.
Jahr 306.
19.
Gegen die Christen.

hergesuchte Art um, sondern ließ sie lebendig verbrennen.

Galerius hatte mit allen diesen abscheulichen Dingen an den Christen den ersten Versuch gemacht, indem er durch ein Edict befahl, daß man sie, wenn man sie gemartert hätte, mit einem gelinden Feuer verbrennen sollte. Es fehlte diesen unmenschlichen Befehlen nicht an getreuen Vollziehern, welche sich ein Verdienst daraus machten, die Barbarey des Prinzen wohl noch höher zu treiben. Man hieng die Christen an Schnellgalgen auf; man legte ihnen glüende Kohlen unter die Füsse, biß sich die Haut der Fußsolen ablöste; man berührte hierauf alle Theile ihres Leibes mit Fackeln, die man ausgelöscht hatte, und um mit ihrem Leben auch ihre Martern zu verlängern, frischte man ihnen das Gesicht beständig mit kaltem Wasser wieder an. Nach solchen langwierigen Schmerzen ward endlich ihr Leib über und über gebraten; und das Feuer drang endlich bis auf die Eingeweide, und auf die Quellen des Lebens durch. Man verbrannte hierauf diese schon halb verzehrten Körper vollends, und warf die Asche in einen Fluß oder ins Meer.

Das

Das Blut der Christen reitzte den Durst des Galerius nur noch mehr. Es währte nicht lange, so verschonte er auch die Heyden nicht mehr. Er kannte kein Stufenweises Verhältniß in den Strafen: Verweisen, ins Gefängniß legen, in die Steingruben verdammen, waren Strafen, die nicht mehr gebraucht wurden: Er sprach von nichts, als Feuer, Creutzen und wilden Thieren. Seine Hausbedienten wurden, wenn sie etwas versahen, mit Lanzen tod gestochen. Die Rathsherren mußten wichtige Dienstleistungen und von langen Jahren her für sich anführen können, wenn ihnen die Gnade wiederfahren sollte, daß ihnen der Kopf abgeschlagen ward. Alle Talente, die ohnedem nur noch halb lebten, wurden damals ganz erstickt: Die Advocaten und Rechtsgelehrte wurden verbannt oder umgebracht; die Wissenschaften wurden als gefährliche Dinge, und die Gelehrten als Feinde des Staats angesehen. Der Tyrann, der alle Gesetze schweigen ließ, erlaubte sich alles zu thun, und gab denen Richtern, die er in die Provinzen schickte, eben diese Freyheit. Es waren dieses Leute, die weiter nichts als den Krieg verstanden: ohne Wissenschaft, ohne

Constantin. Jahr 306. =0. Wider die Heyden sogar.

ohne Grundsätze, blinde Anbeter des Despotismus, von dem sie die Werkzeuge waren.

Constantin. Jahr 306.

21. Strenge der Auflagen.

Was aber in den Provinzen eine allgemeine Verheerung anrichtete, war die Zählung, die er von allen Einwohnern seiner Staaten vornehmen ließ, und die Schätzung ihrer Güter. Die Commissarien erregten überall eben so viel Unruhe und Schrecken, als nur Feinde hätten verursachen können, und das Reich des Galerius schien von einem Ende bis zum andern von lauter Sclaven bevölkert zu seyn. Man maaß die Felder; man zählte die Weinstöcke, die Bäume, und so zu sagen die Erdenklöße; man brachte Menschen und Vieh in ein Verzeichniß; die Nothwendigkeit sein Vermögen anzugeben erfüllte die Städte mit Bauern und Sclaven; die Väter schleppten ihre Kinder mit sich dahin. Die Gerechtigkeit einer verhältnißmäßigen Auflage würde diesen dabey gebrauchten Zwang entschuldigen, wenn die Menschlichkeit ihn gemildert hätte, und die Auflagen an und für sich zu ertragen gewesen wären; aber überall hörte und sahe man nichts als Senfzen und Schläge. Man brachte Kinder, Sclaven und Weiber auf die Tortur, um die

die Anlagen der Väter, der Herren, der Männer bestätigen zu lassen. Man marterte die Besitzer selbst, und zwang sie durch den Schmerz, mehr anzugeben, als sie besaßen. Weder Alter noch Krankheit sprach jemanden frey, sich an dem ihm angezeigten Orte zu stellen. Man setzte das Alter eines jeden willkührlich an, und da, nach den Gesetzen, die Kopfsteuer nur von gewissen Jahren bis zu gewissen Jahren bezahlt werden durfte, so setzte man bey den Kindern Jahre zu, und nahm bey den alten Leuten einige ab. Die ersten Commissarien hatten ihr möglichstes gethan, um der Habsucht des Prinzen durch die übertriebenste Strenge Genüge zu leisten: Dennoch schickte Galerius, um seine gedrückten Unterthanen noch mehr zu drücken, zu verschiedenen malen andere ab, welche aufs neue Geld zusammen treiben mußten. Die zuletzt abgeschickten, die es noch besser als ihre Vorfahren machen wollten, übertrieben alles nach ihrem Gutdünken, und setzten in ihren Registern weit mehr an, als das Vermögen und die Anzahl der Unterthanen ermochte. Es starben unterdessen Menschen, es starben Thiere, und man sie immer noch als lebendig in den

Regi-

Constantin. Jahr 306.

Constantin. Jahr 306.

22.
Die Ausschweifungen seiner Officiere müssen ihm zugerechnet werden.

Registern stehen, und foderte von einem und dem andern die Steuern. Niemand blieb verschont, als die Bettler: Ihre Armuth machte sie aller Auflagen, aber nicht der Grausamkeiten des Galerius unfähig. Man ließ sie auf seinen Befehl am Ufer des Meeres zusammen kommen, und setzte sie auf Barken, die man hernach ins Meer versenkte.

Das ist die Abbildung, die uns ein zeitverwandter Schriftsteller, der für sehr wohl unterrichtet und glaubwürdig zu halten ist, von der Regierung des Galerius macht. So barbarisch dieser Prinz nun auch war, so muß ein Theil dieser Plagen doch ohnstreitig auf die Rechnung seiner Staatsbedienten geschrieben werden. Aber das Schicksal der Regenten ist nun so: Sie müssen die Ungerechtigkeiten derer, die sie zu ihrem Dienste anwenden, auf sich nehmen; es sind Verbrechen, die sie mit eigener Hand begehen. Die Nahmen jener Nichtswürdigen vergehen mit ihnen; aber ihre Bubenstücke überleben sie, und bleiben an dem großen Manne kleben, welcher größtentheils nach den Tugenden und Lastern derer beurtheilt wird, die unter seinem Befehle gestanden haben.

Mit

Mit diesen Räubereyen und Gewaltthätigkeiten war Galerius beschäftigt, als er den Tod des Constantius vernahm. Kurz darauf überreichte man ihm das Bildniß des Constantin mit Lorbern gecrönt. Der neue Kayser überschickte es ihm, wie es gewöhnlich war, um ihm seine Gelangung zum Throne zu melden. Er besann sich lange, ob er es annehmen sollte. Sein erster Wille war, es nebst dem, der es ihm überbracht, ins Feuer zu werfen; man stellte ihm aber vor, was er von seinen eigenen Soldaten zu fürchten haben würde, die ohnedem schon mißvergnügt über die Wahl der beyden Cäsars, und sehr geneigt wären, sich für den Constantin zu erklären, welcher ohne Zweifel kommen, und ihm seine Einwilligung mit gewafneter Hand entreißen würde. Mehr fähig zur Furcht, als zu einer Art von Billigkeit, nahm er endlich das Bildniß mit Widerwillen an, und um zu scheinen das zu geben, was er nicht vorenthalten konnte, schickte er den Purpur an den Constantin. Er fand sich also in seinen Absichten gegen den Licinius betrogen; damit er aber doch den neuen Regenten so klein machen möchte, als möglich, gab er den Titel Augustus

Constantin. Jahr 306. 23. Er schlägt dem Constantin den Titel Augustus ab, und giebt ihn dem Severus. Lact. c. 25. Till. art. 8.

dem

dem Severus, welcher älter war, und ließ dem Constantin nichts als den Rang eines Cäsars nach dem Maximin, so daß er ihn von der zweyten Stufe bis auf die vierte herab setzte. Der junge Prinz, dessen Seele so erhaben war, als sein Verstand gründlich, schien sich mit dem zu begnügen, was man ihm einräumte, und fand es nicht für gut, den Frieden im Reiche zu stöhren, um den Titel einer Gewalt zu erzwingen, wovon er die Wirklichkeit besaß. In der That fieng man von diesem Jahre, die Jahre seiner Gewalt als Tribunus zu rechnen an.

Constantin Jahr 306.

Severus, der in Italien commandirte, schickte, über diese neue Einrichtung sehr zufrieden, das Bildniß des Constantin unverzüglich nach Rom, um ihn daselbst als Cäsar bekannt zu machen. Aber der Widerwille eines bisher verachteten Nebenbuhlers, der mehr Recht am Reiche zu haben vorgab, als alle diese neuen Regenten, warf die ganze Einrichtung des Galerius über den Haufen. M. Aurelius Valerius Maxentius war ein Sohn des Maximians. Seine bösen Eigenschaften, und auch vielleicht sein Unglück, machten, daß man ihn für untergeschoben

24. Maxentius zum Reiche erhoben. Incert. Pan. c. 4. Lact. c. 18 et 26. Anony. Val. Eutropius. Till. not. 12 et 13.

ben ausgab. Man giebt so gar vor, daß seine Mutter Eutropia gestanden habe, sie habe ihn mit einem Syrer erzeugt. Er war ein Prinz, dessen Körper eben so schlecht beschaffen war als sein Geist; eine niederträchtige und vom Stolz aufgeblasene Seele, wollüstig und abergläubisch, so unbescheiden, daß er auch seinem Vater die schuldige Ehrerbietung nicht erwies. Galerius hatte ihm eine Tochter verheyrathet, die er mit seiner ersten Frau gezeugt hatte; da er aber nichts als Laster an ihm sahe, von denen er keinen Nutzen ziehen konnte, so hatte er den Diocletianus abgehalten, daß er ihn nicht zum Cäsar ernannte. Maxentius hatte also, von seinem Vater vergessen und von seinem Schwiegervater gehaßt, bisher in der Dunkelheit gelebt, und sich in der Dämmerung der Wollüste bald zu Rom, bald in Lucanien herumgewälzt. Der Ruf von der Erhebung des Constantin aber weckte ihn auf. Er glaubte ein Stück seines Erbgutes retten zu müssen, das er sich durch so viel fremde Hände entreißen sahe. Die Verfassung der Gemüther machte es ihm leicht: Die unersättliche Habsucht des Galerius beunruhigte die Stadt Rom; man er-

Constantin. Jahr 306.

war-

Constantin. Jahr 306.

wartete daselbst Commissarien zur Ausübung eben der Bedrückungen, unter welchen schon die Provinzen seufzeten; und da Galerius sich vor der kayserlichen Leibgarde fürchtete, so hatte er davon einen Theil abgedankt; das war eben so viel, als die, die noch übrig waren, dem Maxentius geben. Er brachte sie auch gar leicht, durch Hülfe zweener Tribunen, Namens Marcellianus und Marcellus auf seine Seite; und die Betrügereyen des Lucians, der die Austheilung des Fleisches, welche auf Kosten des gemeinen Schatzes geschahe, zu besorgen hatte, machten, daß sich auch das Volk für ihn erklärte. Es gieng mit dieser Veränderung schnell zu, und sie kostete blos einer kleinen Anzahl von obrigkeitlichen Personen, welche ihrer Pflicht, selbst gegen einen verhaßten Prinzen, eingedenk waren, das Leben. Die Geschichtschreiber nennen davon nur den Abellius, von dessen Umständen man nicht viel weiß. Maxentius, der sich zwo oder drey Meilen von Rom, auf dem Wege nach Lavicum aufgehalten hatte, ward den acht und zwanzigsten October zum Kayser ausgerufen.

Gale-

Galerius, der sich in Illyrien befand, ward durch diese Nachricht nicht sehr beunruhigt. Er machte sich aus dem Maxentius zu wenig, als daß er ihn für einen fürchterlichen Nebenbuhler hätte ansehen sollen. Er schrieb an den Severus, der sich zu Meyland aufhielt, und bat ihn, sich selbst an die Spitze seiner Truppen zu stellen, und dem Usurpator entgegen zu gehen. Maxentius, der eben so furchtsam war als Severus, wagte es nicht, sich allein dem Ungewitter blos zu stellen, das ihn bedrohete. Er nahm seine Zuflucht zu seinem Vater Maximianus, welcher vielleicht sich heimlich mit ihm verstand, und sich damals in Campanien aufhielt. Dieser, der das Privatleben nicht gewohnen konnte, eilte nach Rom, machte die Gemüther ruhig, schrieb dem Diocletianus, um ihn zu überreden, daß er mit ihm zugleich die Regierung wieder annehmen sollte; und da dieser Prinz es ihm abschlug, ließ er sich durch seinen Sohn, durch den Rath und das Volk bitten, aufs neue den Titel Augustus wieder anzunehmen.

Maximin nahm an diesen ersten Bewegungen keinen Antheil. Ungestört im Oriente seinen Vergnügungen überlassen,

Constantin. Jahr 306.
25. *Maximianus nimmt den Titel Augustus wieder an.*
Lact. c. 26. Baluzius in Lact. p. 315. Eutrop. Incert. Pan. Max. et Constant. c. 16.

26. *Maximin nimmt an diesen Bewegungen*

Constantin.
Jahr 306.
seinen An-
theil.
Euſ. de Mart.
Palaeſt. c. 6.

laſſen, genoß er eine Ruhe, welche er die Chriſten nicht genuͤßen ließ. Als er zu Caͤſarea in Palestina den zwanzigſten November, als ſeinem Geburtstage war, den er mit großer Pracht feyerte, wollte er nach den gewoͤhnlichen Ergoͤtzlichkeiten das Feſt noch durch ein Schauſpiel verſchoͤnern, welches die Heyden zu allen Zeiten gern ſahen. Der Chriſt, Agapius, war ſchon ſeit zwey Jahren verurtheilt, den Thieren vorgeworfen zu werden. Das Mitleiden der Obrigkeit, oder die Hofnung, daß er ſeinen Sinn noch aͤndern werde, hatte ſeine Strafe verzoͤgert. Maximin ließ ihn auf den Kampfplatz bringen, nebſt einem Sclaven, welcher beſchuldigt ward, daß er ſeinen Herrn umgebracht habe. Der Caͤſar begnadigte den Moͤrder, und der ganze Schauplatz erſchallte von Lobſpruͤchen, die man der Guͤtigkeit des Fuͤrſten machte. Nachdem er hierauf den Chriſten vor ſich hatte fuͤhren laſſen, verſprach er ihm das Leben und die Freyheit, wenn er ſeiner Religion entſagen wollte. Dieſer aber, der mit lauter Stimme betheuerte, daß er bereit ſey, mit Freuden alles fuͤr eine ſo gute Sache zu leiden, lief ſelbſt einem Baͤre entgegen, den man auf ihn losgelaſſen hatte,

und

und überließ sich der Wildheit dieses Thieres, das ihn in Stücken riß. Man trug ihn halb tod noch ins Gefängniß, und da er den folgenden Tag noch lebte, band man ihm große Steine an die Füsse, und warf ihn ins Meer. So waren die Vergnügungen des Maximin beschaffen.

<small>Constantin. Jahr 306.</small>

Constantin aber bezeichnete den Anfang seiner Regierung mit anständigern Handlungen für einen Regenten. Ob er gleich noch in den Finsternissen des Heydenthums steckte, so begnügte er sich doch nicht, wie sein Vater, den Christen, durch eine bloße stillschweigende Erlaubniß, die freye Uebung ihrer Religion zu gestatten, sondern er bestätigte dieselbe durch ein Edict. Da er öfters die schöne Maxime im Munde führte, daß das Glück Kayser mache; daß es aber die Pflicht der Kayser sey, die Wahl des Glücks zu rechtfertigen, so beschäftigte er sich auch mit nichts anders, als mit der Sorge, wie er seine Unterthanen glücklich machen wollte. Seine ersten Bemühungen giengen auf das Innere der Staaten, und hernach war er auch auf die Sicherheit von aussen bedacht.

<small>27. Beschäftigungen Constantins. Lact. c. 24. Lamprid. in Heliog. c. 34.</small>

Nach-

Constantin.
Jahr 306.

§. 28.
Sein Sieg über die Franken.
Euf. Vit. l. 1.
c. 25. Eum.
Pan. c. 10.
Nazar. Pan.
c. 16 et 17.
Incert. Pan.
c. 4 et 23.

Nachdem er die ihm unterwürfigen Provinzen in Augenschein genommen, und überall gute Einrichtungen gemacht hatte, nahm er einen Zug gegen die Franken vor. Diese Völker, die kriegerischten unter allen Barbarn, die sich die Abwesenheit des Constantius zu Nutze machten, um die Friedenstractaten zu brechen, waren über den Rhein gegangen, und raubten und plünderten. Constantin überwand sie, und machte zween von ihren Königen, den Ascharich und Ragaisus zu Gefangenen; und um diese Prinzen ihrer Untreue wegen zu züchtigen, ließ er sie den wilden Thieren auf dem Kampfplatze vorwerfen; eine barbarische Handlung, welche seinen Sieg beschimpfte, und an welche die Nachkommenschaft um so viel mehr mit Abscheu denken wird, da die niedrige Schmeicheley der Redner damaliger Zeit sich alle Mühe gegeben, sie durch Lobsprüche zu erheben.

29.
Er bezwingt sie gänzlich.
Eumen. Pan.
c. 12. Vorburg. l. 2, p.
112. Incerti
Pan. c. 23.

Nachdem er die Franken wieder über den Fluß zurück getrieben hatte, gieng er selbst unvermuthet über denselben, fiel in ihr Land ein, und überraschte sie, ehe sie Zeit gehabt hatten, sich, wie es ihre Gewohnheit war, in den Gehölzen und Morästen zu verbergen. Eine ungeheuere

heuere Menge ward theils umgebracht, theils gefangen genommen. Alle Heerden wurden entweder tod geschlagen oder weggeführt; alle Dörfer wurden verbrannt. Die Gefangenen, welche die Jünglingsjahre schon erreicht hatten, und nicht sicher unter die Armeen genommen werden konnte, so wie sie auch ihrer Wildheit wegen sich nicht zu Sclaven schickten, wurden zu Trier den wilden Thieren vorgeworfen, da man den Sieg mit allerhand Spielen feyerte. Der Muth dieser tapfern Leute setzte selbst ihre Sieger in Furcht, die sich an ihrer Ermordung belustigten. Man sahe sie dem Tode entgegen laufen, und selbst unter den Zähnen und Klauen der wilden Thiere, welche sie zerrißen, ohne ihnen einen Seufzer abzuzwingen, eine unerschrockene Mine behalten. Was man nun auch zur Entschuldigung des Constantin sagen kann, so muß man doch gestehen, daß man in seinem Character gewisse Züge der Wildheit antrift, die den Prinzen seiner Zeit gemein war, und bey verschiedenen Gelegenheiten zum Vorschein kam, auch da noch, da das Christenthum seine Sitten gebessert hatte.

Constantin. Jahr 306.

Um den Barbarn die Luſt zu benehmen, über den Rhein zu gehen, und ſich ſelbſt einen freyen Eintritt in ihre Ländereyen zu verſchaffen, unterhielt er längſt dem Fluße hin Feſtungen, die mit Truppen wohl verſehen waren, und auf dem Fluße ſelbſt eine wohl ausgerüſtete Flotte. Er fieng eine ſteinerne Brücke zu Cölln zu bauen an, welche nicht eher als in zehn Jahren fertig ward, und die, nach einiger Meynung, bis zum Jahre 955 geſtanden hat. Man ſagt auch, daß er dieſe Brücke zu vertheidigen, Duisburg, Cölln gegen über gebauet oder ausgebeſſert habe. Dieſe großen Werke machten die Franken vollends ſchüchtern; ſie baten um Friede, und gaben die vornehmſten ihrer Nation zu Geiſeln. Der Ueberwinder ſetzte hierauf, um dieſe glorwürdigen Unternehmungen zu crönen, die fränkiſchen Spiele ein, welche lange Zeit alle Jahre vom vierzehnden bis zwanzigſten Julius ſind gefeyert worden.

Conſtantin.
Jahr 306.
30.
Er bedeckt die Ländereyen Galliens.
Eumen. Pan. c. 13. Vorb. t. 2. p. 170.
Till. art. 10.

Alles war in Bewegung in Italien. Severus, der von Meyland mitten im Winter des Jahrs 307 abgegangen war, gieng auf Rom los mit einer ſtarken Armee, die aus Römern und Mauren beſtand, welche alle unter dem Maximia-

Jahr 307.
31.
Severus wird verrathen.
Incert. Pan. c. 3. Lact. c.

mianus gedient hatten, und ihm noch sehr geneigt waren. Diese Truppen, an die Ergötzlichkeiten der Stadt Rom gewöhnt, hatten mehr Lust in derselben zu leben, als sie zu ruiniren. Marentius, der schon vorher den Præfectus Prætorii, Anulinus gewonnen hatte, brachte sie daher leicht auf seine Seite. Sie verließen ihren Kayser, so bald sie Rom ansichtig wurden, und traten zum Feinde über. Severus, der sich verlassen sahe, ergrif die Flucht, und da er den Maximianus an der Spitze eines kleinen Trups antraf, den er zusammen gebracht hatte, flüchtete er nach Ravenna, allwo er sich mit der wenigen Mannschaft einschloß, die ihm getreu geblieben war. Diese Stadt war fest, volkreich und mit Lebensmitteln versehen genung, um dem Galerius Zeit zu geben ihr zu Hülfe zu kommen. Aber es fehlte dem Severus am Besten: Er hatte weder gesunde Vernunft noch Herzhaftigkeit. Maximianus, von der Furcht vor dem Galerius getrieben, verschwendete Versprechungen und Schwüre, um den Severus zur Uebergabe zu bewegen. Dieser aber durch seine eigene Furcht noch mehr gejagt, und von einer neuen Desertion bedrohet, dachte

Constantin. Jahr 307. 26. Anon. Vales. Zos. l. 2. Vict. Epit. Eutropius.

dachte weiter an nichts als sein Leben zu retten. Er willigte in alles, ergab sich in die Hände seines Feindes, und gab den Purpur demjenigen zurück, der ihm denselben zwey Jahr vorher gegeben hatte.

Er kam also als ein Privatmann wieder nach Rom, allwo Maximianus ihm geschworen hatte, daß ihm mit aller Ehrerbietung begegnet werden sollte. Maxentius aber, der seinen Vater von seinem Versprechen wieder los machen wollte, ließ dem Severus unterwegens nachstellen. Er bekam ihn in seine Hände, führte ihn als einen Gefangenen nach Rom, und schickte ihn auf dreyßig Meilen von der Stadt nach einem Orte, den man die drey Gasthäuser nannte, und an der ägyptischen Straße lag, allwo dieser unglückliche Prinz, nachdem er einige Tage als ein Gefangener war gehalten worden, sich die Adern öfnen lassen mußte. Man trug seinen Körper in das Grab des Gallienus, acht bis neun Meilen von Rom. Er hinterließ einen Sohn, Nahmens Severianus, welcher nichts weiter von ihm erbte, als sein Unglück.

Maximianus versahe sich nichts anders, als daß Galerius ungesäumt nach

Constantin. Jahr. 307.

32. Sein Tod. Anon. Vales. Zos. l. 2.

33. Vermählung Con-

nach Italien kommen werde, um den
Tod des Severus zu rächen. Er fürch=
tete so gar, daß dieser heftige und auf=
gebrachte Feind den Maximin mit sich
bringen möchte: und wie hätte er sich
den vereinigten Kräften dieser beyden
Prinzen widersetzen sollen? Er war
demnach auf eine Verbindung bedacht,
durch die er im Stande seyn könnte, sich
mitten unter einem so heftigen Unge=
witter zu erhalten. Er setzte Rom in Ver=
theidigungsstand, und eilte nach Gal=
lien, um sich den Constantin näher zu
verbinden, indem er ihm seine Tochter,
Flavia Maximiana Fausta, die er mit
der Eutropia gezeuget hatte, und welche
von Seiten der Mutter, die jüngste
Schwester der Theodora, der Stief=
mutter Constantins war zur Ehe gab.
Sie war zu Rom gebohren und erzogen.
Ihr Vater hatte sie von Kindheit an dem
Sohne des Constantius bestimmt.
Man sahe in seinem Pallaste zu Aquilda
ein Gemälde, wo die junge Prinzeßinn
dem Constantin ein goldenes Casquet
überreichte. Die Vermählung der
Minervine unterbrach dieses Project;
da sie aber vor dem Constantin ver=
starb, so ward dasselbe wieder hervor ge=
sucht, und es scheint, daß der Prinz in
diese

Constantin.
Jahr 307.
stantins.
Lact. c. 27.
Du Cange
Numm. Byz.
Till. art 11.
Incert. Pan.
c. 6. Baluze
in Lact. c. 25.

Constantin.
Jahr 307.

diese Verbindung gewilliget habe. Der Zustand, in welchem sich Maximianus damals befand, machte, daß man damit eilte; die Vermählung geschah zu Trier den ein und dreyßigsten März. Wir haben noch eine Lobrede, welche in Gegenwart beyder Prinzen ist gehalten worden. Die Mitgabe seiner Tochter bestand darinne, daß Maximianus seinem Schwiegersohne den Titel Augustus gab, ohne sich um die Einwilligung des Galerius zu bekümmern.

34.
Galerius belagert Rom.
Incert. Pan. c. 3. Lact. c. 27. Anon. Valef.

Dieser Prinz hatte nicht Willens, es einzuräumen. Voll Erbitterung und nur auf Rache bedacht, war er schon mit einer stärkern Armee, als des Severus seine, in Italien eingedrungen, und drohete mit nichts geringerem, als den Rath zu ermorden, das ganze Volk auszurotten, und die Stadt in einen Schutthaufen zu verwandeln. Er hatte Rom niemals gesehen, und kannte weder die Größe noch Stärke davon; er fand, daß ihr nicht leicht beyzukommen war, und sahe sich genöthigt, blos den Weg der Unterhandlungen einzuschlagen. Er schlug sein Lager zu Cerni in Umbrien auf, von wannen er zween seiner vornehmsten Officiere, den Licinius und Probus an den Maxentius abschickte,

welche

welche ihm den Vorschlag thun mußten, daß er die Waffen niederlegen, und sich der Gewogenheit eines Schwiegervaters überlassen sollte, der bereit wäre ihm alles einzuräumen, was er nicht mit Gewalt zu nehmen suchen würde.

Constantin. Jahr 307.

Maxentius aber war nicht so unvorsichtig, daß er in diese Schlinge gefallen wäre. Er griff den Galerius mit eben den Waffen an, die ihm gegen den Severus so nützlich gewesen waren, und machte sich die Unterhandlungen so zu Nutze, daß er einen grossen Theil seiner Truppen zum Durchgehen verleitete, die ohnedem schon mißvergnügt waren, daß sie gegen Rom, und von einem Schwiegervater gegen den Eidam gebraucht wurden. Ganze Regimenter verließen den Galerius, und warfen sich in Rom. Der übrige Theil der Armee ward durch dieses Beyspiel gleichfalls wankend gemacht, und Galerius war in Gefahr eben das Schicksal zu erfahren, als derjenige, den er gerochen hatte, als dieser sonst hochmüthige Prinz, durch die Noth gedemüthigt, sich den Soldaten zu Füssen warf, und sie mit Thränen bat, daß sie ihn nicht seinem Feinde ausliefern möchten; er brachte es auch durch Bitten und Ver-

35. Er ist genöthiget sich zurück zu ziehen.

Constantin. Jahr 307.

Versprechungen so weit, daß er einen Theil davon erhielt. Er brach hierauf sogleich sein Lager ab, und zog sich in aller Eil zurück.

36.
Er verwüstet unterwegens alles.

Um ihn auf dieser eilfertigen Flucht gar aufzureiben, war nur ein guter Anführer nebst einer mäßigen Anzahl Truppen nöthig. Er sahe dieses wohl ein; und um nun dem Feinde das Mittel ihm nachzusetzen zu benehmen, und zu gleicher Zeit seinen Soldaten ihre Treue zu belohnen, befahl er ihnen alle Felder zu verwüsten, und alle Lebensmittel zu verderben. Keinem Befehle ward jemals getreuer gehorcht. Die schönste Gegend Italiens erfuhr alle Ausschweifungen des Geizes, der Frechheit und der ungezämtesten Wuth. Mitten durch diese gräulichen Verwüstungen kam der Kayser, oder vielmehr die Geißel des Reichs wieder in Pannonien an, und das unglückliche Italien hatte Ursache daran zu denken, daß Galerius, der zwey Jahre vorher den kayserlichen Titel angenommen hatte, sich als einen Feind des römischen Nahmens erklärt und den Entwurf gemacht hatte, ihm eine andere Benennung zu geben, indem er es das dacische Reich genennt haben wollte, weil fast alle, die damals regierten, ihren

Ursprung gleich wie er, von den Barbarn hatten.

Maximianus war noch in Gallien. Aufgebracht gegen seinen Sohn, der sich aus Nachläßigkeit den Galerius hatte entwischen lassen, beschloß er, ihm die unumschränkte Gewalt zu nehmen. Er bat seinen Eidam, dem Galerius nachzusetzen, und sich mit ihm zu vereinigen, um den Maxentius seiner Würde zu berauben. Constantin fand sich ganz geneigt dazu; aber er konnte sich nicht entschlüßen, Gallien zu verlassen, wo seine Gegenwart nöthig war, um die Barbarn im Zaume zu halten. Nichts ist zweydeutiger als die Aufführung Maximians. Es scheint indeß, wenn man ihm Schritt vor Schritt nachgeht, daß er in nichts so fest entschlossen gewesen, als in der Begierde sich zum Herrn zu machen. Ohne Gefühl der Zärtlichkeit so wie der Gewissensbisse, eben so sehr Feind seines Sohnes als seines Eidams, suchte er einen durch den andern aufzureiben, um sie alle beyde aus dem Wege zu räumen. Er kehrte zurück nach Rom; der Verdruß, den Maxentius daselbst mehr geachtet und gehorcht zu sehen, und selbst nur als die Creatur seines Sohns betrachtet zu werden,

Constantin Jahr 307-37.
Maximianus kommt wieder nach Rom und wird daraus verjagt.
Lact. c. 28.
Incert. Pan. c. 3. Zos. l. 2. Eutropius. Zonar. t. 1. p. 644.

I. Theil.   F   setzte

Constantin.
Jahr 307.

setzte seiner Herrschsucht noch eine heftige Eifersucht an die Seite. Er zog unter der Hand die Soldaten des Severus wieder an sich, welche ehemals die seinigen gewesen waren; und noch ehe er sich ihrer recht versichert hatte, versammelte er das Volk und die Soldaten, stieg nebst dem Maxentius auf die Rednerbühne, und kehrte sich, nachdem er das Unglück des Staats beseufzt hatte, auf einmal mit einer drohenden Mine gegen seinen Sohn, beschuldigte ihn, daß er die Ursache dieses Unglücks sey, und riß ihm in einer angenommenen Hitze, den Purpur vom Leibe. Der erschrockene Maxentius warf sich den Soldaten in die Arme, welche von seinen Thränen, und noch mehr von seinen Versprechungen gerührt, den Maximianus mit allen möglichen Schimpfreden und Drohungen belegten. Vergebens sucht ihnen dieser vorzustellen, daß diese Heftigkeit von seiner Seite nur eine Verstellung sey, um ihren Eifer gegen ihren Sohn auf die Probe zu stellen; er sieht sich genöthigt Rom zu verlassen.

18. Maxentius nimmt ihm das Consulat.

Galerius hatte das Consulat in diesem Jahre dem Severus und Maximinus gegeben. Der erste war in den Staats

Staaten des Marentius nicht dafür angenommen worden, als welcher seinen Vater zum Consul, und zwar zum neunten mal ernannt hatte; so hatte auch Marimianus, da er dem Constantin die Würde eines Augustus gab, ihn nebst sich zum Consul gemacht, ohne sich um den Titel des Marimin zu bekümmern. Marentius nahm seinem Vater das Consulat, nachdem er ihn verjagt hatte, ohne ihm einen andern zum Nachfolger zu ernennen. Er erkannte sogar den Constantin nicht mehr für einen Consul, sondern ließ die öffentlichen Schriften mit den Consulaten des vorigen Jahrs, in folgenden Worten, unterschreiben: Nach dem sechsten Consulate. Es war dieses das Consulat des Constantius Chlorus und Galerius, welche alle beyde im Jahr 306 zum sechsten mal Bürgermeister gewesen waren.

Constantin. Jahr 307. Buch. Cycl. p. 238. Till. not. 15. sur Constant. Idacius.

Marimianus zog sich nach Gallien, um entweder den Constantin wider den Marentius zu bewafnen, oder auch ihn selbst aus dem Wege zu schaffen. Da ihm nun weder das eine noch das andere gelung, wagte er es, den Galerius, den Todfeind seines Sohnes, unter dem Vorwande aufzusuchen,

39. Marimianus sucht den Constantin, und hernach den Galerius auf. Lact. c. 29.

sich

Constantin Jahr 307.

sich mit ihm zu versöhnen, und sich mit ihm wegen der Mittel, dem Reiche wieder aufzuhelfen, zu berathschlagen; in der That aber nur Gelegenheit zu suchen, ihm das Leben zu nehmen, und an seiner Stelle zu regieren, indem er nirgends anders Ruhe zu finden glaubte, als auf dem Throne.

40. Abbildung des Licinius. Lact. c. 29. Zos. l. 2. Eutrop. Aur. Vict. Vict. Epit.

Galerius war zu Cärnthen in Pannonien. Untröstlich über das wenige Glück, das er gegen den Marentius gehabt hatte, und aus Furcht selbst angegriffen zu werden, wollte er sich an dem Licinius eine Stütze verschaffen, und ihn an die Stelle des Severus setzen. Er war ein Dacier, von eben so unbekannter Familie, als Galerius; dennoch rühmte er sich von dem Kayser Philippus abzustammen. Man weiß sein Alter nicht genau, aber er war älter als Galerius, und es war eine von den Ursachen, die diesen abhielt, ihn vorher, wie es gewöhnlich war, erst zum Cäsar zu machen, ehe er ihn zur Würde eines Augustus erhob. Sie hatten mit einander, von der Zeit an, da sie unter der Armee dienten, eine vertraute Freundschaft aufgerichtet. Licinius hatte nach der Zeit auf das Glück seines Freundes immer viel gerechnet, und durch seine

Tapfer-

Tapferkeit zu dem über den Narses er: *Conſtantin.* haltenen berühmten Siege viel beyge: *Jahr 307.* tragen. Er ward für einen großen Krieger gehalten, und ſahe allzeit ſehr auf eine gute Kriegszucht. Seine Laſter, die größer waren als ſeine Tugenden, hatten nichts beleidigendes für einen Mann wie Galerius; er war hart, zornig, grauſam, ungeſittet, niederträchtig, geitzig, unwiſſend, den Wiſſenſchaften, den Geſetzen und Sitten gram; er nannte die Wiſſenſchaften das Gift des Staats; er verabſcheuete die Rechtsgelehrſamkeit, und machte ſich, als er Kayſer war, ein Vergnügen daraus, die angeſehenſten Philoſophen zu verfolgen, und ſie aus Haß und Eigenſinn mit Strafen zu belegen, die nur für Sclaven gehörten. Doch gieng er mit zweyerley Arten anderer Leute gelinder um: mit den Ackerleuten und dem Landvolke überhaupt. Er hielt die Verſchnittenen und Hofbedienten ſehr kurz, und pflegte ſie immer mit jenen Inſecten zu vergleichen, die beſtändig an derjenigen Sache nagen, an welche ſie ſich anhängen.

Um die Erwählung des Licinius *Diocletia-* 41. noch anſehnlicher zu machen, ließ Ga: *nus ſchlägt* lerius den Diocletianus dazu einla: *das Kayſer-* *thum aus.* den. *Vict. Epit.*

Constantin. Jahr 307.

den. Dieser versprach zu kommen; er verließ seinen ruhigen Aufenthalt zu Salona, und erschien wieder am Hofe mit einer sanften Majestät, welche die Augen auf sich zog, ohne zu blenden, und Ehrfurcht erwarb, die mit keiner Furcht vermischt war. Maximianus, der von dem Verlangen zu regieren, so wie von einem hitzigen Fieber, hingerissen ward, wollte heimlich auch noch seinen alten Collegen, der ein Philosoph geworden war, ermuntern, den Purpur wieder zu ergreiffen, und die Ruhe dem Reiche wieder zu geben, welches in den Händen so viel junger Beherrscher nichts weiter war, als der Ball ihrer Leidenschaften. Bey dieser Gelegenheit gab ihm Diocletianus folgende schöne Antwort: Ach! wenn du zu Salone das schöne Obst und die unvergleichlichen Hülsenfrüchte sehen solltest, die ich mit eigenen Händen pflanze, du würdest mir nie von der Regierung etwas vorreden! Einige Schriftsteller sagen, daß Galerius sich mit dem Maximianus vereinigt habe, um dem Diocletianus diesen Vorschlag zu thun. Wenn dieser Umstand wahr wäre, so könnte es doch weiter nichts, als eine Verstellung,

und

und ein bloßes Compliment von Sei- |Constantin.
ten dieses Prinzen seyn, welcher nicht |Jahr 307.
eben Lust hatte, eine Stufe zurück zu
treten: daß es aber dem Maximianus
ein Ernst gewesen sey, dafür steht uns
seine Herrschsucht.

 Es geschah demnach in Gegenwart   42.
und mit Einwilligung der beyden alten Licinius
Kayser, daß Galerius den Licinius Augustus.
mit dem Titel Augustus beehrte. Es Noris. de
geschah den eilften November 307, und num. Licin.
er gab ihm, wie man dafür hält, indeß Till. n. 19.
Pannonien und Rhätien zu seinem sur Constant.
Theile, bis es ihm alles, was Maxentius hatte, würde geben können, welches er balde im Stande zu seyn hoffte.
Licinius nahm die Nahmen Cajus
Flavius Valerius Licinianus Licinius an; er setzte noch den Zunahmen
Jovius hinzu, welchen Galerius vom
Dioclerianus entlehnt hatte.

 Constantin, den man bey dieser   43.
Wahl nicht zu Rathe gezogen hatte, Maximi-
schwieg ganz stille dazu. Maxentius nus fährt
machte seiner Seits seinen Sohn den fort die Erb-
M. Aurelius Romulus zum Cäsar. folgen.
Aber der Unwille des Maximinus brach 307.
in kurzem aus. Um dem Galerius
ein Compliment zu machen, und um
bey ihm den Vorzug vor dem Licinius

   F 4   zu

Constantin. Jahr 307.

zu haben, der ihn schon zur Eifersucht zu reitzen anfieng, hatte er seine Wuth und Grausamkeit gegen die Christen verdoppelt. Der Präfectus über Aegypten, Mennas, war ein Christ: und als Maximin dieses erfuhr, schickte er den Hermogenes ab, daß er von seiner Stelle Besitz nehmen, und ihn abstrafen sollte. Der neue Präfectus that was ihm befohlen war, und ließ seinen Vorgänger auf die grausamste Art martern. Die Standhaftigkeit desselben aber, und verschiedene Wunderwerke, welche vor seinen Augen geschahen, machten ihn wankend, daß er sich selbst bekehrte, und ein Christ ward. Maximin, der darüber in die äußerste Wuth gerieth, kam nach Alexandrien, ließ ihnen beyden die Köpfe abschlagen, und um selbst seine Hände in das Blut der Märtyrer zu tauchen, stach er mit eigener Hand den Eugraphus, einen Bedienten des Mennas über den Haufen, welcher sich unterstand die verbotene Religion vor dem Kayser zu bekennen. Ich habe nicht zur Absicht alle Triumphe der Märtyrer den Augen meiner Leser vorzustellen: es gehört dieses in die Geschichte der Kirche, deren Ehre und Vertheidigung sie waren. Ich will nur die vornehmsten Begeben=

gebenheiten von der Art anführen, an welchen die Kayser selbst unmittelbar Theil gehabt haben.

Constantin.
Jahr 307.

Die Edicte des Maximin erfüllten den ganzen Orient mit Galgen, Scheiterhaufen und Gräbern. Die Statthalter beeiferten sich um die Wette der Grausamkeit des Prinzen zu dienen. Der Präfectus in Palestina, Urbanus, that sich vor andern hervor, und die Stadt Cäsarea ward mit Blute gefärbt. Er besaß daher auch die Gunst des Tyrannen ganz. Seine barbarische Gefälligkeit deckte alle andern Laster zu, die er auf Unkosten der Christen ungestraft begehen zu können hoffte. Aber Gott, den er in seinen Dienern angrif, öfnete dem Prinzen die Augen über den Räubereyen und Ungerechtigkeiten des Präfects. Urbanus ward vor dem Angesichte des Maximin überführt, der nun gegen ihn ein unerbittlicher Richter ward, und durch die Verdammung desselben zum Tode, ohne daß es seine Absicht war, die Märtyrer an dem rächte, der so viel ungerechte Verdammungsurtheile gegen sie ausgesprochen hatte. Firmilianus, der auf den Urbanus folgte, und so, wie dieser, der treue Diener der Bluturtheile des Tyrannen war, ward

44.
Bestrafung des Urbanus und Firmilianus.
Euf. Hift.
Mart. Pal. c.
7. etc. 11.

F 5 auf

auf gleiche Weise das Opfer der göttlichen Rache, indem ihm nach einigen Jahren der Kopf abgeschlagen ward.

Obgleich die Strenge, welche Maximin gegen die Christen ausübte, seiner Grausamkeit nichts kostete, so fühlte er sich doch durch den Vorzug, den dieser Prinz dem Licinius gab, um so viel mehr beleidigt, iemehr er sich dem Willen des Galerius gemäß zu bezeugen bemühet hatte. Er wollte mit dem dritten Platze im Reiche nicht zufrieden seyn, nachdem er schon den zweyten besessen hatte. Er führte Klagen darüber, die allemal mit Drohungen vermischt waren. Galerius schickte, um ihn zu besänftigen, zu verschiedenen malen Deputirte an ihn; er führte ihm die vergangenen Wohlthaten zu Gemüthe; er bat ihn so gar in seine Absichten einzuschlagen, und vor den grauen Haaren des Licinius Ehrerbietung zu haben. Maximin, den dieses bescheidene Verfahren noch trotziger und kühner machte, versicherte, daß, da er seit drey Jahren mit dem Purpur der Cäsars bekleidet gewesen, er nie gutwillig einem andern den Rang lassen würde, der ihm gehörte. Galerius, der das Recht zu haben glaubte, eine gänzliche Unterwerfung von ihm fodern

Constantin Jahr 308.

45. *Maximin nimmt den Titel Augustus an.*
Lact. c. 33.
Euf. Hist. l. 8. c. 13. Numism. Mezzab. et Bandury. Toinard et Cuper in Lact.

dern zu können, warf ihm vergeblich seine Undankbarkeit vor: er mußte der Hartnäckigkeit seines Nefen nachgeben. Um ihn nun, wenn es möglich wäre, zu befriedigen, schaffte er den Nahmen Cäsar gar ab; er erklärte sich, daß er und Licinius den Titel Augustus führen wollten; Maximin und Constantin aber sollten nicht mehr Cäsare, sondern Söhne der Augusten heißen. Man siehet aus den Münzen dieser beyden Prinzen, daß diese neue Benennung anfänglich angenommen ward. Maximin aber blieb nicht lange dabey, sondern ließ sich von seiner Armee zum Augustus ausrufen, und gab hierauf bey seinem Onkel vor, daß ihn die Soldaten mit Gewalt dazu gezwungen hätten. Galerius, der sich genöthigt sahe darein zu willigen, verließ den gemachten Plan, und befahl, daß alle vier Prinzen für Auguste sollten erkannt werden. Ohne Zweifel behielt Galerius unter ihnen den ersten Rang. Ueber die Ordnung der drey andern ward gestritten. Licinius war der zweyte nach der Meynung des Galerius, als welcher dem Constantin keinen andern als den letzten Platz einräumte. Maximin setzte sich selbst über den Licinius, und allem

Constantin. Jahr 308.

Anse-

Ansehen nach, ward Constantin in seinen Staaten den beyden andern vorgesetzt. Auf der andern Seite erkannte Maxentius keinen andern als sich selbst für den Augustus; doch war er nach der Zeit geneigt, diesen Titel auch dem Maximinus mitzutheilen. Endlich aber endigten sich alle diese Rangstreitigkeiten durch den unglücklichen Tod dieser Prinzen, indem einer nach dem andern dem Glück und den Verdiensten Constantins Platz machte.

Constantin. Jahr 308.

Maximianus, ein bloßer Titularkayser, weil er weder Unterthanen noch Geschäfte hatte, als die ihm seine unruhige Neigung auferlegte, war bey diesen neuen Einrichtungen gar nicht mit gerechnet worden. Er war von der Zeit an mit dem Galerius zerfallen; es scheint aber, daß sie zu Anfange dieses Jahrs in ziemlich gutem Vernehmen mit einander standen, weil man in den Verzeichnissen der Bürgermeister das zehnte Consulat des Maximians mit dem siebenden des Galerius vereinigt antrift. Maxentius, der weder den einen noch den andern erkannte, ließ vier Monate verstreichen, ohne Bürgermeister zu ernennen; endlich aber ernannte er sich selbst, nebst seinem Sohne

46. Maximianus Consul. Till. not. 21. sur Constant.

Romu-

Romulus, den zwanzigsten April da- zu, und setzte es auch im folgenden Jahre mit ihm fort.

Nachdem er sich in Italien ruhig sahe, schickte er Bildnisse von sich nach Africa, um sich daselbst erkennen zu las- sen. Er eignete sich diese Provinz zu; sie war eine von denen, die man dem Severus genommen hatte. Die carthaginensischen Truppen, die den Maxentius als einen Usurpator ansa- hen, versagten ihm den Gehorsam; und aus Furcht, daß der Tyrann sie mit ge- wafneter Hand dazu zwingen möchte, nahmen sie längst dem Ufer des Meeres hin den Weg nach Alexandrien, um sich in die Staaten des Maximin zu zie- hen. Da sie aber unterwegens Truppen antrafen, die ihnen überlegen waren, warfen sie sich auf Schiffe, und kehrten wieder nach Carthago zurück. Maxen- tius, über diesen Widerstand aufge- bracht, beschloß anfänglich selbst nach Italien zu gehen, und die Häupter der Rebellen in Person zu bestrafen; er ward aber durch die Wahrsager zu Rom zurück gehalten, welche ihn versi- cherten, daß die Eingeweide der Opfer- thiere ihm kein Glück versprächen. Eine andere und wichtigere Ursache war, daß
er

Constantin. Jahr 308.

47.
Alexander wird zu Car- thago zum Kayser er- nannt
Zos. l. 2. Au- rel. Vict. Vict. Epit.

er den Widerstand des Statthalters in
Africa, Nahmens Alexander, der einen großen Anhang im Lande hatte, befürchten mußte. Um sich nun von seiner Treue zu versichern, bat er sich den
Sohn desselben zu einem Unterpfande
aus. Es war dieses ein junger sehr
schöner Mensch, und der Vater, dem
die schändlichen Ausschweifungen des
Maxentius zu Ohren kamen, trug Bedenken ihn der Gefahr unter den Händen desselben auszusetzen. Als hierauf
Mörder nach dem Alexander waren
ausgeschickt worden, und man diese entdeckte, wurden die Soldaten darüber
noch mehr aufgebracht, und riefen den
Alexander zum Kayser aus. Er war
nach einiger Meynung ein Phrygier,
nach anderer aber ein Pannonier von
Geburt. Vielleicht war er in einer dieser Provinzen gebohren, und seine Vorfahren stammten aus der andern ab.
Alle kommen indeß darinne überein, daß
er eines Bauern Sohn gewesen, welches ihn aber der Regierung nicht un-
würdiger machte, als den Galerius,
den Maximin und Licinius. Er er-
setzte aber diesen Mangel durch keine andere gute Eigenschaft. Er war von
Natur schon furchtsam und faul, und
war

Constantin. Jahr 308.

war es ietzt durch das Alter noch mehr geworden. Indessen hatte er keine gröſſern Verdienſte nöthig, um ſich drey Jahre lang gegen den Maxentius zu behaupten, wie wir in der Folge ſehen werden.

Conſtantin. Jahr 308.

Zween Charactere, wie des Maximians und Galerius, konnten nicht lange vereinigt bleiben. Der erſte, aus Rom verjagt, von Italien ausgeſchloſſen, endlich genöthigt Illyrien zu verlaſſen, hatte keine Freyſtadt mehr als beym Conſtantin. Aber ob er gleich alles verlohren hatte, ſo verlohr er doch die Luſt zu regieren nicht, wenn er auch das ärgſte Verbrechen hätte begehen ſollen. Indem er ſich demnach in die Arme ſeines Eidams warf, faßte er zugleich den abſcheulichen Vorſatz ihm die Crone und das Leben zu rauben. Um ſeine böſen Abſichten noch beſſer zu verbergen, legte er noch einmal den Purpur ab. Die Großmuth ſeines Eidams aber ließ ihm noch alle Ehre und Vortheile davon genieſſen. Conſtantin nahm ihn in ſeinen Pallaſt, und unterhielt ihn prächtig; er gab ihm überall, wo er ſich mit ihm befand, die rechte Hand; er befahl, daß man ihm mehr Ehrerbietung und Gehorſam bezeugen

48. Maximianus legt den Purpur zum zweyten mal ab. Lact. c. 29. Eum. Pan. c. 14 et 15.

Constantin.
Jahr 308.

zeugen sollte, als seiner eigenen Person; er selbst ließ sichs angelegen seyn, ihm zu gehorchen. Man hätte sagen können, Maximianus sey Kayser, und Constantin nur Minister.

Jahr 309.
49.
Er nimmt ihn wieder.
Eum. Pan. c. 16. Lact. c. 29.

Die Brücke, die dieser Prinz zu Cölln bauen ließ, machte die Barbarn jenseits des Rheins schüchtern, und diese Schüchternheit brachte ganz entgegen gesetzte Wirkungen hervor. Einige zitterten und baten um Friede; die andern entrüsteten sich, und griffen zu den Waffen. Constantin, der zu Trier war, versammelte seine Truppen, und nach dem Rathe seines Schwiegervaters, dessen Alter und Erfahrung für ihn sprachen, und in dessen Freymüthigkeit er kein Mißtrauen setzen konnte, nahm zu diesem Feldzuge nur ein abgetheiltes Heer von der Armee mit. Die Absicht des ungetreuen Alten war, die Truppen, die man ihm lassen würde, zum Abfall zu verleiten, wenn indeß sein Eidam, mit dem kleinen Ueberreste, unter der Menge der Barbarn unterliegen würde. Einige Tage darnach, als er den Constantin schon tief genug in dem feindlichen Lande vermuthete, nahm er den Purpur zum drittenmal, bemächtigte sich der Schätze, verschleuderte das Geld,

Geld mit vollen Händen, schrieb an alle Legionen, und that ihnen große Versprechungen. Und um endlich ganz Gallien zwischen sich und dem Constantin zu haben, marschirte er in kleinen Tagereisen gegen Arles, und zehrte unterwegens alles auf, damit man ihm nicht so leicht nachsetzen könnte; er ließ auch überall das Gerücht ausbreiten, daß Constantin gestorben sey.

Diese falsche Nachricht aber ward bald widerlegt. Constantin, der die betrügerischen Streiche seines Schwiegervaters erfuhr, kehrte mit unglaublicher Geschwindigkeit zurück. Der Eifer seiner Soldaten übertraf seine Wünsche. Sie waren kaum einen Augenblick aufzuhalten, um etwas Nahrung zu sich zu nehmen; die Begierde sich zu rächen gab ihnen alle Augenblicke neue Kräfte; sie flogen, ohne einen Augenblick auszuruhen, von den Ufern des Rheins, bis an die Ufer der Saone. Der Kayser ließ sie, um ihnen eine Erleichterung zu verschaffen, zu Chalon einschiffen; sie wurden aber über die Langsamkeit dieses trägen Flusses unwillig; sie griffen nach den Rudern, und die Rhone selbst schien ihnen nicht schnell genug. Sie fanden den Maximianus zu Arles nicht mehr;

Constantin. Jahr 309.

50. *Constantin geht auf ihn los. Eum. Pan. c. 18. Lact. 29.*

denn

Constantin.
Jahr 309.

denn da er nicht Zeit genung gehabt hatte, die Stadt in Vertheidigungsstand zu setzen, war er nach Marseille geflüchtet. Sie trafen indeß doch die meisten ihrer Compagnons an, die, da sie dem Usurpator nicht hatten folgen wollen, sich dem Constantin zu Füssen warfen, und wieder zu ihrer Pflicht zurück kehrten. Vereinigt eilen sie nun auf Marseille los, und ob sie gleich die Festigkeit dieser Stadt kennen, so versprechen sie sich doch dieselbe mit Sturm zu erobern.

51.
Er versichert sich seiner Person.
Eum. Pan. c. 19 et 20.
Lact. c. 29.

In der That machte sich auch Constantin sogleich Meister vom Hafen, und ließ hierauf die Stadt mit Sturm angreifen; sie wäre auch gewiß erstiegen worden, wenn die Sturmleitern nicht zu kurz gewesen wären. Dem ohngeachtet suchten sich doch einige Soldaten durch Springen zu helfen, wobey sie sich von ihren Camaraden unterstützen liessen, so daß sie bis oben auf die Mauer kamen, als der Kayser, um das Blut der Soldaten und der Einwohner zu schonen, zum Abmarsche blasen ließ. Da sich Maximianus auf der Mauer sehen ließ, näherte Constantin sich ihm, und stellte ihm mit Sanftmuth das Ungeziemende und Ungerechte seines Verfahrens vor. Indem nun der Alte

die

die anzüglichsten Schimpfreden aus= Constantin.
stieß, öfnete man indeß, ohne daß er es Jahr 309.
wußte, eins von den Thoren der Stadt,
und ließ die feindlichen Soldaten hinein.
Diese bemächtigten sich sogleich des
Maximians, und führten ihn vor den
Kayser, welcher, nachdem er ihm alle
seine Laster vorgehalten hatte, ihn genung zu bestrafen glaubte, wenn er ihm
den Purpur nähme, und das Leben ließe.

Dieser stolze und unruhige Geist, der Jahr 310.
weder mit dem Titel eines Kaysers ohne 52.
Staaten, noch mit der Ehre eines Re- Tod des
genten ohne den Titel Kayser, zufrieden Maximi-
gewesen, konnte sich noch weniger in die ans.
Erniedrigung schicken, zu welcher er La. c. 30.
herab gesunken war. Das letzte, was Euf. Hist. l. 8.
                                        c. 18. Eutro-
ihm seine Verzweiflung noch eingab,   pius. Vict. E-
war der Entschluß seinen Eidam umzu- pit. Idacius,
bringen; aus Unvorsichtigkeit aber,   Orosius. l. 7.
                                      c. 28. Till.
welche Gott insgemein den Lastern zuge- art. 17.
sellt, um ihren Fortgang zu hindern,
offenbarte er es seiner Tochter Fausta,
der Gemahlinn Constantins. Er
wendet Bitten und Thränen an; er verspricht ihr einen anständigern Gemahl;
er verlangt weiter nichts, als daß sie
ihm das Schlafzimmer Constantins
offen lassen, und dafür sorgen solle,
daß man nicht sehr auf ihn Achtung
G 2   gäbe,

gabe. Fausta stellt sich von seinen
Thränen bewegt, verspricht ihm alles,
und gehet, und hinterbringt es sogleich
ihrem Gemahl. Man nimmt hierauf
alles vor, was zu einer vollkommenen
Ueberführung beytragen konnte. Man
legt einen Verschnittenen an statt des
Kaysers ins Bette. Mitten in der
Nacht kommt Mariinian; findet alles, wie er es verlanget; die wenigen
Wächter hatten sich entfernt; doch sagte
er ihnen im Vorbeygehen, daß er einen
seinen Sohn betreffenden wichtigen
Traum gehabt, und ihm denselben erzählen müsse. Er geht ins Schlafzimmer, ersticht den Verschnittenen, und
geht voller Freuden wieder weg, indem
er sich des ausgeführten Streichs rühmt.
Sogleich erscheint der Kayser, von der
Leibwache umgeben. Man zieht den
Ermordeten aus dem Bette, und Mari-
mian bleibt vor Erstaunen versteinert
stehen. Man wirft ihm seine mörderische Grausamkeit vor, und überläßt
ihm nur blos noch die Wahl der Art des
Todes. Er beschlüßt, sich mit eigenen
Händen zu erwürgen; eine schimpfliche
Strafe, die er aber sowohl zu leiden,
als selbst an sich auszuüben, verdient
hatte. Doch ward ihm ein ehrliches Be-
gräb-

gräbniß nicht versagt. Nach dem Be- | Constantin,
richte einer alten Chronike, glaubte man | Jahr 310.
ums Jahr 1054 seinen Körper zu Mar-
seille gefunden zu haben, und zwar ganz
in einem bleyernen Sarge, der in einer
marmornen Gruft stand. Der dama-
lige Erzbischof zu Arles, Rainhald
aber, ließ den Körper dieses Verfol-
gers, nebst dem Sarge und dem Grab-
male ins Meer werfen. Constantin,
der noch großmüthig genung war, um
die letzte Ehre einem so untreuen Schwiegervater nicht zu versagen, wollte zu
gleicher Zeit seine Laster durch eine Beschimpfung ahnden, die im römischen
Reiche öfters gegen verabscheuete Prinzen war gebraucht worden. Er ließ
seine Bildsäulen umwerfen, und alle
Aufschriften auslöschen, ohne selbst die
Denkmäler zu schonen, die er mit dem
Diocletian gemein hatte. Maxentius, der seinen Vater, bey desselben
Lebzeiten, nie geachtet hatte, machte nun,
nach seinem Tode, einen Gott aus ihm.

Maximianus lebte, nach dem Zeug- | §.
nisse des jüngern Victors, nicht länger, | Herrschsucht
als sechzig Jahr. Er war bey nahe zwan- | und Eitel-
zig Jahre Mitregent des Diocletian | keit Maxi-
gewesen. Während den fünf ersten Jah- | mians.
ren seines Lebens, war er beständig der | Vict. Epit.
                                        | Mamertini
                                        | Pan. c. 1. ex.
              Vat | Pan. c. 8.

Daß seiner Herrschsucht, einmal ums andere versucht die höchste Gewalt zu nehmen, und gezwungen, sie wieder nieder zu legen; unglücklicher, nachdem er die Süßigkeiten derselben geschmeckt hatte, als er es im Staube seiner Niedrigkeit gewesen, die er sogleich vergaß, als er derselben entgangen war. Die Lobredner, die Verderber der Prinzen, wenn weder der Redner noch der Held Philosophen sind, verstanden sich mit ihm, ihn zu verführen. Er hatte den Nahmen Herculius angenommen, und dieser war für die Schmeicheley der einen, so wie für die Eitelkeit, des andern, ein unstreitiger Titel des Adels, der bis auf den Hercules zurück gieng. Damit nun niemand seinen wahren Ursprung erfahren möchte, ließ er nahe bey Sirmium, auf der Stelle, wo die Hütte stand, in welcher sein Vater und Mutter sich ihrer Hände Arbeit genähret hatten, einen Pallast aufbauen.

Er starb zu Marseille zu Anfange des Jahrs 310, welches in den Jahrbüchern folgendergestalt bemerkt ist: das zweyte Jahr nach dem zehnten und siebenden Consulate. Es war dieses das Consulat des Maximian und Galerius im Jahr 308. Da Galerius für die beyden folgenden Jahre keine Bürgermei-

Constantin. Jahr 310.

54. Consulate. Idacius, Till. ayl. 14. et not. 25. sur Constant. Pagi in Bar.

germeister ernannt hatte, so wurden sie von diesem Consulate benannt. Der Herr von Tillemont sage, was er will, so muthmaße ich doch, daß Andronicus und Probus, die in dem Verzeichniße des Theon als Bürgermeister vom Jahr 310 angegeben werden, von dem Galerius nur erst nach dem Tode des Maximinian darzu ernennet worden. Er wollte nicht, daß man ferner die öffentlichen Schrifften mit dem Consulate eines Fürsten unterzeichnen sollte, welcher eines so schimpflichen Todes gestorben war. In Italien hatte sich Maxentius allein zum drittenmale zum Consul gemacht, ohne seinen Sohn Romulus, so wie in den beyden vorhergehenden Jahren, zum Collegen zu nehmen. Es nehmen daher einige Anlaß zu glauben, daß dieser junge Prinz im Jahr 309 gestorben sey. Sein Vater ließ ihn unter die Zahl der Götter setzen.

Der Aufruhr des Maximian hatte den kriegerischen Geist der Barbarn wieder aufgeweckt: der unglückliche Ausgang desselben aber machte, daß sie die Waffen wieder niederlegten. Da man von ihren Bewegungen die erste Nachricht erhielt, setzte sich Constantin gegen den Rhein in Marsch; er erfuhr aber

Constantin. Jahr 310.

53. Constantin bringt dem Apollo Opfer. Eum. Pan. c. 21.

sogleich mit dem zweyten Tage, als er einem berühmten Tempel des Apollo nahe kam, von dem uns die Geschichte des Ort nicht anzeigt, daß alles wieder ruhig sey. Er ergriff daher die Gelegenheit, diesem Gotte wegen seiner Siege Dank abzustatten; er that es mit einem ganz besondern Dienste, wie man auf seinen Münzen siehet, und brachte ihm sehr prächtige Opfer.

Constantin. Jahr 310.

36. Er verschönert die Stadt Trier. Eum. Pan. c. 22.

Hierauf setzte er seinen Marsch bis nach Trier fort, und ließ sich angelegen seyn diese Stadt zu erneuern und zu verschönern, weil er sich meistentheils allda aufhielt. Er richtete die seit langer Zeit zerstörten Mauern wieder auf; er bauete einen Circus, fast eben so groß, als der zu Rom, bedeckte Gänge, einen öffentlichen Platz, und ein Rathhaus; alles prächtige Gebäude, wenn man dem Eumenes glaubt, der bey dieser Gelegenheit dem Prinzen eine Lobrede hielt.

37. Krieg wider die Barbarn. Nazar. Pan. c. 18. Euf. Vit. l. 1, c. 25. Münzen.

Die Ruhe des Constantin war für die Barbarn jenseits des Rheins das Zeichen zum Kriege. Sobald sie ihn mit diesen Werken beschäfftigt sahen, griffen sie wieder zu den Waffen; anfänglich abgesondert; hernach aber machten sie einen fürchterlichen Bund unter einander und stießen ihre Truppen zusammen. Es
waren

waren die Bructerer, die Chamaver, die Cherusker, die Vangionen, die Allemannier und die Tubanten. Diese Völkerschaften hatten den größten Theil der Länder zwischen dem Rhein, dem Meere, der Weser und den Quellen der Donau inne. Der Kayser, der selbst mitten im Frieden zum Kriege stets bereit war, marschirte bey den ersten Unruhen sogleich gegen sie, und that bey dieser Gelegenheit das, was er bey Galerius im Kriege gegen die Perser hatte thun sehen. Er verkleidete sich, gieng mit zween seiner Officiere bis ans feindliche Lager, ließ sich mit den Barbarn in ein Gespräch ein, und beredete sie, daß Constantin abwesend sey. Er begab sich hierauf sogleich wieder zu seiner Armee, überfiel die Barbarn, da sie es am wenigsten vermutheten, richtete ein großes Blutvergießen unter ihnen an, und nöthigte sie zum Zurückzuge. Vielleicht war es dieses Sieges wegen, daß man in diesem Jahre anfieng ihm den Titel Maximus auf den Münzen zu geben, den ihm die Nachwelt auch gelassen hat. Es riefen ihn nun einige Bewegungen der Picten und Caledonier nach Großbritannien, und auch hier stellte er die Ruhe wieder her.

Constantin. Jahr 310.

Wäh=

Constantin
Jahr 310.
58.
Neue Geld-
erpressungen
des Gale-
rius.
Lact. c. 31.

Während daß Gott die moralischen Tugenden des Constantin durch diese glücklichen Zufälle belohnte, bestrafte er auch die Rasereyen des Galerius, welcher das Feuer der Verfolgung zuerst angezündet hatte, und es mit eben so viel Heftigkeit unterhielt. Dieser Prinz hatte sich nach der Erwählung des Licinius nach Sardich begeben. Aus Schaam, vor einem Feinde geflohen zu seyn, den er verachten zu können glaubte, voll von Wuth und Rachgier, suchte er wieder nach Italien zurück zu kehren, und alle seine Kräfte zusammen zu nehmen, um den Maxentius zu unterdrücken. Noch eine andere Absicht beschäftigte seine Eitelkeit. Das zwanzigste Jahr, seitdem er Cäsar geworden war, sollte mit dem ersten März 312 zu Ende gehen. Die Prinzen zeigten, an einem solchen festlichen Tage, alle ihre Pracht; man nannte dieses Fest Vicennales. Der stolze Galerius, der sich weit über die drey andern Auguste hinweg setzte, machte schon von weiten Anstalt, dieser Ceremonie alle den Glanz zu geben, den er dem Haupte so vieler Monarchen für anständig hielt. Er hatte dazu ungeheure Geldsummen nöthig, um Getreyde, Weine, Zeuge von allerley Art,

die

die man bey dergleichen Festen unter das Volk mit Ueberfluß austheilte, einzukaufen. Seine natürliche Härte, und die Geduld seiner Unterthanen war für ihn eine Quelle, die er für unerschöpflich hielt. Ein neuer Schwarm von Einnehmern breitete sich über seine Staaten aus; diese raubten ohne Barmherzigkeit vollends alles, was ihre Vorgänger noch etwan übrig gelassen hatten. Man plünderte die Häuser; man jog die Einwohner aus; man nahm allen Vorrath von Früchten und Weine weg; ja selbst die Hofnung der zukünftigen Erndte ward geraubt, indem man dem Landmanne nicht einmal den Saamen für seine Felder ließ. Man wollte sogar durch allerhand Martern noch mehr von den armen Unterthanen erpressen, als ihnen das Feld trug, oder sie im Vermögen hatten. Diese elenden Leute mußten für Hunger und Kummer umkommen, um nur dem Prinzen genung zu verschwenden zu geben. Ueberall hörte man nichts als Klagen, als das fürchterliche Geschrey des Galerius auf einmal denen Gewaltthätigkeiten seiner Beammten, und denen Seufzern der Unterthanen Einhalt that.

Constantin. Jahr 310.

Er

Er ward von einer grausamen Krankheit gequält: es bestand diese in einem Geschwür am Perindo, welches sich allen Arzeneyen und allen Operationen widersetzte. Die Aerzte heilten zweymal die Wunde zu; aber zweymal brach sie wieder auf, und ließ so viel Blut von sich gehen, daß er beynahe den Geist darüber aufgab. Vergebens schnitt man Fleisch rings herum ab; dieses unheilbare Uebel griff immer weiter um sich, und nachdem es äußerlich alles weggefressen hatte, drang es bis in die Eingewaide, und erzeugte Würmer darinne, welche haufenweise aus denselben heraus kamen. Sein Bette war der Gerichtsstätte eines Missethäters ähnlich; sein schreckliches Geschrey, der garstige Gestank, der von ihm gieng, der Anblick dieses lebenden Gerippes, alles jagte Furcht und Entsetzen ein. Er hatte die menschliche Gestalt ganz verlohren; da die ganze Masse seines Körpers in Fäulniß gieng, und hinweg fiel, so blieben an dem obern Theile desselben nur Haut und Knochen übrig, so daß er weiter nichts mehr, als ein gelbes und ausgedrocknetes Squelet vorstellte; die untern Theile des Körpers aber waren dermaaßen angeschwollen, daß man weder

---

Constantin. Jahr 310. 59.
Seine Krankheit.
Lact. c. 33.
Euf. l. 9. c. 16. Anony. Valef. Aurel. Vict. Zof. l.2. Ruffin. l. 8. c. 18. Orofius. l. 7. c. 28.

weder die Gestalt der Beine noch der Füsse mehr sahe. Ein ganzes Jahr lang ward er mit diesen entsetzlichen Martern gequält; und da er von seinen Aerzten nichts mehr zu hoffen hatte, nahm er zu seinen Göttern Zuflucht. Er rief den Apollo und Aesculap um Hülfe an; und da die Opfer eben so unkräftig waren, als es die Arzeneymittel bisher gewesen, ließ er mit Gewalt alle berühmte Aerzte im Reiche zusammen holen, um seine unerträglichen Schmerzen an ihnen zu rächen; einige ließ er deßwegen umbringen, daß sie sich seinem Bette nicht nähern wollten, weil sie den ansteckenden Gestank von ihm nicht vertragen konnten; die andern deßwegen, daß sie nach allerhand Versuchen ihm doch die Schmerzen nicht erleichterten. Einer dieser Unglücklichen, den er ermorden lassen wollte, war aus Verzweiflung dreust geworden, und sagte zu ihm: „Sie betrügen sich, Prinz, wenn Sie „hoffen, daß Menschen eine Wunde hei„len können, welche Gott Ihnen ge„schlagen hat. Diese Krankheit rührt „von keiner menschlichen Ursache her; „sie ist den Gesetzen unserer Kunst nicht „unterworfen. Erinnern Sie sich der „Uebel, die Sie den Knechten Gottes

Constantin. Jahr 310.

„zuge-

„zugefügt, und des Krieges, den Sie ei-
„ner göttlichen Religion angekündigt
„haben, so werden Sie einsehen lernen,
„bey wem Sie Hülfe suchen müssen.
„Ich und meines gleichen können wohl
„das Leben verliehren, aber keiner von
„uns allen kann Sie gesund machen.

Constantin.
Jahr. 310.

Diese Worte drungen in das Herz
des Galerius, doch ohne es zu ändern.
An statt sich selbst schuldig zu erkennen;
an statt den Gott zu verehren, den er in
seinen Dienern verfolgt hatte, und den
Zorn desselben, durch Unterwerfung zu
entwaffnen, sahe er ihn als einen mächtigen und grausamen Feind an, mit dem
er tractiren müsse. Da ihn nun seine
Schmerzen aufs neue wieder angriffen,
schrie er, daß er die Kirchen wieder aufzubauen, und dem Gotte der Christen
Genugthuung zu verschaffen bereit sey.
Endlich ließ er während der schwarzen
Dunst einer ängstlichen Reue, die Grossen des Hofes an sein Bette kommen;
er befahl ihnen sogleich mit den Verfolgungen aufzuhören, und dictirte zu gleicher Zeit ein Edict, davon uns Lactanz
das Original aufbehalten hat. Hier ist
die Uebersetzung davon.

Jahr 311.
60.
Edict des
Galerius
zur Sicher-
heit der Chri-
sten.
Lact. c. 13.
34. Euf. Hist.
L 8. c. 17.

„Un-

„Unter andern Anordnungen, womit
„wir ohn Unterlaß das Glück unserer Constantin.
„Staaten zu befördern gesucht haben, Jahr 311.
„hatten wir uns auch vorgesetzt, alle
„den römischen Gesetzen und Gebräu=
„chen zuwider laufende Mißbräuche ab=
„zustellen, und die Christen, welche von
„den Gewohnheiten ihrer Väter abge=
„wichen sind, wieder zur Vernunft zu
„bringen. Wir betrübten uns, da wir
„sahen, wie sie von ihrem Eigensinne
„und Thorheit sich dergestalt hinreißen
„ließen, daß sie, an statt den alten Ge=
„bräuchen zu folgen, welche vielleicht
„von ihren Vorfahren selbst eingeführt
„waren, sich Gesetze nach ihrem eige=
„nen Gefallen machten, und das Volk
„durch hier und da angestellte Zusam=
„menkünfte verführten. Um diesen Un=
„ordnungen zu steuern, befahlen wir
„ihnen, sich den alten Verordnungen
„wieder zu unterwerfen; verschiedene
„haben aus Furcht gehorcht; andere
„aber, da sie nicht gehorchen wollten,
„sind bestraft worden. Da wir nun
„endlich eingesehen haben, daß die mei=
„sten bey ihrer Verstockung bleiben,
„denen Göttern den ihnen schuldigen
„Dienst nicht erweisen, und auch wohl
„selbst den Gott der Christen nicht mehr
anbe=

„anbeten: so haben wir durch unsere
„ausnehmende Gnade bewogen, und
„wie wir beständig gewohnt gewesen al-
„len Menschen Beweise von unserer
„Gütigkeit zu geben, die Wirkungen
„unserer Nachsicht auch bis auf sie er-
„strecken, und ihnen erlauben wollen,
„die Uebungen des Christenthums wie-
„der vorzunehmen, und ihre Zusam-
„menkünfte zu halten; doch mit der
„Bedingung, daß nichts den römischen
„Sitten zuwider laufendes dabey vor-
„genommen werde. Wir werden dem-
„nach durch ein anderes Edict allen
„Obrigkeiten vorschreiben, wie sie sich zu
„verhalten haben. Zur Dankbarkeit für
„diese Gnade, die wir den Christen er-
„zeigen, wird es ihre Pflicht seyn, ih-
„ren Gott für unsere Erhaltung, für
„die Wohlfahrt des Staats, so wie für
„die ihrige zu bitten, damit das Reich
„auf allen Seiten gesichert sey, und sie
„selbst ohne Gefahr und Furcht leben
„mögen.

Dieses wunderliche und sich widerspre-
chende Edict, das fähiger war Gott zu
erzürnen, als ihn zu besänftigen, ward im
Reiche bekannt gemacht, und am letzten
April im Jahre 311 zu Nicomedien angeschlagen, allwo die Verfolgung acht
Jahre

Jahre vorher, durch Niederreissung der
grossen Kirche ihren Anfang genommen
hatte. Vierzehn Tage darauf erfuhr man
allda den Tod dieses Prinzen. Er war
endlich zu Sardich, nach einer Marter
von ein und einem halben Jahre gestor-
ben, nachdem er dreyzehn Jahre und
zween Monate Cäsar, sechs Jahre aber
und einige Tage Augustus gewesen war.
Licinius war bey seinem Ableben ge-
genwärtig, und Galerius empfohl ihm
seine Gemahlinn, Valeria, und seinen
natürlichen Sohn, Candidianus, des-
sen traurige Begebenheiten wir in der
Folge erzählen werden. Er ward in Da-
cien, wo er gebohren war, unter die Erde
gebracht, an einem Orte, den er, nach dem
Nahmen seiner Mutter Romula, Ro-
mulianum genennet hatte. Um an Ei-
telkeit dem grossen Alexander zu glei-
chen, rühmte er sich eine ungeheuere
Schlange zum Vater gehabt zu haben.
Den Nahmen seiner ersten Gemahlinn
weiß man nicht; die Tochter, die er von
ihr hatte, gab er dem Maxentius zur
Ehe. So ausschweifend auch seine Le-
bensart war, hatte er doch viel Achtung
gegen Valerien gehabt, und sogar ihr
die Ehre erwiesen, daß er ein Stück von
Pannonien nach ihrem Nahmen benann-
te.

Constantin.
Jahr 311.

te. Er hatte zuvor dieser Provinz zu einer guten Strecke tragbarer Felder verholfen, indem er Wälder ausrotten, und einen See, Pelso genannt, austrocknen ließ, dessen Wasser in die Donau geleitet worden. Maxentius, der den Himmel gern mit neuen Gottheiten bevölkerte, machte einen Gott aus ihm, ob sie gleich in ihrem Leben Todfeinde gewesen waren; und nicht eher, als nach dem Tode des Galerius besann er sich, daß derselbe sein Schwiegervater sey, welchen Nahmen er ihm von der Zeit an, nebst dem Titel Divus auf seinen Münzen gab.

Ich kann nicht läugnen, daß verschiedene Heyden sehr vortheilhaft vom Galerius sprechen; sie rühmen seine Gerechtigkeit, und sogar auch seine guten Sitten. Aber außerdem, daß diese Lobsprüche nur in kurzen Auszügen stehen, wo keine nähern Umstände beygebracht sind, und man ihnen blos aufs Wort glauben soll, so kann auch der Eifer dieses Prinzen für die Religion, welcher diese Schriftsteller zugethan waren, leicht bey ihnen die Stelle der Verdienste vertreten haben. Vielleicht haben auch die christlichen Schriftsteller, aus einer entgegengesetzten Ursache, seine Laster ein wenig übertrieben. Es ist aber nicht zu glau-

Constantin.
Jahr 311.

62.
Verschiedenheit der Urtheile über den Galerius.
Eutropius.
Aurel. Vict.
Vict. Epit.

glauben, daß so berühmte Männer, der= | **Constantin.**
gleichen Lactanz und Eusebius wa= | **Jahr 311.**
ren, da sie unter den Augen der Zeitver=
wandten des Galerius schreiben, und
seine ganze Aufführung umständlich vor=
stellen, sich der Gefahr haben aussetzen
wollen, von so vielen Zeugen noch ganz
neuer und öffentlicher Begebenheiten wi=
derlegt zu werden. Wenn man nun die=
sen Prinzen nicht nach denen ihm zuge=
schriebenen Eigenschafften, sondern nach
denen Handlungen beurtheilt, die sie von
ihm erzählen, so findet man unter einer
Menge von Lastern weiter keine Tugend
an ihm, als die Tapferkeit im Kriege.

Er war, als er starb, zum achtenmal | **63.**
Consul. Die Verzeichniße stimmen in | **Consulate in**
Ansehung der Consulate von diesem Jah= | **diesem Jah=**
re nicht mit einander überein: einige ge= | **re.**
ben den Maximin zum zweytenmal dem | Lact. c. 35.
Galerius zum Collegen; andere aber | Till. not. 28.
den Licinius, und es ist gewiß, daß die=
ser vor dem folgenden Jahre Bürgermei=
ster gewesen war; einige führen auch den
Galerius allein als Consul an. Ma=
xentius ließ Rom und Italien ohne
Bürgermeister, bis in den Monat Se=
ptember, da er den Rufin und Eusebius
Volusianus dazu ernannte.

Max=

Maximin, der seinen Plan schon zuvor gemacht hatte, eilte sogleich, als er den Tod des Galerius erfuhr, herbey, um dem Licinius zuvor zu kommen, und sich Asiens bis an Propontis und an die chalcedonische Meerenge zu bemächtigen. Er machte seine Ankunft in Bithynien dadurch merkwürdig, daß er dem Volke Erleichterung verschaffte, und den gewaltsamen Erpressungen Einhalt that. Diese politische Großmuth gewann ihm aller Herzen, und machte, daß er bald mehr Soldaten beysammen hatte, als er deren verlangte. Licinius näherte sich ebenfalls. Die Armeen standen schon an beyden Ufern einander gegen über; anstatt aber Handgemein zu werden, kamen die Kayser selbst zu einer Unterredung auf der Meerenge zusammen, schworen einander eine aufrichtige Freundschafft, und verglichen durch einen Tractat, daß ganz Asien dem Maximin verbleiben, und die Meerenge beyden Reichen zur Grenze dienen sollte.

<small>Constantin. Jahr 311. 64. Theilung des Maximin und Licinius. Lact. c. 36.</small>

Nach einem so gütlichen Vergleiche, kam es nur auf den Maximin selbst an, wenn er glücklich und ruhig leben wollte. Dieser Prinz, der eben so wie Galerius und Licinius, aus den Wäldern Illyriens herkam, hatte dem ohngeachtet

<small>65. Aufschwellungen des Maximin. Vict. Epit. Lact. c. 38. Euf. Hist. l. 8. c. 14.</small>

tet keinen so plumpen Verstand. Er liebte die Wissenschaften, ehrte die Gelehrten und Philosophen. Vielleicht hatte es ihm nur an einer guten Erziehung und an bessern Mustern gefehlt, um den Hang zur Grausamkeit zu mildern, den er von Natur an sich hatte. Trunken aber von der höchsten Gewalt, zu welcher er nicht gebohren war; hingerissen durch das Beyspiel der andern Prinzen; durch die Gewohnheit, das Blut der Christen zuvergießen, endlich verwildert, schonte er seine eigenen Provinzen nicht mehr; er beschwerte das Volk mit Auflagen, und überließ sich allen Ausschweifungen ohne Vorbehalt. Er stand selten von der Tafel auf, ohne betrunken zu seyn, und der Wein machte ihn rasend. Da er bemerkte, daß er öfters in der Trunkenheit Befehle gegeben hatte, die ihn hernach wieder gereueten, so befahl er, daß alles, was er nach der Mahlzeit befehlen würde, nicht eher, als den folgenden Tag vollzogen werden sollte; eine schimpfliche Vorsicht, indem sie zugleich einen Beweis der Unmäßigkeit abgiebt, deren übeln Wirkungen sie zuvor kommen sollte. Verderbniß und Schwelgerey folgten ihm auf allen seinen Reisen nach; und sein Hof,

Constantin. Jahr 311.

Constantin.
Jahr 311.

der es ihm getreulich nachthat, ließ überall Spuren der Lüderlichkeit zurück. Er schickte nebst den Fouriren allemal einen Haufen Verschnittene, und andere Besorger seiner Ergötzlichkeiten voraus. Verschiedene Frauenzimmer, die zu keusch waren, als daß sie sich zu seinen Begierden wollten brauchen lassen, wurden auf seinen Befehl ersäuft, und die Männer anderer brachten sich selbst ums Leben. Frauenzimmer vom Stande, wenn er sie erst selbst entehrt hatte, gab er hernach seinen Sclaven; die gemeinern Standes waren, wurden dem ersten dem besten zu Theil, der sie verlangte. Er gab Anweisungen, und theilte öfters die vornehmsten Frauenzimmer als Belohnungen aus. Unglücklich wäre der Vater gewesen, der, der Verordnung des Kaysers zuwider, seine Tochter dem geringsten Soldaten von der Garde abgeschlagen hätte, welche fast alle Barbarn, oder aus ihrem Vaterland verjagte Gothen waren.

66.
Maximin hebt die Verfolgung auf.
Euſ. Hiſt. l. 9. c. 1.

Das Edict des Galerius zum Vortheil der Christen war in den Staaten des Constantin und Licinius publicirt worden, und sollte auch noch im ganzen Reiche bekannt gemacht werden. Maximin aber, dem es nothwendig miß-

mißfallen mußte, unterdrückte es, und gab sich alle Mühe, um es in seinen Staaten nicht bekannt werden zu lassen. Da er es aber doch nicht wagen durfte offenbar seinen Collegen zu widersprechen, so befahl er dem Sabinus, seinem Präfecto Prätorio mündlich, mit der Verfolgung aufzuhören. Dieser schickte an alle Statthalter der Provinzen ein Circularschreiben, worinnen er ihnen meldete, daß es nie die Absicht der Kayser gewesen sey, Menschen der Religion wegen auszurotten, sondern blos sie zu einer einförmigen Art des Gottesdienstes, wie er zu allen Zeiten eingeführt gewesen, anzuhalten. Da nun aber die Halsstarrigkeit der Christen nicht zu überwinden sey, so hätten sie alle gewaltsame Mittel bey Seite zu legen, und niemanden mehr wegen Bekennung der christlichen Religion zu beunruhigen.

Constantin.
Jahr 312.

Man gehorchte dem Maximin besser, als er es verlangte. Man ließ alle diejenigen auf freyen Fuß, welche wegen Bekenntniß des Nahmens Jesu Christi in die Gefängnisse geworfen, oder in die Steingruben verdammt worden waren. Die Kirchen wurden wieder voll, und der reinere Gottesdienst ward in denselben ohne Unruhe verrichtet.

67.
Loslassung der Christen.

Constantin.
Jahr 311.

tet. Es war dieses eine neue Morgenröthe, die selbst den Heyden in die Augen fiel und sie erfreuete. Sie selbst riefen, daß der Gott der Christen allein groß, allein der wahre Gott sey. Diejenigen unter den Gläubigen, welche während der Verfolgung herzhaft gestritten hatten, erschienen als Kämpfer mit Sieg und Ehre gecrönt; die aber untergelegen hatten, standen wieder auf, und unterwarfen sich mit Freuden einer strengen Buße. Man sahe die Straßen der Städte, und die Wege der Felder mit Bekennern angefüllt, welche mit rühmlichen Wunden bedeckt, gleichsam im Triumphe wieder in ihr Vaterland einzogen, und Gott zu Ehren Siegeslieder sangen. Alles Volk freuete sich über ihre Loslassung, und ihre Henker selbst wünschten ihnen Glück.

68.
Kunstgriffe gegen die Christen.
Euf. Hist. l. 9. c. 2 et 3. Lact. c. 36.

Der Kayser, dessen Befehle diese allgemeine Freude verursacht hatten, war der einzige, welcher nichts davon empfand; er ärgerte sich vielmehr darüber, so daß er es nicht länger, als sechs Monate mit ansehen konnte. Diese Freude endlich zu stören, glaubte er einen Vorwand gefunden zu haben, wenn er die Versammlungen bey den Gräbern der Märtyrer verböte. Hernach ließ er von den

den Stadtobrigkeiten Deputirte an sich schicken, welche ihn angelegentlich um die Erlaubniß bitten mußten, die Christen zu verjagen, und ihre Kirchen nieder zu reiſſen. Zu dieſen geheimen Kunſtgriffen bediente er ſich der Hülfe eines gewiſſen Theotecnus, einer obrigkeitlichen Perſon von Antiochien. Es war dieſes ein Mann, der mit einem hitzigen Kopfe eine aufs höchſte getriebene Bosheit verband. Als ein geſchworner Feind der Chriſten, hatte er ſie auf allerhand Art und Weiſe angegriffen, mit den gräulichſten Verläumdungen verhaßt gemacht, bis in die verborgenſten Oerter verfolgt, und eine groſſe Menge von ihnen umbringen laſſen. Maximin war ein Anhänger der Zauberkunſt; er that nichts ohne die Zauberer und die Orakel vorher um Rath gefragt zu haben; er gab auch denen Zauberern groſſe Würden und Freyheiten. Theotecnus, der gern durch einen Befehl vom Himmel eine neue Verfolgung erregt haben wollte, weyhete mit groſſen Ceremonien eine Bildſäule des Jupiter Philius, ein Titel, unter welchem dieſer Gott ſchon ſeit langer Zeit zu Antiochien war angebetet worden; und nach einem Gemiſche allerhand magiſcher Betrügereyen und abſcheu=

Conſtantin Jahr 311.

scheulicher abergläubischer Dinge, ließ er das Orakel reden, und wider die Christen ein Urtheil sprechen, daß sie aus der Stadt und dem ganzen Gebiete verbannt werden sollten.

Auf dieses gegebene Zeichen antworteten die Obrigkeiten aller andern Städte durch einen ähnlichen Ausspruch, und die Stadthalter, um sich dem Prinzen gefällig zu machen, hetzten sie unter der Hand dazu auf. Der Kayser, der sich stellte, als ob er dem Ansuchen der Deputirten nachgäbe, ließ auf eherne Tafeln ein Rescript eingraben, in welchem er erstlich seinen Unterthanen in prächtigen Ausdrücken wegen ihres Eifers im Dienste der Götter, und wegen des Abscheues, den sie gegen ein gottloses und strafbares Geschlecht bezeugten, Glück wünschte, und hernach den Christen alle Uebel zur Last legte, welche in den vergangenen Zeiten die Erde betroffen hatten, so wie er zugleich dem Schutze der Götter des Reichs alles Gute zuschrieb, das man damals genoß: den Frieden, z. E. eine gesunde und heitere Lufft, die Fruchtbarkeit der Felder. Er erlaubte den Städten, ihrem Ansuchen gemäß, und befahl ihnen sogar, alle diejenigen zu verbannen, welche hartnäckig im Irrthume beharren

Constantin. Jahr 311.

69. Edict des Maximins. Euseb. l. 9. c. 7.

ren würden. Er erbot sich dafür sie zu belohnen, und ihnen augenblicklich eine jede Gnade einzuräumen, um die sie bey ihm bitten würden.

Constantin. Jahr 311.

Man hätte soviel Umstände nicht nöthig gehabt, um die Wuth der Verfolgung wieder zu beleben. Alle Scheiterhauffen wurden wieder angezündet; alle wilden Thiere wurden wieder auf die Christen losgelaßen. Nie hatte es mehr Märtyrer und mehr Henker gegeben. Maximin las in ieder Stadt, unter den vornehmsten Einwohnern, gewisse zu Oberpriestern aus, welche alle Tage allen ihren Göttern Opfer bringen, und die Christen sowohl an öffentlicher als heimlicher Ausübung ihrer Religion hindern mußten; er befahl ihnen weiter, sich ihrer Personen zu bemächtigen, und sie zu nöthigen den Göttern Weyhrauch zu streuen, oder sie in die Hände der Richter zu überliefern. Um auf die Ausführung dieser Befehle ein wachsames Auge zu haben, setzte er in jeder Provinz einen hohen Priester ein, der aus den obrigkeitlichen Personen, die sich schon in öffentlichen Verrichtungen gezeigt hatten, gewählt ward; oder vielmehr, da die Einsetzung desselben schon etwas altes war, vermehrte er nur die Gewalt

70.
Die Verfolgung geht wieder an.
Euseb. l. 9. c. 4 et 6. Lact. c. 36. Valef. in Euf. p. 169.

dieser

dieser Hohenpriester, indem er ihnen eine Leibwache, und sehr ansehnliche Privilegien gab. Sie waren über alle Obrigkeiten erhaben; sie hatten das Recht in die Versammlungen der Richter zu kommen, und Sitz und Stimme dabey zu nehmen.

Constantin. Jahr 311.

71. Große Neigung Maximins zu den Opfern. Lact. c. 37.

Da der Aberglaube aller Laster fähig ist, so war auch Maximin den Opfern ganz und gar ergeben. Es gieng kein Tag vorbey, daß er nicht dergleichen in seinem Pallaste vornahm. Man nahm dazu die Heerden in den Feldern mit Gewalt weg. Seine Hofleute und seine Officiere lebten ganz von dem Fleische der Opferthiere. Er hatte sich so gar vorgesetzt, kein anderes Fleisch auf seine Tafel setzen zu lassen, als von Thieren, die am Fusse des Altars erwürgt, und schon den Göttern geopfert waren, um alle seine Gäste, durch Theilnehmung an seiner Abgötterey, zu beflecken.

72. Verläumdungen gegen die Christen.

Alle, welche sich bey dem Kayser beliebt machen wollten, bemüheten sich um die Wette den Christen zu schaden, und einer suchte es immer dem andern mit neuen Verläumbungen zuvor zu thun. Man schmiedete falsche Acten, unter dem Nahmen des Pilatus, welche mit Lästerungen gegen Jesum Christum ange-

angefüllt waren, und streuete sie, auf | Constantin.
Befehl des Maximin in alle Provin- | Jahr 311.
zen aus. Man befahl ten Schulmei-
stern, sie den Kindern in die Hände zu
geben, und auswendig lernen zu lassen;
man stiftete lüderliche Frauenspersonen
an, daß sie kommen, und sich vor den
Richtern für Christen ausgeben, und die
schändlichsten Mißhandlungen aussagen
mußten, welche die Christen in ihren
Tempeln mit ihnen sollten vorgenommen haben. Diese Aussagen wurden
aufgeschrieben, und sogleich im ganzen
Reiche herum geschickt.

Der gewöhnlichste Schauplatz der | 73.
Grausamkeiten des Maximin war Cä- | Verschiedene
sarea in Palestina. Allenthalben aber, wo | Märtyrer.
er nur gieng, waren seine Fußstapfen mit | Euf. l. 9. c. 6.
Blute der Märtyrer bezeichnet. Zu | er l. 8. c. 14.
Nicomedien ließ er unter andern den | L.a.Q. c. 36.
Lucian, einen berühmten Priester der | Euf. Mart.
Kirche zu Antiochien umbringen. Zu | Pal. c. 8.
Alexandrien, wohin, wie es scheint, er
sich öfters begab, ließ er dem Bischoffe
dieser Stadt, Peter, nebst einer grossen Anzahl anderer ägyptischen Bischöffe,
ingleichen einer Menge Gläubigen die
Köpfe abschlagen. Verschiedenen christlichen Frauenzimmern, denen er die
Ehre nicht hatte nehme können, ward
das

Constantin. Jahr 311.

das Leben genommen. Eusebius bemerkt davon besonders eine, die er aber nicht nennt; nach der Meynung des Baronius ist es diejenige, welche die catholische Kirche unter dem Nahmen der heiligen Catharina verehrt, obgleich Rufinus sie mit dem Nahmen Dorothea benennt. Sie war von vorzüglicher Schönheit, vornehmer Geburt, ansehnlichen Reichthümern, und überdem gelehrt, welches unter den Frauenzimmern zu Alexandrien nicht ohne Beyspiel war. Der in sie verliebte Tyrann hatte sich vergebens bemüht, sie zu verführen. Da er sie bereit sahe zu sterben, aber nicht seinen Willen zu thun, konnte er sich nicht entschlüßen ihr das Leben nehmen zu lassen, sondern er begnügte sich damit, daß er ihre Güter einzog, und sie aus Alexandrien verbannete. Dieses Urtheil ward als eine Wirkung der Gütigkeit des Prinzen gepriesen, da es doch blos ein Werk der Liebe seyn konnte. Des Mordens endlich müde, und aus einem Antriebe eben dieser Gütigkeit, die ihm so besonders eigen war, befahl er, die Christen künftig nicht mehr zu tödten, sondern blos zu verstümmeln. Man riß demnach den Bekennern die Augen aus; man schnitt ihnen

ihnen die Hände, die Füsse, die Nase und die Ohren ab; man verbrannte ihnen mit einem glüenden Eisen das rechte Auge, und die Nerven der linken Kniekehle, und schickte sie in diesem Zustande an die Arbeit in die Steinbrüche.

Die göttliche Rache brach nun aber bald aus. Maximin schrieb in seinem Edict gegen die Christen seinen falschen Göttern den Frieden, die Gesundheit und den Ueberfluß zu, welche die Völker unter seiner Regierung glücklich machten. Die Staatsbothen, welche dieses Edict in alle Provinzen überbringen sollten, hatten ihre Reise noch nicht vollendet, als der eifrige Gott, um diesen gottlosen Prinzen Lügen zu strafen, auf einmal Hunger, Pest und Krieg schickte. Da der Himmel den Winter über die Regen zurückgehalten hatte, welche die Erde befruchten, so blieben die Früchte der Erndte außen, und auf den Hunger folgte gar bald die Pest. Es gesellte sich zu den gewöhnlichen Symptomen dieser Krankheit noch ein ganz neues: es war dieses ein Geschwür, welches sich entzündete, und nachdem es den ganzen Körper eingenommen hatte, endlich in den Augen sitzen blieb, so daß eine unbeschreibliche Menge Personen von allen

Constantin. Jahr 311.

74. Hungersnoth und Pest im Orient. Euf. Hist. l. 9. c. 8.

Constantin. Jahr 311. Ältern und von beyden Geschlechtern blind davon ward, um sie mit eben der Strafe zu züchtigen, die so viele Bekenner von ihnen hatten erdulden müssen. Diese beyden vereinigten Plagen entblößten die Städte von Einwohnern, und die Ländereyen von Arbeitern; der Scheffel Korn galt mehr als funfzig Thaler nach unsrer Münze. Bey iedem Schritte, den man that, traf man Frauenzimmer von vornehmer Geburt an, welche, da sie betteln mußten, kein anderes Kennzeichen ihres vorigen Standes mehr an sich trugen, als die Schaam ihres Elendes. Man sahe Väter und Mütter ihre Familien auf den Feldern herum schleppen, und daselbst, gleich wilden Thieren, Gras und selbst giftige Kräuter fressen, die ihnen den Tod zuzogen. Man sahe andere ihre Kinder verkauffen, damit sie nur auf einen Tag etwas zu leben haben möchten. Auf den Strassen und auf den öffentlichen Plätzen wankten und fielen die verhungerten und ausgedorrten Gerippe über einander her, da sie nicht einmal die Krafft mehr hatten um ein Stück Brodt zu bitten. Die Pest richtete gleichfalls erschreckliche Verwüstung an; sie schien sich auch am meisten nach den Häusern zu wenden, welche

der

der Reichthum gegen den Hunger in Sicherheit setzte. Der Tod, mit diesen beyden Geisseln bewaffnet, durchlief in kurzer Zeit alle Staaten des Maximin; er riß ganze Familien weg, und nichts war so gemein, sagt ein Augenzeuge, als auf einmal aus einem Hause zwey bis drey Leichen bringen zu sehen. Man hörte in allen Städten nichts, als Seufzer, Klaggeschrey und den Schall der bey Leichenbegängnissen gewöhnlichen Instrumente. Das Mitleid ward bald müde: die Menge der Armen, die Gewohnheit überall Sterbende zu sehen, die Erwartung eines nahen und ähnlichen Todes hatte aller Herzen verhärtet. Man ließ die todten Leichname auf den Straßen unbegraben liegen, und von den Hunden auffressen. Die Christen allein, welche durch diese Plagen gerochen wurden, zeigten noch Erbarmen gegen ihre Verfolger: sie allein boten dem Hunger und der Pestilenz Trotz, um hier Hungrige zu speisen, dort Sterbende zu trösten, oder Todte zu begraben. Diese großmüthige Liebe setzte die Ungläubigen in Verwunderung und rührte ihnen das Herz; sie konnten sich nicht enthalten den Gott der Christen zu loben, und zu gestehen, daß er seinen Verehrern die schönste Eigenschaft,

Constantin. Jahr 311.

I. Theil. J

schaft, die sie ihren Göttern ie zuschreiben könnten, nemlich Wohlthäter der Menschen zu seyn, einzuflößen wisse.

Constantin. Jahr 311.

**75.
Krieg wider die Armenier.**

So vielen Unglücksfällen fügte nun Maximin noch das einzige bey, welches bisher gefehlt hatte, um seine Unterthanen ganz und gar zu Grunde zu richten. Er fieng mit den Armeniern einen thörichten Krieg an. Diese Völker, die seit langen Jahrhunderten Freunde und Bundesgenossen der Römer gewesen waren, hatten sich zur christlichen Religion gewendet, deren Ausübung sie ruhig und stille vollbrachten. Der Tyrann stellte sich an die Spitze seiner Truppen, um sie in ihren Gebürgen anzugreiffen, und die Götzenbilder wieder aufzurichten, die sie umgeworffen hatten. Die Geschichtschreiber haben uns von diesem Feldzuge keine ausführliche Nachricht hinterlassen; sie sagen uns nur, daß der Kayser und die Armee, nachdem sie viel erlitten hatte, nichts weiter als Schaam und Reue zurück brachten. Es ist dieses übrigens der erste Religionskrieg, dessen die Geschichte Erwähnung thut, wenn man jene blutigen Zänkereyen ausnimmt, welche eines lächerlichen Aberglaubens wegen in Egypten zwischen zwoen benachbarten Städten bisweilen waren geführt

Iuven. Sat. XV.

führt worden. Ich habe alles, was wir vom Maximin wissen, und zu diesem und dem folgenden Jahre gehört, hier zusammen genommen, um nicht genöthigt zu seyn, das, was von der Geschichte des Maxentius bis zu seinem Tode noch übrig ist, zu zerreissen.

Constantin. Jahr 311.

Dieser Prinz hatte, als er den Thron bestieg, eine grosse Menge Christen zu Rom und in Italien gefunden. Da er nun wußte, daß sie dem Constantin sehr geneigt waren, weil er in Ansehung ihrer die Gelindigkeit seines Vaters nachahmte, so wollte er sich dieselben gleichfalls verbindlich machen, und ließ die Verfolgungen aufhören, gab ihnen ihre Kirchen wieder, und stellte sich eine Zeit lang an, als ob er sich selbst zu ihrer Religion bekennete. Das Christenthum schöpfte in Italien wieder Lufft, und damit es zum Tauffen und zur geistlichen Nahrung der Gläubigen, deren Anzahl alle Tage wuchs, nicht an Gelegenheit fehlen möchte, hatte der Pabst Marcellus die Zahl der Titel der Stadt Rom bis auf fünf und zwanzig vermehrt; es waren dieses Abtheilungen der Stadt für so viele Priester, und gleichsam eben so viele Kirchspiele. Er hatte zwo fromme und reiche Frauenspersonen,

76.
Zustand der Christen in Italien.
Euf. Hist. l. 8. c. 14. Anast. Vit. Marcell. Platina in Marcell. Sigun. de Imp. Occ. p. 43. et seq. Baron. Ann.

J 2　Mar-

Constantin.
Jahr 311.

Nahmens Priscilla und Lucina dahin vermocht, daß die eine einen Begräbnißplatz an der Straße Salaria bauen ließ, die andere aber der Kirche ihr ganzes Vermögen vermachte; diese Schenkungen aber brachten nicht viel Glück. Marentius, der über die fromme List dieses Pabsts eifersüchtig ward, zog die Larve ab, erklärte sich für einen Feind der Christen, wollte den Marcellus zwingen denen Göttern zu opfern, und ließ ihn, da er es abschlug, in einen seiner Pferdeställe einsperren, daß er die Pferde striegeln mußte. Marcellus starb für Kummer und Elend nach fünf, andere sagen zwey Jahren seiner päbstlichen Würde, welche er meistentheils eben so geführt hatte wie seine Vorfahren, entweder unter beständiger Erwartung des Todes, oder unter mancherley Trübsalen. Eusebius, ein Grieche von Geburt, der ihm nachfolgte, saß nur einige Monate auf dem päbstlichen Stuhle, und machte dem Miltiades Platz, von dem ich in der Folge zu reden Gelegenheit haben werde.

77.
Krieg gegen den Alexander.
Zof. l. 2. Aurel. Vict.

Während daß Marentius die Christen in Italien bekriegte, wobey er keine Gefahr lief, endigte er in Africa einen andern Krieg, welcher gefährlich gewesen

ſen wäre, wenn er einen kühnern Feind gehabt hätte. Entſchloſſen den Conſtantin anzugreifen, unter dem Vorwande den Tod ſeines Vaters zu rächen, den er nicht bedauerte, in der That aber, um ſich mit der Beute eines Prinzen zu bereichern, den er haßte, hatte er ſich vorgeſetzt, nach Rhätien zu marſchiren, woraus er ſich ſogleich nach Gallien und nach Jllyrien wenden konnte. Er ſchmeichelte ſich, mit Hülfe der Truppen, und der Generale, die er an der Grenze hatte, dieſer Provinz und Dalmatiens ſich bald zu bemächtigen, und hernach in Gallien einzubrechen, wovon er ſich ebenfalls leicht Meiſter zu machen hoffte. Ehe er aber an die Ausführung dieſer chimäriſchen Projecte Hand anlegte, glaubte er ſich zuvor gegen Africa in Sicherheit ſetzen zu müſſen, allwo Alexander ſich ſeit drey Jahren als Kayſer behauptet hatte. Dieſer Tyrann hatte daſelbſt ſeine Gewalt viel weiter ausgebreitet, und es ſcheint, daß er die Stadt Cirtha, die Hauptſtadt Numidiens ruinirt habe. Maxentius nahm daher einige Cohorten zuſammen, und gab ihnen zu Anführern den Ruffus Voluſianus, ſeinen Præfectus Prætorio, und den Hauptmann Zenas, der in der Kriegs-

Conſtantin. Jahr 311.

wiſſen-

wissenschaft eben so berühmt, als bey den Truppen seiner Frömmigkeit und Rechtschaffenheit wegen beliebt war.

Constantin. Jahr 311.

Es ward ihnen weiter nichts schwer, als die Reise über das Meer. Alexander, den das Alter schon ziemlich geschwächt hatte, und der eben so ungeschickt als schwach war, kam ihnen mit Soldaten entgegen, die er in Eil zusammen gerafft hatte, und halb unbewaffnet waren; aber zu keinem andern Endzwecke, als bey dem ersten Stoße die Flucht zu ergreiffen. Kaum daß einige Bataillons einen schwachen Widerstand thaten; alle aber waren in einem Augenblicke über den Haufen geworffen; er selbst ward gefangen, und auf der Stelle erdrosselt. Man hat eine Zeitlang geglaubt, daß Nigrinianus, von dem man zwo Münzen hat, die ihm den Titel Divus geben, ein Sohn dieses Alexanders gewesen sey, der vor dem Vater gestorben, und unter die Zahl der Götter versetzt worden. Man hat aber nachher eingesehen, daß diese Münzen unter der Regierung des Claudius und Diocletians geschlagen sind.

78. Niederlage Alexanders. Till. art. 16. Genebrier.

79. Verwüstungen in Africa. Incert. Pan. c. 16.

Der Krieg war geendigt, aber die Folgen des Sieges waren trauriger, als der Krieg selbst. Maxentius hatte befohlen

fohlen Carthago zu plündern und zu verbrennen, welche eine von den reichsten Städten der Welt geworden war; alles wegzunehmen oder zu verwüsten, was sich Schönes in der Provinz fände, und alles Getreyde nach Rom zu schaffen. Die Einwohner von Africa mußten die äußerste Strenge erdulden. Keiner von allen, die sich durch Stand oder Reichthum hervor thaten, ward verschont; alle wurden, als Anhänger des Alexanders, vor die Richterstühle geschleppt; allen wurden ihre Güter eingezogen; viele verlohren gar das Leben, und Maxentius triumphirte, nach diesen Gewaltthätigkeiten, zu Rom, nicht so wohl wegen der überwundenen Feinde, als über seine Unterthanen, die er unglücklich gemacht hatte.

Constantin. Jahr 307.

Er machte es selbst mit den Römern nicht besser. Da kurz vor dem africanischen Kriege eine Feuersbrunst in dem Tempel der Fortuna zu Rom entstanden war, und während dem Löschen einem Soldaten ein scherzhafter Einfall über die Göttinn entfuhr, fiel der Pöbel über ihn her, und riß ihn in Stücken: aber die Soldaten, und besonders die kayserliche Leibwache, fielen wieder über das Volk her, schlugen, mordeten

10. *Blutbad zu Rom. Euf. Hist. l. 8. c. 14. Zos. l. 2. Aurel. Vict.*

Constantin.
Jahr 311.

und brachten ohne Unterschied des Alters und Geschlechts um. Rom war mit Blute überschwemmt, und dieser blutige Streit hätte beynahe die Hauptstadt des Reichs vom Grunde aus umgekehrt. Maxentius besänftigte, nach dem Bericht des Zosimus, die Soldaten; Eusebius aber sagt, daß er das Volk ihrer Wuth überlassen habe. Diese beyden Zeugnisse widersprechen einander: aber Aurelius Victor thut den Ausspruch zum Vortheile des Eusebius, und legt dem Maxentius die Ermordung seiner Unterthanen zur Last.

§1.
Sein des Maxentius. Aurel. Vict.

Er setzte nun, da er immer unverschämter geworden war, seinen Raubereyen, seinem lüderlichen Leben und seinem ausschweifenden Aberglauben keine Grenzen mehr. Er nöthigte alle Stände, von den Senatoren an, bis auf die geringsten Arbeiter, ihm unter dem Titel eines freywilligen Geschenks ansehnliche Summen zu geben; eine verhaßte Auflage, die aber seinen Nachfolgern sehr in die Augen leuchtete; sie scheint von dem, was sie beleidigendes an sich hat, etwas zu verliehren, ie weiter sie sich von ihrem wahren Ursprunge entfernt, und die folgenden Kayser glaubten sie

nutzen

nutzen zu können, ohne an der Schande derselben Theil zu nehmen.

Mit dieser Contribution, welche dem Scheine nach freywillig war, noch nicht zufrieden, ließ er unter einem falschen Vorwande eine gute Anzahl Rathsherren umbringen, um sich ihrer Güter zu bemächtigen. Er sahe das Vermögen der Unterthanen als das seinige an; er schonte so gar die Tempel der Götter nicht; er war ein Abgrund, der die Schätze der ganzen Welt verschlang, welche seit beynahe eilf hundert Jahren nach Rom zusammen waren geschleppt worden. Italien war mit Anklägern und Meuchelmördern erfüllt, welche auf seinen Wink zu allem bereit waren, und an der Beute ihren Antheil hatten. Ein Wort, eine gleichgültige Bewegung bedeutete sogleich ein Complot gegen den Prinzen, und ein Seufzer ward als ein Bedauern der Freyheit angesehen. Diese Tyranney machte Städte und Felder wüste; man verkroch sich in den tiefsten Höhlen; die Ländereyen blieben ungebauet liegen, und der Hunger ward so groß, daß man sich zu Rom nicht erinnern konnte, dergleichen erfahren zu haben.

Constantin. Jahr 312.

81.
Seine Rauberegen.
Euf. Vit. l. 1.
c. 35. Incert.
Pan. c. 3 et 4.
Nazar. Pan.
c. 8. Hist.
Misc. l. 11.

Constantin.
Jahr 311.
83.
Sein lüderliches Leben
Incert. Pan. c. 14. et c. 3. Euseb. Vit. l. 1. c 33 et 34. Præd. in Symm. l. 1. v. 470. Hist. Misc. l. 11.

Der Tyrann schien über das allgemeine Elend seine herzliche Freude zu haben. Er that, als ob seinem Glücke, seiner Macht gar nichts abgienge, und er auf keiner Seite etwas zu fürchten habe. Er versammelte bisweilen seine Soldaten, um ihnen zu sagen, daß er allein Kayser sey; daß die andern, die diesen Titel führten, nur seine Adjutanten wären, welche die Grenzen bewachten. Ihr aber, sagte er zu ihnen, „macht euch lustig, freßt, saufft und „verschwendet so viel ihr wollt;„ das war seine ganze Rede. Ob er sich gleich immer stellte, als ob er mit großen Anschlägen zum Kriege beschäftigt wäre, brachte er doch seine Tage in Ruhe und in allen Wollüsten zu. Alle seine Reisen, alle seine Feldzüge giengen nicht weiter, als daß er sich aus seinem Pallast bis in die Gärten des Sallustius tragen ließ. Im Schooße der Wolluft entschlummert, erwachte er nicht anders, als um sich allen Ausschweifungen der lüderlichkeit zu überlassen. Er nahm den Männern ihre Weiber weg, um sie geschändet ihnen wieder zuzustellen, oder sie seinen Trabanten Preiß zu geben; selbst die vornehmsten Rathspersonen waren vor ihm nicht sicher. Es war für

für ihn die feinste Wollust, wenn er sich | Constantin.
so an den angesehensten Personen ver: | Jahr 312.
greifen konnte. Unersättlich in seinen
schändlichen Lüsten, fiel seine Neigung
stets von einem Gegenstande auf den andern, ohne bey einem stehen zu bleiben,
oder zu verlöschen. Die Gefängnisse
waren mit Vätern und Müttern angefüllt, welche eine Klage, ein blosser
Seufzer des Todes würdig gemacht
hatte.

Aber weder List noch Drohungen wa- | 14.
ren im Stande über die Keuschheit | Tod der So-
christlicher Frauenzimmer zu siegen, weil | phronia.
sie das Leben zu verachten gelernt hatten. | Euf. ibid.
Man erzählt, daß eine unter ihnen, | Ruffin. c. 17.
Nahmens Sophronia, Gemahlinn des
Stadtobersten, nachdem sie erfahren,
daß die Diener der Wollüste des Tyrannen sie aufsuchten, und daß ihr Mann
aus Furcht und Schwachheit sie ihnen
schon überlassen hätte, sich nur einige
Augenblicke Zeit ausgebeten habe, um
sich putzen zu können; und daß, da sie
diese Erlaubniß erhielt, sie sich allein in
ihr Cabinet begeben, und nach einem
kurzen Gebete, sich den Dolch in die
Brust gestoßen habe, so daß diese Bösewichter nichts fanden, als einen Körper
ohne Leben. Verschiedene Kirchenscri-
benten

benten loben diese That; aber die Kirche hat ihr das Siegel des Beyfalls nicht aufgedrückt, und auch diese Frau nicht unter die Zahl der Heiligen versetzen mögen. Die Heyden mußten indeß diese heroische Keuschheit bewundern, und sie weit über die Lucretia hinweg setzen.

85. Aberglaube des Marentius. Euf. Vit. L. 1. c. 36.

Ob sich gleich Marentius sehr sorglos anstellte, so fürchtete er sich doch vor dem Constantin, und da er in sich selbst nicht Mittel genung fand sich zu beruhigen, suchte er sie in der Zauberey auf. Um sich die bösen Geister zu Freunden zu machen, und die Geheimnisse der Zukunft zu erfahren, ließ er schwangern Weibern den Leib aufschneiden, und die Eingeweide der Kinder untersuchen. Er ließ Löwen erwürgen, und schmeichelte sich durch unerhörte Opfer und abscheuliche Gebethsformeln die Mächte der Hölle aufzufodern, und das Unglück abzuwenden, womit er bedrohet ward.

86. Constantin rüstet sich zum Kriege. Euseb. Vit. l. 1. c. 26. Incert. Pan. l. 2 et 3. Cedren. t. I. p. 270 Zonar. t. 2. p. 2.

Er hatte aber einen Feind vor sich, der mächtiger war, als seine Götter. Constantin, entweder aus eigener Bewegung, wie Eusebius sagt, oder durch die Einwohner der Stadt Rom heimlich darum ersucht, wie andere vorgeben, wollte diese Stadt von dem Drucke befreyen, unter welchem sie seufzete; die Anschläge

Kayserth. Erstes Buch.

ge eines Prinzen voller Klugheit und Muth waren auch weit sicherer und besser überlegt, als die Projecte des Maxentius. Er besahe zu Anfange dieses Jahrs den ganzen Theil von Gallien, der an den Rhein und die Barbarn stieß, um nichts hinterm Rücken zu haben, was ihn beunruhigen könnte. Er besetzte zu desto mehrerer Sicherheit den Fluß mit einer Flotte, und die Grenze mit Truppen.

Er rückte bis Autún vor. Diese Stadt, die sich durch ihren Eifer für Rom, schon seit den Zeiten des Julius Cäsar, bekannt gemacht, und für ihre Einwohner vom Senate den Titel, Brüder des römischen Volks erhalten hatte, die durch ihre öffentlichen Schulen berühmt war, die Tetricus unter der Regierung Claudius II fast gänzlich zerstöhrt hatte, worauf sie aber von den Nachfolgern dieses Prinzen wieder aufgebauet, und von Constantius Chlorus nach der Zeit mit allerhand Wohlthaten beehrt ward, diese Stadt sage ich, befand sich damals in sehr kläglichen Umständen. Obgleich ihr Territorium nicht höher angesetzt war, als das übrige Gallien, so fand sie sich doch nicht im Stande so viel zur allgemeinen Auflage

Constantin. Jahr 311.

17. Er schafft der Stadt Autún Erleichterung. Eumen. Gratiar. Act. pro Sum.

lage beyzutragen, als auf ihren Antheil kam, indem die Verwüstungen der vorigen Kriege den Anbau des Landes sehr gehindert, und ein Erdreich, das von Natur schon unfruchtbar genung war, noch unfruchtbarer gemacht hatten. Diesem Uebel war auch schwer abzuhelfen, indem die Ackerleute allen Muth verlohren hatten. Sie starben lieber vor Hunger, als daß sie arbeiteten, indem ihr Gewinst bey weiten nicht zureichte, die Steuern abzutragen, und sie zugleich zu ernähren. Die, die sich noch einigermassen zu fassen wusten, begaben sich entweder in die Wälder, oder giengen aus dem Lande. Als nun Constantin in die Stadt kam, die er ganz ledig zu finden hoffte, erstaunte er über die Menge Volks, welche zugelauffen kam, um ihn zu sehen, und ihre Freude zu bezeugen. Die ganze Nachbarschaft war haufenweise, bey der Nachricht von seiner Ankunft zusammen gelaufen; man hatte bis an den Pallast die Gassen mit allem ausgeschmückt, was man in elenden Umständen prächtig nennen kann. Alle Compagnien unter ihren Fahnen, alle Priester mit den Bildern ihrer Götter, alle musicalische Instrumente beehrten seine Ankunft. Der Senat der Stadt

that

that ihm an der Thüre des Pallasts mit tiefem Stillschweigen einen Fußfall. Der Kayser, der aus Mitleid und Zärtlichkeit Thränen vergoß, reichte den Senatoren die Hand, hob sie in die Höhe, und kam ihren Bitten zuvor. Er erließ ihnen den Tribut, den sie von fünf Jahren her an die Schatzkammer zu bezahlen schuldig waren; von fünf und zwanzig tausend steuerbaren Personen, die sich in dem Gebiete der Stadt Autün befanden, strich er aufs künftige sieben tausend aus. Diese Gunst belebte den Fleis und die Hoffnung aufs neue; Autün bevölkerte sich wieder, und die Ländereyen wurden mit Vortheil bearbeitet. Die Stadt, welche den Constantin als ihren Vater und Stifter ansahe, nahm den Nahmen Flavia an. Der Prinz kehrte nach Trier zurück, über die Herzen der Völker triumphirend, und stolzer, das Leben fünf und zwanzig tausend Familien wiedergegeben zu haben, als wenn er die stärkste Armee über den Haufen geworfen hätte.

Er fand zu Trier eine große Menge Einwohner aus fast allen Städten seiner Staaten, welche der Feyer seines fünften Jahrs beywohnen wollten, und ihn um eine oder die andere Gnade, so

Constantin. Jahr 311.

11.
Er kehrt nach Trier zurück.
Eum. grat act.
c. 3. et pro- cess. schol. c. 11 et 14.

wohl

wohl für ihr Land, als ihre eigene Personen baten. Selbst diejenigen, denen er ihre Bitten abschlagen mußte, giengen zufrieden von ihm hinweg. Eumenes, der vom Constantius Chlorus zum Oberaufseher der Schule zu Autun, mit einer Besoldung von mehr als 15000 Rthlrn. war gemacht worden, hielt bey dieser Gelegenheit in Gegenwart des Prinzen und einer zahlreichen Versammlung eine Danksagungsrede, die wir noch haben, wegen der Wohlthaten, welche der Kayser seinem Vaterlande erwiesen hatte.

Alles machte sich zum Kriege bereit. Constantin war nur noch zweifelhaft, und fürchtete, daß er nicht gerecht genung sey. Bey den andern Regenten, war die Gerechtigkeit nichts weiter, als ein Anstrich, den der Sieg, wie sie meynten, ihren Unternehmungen schon geben würde; beym Constantin aber war sie ein Bewegungsgrund, ohne welchem er sich nicht berechtigt glaubte, etwas zu unternehmen. So viel Mitleid er auch mit der Stadt Rom hatte, so groß auch das Geschrey derer war, die ihn riefen, zweifelte er doch mit Grunde, daß es ihm erlaubt sey, einen Prinzen vom Throne zu stoßen, der sein Vasall nicht war,

Constantin. Jahr

89. Beleidigungen, die ihm Maxentius anthut. Nazar. Pan. c. 9. et seq. Lact. c. 43.

war, ob er gleich seine Gewalt miß=
brauchte. Er gieng demnach den Weg
der Gelindigkeit; er schickte an den
Marentius, und ließ sich eine Unter=
redung mit ihm ausbitten. Dieser, der
keine Lust dazu hatte, gerieth in eine Art
von Raserey; er ließ zu Rom alle Bild=
säulen des Constantin umwerfen, und
sie im Kothe herum schleppen. Dieses
war eine Kriegserklärung, und Maren=
tius machte in der That öffentlich be=
kannt, daß er den Tod seines Vaters
rächen wolle.

Licinius konnte dem Constantin in
den Weg kommen, und durch Istrien
und Noricum Truppen nach Italien
bringen: Constantin aber brachte den=
selben auf seine Seite, indem er ihm sei=
ne Schwester Constantia zur Ehe ver=
sprach. Maximin fieng an über dieser
Versprechung Argwohn zu schöpfen, und
glaubte, daß dieses Bündniß wider ihn
gemacht werde; um ihm nun die Wage
zu halten, verstärkte er sich durch den
Bund mit dem Marentius, den er
ganz heimlich um seine Freundschafft
bitten ließ; denn es sollte äußerlich den
Schein haben, als ob er mit dem Con=
stantin noch in gutem Vernehmen stün=
de. Seine Anerbietungen wurden, gleich

Constantin.
Jahr 311.

90.
Sie verstär=
ken sich bey=
de durch
Bündnisse.
Lact. c. 43. et
44. Euseb.
Hist. l. 8. c.
14. Inc. Pan.
c. 2. Zos. l. 2.

I. Theil.   K   einer

Constantin.
Jahr 311.

einer außerordentlichen Hülfe des Himmels, mit Freuden angenommen. Maxentius ließ ihm Bildsäulen aufrichten, und neben die seinigen setzen. Constantin erfuhr indeß von dieser List und Untreue des Maximin eher nichts, als bis er Meister von Rom war, und die Bildsäulen daselbst sahe. Uebrigens brachten diese beyden Bündnisse keine andere Wirkung hervor, als daß beyde Prinzen sich neutral hielten, und an dem ganzen Kriege keinen Antheil nahmen.

91.
Vorbereitungen des Maxentius.
L.a. c. 44.
Zos. l. 2.

Nie hatte noch der Occident so zahlreiche Armeen auf die Beine gebracht. Maxentius hatte hundert und siebzig tausend Mann Infanterie, und achtzehn tausend Cavallerie beysammen. Es waren Truppen, die unter seinem Vater schon gedient hatten; Maxentius hatte sie dem Severus weggenommen, und mit neuangeworbenen verstärkt. Die römischen und italiänischen Truppen machten achtzig tausend Mann aus; Carthago hatte vierzig tausend dazu gegeben; alle Einwohner der toscanischen Seeküste hatten sich einschreiben lassen, und machten ein abgesondertes beträchtliches Corps aus; die übrigen waren Sicilianer und Mauren. Er wandte einen Theil dieser Truppen zu Besatzung

der

der Plätze an, wodurch der Eingang nach Italien vertheidigt werden konnte, und ließ seine Generale den Feldzug mit hundert tausend Mann thun. Er hatte erfahrne Männer zu Anführern, Geld und Lebensmittel; Rom war damit auf lange Zeit, auf Kosten der Afrikaner und Einwohner der Inseln versehen worden, denen man alles Getreyde weggenommen hatte. Sein vornehmstes Vertrauen setzte er auf die prätorianischen Soldaten, welche, nachdem sie ihn zum Reiche erhoben, sich zu allen seinen Gewaltthätigkeiten hatten brauchen lassen, und von niemand als von einem Prinzen eine Gnade hoffen konnten, an dessen Verbrechen sie allenthalben Theil genommen hatten.

Constantin.
Jahr 311.

Constantin hatte eine Armee, von neunzig tausend zu Fuß, und acht tausend zu Pferde. Sie bestand aus Deutschen, Bretagnern und Galliern. Da er aber zur Sicherheit Galliens nöthig hatte, den Rhein mit Truppen zu besetzen, so blieben ihm nicht mehr, als fünf und zwanzig tausend Mann übrig, die er über die Alpen führen konnte. Ein Wort, das sich aber nur bey einem Panegyristen findet, setzt voraus, daß er eine Flotte hatte, mit welcher er sich

92.
Stärke des Constantin.
Inc. Pan. c. 2.
§. 25. Zos. 6.

148 Geschichte des morgenl.

Constantin.
Jahr 311.

verschiedener Häfen in Italien bemächtigte. Man weiß aber über diesen Punct nichts umständliches.

93.
Unruhen
dieses Prinzen.
Incert. Pan.
ibid. Euseb.
Vit. l. I. c.
37. Hist.Misc.
l. II.

Es waren dieses wenig Truppen gegen die Macht des Maxentius: der Mangel an der Zahl ward aber durch eine bewährte Tapferkeit ersetzt, und durch die Geschicklichkeit ihres Anführers, der sie nie in ein Treffen geführt hatte, ohne den Sieg zum Begleiter zu haben. Es fand sich indeß anfänglich einiges Murren unter der Armee; die Officiere selbst schienen schüchtern gemacht, und tadelten heimlich eine Aufführung, welche verwegen schien; die Wahrsager prophezeyten nichts gutes, und Constantin, der sich vom Aberglauben noch nicht losgerissen hatte, fürchtete nicht sowohl die Waffen seines Feindes, als vielmehr die geheimen magischen Künste, die er gegen ihn brauchte.

94.
Betrachtungen die ihn zum Christenthum geneigt machen.
Eus. Vit. l. I. c. 27.

Er glaubte, daß er denselben ein kräftigeres Mittel entgegen setzen müsse; und da die Hölle sich für den Maxentius erklärt hatte, so suchte er im Himmel eine Unterstützung, die alle Kräfte der Menschen und bösen Geister übersteigen sollte. Er überlegte, daß diejenigen, unter den vorigen Kaysern, die ihr Vertrauen auf mehr als einen Gott gesetzt

gesetzt hatten, und außer so vielen geschlachteten Opferthieren und dargebrachten Geschenken, denenselben noch eine Menge Christen aufgeopfert hatten, keine andere Belohnung dafür gehabt, als lügenhafte Orakel und einen traurigen Tod; er fand, daß sie von der Erde verschwunden waren, ohne Nachkommen oder Fußtapfen von sich zu hinterlassen; daß Severus und Galerius, die doch von so vielen Soldaten und Göttern unterstützt wurden, ihre Unternehmung gegen den Maxentius, der eine durch einen gewaltsamen Tod, und der andere durch eine schimpfliche Flucht geendigt hatten; daß allein sein Vater, der den Christen geneigt, und mehr für die Erhaltung seiner Unterthanen, als für den Dienst dieser mörderischen Götter besorgt gewesen, sein ruhiges und glorreiches Leben mit einem glücklichen Ausgange gecrönt hatte. Voll von diesen Gedanken, die ihm seine Gottheiten verächtlich machten, rief er den einigen Gott an, den die Christen anbeteten, und den er noch nicht kannte; er bat ihn innbrünstig, daß er ihn mit seinem Lichte erleuchten, und mit seiner Hülfe beystehen solle.

Constantin. Jahr. 311.

Constantin.
Jahr 311.
95.
Erſcheinung des Creutzes.
Euſ. Vit. l. 1.
c. 28. Socrat
l. 1. c. 1. Phi-
loſt. l. 1. c. 6.
Politia SS.
Men. et Alex.
apud Phot.
art. 256. Hiſt.
Miſc. l. 11.
Theoph. p.
11. Chron.
Alex. p. 280.
Cedren. t. 1.
p. 270. Zo-
nar. t. 2. p. 2.

Als er eines Tages, von dieſen Regungen durchdrungen, kurz nach der Mittagsſtunde, da der Himmel heiter und ſtille war, vor ſeiner Armee herzog, und öfters die Augen nach dem Himmel richtete, ward er über der Sonne, gegen den Morgen zu, ein hell leuchtendes Creutz gewahr, um welches folgende drey lateiniſche Worte, mit Lichtſtrahlen geſchrieben ſtanden: In hoc vince: Durch dieſes überwinde. Die Augen und die Gemüther der ganzen Armee wurden von dieſer wunderbaren Erſcheinung gerührt. Der Kayſer hatte ſich von ſeinem Erſtaunen noch nicht erholt, als ihm in der darauf folgenden Nacht der Sohn Gottes im Traume erſchien, welcher dieſes Zeichen in der Hand hielt, deſſen Geſtalt er am Himmel geſehen hatte, und ihm befahl ein ähnliches machen zu laſſen, und ſich deſſelben ſtatt einer Fahne bey der Armee und in den Schlachten zu bedienen.

96.
Conſtantin läßt das Labarum machen.
Euſ. Vit. l. 1.
c. 30. et 31.

Der Prinz ruft, ſobald als er erwacht, ſeine Freunde zuſammen; erzählt ihnen, was er geſehen und gehört hat; läßt Künſtler kommen; beſchreibt ihnen die Geſtalt des himmliſchen Zeichens, und befiehlt ihnen aus Gold und Edelgeſteinen ein ähnliches zu machen. Euſebius

ſebius, der es mehr als einmal geſehen haben will, beſchreibt es folgender Geſtalt: Es war ein langer mit Gold überzogener Stock, mit einem kleinern in die Queere, in Geſtalt eines Creuzes; oben auf dem Stocke ſtand eine goldne Crone, mit Edelſteinen beſetzt, und mit dem Monogramma des Nahmens Chriſti ☧, welches der Kayſer nach der Zeit auch auf ſeinen Helm gegraben tragen wollte; von dem Queerſtocke hieng ein viereckigtes purpurfarbenes Stück Zeug, mit Golde geſtickt und Edelſteinen beſetzt, deren Glanz die Augen blendete, herab. Unter der Crone, aber noch über dem Fähnlein war das Bruſtbild des Kayſers und ſeiner Kinder in Golde vorgeſtellt. Dieſe Bilder müſſen entweder auf dem Queerholze des Creutzes geſtanden haben, oder ſie ſind auf den oberſten Rand des Fähnleins ſelbſt geſtickt geweſen; der Ausdruck des Euſebius läßt uns über die Stellung derſelben einigermaaßen in der Ungewißheit. Nach einigen Münzen ſcheint es ſo gar, daß dieſe Bilder in Medaillen an dem langen Stabe des Creutzes unter einander angeheftet, und das Monogramma auf das Fähnlein geſtickt geweſen.

Conſtantin. Jahr 312.

Es war dieses nach der Zeit die Hauptfahne der Armée des Constantin und seiner Nachfolger. Man nannte sie Labarum oder Laborum. Der Nahme war neu; die Gestalt aber, nach einiger Meynung alt. Die Römer hatten sie von den Barbarn entlehnt, und sie war die Hauptfahne bey den Armeen. Sie ward stets vor den Kaysern hergetragen; die Bilder der Götter waren darauf vorgestellt, und die Soldaten verehrten sie eben so hoch, als ihre Adler. Dieser alte Religionsdienst, der damals auf den Nahmen Jesu Christi angewendet ward, gewöhnte die Soldaten unvermerkt zur Anbetung des Gottes, den der Kayser anbetete, und zog sie nach und nach von der Abgötterey ab. Socrates, Theophanes und Cedrenus versichern, daß man das erste Labarum zu ihrer Zeit noch im Pallaste zu Constantinopel gehabt habe; und der letzte von diesen Schriftstellern lebte im eilften Jahrhunderte.

Constantin. Jahr 311. 97. Verehrung dieser Fahne. Soz. l. 1. c. 4. Du Cange Gloss. Soc. l. 1. c. 1. Theophil. p. 11. Cedren. t. 1. p. 370.

Constantin ließ verschiedene Fahnen nach diesem Muster machen, und sie vor allen seinen Armeen hertragen. Er bediente sich derselben zu einer sichern Unterstützung bey allen Gelegenheiten, wo er seine Truppen weichen sahe. Es schien eine

98. Göttlicher Schutz mit dem Labarum verknüpft. Euf. Vit. l. 2. c. 7. 8. 9. Cod.

eine göttliche Kraft aus denselben zu gehen, welche seinen Soldaten Muth machte, und den Feinden ein Schrecken einjagte. Der Kayser las von seiner Garde funfzig der tapfersten, muntersten und dem Christenthume am eifrigsten ergebenen Männer aus, daß sie dieses kostbare Pfand des Sieges einer um den andern tragen mußten. Eusebius erzählt eine vom Constantin selbst gehörte Begebenheit, welche ohne einen so tüchtigen Zeugen fast unglaublich seyn würde. Der, der das Labarum trug, gerieth in einer Schlacht in Furcht, gab es einem andern, und ergrif die Flucht. Kaum hatte er es aus den Händen gelassen, als er von einem tödtenden Pfeile getroffen, und auf der Stelle des Lebens beraubet ward. Da sich nun die Feinde um die Wette bemühten diese fürchterliche Fahne nieder zu werfen, so sahe sich der, der sie trug, bald mit einem Hagel von Pfeilen und Wurfspießen bedeckt: es traf ihn aber keiner, sondern alle blieben in dem Holze der Fahne stecken. Sie war demnach ein weit sicherer Schutz als der undurchdringlichste Schild, und nie ward der von einem Pfeile beschädigt, der diese Fahne bey der Armee trug. Theodosius der jüngere

Constantin. Jahr 311. Theod. l. 6. t. 25. de praep. Lab. et ibid. Godofred.

154 Geschichte des morgenl.

Constantin. Jahr 311.

gere giebt durch ein Gesetz vom Jahr 416 denen, die das Labarum tragen mußten, sehr hohe Titel und ansehnliche Privilegien.

99. Untersuchung wegen des Orts, wo dieses Wunderzeichen erschien. Niceph. Call. l. 7 c. 29. Acta Artemii apud Metaphr. Baluz. in l. a Q. p. 337. Euſ. Vit. l. 1. c. 37. Socr. l. 1. c. 1. Suz. l. 1. c. 5. Buch. in Belg. l. 8. c. 6. Gelenius in Colon. magnit. l. 1. synt. 4. Morin de la deliur. de l'Eglise. part. 2. c. 12. Chiflet de convers. Conſtant. c. 6.

Man weiß den Ort nicht gewiß, wo Constantin war, als er dieses wunderbare Creuz sahe. Einige behaupten, daß er schon vor den Thoren der Stadt Rom gewesen sey; nach der wahrscheinlichsten und gemeinsten Meynung aber war er noch nicht über die Alpen; es scheint dieses wenigstens aus der Erzählung des Eusebius, des Socrates und Sozomenes zu erhellen, welche hier die drey Original-Schriftsteller sind. Verschiedene Oerter in Gallien streiten sich um die Ehre dieses Wunder gesehen zu haben. Einige sagen, daß es zu Nimwegen an der rechten Seite der Mosel, drey Meilen unterhalb Trier, andere zu Sintzig am Einflusse der Aar in den Rhein erschienen sey; noch andere wollen es zwischen Autun und St. Jean de Laone gesehen haben. Nach der Tradition der Kirche zu Besanzon sahe man es am Ufer der Donau, als Constantin wider die Barbarn zu Felde zog, und über diesen Fluß gehen wollte. Ein neuerer Gelehrter muthmaßt daher, daß es zwischen dem Rhein und der Donau gewesen sey,

und

und daß diese Barbarn Bundesgenossen des Marentius waren. Er glaubt, daß Constantin in Franche-Comtee die Jahrszeit erwartet habe über die Alpen zu gehen, und daß er damals den Felsen habe sprengen laßen, der heut zu Tage Petra pertusa heist, und eine Tagereise von Basel liegt. Die Oefnung in diesem Felsen ist sechs und vierzig Fuß lang und sechzehn bis siebzehn Fuß breit. Es ist eine Aufschrift a) an der Seite eingegraben, welche uns sagt, daß dieser Weg das Werk eines Kaysers ist. Man wollte dadurch den Uebergang aus Gallien nach Germanien erleichtern.

Constantin. Jahr 311.

Wir haben dieses Wunderwerk nach dem Berichte des Eusebius erzählt, welcher versichert, daß er es aus dem Munde des Kaysers selbst gehört, und daß ihm dieser Prinz die Wahrheit desselben mit einem Schwure betheuert habe. Man muß aber bekennen, daß unter den alten Schriftstellern einige von dieser Creutzerscheinung gar nichts sagen, andere aber davon nur als von einem Traume reden. Dieses hat den Ungläu-

100. Untersuchung der Wahrheit dieses Wunderwerks. Act. Conc. Nic. Gelasi Cyzic. l. 1. c. 4. Oisel. Thes. numism. antiq. p. 463. Tollius apud Sandri in L.D. p. 735.

---

a) Numinis Augusti via ducta per ardua
                montis
  Fecit iter, petram scindens in margine
                fontis.

Ungläubigen schon vom fünften Jahrhunderte an Gelegenheit gegeben dieses Wunderwerk verdächtig zu machen, wie uns Gelasius von Cyzicus berichtet; so haben es auch einige neuere Schriftsteller als eine fromme Betrügerey des Constantins verworfen. Die Wahrheit der christlichen Religion hängt von der Wahrheit dieses Wunderwerks nicht ab; sie ruhet auf weit festern Gründen; sie ist ein Gebäude, das bis an den Himmel erhaben, und zu eben der Zeit, von eben der Hand aufgeführt ist, welche die Erde gegründet hat, die es an Dauer übertreffen soll. Dieses Wunderwerk ist höchstens nur ein Zierrath, den man hinweg nehmen kann, ohne dem Gebäude etwas von seiner Festigkeit zu benehmen. Ich glaube mich demnach, als Geschichtschreiber, berechtigt, in wenig Worten, ohne Vorurtheil und ohne einen Ausspruch zu thun, dasjenige anzuführen, was diese Begebenheit entweder bestätigen oder über den Haufen werfen kann.

Constantin. Jahr 314.

101. *Gründe sie zu bestreiten. Lact. c. 44. Soz. l. 1. c. 3. Columbus in Lact. p. 388. Greg. Naz.*

Die, die sie bestreiten, gründen sich auf die Ungewißheit des Orts, wo sie vorgefallen seyn soll, und diese scheint ihnen die Wahrheit der Sache selbst zu schwächen; ferner auf die Erzählung des Lactantius und Sozomenes, die von

von dieser Creutzerscheinung nur als von einem Traume reden, den Constantin gehabt; auf das Stillschweigen der Panegyristen, des Porphyrius Optatianus, eines Zeitverwandten Dichters des Constantin, des Eusebius selbst, der in seiner Kirchengeschichte nichts davon gedenkt, und des heiligen Gregorius Nazianzenus, welcher, da er ein ähnliches Wunderwerk erzählt, das sich zu den Zeiten Julians zugetragen haben soll, nicht ein Wort von diesem erwähnt, welches er doch ganz gewiß angeführt haben würde, wenn er demselben einigen Glauben beygemessen hätte. Der Schwur des Constantin macht ihnen die Sache noch verdächtiger. Was hatte er nöthig zu schwören, um eine Sache zu versichern, bey welcher es ihm gar nicht an Zeugen fehlen mußte?

Constantin. Jahr 311. in vect. Ja in Jul. i. 1. p. 112. Gothof. in Philoft. diff. ad l. 1. c. 6.

Die andern antworten darauf, daß es in der Geschichte eine Menge Begebenheiten gäbe, deren Wahrheit im geringsten nicht bestritten wird, ob man gleich weder den Ort noch die Zeit weiß, wo sie sich zugetragen haben; daß Lactantius, da er keine Geschichte schreibt, durch sein Stillschweigen nichts widerlege, und daß er nur von dem Befehle rede, den Constantin im Traume,

102. Gründe sie zu behaupten. Incert. Pan. c. 2. Nazar. Pan. c. 14.

den

Constantin. Jahr 311. den Tag vor der Schlacht mit dem Maxentius, erhielt, auf die Schilder seiner Armee das Monogramma Christi graben zu lassen; weil, da er nur den Tod der Verfolger zum Gegenstande hat, er alles außen läßt, was sich vom Anfange des Kriegs an, bis auf den Tod des Tyrannen zugetragen hatte; daß der Bericht des Sozomenes, der im fünften Jahrhunderte lebte, und von vielen andern ausgeschrieben worden, weiter nichts beweise, als daß dieses Wunderwerk damals bestritten ward, und daß sein Zeugniß auch deßwegen für nichts gerechnet werden könne, weil, nachdem er die Sache als einen Traum erzählt hat, er noch die Erzählung des Eusebius, nebst dem Beweise desselben, d. i. nebst dem Schwure des Constantin anführt, ohne einiges Mißtrauen dabey zu äußern; daß die Panegyristen, als Abgötter, sich wohl werden gehütet haben, dieser Erscheinung des Creutzes zu gedenken, da es in ihren Augen ein Abscheu, und das allerunglücklichste Zeichen war; daß man indeß selbst in ihren Lobreden Umstände finde, wodurch man die Wahrheit dieser Geschichte behaupten könne; daß dieses ohne Zweifel die böse Vorbedeutung sey, wovon sie reden,

welche

welche die Wahrsager und die Soldaten erschreckte; daß eben dieses das Luftzeichen seyn könne, welches besser eingekleidet und dem heydnischen Aberglauben gemäßer eingerichtet, zu dem Rufe Gelegenheit gab, der, wie sie sagen, sich durch ganz Gallien verbreitete, daß man nemlich leuchtende Armeen in der Luft gesehen, und diese Worte gehört habe: Wir kommen dem Constantin zu Hülfe. Was das Stillschweigen des Optatianus, des Eusebius in seiner Kirchengeschichte, und des heiligen Gregorius betrift, so war der erste, allem Ansehen nach, ein Heyde, und außerdem verdienen seine lächerlichen Nahmengedichte gar nicht, daß man sie in Betrachtung zieht. Eusebius ist in seiner Geschichte diesen ganzen Krieg nur flüchtig durchgegangen, und hat die ausführlichen Umstände davon zu der Lebensbeschreibung Constantins aufgehoben; und der heilige Gregorius, der an dem Orte, wovon allhier die Rede ist, nur von den Wundern redet, welche die Juden verhinderten den Tempel zu Jerusalem wieder aufzubauen, hatte nicht nöthig von seiner Materie auszuschweifen, und dergleichen Beyspiele anzuführen. Man hat auch nie an einer Begebenheit des-

Constantin. Jahr 311.

deßwegen gezweifelt, weil sie nicht allemal von den Schriftstellern wiederholt wird, so oft sie von ähnlichen Begebenheiten reden. In Ansehung des Schwurs, den Constantin gethan haben soll, sagen sie, es sey sonderbar, das, was man in dem Munde eines gemeinen Mannes als einen Beweis der Wahrheit ansieht, in dem Munde eines so großen Prinzen in einen Beweis der Lügen zu verkehren. Ist es denn etwas so außerordentliches, daß der Kayser, als er sich über eine so ungewöhnliche Begebenheit mit dem Eusebius allein unterhielt, die dieser nicht gesehen hatte, obgleich sonst eine Menge Zeugen vorhanden waren, daß der Kayser, sage ich, seinen Glauben durch einen Schwur zu befestigen suchte? Kurz, die Widersacher beschuldigen entweder den Constantin eines falschen Schwurs, welches eine Beleidigung gegen das Andenken eines so großen Prinzen ist, oder sie werfen dem Eusebius vor, daß er die kayserliche Majestät zu einer strafbaren Lügen gemißbraucht habe, welche, da sie gar leicht durch einen einzigen von so vielen Augenzeugen hätte widerlegt werden können, ihm gewiß den Haß des ganzen Reichs, und den gerechten Zorn der

Söhne

Söhne des Constantin zugezogen ha= | Constantin.
ben würde, unter deren Augen er schrieb. | Jahr 311.
Mit diesen Gründen und andern der=
gleichen halten sich die, welche die Wirk=
lichkeit dieses Wunderwerks behaupten,
an das Ansehen des Eusebius, dessen
Aufrichtigkeit in Erzählung der Bege=
benheiten, wenigstens derer, die den
Arianismus nichts angehen, niemals ist
bestritten worden.

 Constantin entschlossen keinen an= | 103.
dern Gott weiter zu erkennen, als den, | Constantin
der ihn mit einem so augenscheinlichen | läßt sich un=
Schutze begnadigte, sahe sich nun nach | terrichten.
Unterweisung um. Er wandte sich an | Euf. Vit. L. 1,
die frömmsten und erleuchtesten Geistli= | c. 32. Codin.
chen der Kirche. Eusebius nennet die= | Orig. de C.P.
selben nicht: sie erklärten ihm aber die | p. 10.
Lehren des Christenthums; und ohne
sich an die Vorurtheile des Prinzen zu
kehren, fiengen sie, so wie die Apostel, mit
den schwersten Geheimnissen an, die der
menschlichen Vernunft am unbegreiflich=
sten sind, dergleichen ist die Gottheit Je=
su Christi, seine Menschwerdung, und
das, was der Apostel Paulus, in Rück=
sicht auf die Heyden, die Thorheit des
Creuzes nennt. Der Prinz, von der
Gnade gerührt, hörte sie mit Aufmerksam=
keit an. Er faßte von der Zeit an gegen die

I. Theil.   L   Die=

162 Geschichte des morgenl.

Constantin Jahr 311.

Diener des Evangelii eine Hochachtung, die er sein ganzes Leben hindurch behielt. Er fieng so gar schon an die heiligen Bücher zu lesen. Die neuern Griechen schreiben dem **Euphrates**, Kammerherrn des Kaysers, die Ehre zu, daß er viel zur Bekehrung desselben beygetragen haben sollte: das Alterthum aber sagt von diesem **Euphrates** nichts.

104. *Bekehrung seiner Familie.*
Euf. Vit. l. 3. c. 47 et 52. l. 4. c. 38. Soz. l. 1. c. 5. Baron. ann. 304. §. 13. Vorburg. t. 2. p. 136. S. Paulin. Epist. ad S. Sever. II.

Das Beyspiel des Constantin zog seine ganze Familie nach sich. Seine Mutter **Helena**, seine Schwester **Constantia**, die dem Licinius versprochen war, **Eutropia**, seine Stiefmutter und Wittwe des **Maximians**, sein Sohn **Crispus**, der damals zwölf oder dreyzehn Jahr alt war, verließen alle den Dienst der Abgötterey. Von der Bekehrung seiner Gemahlinn **Fausta** hat man keine sichern Beweise. Einige Schriftsteller sagen auch, daß **Helena** schon vorher bekehrt gewesen sey, welches auch wohl seyn kann. Die aber behaupten wollen, daß sie ihren Sohn im rechten Glauben erzogen habe, und daß **Constantin**, da er von Kindheit an schon ein Christ gewesen, bey der Erscheinung des Wunderzeichens am Himmel nichts weiter gethan, als seine Religion öffentlich bekannt

kannt habe, werden durch die Begebenheiten widerlegt, die wir angeführt haben.

Constantin.
Jahr 311.

Zosimus, ein Todfeind der christlichen Religion, und folglich des Constantins selbst, hat die Bekehrung dieses Prinzen lächerlich machen wollen. Er giebt vor, daß der Kayser, nachdem er grausamer Weise seine Gemahlin Fausta und seinen Sohn Crispus umbringen laßen, vom Gewißen geplagt, sich anfänglich an die Götzendiener gewendet, und bey ihnen die Aussöhnung seiner Mißethaten gesucht habe: da ihm diese aber geantwortet, daß sie für so abscheuliche Verbrechen kein Mittel der Versöhnung wüßten, habe ein aus Spanien gekommener Wahrsager, der sich damals zu Rom befand, und bey dem Frauenzimmer seines Hofes wohlgelitten war, ihm gesagt, daß die christliche Religion Geheimniße enthielte, alle Verbrechen, sie möchten so groß seyn als sie wollten, abzuwaschen, und daß der ärgste Böswicht, sobald er seine Bosheit gestehe, davon rein werde; der Kayser habe diese Lehre begierig gefaßt, und nachdem er die Götter seiner Väter verlaßen, sey er ein Anhänger eines wahrsagenden Phantasten geworden. Sozomenes, der mehr

105.
Widerlegung der Fabel des Zosi-
mus.
Zos. l. 2. Soz.
l. 1. c. 5.

Constantin.
Jahr 311.

—————Ueberlegung hat als Zosimus, mit dem er fast zu gleicher Zeit lebte, widerlegt diese Fabel gründlich; wie auch einige andere Lügen, welche die Heyden aus einer blinden Verzweifelung ausstreueten. Fausta und Crispus starben erst im zwanzigsten Jahre der Regierung Constantins, und außerdem würden sich die heydnischen Priester wohl gehütet haben, zu gestehen, daß ihre Religion ihnen kein Mittel zeige Verbrechen zu versöhnen, da sie doch lehrten, daß viele ihrer alten Helden von den schrecklichsten Mordthaten, durch vorgebliche Aussöhnungen, gereinigt worden wären.

Inhalt
des zweyten Buchs.

1. Triumph der christlichen Religion. 2. Einnahme von Susa. 3. Schlacht bey Turin. 4. Folgen des Sieges. 5. Belagerung von Verona. 6. Schlacht bey Verona. 7. Verona, Aquilda, und Modena werden erobert. 8. Constantin erscheint vor Rom. 9. Maxentius hält sich zu Rom eingesperrt. 10. Schiffsbrücke. 11. Traum des Constantin. 12. Meynung des Lactantius. 13. Treffen mit dem Marentius. 14. Flucht desselben. 15. Folgen des Sieges. 16. Constantins Einzug in Rom. 17. Feste, Lustbarkeiten und Ehrenbezeugungen, die dem Constantin erwiesen werden. 18. Aufführung des Maximin. 19. Constantins Vorsicht. 20. Weise und bescheidene Aufführung nach dem Siege. 21. Gesetz wider die Ankläger. 22. Er verbessert den Schaden, den Marentius gethan hatte. 23. Freygebigkeit des Constantin. 24. Verschönerung und Ausbesserung der Städte. 25. Einführung der Indictionen. 26. Ursachen dieser Einführung. 27. Aufführung Constantins gegen die Christen. 28. Wachsthum der christlichen Religion. 29. Ehrerbietung, die Constantin gegen die Religion bezeuget. 30. Es werden Kirchen gebauet und ausgezieret. 31. Constantin thut der Verfolgung Maximins Einhalt. 32. Consulate von diesem Jahre. 33. Vermählung des Licinius. 34. Tod des Diocletianus. 35. Meiländisches Edict

Edict. 36. Krieg mit den Franken. 37. Constantin überhäuft die africanische Kirche mit Wohlthaten. 38. Befreyung der Geistlichen von bürgerlichen Beschwerden. 39. Mißbräuche, die mit dieser Befreyung getrieben werden, und welche Constantin abschaft. 40. Gesetze zur bürgerlichen Regierung. 41. Gesetze wegen Erhebung der Steuern. 42. Ingleichen wegen Verwaltung der Gerechtigkeit. 43. Maximin fängt den Krieg mit dem Licinius an. 44. Licinius kommt ihm entgegen. 45. Schlacht zwischen dem Licinius und Maximin. 46. Licinius zu Nicomedien. 47. Tod des Maximin. 48. Folgen seines Todes. 49. Begebenheiten der Valeria, der Prisca und des Candidianus. 50. Valeria entfliehet dem Licinius, und wird vom Maximin verfolgt. 51. Drey vornehme Frauenzimmer werden am Leben gestraft. 52. Diocletian fodert Valerien zurück. 53. Tod des Candidianus, der Prisca und Valeria. 54. Secularische Spiele vom Constantin nicht gefeyert. 55. Allgemeiner Friede der Kirche. 56. Ursprung der Trennung der Donatisten. 57. Conciliabulum zu Carthago, wobey Cäcilianus verdammt wird. 58. Einweyhung des Majorinus. 59. Constantin untersucht diese Streitigkeit. 60. Concilium zu Rom. 61. Folgen dieses Concilii. 62. Klagen der Donatisten. 63. Concilium zu Arles. 64. Die Donatisten appelliren vom Concilio an den Kayser.

Ge=

Geschichte
des
morgenländischen Kayserthums.

Zweytes Buch.

Die christliche Religion, die seit drey hundert Jahren stets gepredigt, und stets verbannt worden war, die mitten unter den Verfolgungen wuchs, und neue Kräfte aus ihrem eigenen Verluste sammelte, hatte alle Proben ausgehalten, welche Beweise von ihrer Göttlichkeit seyn konnten. Die ausgesuchtesten Mittel, die Menschen nur anwenden können, um eine Sache zu zerstöhren, die ihr eigenes Werk ist, hatten sie nur noch mehr befestiget. Ihr Wachsthum war ein Wunderwerk, das Gott mit Fleiß einige Zeit dauern ließ, damit es noch den Augen der spätesten Jahrhunderte sichtbar seyn möge. Als hernach das Christenthum, zum Beweise seines himmlischen Ursprungs, keine Verfolgungen mehr nöthig hatte, so

Constantin. Jahr 312.
1.
Triumph der christlichen Religion.

L 4   wur-

wurden die Verfolger selbst Christen; die Prinzen unterwarfen sich dem Joche des Evangelii, und man kann sagen, daß das Wunderwerk der Bekehrung Constantins von einem weit größern Wunderwerke auf Erden den Beschluß machte. Wir werden nun das Creutz auf dem Haupte der Kayser, und vom ganzen Reiche verehrt antreffen; die Kirche ruft nun mit lauter Stimme, und ohne Furcht alle Völker der Erde zu sich; das Heydenthum wird ausgerottet, ohne verfolgt zu werden. Diese großen Veränderungen waren Früchte der Siege Constantins.

Constantin. Jahr 312.

2. *Einnahme von Susa. Idacius. Libell. praef. urb. apud Buth. in Cycl. p. 238. Noris de Num. Dioclet. c. 5. Incert. Pan. c. 5. Nazr. Pan. c. 17 et 21.*

Marentius hatte sich zu Anfange des Jahrs 312 zum viertenmal zum Bürgermeister, ohne Collegen, erklärt. Constantin, der eben diesen Titel zum zweytenmal mit dem Licinius angenommen hatte, gieng geschwind über die Alpen, und ließ sich vor Susa blicken, da man ihn noch sehr weit davon glaubte. Dieser Platz war der Schlüssel zu Italien. Er war gegen allen Ueberfall gesichert, da er am Fuße dieser hohen Gebürge lag, mit guten Mauern umgeben und von kriegerischen Einwohnern und einer zahlreichen Garnison vertheidigt ward. Der Prinz, der sich nicht

so-

sogleich beym ersten Schritte wollte aufhalten lassen, bot den Einwohnern Friede an; sie schlugen ihn aber aus, und bereueten es auch noch an eben dem Tage. Constantin ließ hierauf Feuer unter den Thoren, und die Sturmleitern gegen die Mauern anlegen; während nun, daß ein Theil seiner Soldaten einen Hagel von Steinen und Pfeilen nach denen warfen, die auf den Mauern standen, liefen die andern Sturm, und stießen mit Spießen und Degen alles nieder, was ihnen nicht Platz machte. Die Stadt war in einem Augenblicke erobert, und der Sieger wollte mit diesem ersten Beyspiele der Tapferkeit, das ganz Italien in Schrecken setzen konnte, auch ein Beyspiel der Gnade verbinden, worüber sich Italien freuen sollte. Er schenkte den Einwohnern das Leben. Das Feuer aber, das hartnäckiger war, als sein Zorn, hatte schon sehr weit um sich gegriffen; alles, was das Schwerdt verschonte, war in Gefahr, ein Raub der Flamme zu werden. Constantin, für Feinde besorgt, die dieser Augenblick ihm zu Unterthanen machte, läßt alle seine Soldaten arbeiten, und legt selbst Hand an, um das Feuer zu löschen. Seine Gnade scheint sich weit mehr zu regen,

Constantin. Jahr 312.

Constantin.
Jahr 312.

regen, als seine Tapferkeit, und die Einwohner von Susa, die zu eben der Zeit, da man sie überwindet, auf eine doppelte Weise erhalten werden, schenken ihm, voll Bewunderung und Dankbarkeit, ihre Herzen, und vollenden dadurch den Sieg.

3. *Schlacht bey Turin.*
Incert. Pan. c. 6 et 7. Nazar. Pan. c. 22. 23. 24.

Er geht nun auf Turin los. Auf dem ebenen Felde vor dieser Stadt traf er ein starkes Corps Truppen an, wovon die Reuterey, Pferd und Mann über und über mit Eisen bedeckt, unverletzlich schien. Dieser Anblick, anstatt den Prinzen und die Soldaten schüchtern zu machen, ermuntert sie vielmehr durch Entgegenstellung einer Gefahr, die ihres Muths würdig war. Die Schlachtordnung des Feindes machte ein Dreyeck aus. Die Reuterey stand auf der Spitze, die beyden aus Infanterie bestehenden Flügel aber dehnten sich immer weiter aus einander, und verlängerten sich weit hinterwärts. Die Reuterey sollte in den Mittelpunct der feindlichen Armee eindringen, sie ganz aus einander sprengen, hernach sich wieder wenden, und alles über den Haufen werfen, was ihnen im Wege wäre. Zu gleicher Zeit sollten die beyden Flügel sich noch mehr ausdehnen, und die Armee

des

des Constantin einschlüßen, wenn sie durch die Cavallerie schon getrennt wäre. Der Prinz aber, der ein verständiges Auge hatte, errieth ihre Absicht sogleich aus dieser Schlachtordnung. Er stellte demnach auf beyden Flügeln einige Corps der Infanterie entgegen, um sie aufzuhalten. Er selbst stellte sich in die Mitte, dieser fürchterlichen Reuterey gerade entgegen. Als er sie nun im Begrif sahe, auf seine Armee einzubringen, befahl er seinen Truppen, keinen Widerstand zu thun, sondern sich zu trennen. Es war ein Strom, der nur in grader Linie vor sich hin etwas vermochte; das Eisen, womit er bedeckt war, benahm Pferd und Mann die Bewegung. Sobald er sie nun zwischen seinen Schwadronen sahe, ließ er sie einschlüßen, und von allen Seiten angreiffen; nicht mit Spießen und Degen, denn damit konnte man bey solchen Feinden nicht durchkommen, sondern mit großen und schweren Keulen. Man schlug tod und zerschmetterte sie damit auf den Sätteln ihrer Pferde; man warf sie zu Boden, ohne daß sie sich regen oder vertheidigen konnten; denn es war ihnen nicht möglich aufzustehen, wenn sie einmal abgeworfen waren. Es war in einem

Constantin. Jahr 312.

Augen-

Augenblicke nichts mehr, als eine erschreckliche Verwirrung von Menschen, Pferden, Waffen, die unter und über einander lagen. Die dieser Massacre noch entgiengen, wollten nebst der Infanterie nach Turin flüchten; sie fanden aber die Thore verschlossen, und Constantin, der sie mit dem Degen hinter drein verfolgte, hieb sie vollends unter den Mauern dieser Stadt nieder.

Constantin. Jahr 312.

Dieser Sieg, der dem Ueberwinder kein Blut kostete, öfnete ihm die Thore von Turin. Die meisten andern Plätze zwischen dem Po und den Alpen schickten Abgeordnete, um ihm ihre Unterthänigkeit bezeigen zu lassen; alle aber versorgten ihn reichlich mit Lebensmitteln. Sigonius muthmaßt aus einer Stelle des heiligen Hieronymus, daß Vercelli einigen Widerstand gethan, und fast gänzlich sey zerstöhrt worden. Es wird aber an keinem andern Orte etwas davon gesagt. Constantin gieng nun nach Meiland, und sein Einzug allda war eine Art des Triumphs durch die Freude und den Zuruf der Einwohner, welche gar nicht müde wurden ihn zu sehen, und ihm als den Befreyer Italiens Glück zu wünschen.

3. Folgen des Sieges. Incert. Pan. c. 7. Sigon. Imp. Occ. p. 52. Hieron. Epist. ad Innocentium.

Als

Kayserth. Zweytes Buch. 173

Als er Meiland wieder verließ, allwo er sich einige Tage aufgehalten hatte, um seine Truppen ein wenig ausruhen zu lassen, wandte er sich nach Verona. Er wußte, daß er daselbst die vornehmste Macht des Marentius beysammen finden würde, die von den besten Feldherren dieses Prinzen und seinem Präfectus Prätorio commandirt ward, vom Ruricius Pompejanus nemlich, dem tapfersten und geschicktesten Generale, den der Tyrann ie in seinen Diensten gehabt hatte. Als Constantin bey Brescia vorbey gieng, traf er ein starkes Corps Cavallerie an, welches bey dem ersten Angriffe sogleich die Flucht nahm, und sich wieder mit der Armee zu Verona vereinigte. Ruricius wagte es nicht im freyen Felde stehen zu bleiben; sondern warf sich mit seinen Truppen in die Stadt. Es war schwer dieselbe zu belagern: man mußte über den Fluß Abigo, und denselben abzuschneiden suchen, weil die Zufuhre nach Verona auf demselben geschahe. Er war reissend, voller Abgründe und Klippen, und die Feinde hielten die Ufer desselben besetzt. Constantin hintergieng sie aber, trotz ihrer Wachsamkeit. Nachdem er weit über die Stadt hinaus, bis an einen Ort marschirt war, wo man

Constantin. Jahr 312.
5.
Belagerung von Verona. Incert.Pan. c. 8. et seq. Nazar. Pan. c. 26.

leicht

leicht hinüber kommen konnte, ließ er einen Theil seiner Armee über denselben gehen, ohne daß sie etwas davon gewahr wurden. Die Belagerung war kaum angefangen worden, als die Belagerten einen hitzigen Ausfall thaten, und so mit blutigen Köpfen zurück gewiesen wurden, daß Ruricius sich genöthiget sahe, heimlich die Stadt zu verlassen, um sich nach neuer Unterstützung umzusehen.

Er kehrte auch bald mit einer stärkern Armee wieder zurück, entschlossen die Belagerung aufheben zu lassen, oder selbst umzukommen. Der Kayser, der die Belagerten nicht gern heraus, und sich auch nicht im Rücken wollte angreiffen lassen, ließ einen Theil seiner Truppen vor der Stadt stehen, und gieng mit dem andern dem Ruricius entgegen. Anfänglich stellte er seine Armee in zwo Linien; da er aber bemerkte, daß ihm die Feinde an der Anzahl überlegen waren, zog er sie in eine Linie zusammen, die er deßwegen weiter ausdehnte, damit sie nicht eingeschlossen würde. Der Streit fieng sich gegen Abend an, und dauerte bis tief in die Nacht. Constantin zeigte sich dabey als General und Soldat zugleich. Er wagte sich an die gefährlichsten Oerter, drang überall mitten ein, schlug und warf alles

Constantin. Jahr 312.

6. Schlacht bey Verona. Incert. Pan. c. 9. 10. Nazar. Pan. c. 26.

alles zu Boden, was um ihn war, zumal da ihm die Finsterniß der Nacht zu statten kam, um sich seinen Muth hinreissen zu laßen. Man erkannte ihn blos an der Schwere seines Arms. Der Klang der Kriegesinstrumente, das Geschrey der Soldaten, das Geräusch der Waffen, das Seufzen der Verwundeten, die herumfliegenden Stöße, alle diese fürchterlichen Dinge, die durch eine dicke Nacht noch fürchterlicher wurden, konnten seinen Muth nicht erschüttern. Die Hülfsarmee ward geschlagen, und Ruricius verlohr dabey das Leben: Sogleich eilte Constantin, außer Athem, mit Blut und Staube bedeckt, wieder zu denen vor der Stadt zurück gelassenen Truppen, und hört von seinen vornehmsten Officieren, die sich mit Thränen der Freude hinzu drängen, um seine blutigen Hände zu küssen, Vorwürfe an, die um so viel schmeicheilhafter für ihn waren, je saurer er sie verdient hatte.

Constantin. Jahr 312.

Während der Belagerung von Verona wurden auch Aquilda und Modena angegriffen, und ergaben sich, nebst verschiedenen andern Städten, mit Verona fast zu einer Zeit. Der Kayser schenkte den Einwohnern das Leben; er nöthigte sie aber die Waffen zu übergeben, und ihn

7. Verona, Aquilda und Modena werden erobert. Incert. Pan. c. 11 et seq. Nazar. c. 27.

Constantin.
Jahr 312.

um sich ihrer Personen zu versichern, gab er sie seinen Soldaten zur Bewachung. Man hielt es für nöthig, ihnen Ketten anzulegen, weil sie weit zahlreicher waren, als die Ueberwinder, und es fehlte so gar an Ketten; Constantin ließ aus ihren eigenen Degen Ketten machen; so daß die Werkzeuge ihrer Vertheidigung nun zu Werkzeugen ihrer Sclaverey wurden.

§.
Constantin erscheint vor Rom.
Lact. c. 44. Fabric. descript. urb. Rom. c. 16. et alii passim.

Nichts hielt nach so glücklichen Zufällen seinen Marsch bis nach Rom weiter auf. Blos aus einem Worte des Lactantius scheint zu folgen, daß er bey Annäherung dieser Stadt einige Widerwärtigkeit erfahren habe; daß er aber, ohne den Muth sinken zu lassen, und auf alle Zufälle bereit, immer fort marschirt sey, und der Ponte=Mole gegen über, welche damals die milvische Brücke hieß, sein Lager aufgeschlagen habe. Es ist dieses eine steinerne Brücke von acht Schwibbogen über die Tiber, zwo Meilen oberhalb Rom auf der flaminischen Straße, als durch welche Constantin ankam. Sie war schon, in den ersten Zeiten der Republic, von Holze aufgebauet worden; Aemilius Scaurus, ließ als Censor sie von Steinen auffführen, und Augustus sie
wieder

Kayserth. Zweytes Buch. 177

wieder herstellen. Sie stehet noch heutiges Tages, indem sie der Pabst Nicolaus V. im funfzehnten Jahrhunderte hat ausbessern lassen.

> Constantin
> Jahr 312.

Alles was Constantin befürchtete, war, daß er Rom würde belagern müssen, welches mit Truppen und Lebensmitteln sehr wohl versehen war, und daß er einem Volke, dessen Liebe er zu erwerben suchte, die Ungemächlichkeiten des Krieges würde empfinden lassen müssen. Maxentius hielt sich fest eingeschlossen, es mochte nun aus Feigheit, oder aus einer abergläubischen Furcht geschehen; man hatte ihm vorher gesagt, daß er seinen Untergang finden werde, wenn er sich aus der Stadt wagte: er getrauete sich demnach nicht einmal aus seinem Pallaste, als wenn er sich in die wollüstigen Gärten des Sallustius tragen ließ. Um aber dem ohngeachtet für beherzt angesehen zu werden, hatte er seinen gewöhnlichen Schwelgereyen nichts abgebrochen. Aus einer närrischen Vorsichtigkeit hatte er alle Briefe unterdrückt, welche ihm Unglück verkündigten; er gab so gar erdichtete Siege vor, um das Volk bey Muthe zu erhalten; und vermuthlich war es um diese Zeit, daß er sich den Titel Imperator so oft beylegen

> 9.
> Maxentius
> hält sich zu
> Rom eingesperrt.
> Incert. Pan.
> c. 14 et seq.
> Lact. c. 44.
> Noris in
> num. Diocl.
> c. 5.

I. Theil.   M

legen ließ, welcher ihm auf einem alten Marmor zum eilften mal gegeben wird; eine lächerliche Eitelkeit, welche der Nachwelt den Calcul seines Verlusts noch genauer giebt, als die Geschichte selbst. Bisweilen gab er vor, daß sein ganzes Verlangen dahin gehe, seinen Nebenbuhler vor den Mauern der Stadt Rom zu sehen, indem er sich ohne Zweifel schmeichelte, seine Armee zum Uebergange zu bewegen, und nicht im Stande war den Unterschied einzusehen, der unter den Truppen eines Severus und Galerius, und den Soldaten, die vom Constantin und vom Siege geführt wurden, nothwendig seyn mußte. Es fehlte indeß zu der ruhigen Verfassung, von der er äußerlich den Schein annahm, sehr viel. Er verließ zwey Tage vor der Schlacht, durch Prophezeyhungen und Träume erschreckt, die seine Furchtsamkeit noch ärger auslegte als sie waren, seinen Palast, und zog mit seiner Frau und Kindern in ein Privathaus. Seine Armee rückte indessen aus, und stellte sich dem Constantin entgegen, so daß die milvische Brücke zwischen beyden war.

10. Schiffbrücke.

Es muß damals gewesen seyn, daß Maxentius eine Schiffbrücke über den Fluß

Fluß schlagen ließ, oberhalb Ponte-Molo, ohngefehr um die Gegend, die man die rothen Klippen nennt, neun Meilen von Rom. Es war dieses der Ort, den er zu einem Treffen gewählt hatte, weil er ihm entweder besonders vortheilhafft schien, oder weil er seine Soldaten nöthigen wollte, sich stärker anzugreiffen, wenn er ihnen den Rückweg schwerer machte; oder vielleicht auch, weil er den Römern nicht trauete, und die Schlacht nicht vor ihren Augen liefern wollte. Diese Brücke war so gebauet, daß sie in einem Augenblicke, wenn man es verlangte, aus einander gieng, indem sie in der Mitte nur durch eiserne Klammern zusammen hieng, die man ohne Mühe losschlagen konnte. Es war dieses, im Fall er geschlagen würde, ein Mittel, die siegende Armee noch im Nachsetzen zu Grunde zu richten. Man hatte Zimmerleute in die Schiffe versteckt, welche die Brücke auflösen sollten, sobald Constantin und seine Truppen auf derselben wären, um sie insgesammt in den Fluß zu stürzen. Einige Neuern, die sich auf den Bericht des Lactantius, der Panegyristen und des Prudentius von dieser Schlacht berufen, läugnen, daß diese Brücke da gewesen sey; sie behaup-

Constantin. Jahr 312.
Euf. Vit. l. 1. c. 38. Zof. l. 2. Aurel. Vict. epit. Lact. c. 44. Liban. or. 9. Praxag. apud Phot. Acta Metr. et Alex. apud Phot. Incert. Pan. c. 27. Prad. ad Sym. l. 1. v. 448. Till. not. 31. fur Constant. Vorb. t. 2. p. 138.

ten,

Constantin.
Jahr 312.

—ten, daß es die milvische Brücke war, von welcher Marentius, auf der Flucht, in die Tiber stürzte, es sey nun, daß er sie selbst zuvor hat zerschlagen laßen, wie Lactantius zu sagen scheint, oder daß ihn die Menge der Flüchtigen hinab drängte. Wir wollen uns aber hier an den Eusebius und Zosimus halten, welche diese Schiffbrücke sehr umständlich beschreiben, und deren an sich selbst sehr beträchtliches Zeugniß, besonders wenn sie mit einander übereinstimmen, von den meisten alten Schrifftstellern bestätigt wird.

11. Traum des Constantin.
Lact. c. 44.
Prud. ad Sym.
l. 1. v. 488.

Constantin ward in der Nacht vor dem Treffen durch einen Traum ermahnt die Schilder seiner Soldaten mit dem verzogenen Namen Christi bezeichnen zu laßen. Er gehorchte, und man sahe mit anbrechendem Tage nicht allein dieses sieggebährende Zeichen auf den Schildern und Helmen der Soldaten, sondern es flößte auch denen Herzen derselben eine ganz neue Art von Muth ein.

12. Meynung des Lactantius.
Lact. c. 44.
Calend. Buch.
in cycl. p.
296. Noris de

Marentius trat den acht und zwanzigsten October sein siebendes Regierungsjahr an. Wenn man dem Lactantius glauben will, so feyerte dieser Prinz, in Rom noch eingeschlossen, und während dem, daß beyde Armeen mit einander

der im Gefechte waren, den Tag seiner Thronbesteigung, mit allerhand Spielen auf dem Circus. Das Volk mußte laut zu murren anfangen, und ihm die anzüglichsten Vorwürfe machen, ehe er den Entschluß faßte, sich an die Spitze seiner Truppen zu stellen. Die beyden Panegyristen aber, von denen der eine im folgenden Jahre vor dem Constantin selbst seine Rede hielt, und die sonst alle beyde nichts unberührt laßen, was dem Andenken des Ueberwundenen schimpflich seyn kann, machen ihm wegen dieser außerordentlichen Feigheit keinen Vorwurf. Zosimus stimmt hierinne mit ihnen überein: ich will demnach ihrer Erzählung, als der wahrscheinlichsten, folgen.

Constantin. Jahr 312. num. Lic. c. 2. Till. not. 32. sur Constant.

Maxentius, der nicht aufhörte Opfer zu schlachten, und die Wahrsager zu fragen, wollte endlich auch das angesehenste Orakel um Rath fragen: es waren dieses die Bücher der Sybillen. Er fand in denselben, daß an eben diesem Tage der Feind der Römer umkommen sollte, und nichts schien ihm gewisser, als daß Constantin gemeynt sey. Im Vertrauen auf diese Weissagung begab er sich zur Armee, und ließ sie über die Schiffbrücke gehen. Um seine Truppen

13. *Treffen mit dem Maxentius. Incert. Pan. c. 16 et seq. Nazar. Pan. c. 28. et seq. Zos. l. 2.*

M 3 vom

Constantin. Jahr 312.

vom Zurückweichen abzuhalten, stellte er sie ans Ufer der Tiber. Der Anblick war fürchterlich, und eine so schöne und zahlreiche Armee, gab zu erkennen, daß man etwas wichtiges auszumachen habe. Ob gleich die erste Linie sich in eine unabsehliche Weite verlohr, so machten doch die geschlossenen und vielen Reihen, die verdoppelten Glieder, die noch dazu mit Reservecorps unterstützt wurden, eine dicke Mauer zusammen aus, welche undurchdringlich schien. Constantin, der der Anzahl nach weit schwächer, aber an Tapferkeit und Liebe seiner Truppen ungleich stärker war, läßt die feindliche Cavallerie zuerst durch die seinige angreifen, und zu gleicher Zeit die Infanterie in der besten Ordnung anrücken. Der Angrif war fürchterlich; besonders fochten die prätorianischen Soldaten als Verzweifelte. Die auswärtigen Truppen thaten gleichfalls tapfern Widerstand. Es kam eine unzählbare Menge von ihnen um, die theils niedergehauen, oder von den Pferden zu Boden getreten wurden. Die Römer und die Italiäner aber, die der Tyranney und des Tyrannen überdrüßig waren, hielten sich nicht lange gegen einen Prinzen, den sie zum Herrn zu haben wünschten, und

Con-

Constantin zeigte sich ietzt würdiger als iemals, es zu seyn. Nachdem er seine Befehle gegeben hatte, und sahe, daß die feindliche Cavallerie hartnäckig um den Sieg fochte, stellte er sich an die Spitze der seinigen, und drang in die dicksten Schaaren ein; die Feinde erkannten ihn, an den Edelsteinen auf seinem Helme, an dem Golde auf seinem Schilde, an seinen Waffen, und erschracken. Mit einer Wolke von Pfeilen und Wurffspießen bedeckt, greift er sie an, und schlägt sie zu Boden. Sein Beyspiel beseelt alle seine Soldaten mit ausserordentlicher Kraft. Ein ieder von ihnen ficht so, als ob alles von ihm allein abhienge, und er allein die Früchte des Sieges zu genießen haben sollte.

Constantin. Jahr 312.

Die ganze Infanterie war schon getrennt und in Unordnung gebracht. Die Ufer des Flusses lagen voll von Todten und Sterbenden; selbst der Fluß war damit angefüllt, und führte nichts als Blut und Leichname mit sich fort. Maxentius ließ indeß den Muth nicht sinken, so lange er seine Reuterey noch fechten sahe. Da aber auch diese endlich weichen mußte, ergrif er nebst ihr die Flucht, und eilte auf die Schifbrücke los. Diese Brücke nun war weder breit

14. *Flucht des Maxentius.*

noch fest genung, um die Menge von Flüchtlingen, die über einander weg stürzten, zu fassen und zu tragen. Sie brach mitten unter dem Getümmel, und Maxentius, der mitten in einem Haufen von seinen Leuten steckte, fiel nebst ihnen hinab und ward vom Wasser verschlungen.

<small>Constantin. Jahr 312.</small>

15. Folgen des Sieges.
<small>Incert. Pan. c. 18. Zof. L 2. Anony. Valef.</small>

Das Gerücht von dieser großen Begebenheit breitete sich sogleich über Rom aus; man wollte es anfänglich nicht glauben; man besorgte, daß es etwan widerrufen, und die Freude darüber als ein Verbrechen ausgelegt werden möchte. Die Römer hielten sich von ihrer Befreyung nicht eher versichert, als bis sie das Haupt des Tyrannen sahen. Der Körper dieses boshaften Prinzen, ward den folgenden Tag, mit einem schweren Panzer beladen, im Schlamme der Tiber gefunden. Man hieb ihm den Kopf ab, und steckte ihn auf eine Stange, um ihn den Römern zu zeigen.

16. Constantins Einzug in Rom.
<small>Euf. Vit. l. 1. c. 39. Incert. Pan. c. 18 et seq. Nazar. Pan. c. 30. seq. Baron.</small>

Dieses Schauspiel gab der allgemeinen Freude freyen Lauf, und öfnete dem Ueberwinder die Thore der Stadt. Er ließ den flaminischen Weg auf linker Hand liegen, gieng über die neronischen Wiesen, bey dem Grabe des heiligen Petrus vorbey, aufs Vatican, und hielt

hielt seinen Einzug durch die portam triumphalem. Er saß auf einem Wagen; alle Stände, Rathsherren, Ritter, gemeine Bürger, nebst ihren Weibern, ihren Kindern und Sclaven kamen ihm entgegen. Sie vergaßen Rang und Stand für Freuden, und alles erschallte von ihrem frohlockenden Geschrey; sie nannten ihn ihren Erretter, ihren Befreyer, ihren Vater; es schien, als ob Rom bisher nur ein großes Gefängniß gewesen wäre, von welchem Constantin die Thore eröfnete. Ein jeder drängte sich, um dem Wagen der nächste zu seyn, welcher kaum durch die Menge Menschen durchkommen konnte. Nie war ein Triumph so herrlich gewesen. Man sahe dabey, sagt ein Redner der damaligen Zeit, keine Beute der Ueberwundenen, keine Gemälde der eroberten Städte; sondern einen Adel von der Unterdrückung und steten Beunruhigungen befreyt, ein Volk gegen die grausamsten Bedrängungen gesichert, Rom wieder in Freyheit, und in den Besitz seiner selbst versetzt: diese Dinge waren für den Ueberwinder eine weit prächtigere Begleitung, weil die Freude darüber lauter und rein war, und das Mitleiden derselben nichts entzog. Und wenn

Constantin. Jahr 312. ann. 312. f. 75.

wenn es zur Vollständigkeit eines Triumphs gehörte, daß man Gefangene mit Ketten belegt dabey sehen mußte, so konnte man sich den Geitz, die Tyranney, die Grausamkeit, die Schwelgerey als Sclaven vorstellen, die an seinen Wagen geschlossen waren. Alle diese abscheulichen Laster schienen noch auf dem Gesichte des Marentius zu leben, dessen Haupt, hoch empor hinter dem Ueberwinder getragen, der Gegenstand alles Muthwillens des gemeinen Volkes war. Der Gewohnheit nach gieng der Zug eines Triumphs allemal nach dem Capitolio, um dem Jupiter Dank abzustatten, und ihm Opfer zu bringen: Constantin aber, der den Urheber seines Sieges besser kannte, mochte mit diesem heydnischen Gebrauche nichts zu thun haben. Er zog grades Weges auf den palatinischen Berg, wo er seine Wohnung in dem Palaste aufschlug, welchen Marentius vor drey Tagen verlassen hatte. Er schickte hierauf sogleich das Haupt dieses Tyrannen nach Africa, und diese Provinz, deren Wunden noch bluteten, nahm das Pfand ihrer Befreyung mit eben der Freude auf, als Rom; sie unterwarf sich mit allem Vergnügen einem Prinzen, von dem sie

sich

sich eine weit bessere Begegnung versprach.

Es waren sieben Tage nach einander zu Rom nichts als Feste und Schauspiele, bey welchen die Gegenwart des Prinzen, des Urhebers der allgemeinen Glückseligkeit, fast ganz allein die Augen aller Zuschauer beschäfftigte. Es kam eine Menge Volks aus allen Städten Italiens nach Rom, um ihn zu sehen, und an der allgemeinen Freude Theil zu nehmen. Prudentius sagt, daß bey der Ankunft Constantins die aus den Gefängnissen kommende, und noch mit ihren Ketten gebundene Rathsherren seine Knie mit Thränen umfaßten; daß sie vor seinen Fahnen niederfielen, und das Creutz und den Namen Jesu Christi anbeteten. Wenn diese Begebenheit nicht durch die Farben der Poesie verschönert ist, so muß man sagen, daß diese noch heydnische Menschen nur den Fahnen des Prinzen diese Verehrung erwiesen, als welche man anzubeten pflegte. Das gewisseste ist, daß das neu eroberte Land sich alle Mühe gab dem Constantin alle Arten von Ehrenbezeugungen zu erweisen. Italien weyhete ihm einen Schild und eine goldene Crone; Africa, durch eine heydnische Schmeicheley geleitet, welche der Prinz

sonder

Constantin.
Jahr 312.
17.
Feste, Lustbarkeiten und Ehrenbezeugungen, die dem Constantin erwiesen werden.
Incert. Pan. c. 19 et 25.
Nazar. Pan. c. 12. Euf. Vit.
l. 1. c. 40.
Aurel. Vict.
Prud. in Sym. l. 1. v. 491.
Theoph. chr. p. 11. Hist. Misc. l. 11.
Grot. Inscrip. CCLXXXII.

sonder Zweifel verwarf, verordnete Priester zur Verehrung der flavischen Familie; der römische Rath, nachdem er ihm zu Ehren eine goldene Bildsäule aufgerichtet hatte, weyhete unter seinem Namen verschiedene prächtige Gebäude ein, die Maxentius hatte aufführen laßen; unter andern einen bedeckten Gang, und den Tempel der Stadt Rom, den Hadrianus gebauet, und Maxentius erneuert hatte. Das vornehmste Denkmal aber, das ihm zu Ehren aufgerichtet ward, war der Triumphbogen, der noch itzt seinen Namen führet. Er ward nicht eher, als im Jahr 315 oder 316 fertig, und steht unten am palatinischen Berge, neben dem Amphitheater des Vespasianus, nach der Abendseite zu. Er ward größtentheils von den Trümmern alter Denkmäler, und besonders von dem Triumphbogen des Trajanus aufgeführt, von welchem letztern man verschiedene ausgehauene Steine und Bildsäulen dazu nahm. Die Vergleichung, die man allhier zwischen den alten dazu genommenen Figuren, und denen damals neu verfertigten anstellen kann, giebt deutlich zu erkennen, wie sehr der Geschmack in den Künsten schön gefallen war. Die Aufschrifft verräth auch schon durch einen gewissen

Constantin. Jahr 312.

wissen Zwang die Abnahme der Wissenschafften; sie sagt: daß der Rath und das römische Volk diesen Triumphbogen dem Constantin geheiligt haben, der durch Eingebung der Gottheit, und durch die Größe seines Genies, an der Spitze seiner Armee, gewußt hat, durch eine gerechte Rache, die Republic sowohl von dem Tyrannen, als von aller Faction zu befreyen. Es ist zu merken, daß das Heydenthum allhier den allgemeinen und zweydeutigen Ausdruck, Gottheit braucht, um den Glauben des Prinzen mit seinen eigenen Meynungen zu vereinigen; denn Constantin hielt seine Ergebenheit gegen die Religion, die er angenommen hatte, nicht geheim; er gab sogar durch ein öffentliches Denkmal zu erkennen, welchem Gott er sein Glück schuldig zu seyn glaubte. So bald er sich Meister von Rom sahe, und man ihm auf öffentlichen Markte eine Bildsäule aufgerichtet hatte, ließ er, zum Zeichen, daß ihn so viel rühmliche Denkmäler seiner Stärke und Tapferkeit nicht trunken machten, ein langes Creutz, mit folgender Aufschrift seinem Bilde in die Hand geben: Durch dieses heilsame Zeichen,

chen, das wahre Symbolum der Stärke und des Muths, habe ich eure Stadt vom Joche der Tyrannen befreyet, und dem Rathe und Volke ihren alten Glanz wieder gegeben.

Constantin. Jahr 312.

18. Aufführung des Maximin. L.2. c. 44

Die Bildsäulen des Maximin, die mitten in Rom neben denen des Marentius standen, verriethen dem Constantin die geheime Verbindung zwischen diesen beyden Prinzen. Er fand so gar Briefe, die ihm zu einem sichern Beweise dienten. Der Rath suchte ihn wegen dieser Untreue durch einen Rathschluß zu rächen, kraft dessen ihm, seiner vorzüglichen Verdienste wegen, die erste Stelle unter den Kaysern gegeben ward, so viel Ansprüche auch Maximin darauf machte. Dieser hatte die Niederlage des Marentius mit so viel Mißvergnügen vernommen, als ob er selbst geschlagen worden wäre; als er aber den Ausspruch des Raths erfuhr, setzte er seiner Erbitterung weiter keine Schranken, sondern erlaubte sich alle anzüglichen Spöttereyen und Schimpfreden.

19. Constantins Vorsicht.

Dieser ohnmächtige Neid war zwar nicht im Stande den Constantin zu beunruhigen; dennoch aber schlief er auch

auch nach dem Siege nicht ein. Indem die Ueberwundenen weiter auf nichts bedacht waren, als mit ihrer Niederlage Scherz zu treiben, beschäftigte sich der Ueberwinder sehr ernstlich mit den Mitteln, sich seiner gemachten Eroberung zu versichern. Um es dahin zu bringen, setzte er sich zweyerley vor: erstlich diejenigen, die er nicht zu gewinnen hoffte, außer Stand zu setzen ihm zu schaden, und hernach die Herzen der andern durch Gelindigkeit und Wohlthaten immer mehr an sich zu ziehen. Die prätorianischen Soldaten, welche Augustus zur Leibwache der Kayser verordnet, und Sejanus in ein Lager nahe an der Stadt zusammen gelegt hatte, waren selbst ihren Herren fürchterlich geworden. Sie hatten öfters dem einen die Herrschaft genommen, dem andern sie gegeben, oder wohl gar verkauft, und seit kurzem hatten sie sich, als eifrige Anhänger des Maxentius, den sie auf den Thron gesetzt hatten, in dem Blute ihrer Mitbürger gebadet. Constantin hob diese aufrührische Miliz gar auf; er verbot ihnen Waffen zu tragen, das Soldatenkleid anzuziehen, und zerstöhrte ihr Lager. Er entwafnete gleichfalls die andern Soldaten, die dem Feinde gedient hatten;

Constantin. Jahr 312. Pan. Incert. c. 21. Nazar. Pan. c. 6. Aurel. Vict. Zos. l. 2. Till. art. 14.

hatten; indeß nahm er sie doch im folgenden Jahre wieder an, um sie gegen die Barbarn zu brauchen. Von den Freunden des Tyrannen und den Mitverschwornen seiner Laster bestrafte er nur eine kleine Anzahl, die es am meisten verdient hatten. Einige muthmassen, daß er einem Sohne, den Maxentius hinterlassen hatte, das Leben genommen habe; wenigstens gedenkt die Geschichte weder dieses Kindes, noch der Gemahlin dieses Prinzen mehr, von welcher man auch nicht einmal den Nahmen weis. Einige Alterthumsforscher haben sie ohne Grund mit der Magnia Urbica verwechselt: die Nahmen dieser Frau schicken sich für eine Tochter des Galerius nicht.

Diese Ausbrüche der Strenge kosteten der natürlichen Gütigkeit Constantins viel; er empfand weit mehr Vergnügen in seinem Herzen, wenn er verzeihen konnte. Er schlug dem Volke nichts ab, als die Bestrafung einiger Verbrecher, deren Tod man verlangte. Den Bitten derer, die seinen Zorn zu fürchten hatten, kam er zuvor, und schenkte ihnen mehr als das Leben, indem sie ihn nicht erst darum bitten durften. Er ließ ihnen nicht allein ihre Güter

Constantin. Jahr 312.

20. Weise und bescheidene Aufführung nach dem Siege. Incert. Pan. c. 20. Liban. or. 12. Pagi in Bar. Till. art. 25.

ter und Würden, sondern gab ihnen noch
neue dazu, wenn sie es zu verdienen schienen. Aradius Rufinus war in dem letzten Jahre des Marentius Präfect zu Rom gewesen: dieser Prinz hatte, den Tag vor seiner Niederlage, einen andern, Nahmens Annius Anulinus, an seine Stelle gesetzt. Da nun dieser den neun und zwanzigsten November sein Amt niederlegte, um vielleicht nach Africa geschickt zu werden, wo man ihn im Jahr 313 als Proconsul findet, so setzte Constantin eben diesen Aradius Rufinus, dessen Verdienste er eingesehen hatte, in dieses wichtige Amt wieder ein. Er gab ihm im folgenden Jahre den Rufius Volusianus, welcher Präfectus Prätorio unter dem Marentius gewesen war, zum Nachfolger.

Constantin. Jahr 312.

Diese neue Staatsveränderung mußte nothwendig eine große Menge Ankläger hervor bringen, so wie man nach dem Regen eine Menge Ungeziefer hervor kommen sieht. Constantin hatte aber jene niederträchtigen und grausamen Seelen stets gehaßt, die ein Vergnügen in dem Unglücke ihrer Mitbürger suchen, und unter dem Vorwande die Verbrecher zu verfolgen, nur das suchen, was man ihnen abnimmt. Er hatte ihnen,

21.
Gesetz wider die Ankläger.
Cod. Theod.
l. 10, t. 10.
leg. 1. 2. 3 et
ibi Godofr.
Incert. Pan.
c. 4. Nazar.
Pan. c. 31.
Vict. epit.

I. Theil. N die

die Zeit über da er in Gallien gewesen war, den Mund verschlossen, und nach seinem Siege machte er zwey Gesetze, durch welche er sie zur Todesstrafe verdammt. Er nennt sie in diesen Gesetzen eine abscheuliche Pest, die größte Geißel des menschlichen Geschlechts. Er verabscheuete nicht allein die, die auf Tod und Leben klagten, sondern auch die, die nur den Verlust der Güter zum Zweck hatten. Der Haß gegen dieselben überwog in seinem Herzen die Vorsorge vor den Fiscus; und gegen das Ende seines Lebens befahl er den Richtern, die Ankläger mit dem Tode zu bestrafen, die unter dem Vorwande, die herrschaftlichen Einkünfte zu vermehren, durch ungerechte Chicanen die rechtmäßigen Besitzer in ihrem Eigenthume beunruhigten.

Constantin. Jahr 312.

22. Er verbessert den Schaden den Maxentius gethan hatte.
Nazar. Pan. c. 33. seq. Euf. Vit. l. 1. c. 41. Soz. l. 1. c. 8.

In einer Zeit von etwas mehr als zwey Monaten, die er sich zu Rom aufhielt, machte er alles Böse wieder gut, das eine sechsjährige Tyranney gestiftet hatte. Alles schien ein neues Leben zu bekommen. Kraft eines Edicts, das im ganzen Reich publicirt ward, traten die wieder in den Besitz ihrer Güter, die daraus waren vertrieben worden; die unschuldig Verbannten kamen in ihr

Vaterland zurück; die Gefangenen, die weiter nichts verbrochen hatten, als daß sie dem Tyrannen mißfielen, wurden auf freyen Fuß gestellt; die Soldaten, die der Religion halber von ihren Regimentern waren verstoßen worden, erhielten die Freyheit sich wieder zu denselben zu begeben, oder mit Ehren davon ausgeschloßen zu bleiben. Die Väter seufzten nicht mehr über die Schönheit ihrer Töchter, oder die Männer über die Reize ihrer Weiber: die Tugend des Prinzen versicherte die Ehre der Familien. Ein leichter Zutritt zu ihm, die Geduld alles anzuhören, seine Gütigkeit im Antworten, die Freundlichkeit seines Gesichts, brachten in aller Herzen gleiche Wirkung hervor, als der Anblick eines schönen Tages nach einer stürmischen Nacht. Er gab dem Rathe sein altes Ansehen wieder; er hielt verschiedene mal selbst Anreden an diese erlauchte Gesellschaft, die es durch die Achtung, die ihr der Prinz bezeugte, noch mehr ward. Um endlich den Glanz derselben zu vermehren, ließ er die angesehensten Personen aus allen Provinzen, und so zu sagen, den Kern und die Blüthe des ganzen Reichs in dieselbe treten. Er mußte das Volk mit einer gelinden und unfühlbaren Gewalt,

Constantin. Jahr 312.

Constantin. Jahr 312.

zu seiner Pflicht anzuhalten, ohne daß dadurch der Freyheit desselben etwas benommen, wohl aber die Frechheit verbannt ward; so daß diese Gewalt auf nichts weiter als auf der gesunden Vernunft und dem Beyspiele des Prinzen zu beruhen schien.

23. *Freygebigkeit des Constantin. Grut. Thes. CLIX. 4. Eus. Vit. l. 1. c. 43. Zos. l. 2.*

Es war zum Vortheile seiner Unterthanen, wenn sich seine Einkünfte nebst seinem Reiche vermehrten. Er verminderte die Auflagen; und die Bosheit des Zosimus, der diesen Prinzen des Geitzes und unerschwinglicher Abgaben beschuldigt, wird durch Aufschriften widerlegt. Wir werden in der Folge noch andere Beweise von seiner Freygebigkeit sehen; sie ließ sich bis zu den geringsten Kleinigkeiten herab. Er bezeugte sich großmüthig gegen die Fremden; er ließ Geld, Lebensmittel, und sogar Kleider unter die Armen vertheilen. Denen, die im Schooße des Ueberflusses gebohren, durch Unglücksfälle aber um das Ihrige gekommen waren, stand er so mildreich bey, daß sie fast von ihrem vorigen Glücke nichts vermißten: einigen gab er Ländereyen, andern Bedienungen, zu deren Verwaltung sie geschickt waren. Er war der Vater der Waysen, und der Beschützer der Wittwen. Er verheyrathete

rathete an reiche und in guten Umständen lebende Mannspersonen junge Frauenzimmer, die ihre Väter verlohren hatten, und stattete sie auf einen dem Glücke ihrer Männer gemäßen Fuß aus. „Mit „einem Worte, sagt Eusebius, er war „eine wohlthätige Sonne, deren frucht„bare und allgemeine Wärme tausender„ley Wirkungen hervorbrachte, nach„dem es die verschiedenen Umstände er„forderten.„

<small>Constantin. Jahr 312.</small>

Die Stadt Rom ward durch ihn verschönert. Er ließ um den großen Circus herum prächtige Spaziergänge anlegen, wovon das Säulenwerk stark vergoldet war. Man setzte an verschiedenen Orten Bildsäulen auf, die zum Theil von Gold- oder Silber waren. Er besserte auch die alten Gebäude aus. Auf dem quirinalischen Berge ließ er Bäder anlegen, die an Pracht denen von seinen Vorfahren nichts nachgaben. Da sie in der Plünderung der Stadt Rom unter dem Honorius waren verwüstet worden, ließ sie Quadratianus, als Präfectus der Stadt, unter der Regierung Valentinians III wieder herstellen. Sie standen noch größten Theils unter der päbstlichen Regierung Pauls V. Da der Cardinal Borghese sie niederreißen ließ, fand man

<small>24. Verschönerung und Ausbesserung der Städte. Nazar. Pan. c. 35. Aurel. Vict. Grut. Thes. CLXXVII. 7. Nard. Rom. ant. et mod. Sigon. de imp. occ. l.3. p. 58.</small>

198 Geschichte des morgenl.

<small>Conſtantin.
Jahr 312.</small> man die Bildſäulen Conſtantins, und ſeiner beyden Söhne, des Conſtantin und Conſtantius, welche ins Capitolium geſetzt wurden. Doch mit dem Glanze, den er der Stadt Rom gab, noch nicht zufrieden, erhob er auch viel andere Städte aus den Ruinen, in welche ſie die Tyrannen oder der Krieg geſtürzt hatte. Eben zu dieſer Zeit bekamen Modena, Aquileja, und andere italieniſche Städte ihren vorigen Glanz wieder. Cirtha, die Hauptſtadt Numidiens, die, wie wir geſagt haben, durch den Tyrannen Alexander zerſtöhrt ward, ward gleichfalls vom Conſtantin wieder aufgebaut, welcher ihr auch ſeinen Nahmen gab. Sie führt ihn noch heutiges Tages, und beſitzt verſchiedene ſchöne Ueberbleibſel des Alterthums.

<small>25.
Einführung
der Indictionen.
Chron. Alex.
p. 281. Till.
art. 30. Baron.
an. 312. Petav. doct.
temp. l. 11.
c. 40. Riccioli chron. reform. l. 4. c.
16. Pagi in</small> Alle Gelehrte nehmen der alexandriniſchen Chronic zu Folge an, daß ſich von dieſem Jahre 312 die Indictionen anfangen. Es iſt ein Periode von funfzehn Jahren, deſſen man ſich ehemals ſtark in den Unterſchriften aller Befehle und Verordnungen bediente, ſo wie der Gebrauch deſſelben auch noch am römiſchen Hofe übrig iſt. Das erſte Jahr eines ſolchen Perioden oder Cyclus wird die

die erste Indiction genannt, und so fort, bis auf die funfzehnte, nach welcher ein neuer Cyclus angeht. Wenn man von dem Jahre 312 zurück geht, findet man, daß das erste Jahr der christlichen Zeitrechnung die vierte Indiction gewesen seyn würde, wenn diese Art der Zeitrechnung damals schon üblich gewesen wäre. Hieraus folgt, daß, wenn man die Indiction eines gewissen Jahrs, von der Geburt Jesu Christi an, finden will, man die Zahl drey zu der gegebenen Zahl hinzuthun, und die Summe mit funfzehn dividiren müsse, und daß, wenn nichts übrig bleibt, dieses Jahr die funfzehnte Indiction sey; wenn aber eine Zahl übrig bleibt, so deutet dieselbe die verlangte Indiction an. Man muß aber dreyerley Arten von Indictionen von einander unterscheiden: die Indiction der Cäsare oder die constantinische, von dem Nahmen ihres Erfinders; sie fieng sich mit dem vier und zwanzigsten September an, und man hat sich ihrer lange in Frankreich und in Deutschland bedient; die constantinopolitanische, welche sich mit dem Jahre der Griechen, den ersten September, zugleich anfieng; diese ward nach der Zeit am stärksten gebraucht;

Constantin. Jahr 312. Bar. an. 312. s. 20. Iustiniani Nov. 47.

braucht; endlich die Indiction der Päbste, welche anfänglich dem Calcul der Kayser, deren Unterthanen sie waren, folgten; seit Carln dem grossen aber haben sie sich eine neue Indiction gemacht, die sie erst mit dem fünf und zwanzigsten December, hernach aber mit dem ersten Januar anfiengen. Dieses letztere ist noch heut zu Tage gewöhnlich. Die erste Epoche der päbstlichen Indiction fällt demnach auf den ersten Jenner des Jahr 313. Justinianus befahl im Jahr 537, daß alle öffentlichen Verordnungen mit der Indiction unterzeichnet werden sollten.

Dieses Wort bedeutet in den römischen Rechten, Eintheilung der Steuern, Anzeige dessen, was iede Stadt oder iede Provinz zu geben hat. Es ist demnach beynahe gewiß, daß dieser Nahme eine Beziehung auf eine gewisse Taxe habe. Was war das aber für eine Taxe? wozu nutzte dieser Cirkel von funfzehn Jahren? die gelehrtesten Männer gestehen, daß sie auf diese Fragen nichts Gegründetes antworten können. Baronius muthmaaßt, daß Constantin den Soldatendienst auf funfzehn Jahre fest gesetzt habe, und daß man am Ende dieses Zeitraums einen außer-

Marginalien:
Constantin. Jahr 312.

26. Ursachen dieser Einführung. Cod. Theod. l. 11. t. de ind. leg. l. et ibi God. Baron. in an. 312. Buch. cycl. p. 286. Judolf. l. 3. c. 6. Noris epoch. Syro-Mac.

außerordentlichen Tribut müsse ausgeschrieben haben, um die Soldaten zu bezahlen, die man verabschiedete. Aber diese Herleitung wird von den meisten Critikern verworfen, als eine ungegründete und unauflöslichen Schwierigkeiten ausgesetzte Muthmaßung. Die Ursache, die den Constantin bewog, den Anfang der Indiction auf den vier und zwanzigsten September fest zu setzen, ist nicht weniger unbekannt. Viele der neuern Gelehrten wissen keine andere zu finden, als die Niederlage des Marentius. Diese Begebenheit war für den Constantin eine merkwürdige Epoche, und damit der Anfang der Indictionen damit überein stimme, nehmen sie an, daß der vier und zwanzigste September der Tag sey, an welchem Marentius überwunden ward. Es ist aber aus einem sehr zuverläßigen Calender bewiesen, daß Maxentius nicht eher, als den acht und zwanzigsten October geschlagen ward. Wenn es mir erlaubt wäre, meine Vermuthung den Meynungen so vieler Gelehrten an die Seite zu setzen, so würde ich sagen, daß Constantin, da er seinen Sieg und den Anfang seiner Herrschaft zu Rom durch eine neue Zeitrechnung verewigen wollte, die Tag-

Constantin. Jahr 312.

Constantin.
Jahr. 312.

und Nachtgleiche im Herbſte dazu angenommen habe, welche zur damaligen Zeit auf den vier und zwanzigſten September fiel. Es iſt keiner von den vier Hauptpuncten des Sonnenjahrs, der nicht bey den verſchiedenen Völkern wäre gebraucht worden, das Jahr damit anzufangen. Eine große Anzahl griechiſcher Städte die Aegypter, die Juden in bürgerlichen Dingen, die Griechen zu Conſtantinopel fiengen ihr Jahr gegen den Herbſt an; die Abyßinier haben es noch heut zu Tage im Gebrauch, und die Syro-Macedonier fangen es grade mit dem vier und zwanzigſten September an. Es iſt leicht zu glauben, daß Conſtantin von den vier vornehmſten Puncten des Sonnenzirkels denjenigen werde gewählt haben, welcher der Begebenheit an nächſten war, die ihn zur Einführung eines neuen Cyclus Gelegenheit gab.

27.
Aufführung Conſtantins gegen die Chriſten.
Lact. inſt. l. 1. c. 21. Theoph. chron. p. 13. Cedren. t. 1. p. 272. Anony. Valeſ.

Es beſchäftigten damals den Prinzen wichtigere Sorgen. Er war ſeine Eroberung Gott ſchuldig; er wollte ſie daher auch ihrem Urheber wiedergeben, und durch einen rühmlichern und heilſamern Sieg ſeine Unterthanen einem Herrn unterwerfen, dem er ſelbſt zu dienen anfieng. Biſchöffe, vom Geiſte des

Evan-

Evangelii voll, hatten ihn in der christlichen Religion schon so weit gebracht, um einzusehen, daß sie Blut und Grausamkeiten verabscheue, daß sie keine andern Waffen kenne, als Unterricht und eine sanftmüthige Ueberzeugung, und daß sie eine blinde Rache würde gemißbilligt haben, wenn man Geißeln und Schwerdter den Heyden aus den Händen gerissen, und gegen sie selbst gebraucht hätte. Voll von diesen Gedanken hütete er sich sehr, die Gemüther durch strenge Edicte zu erbittern; und die, die ihm Theophanes zuschreibt, und Cedrenus von ihm abgeschrieben hat, sind eben so sehr wider die Wahrheit, als wider den Sinn des Christenthums. Diese Schriftsteller, die ohne Zweifel Frömmigkeit hatten, aber eine solche Frömmigkeit, die man von den Beherrschern der Welt nicht wünschen darf, rechnen es dem Constantin zum Verdienste an, daß er befohlen habe, daß allen denen der Kopf abgeschlagen werden sollte, welche in der Abgötterey beharren würden. Constantin, der von diesem blutdürstigen Gesetze weit entfernt war, bediente sich aller Bescheidenheit einer weisen Staatsklugheit. Rom war der Mittelpunct der Abgötterey;

Constantin. Jahr 312. Prud. in Sym. l. 1. v. 615. Mem. Acad. inscr. t. 15. p. 75. Till. art. 28. et not. 34. sur Constant.

ren; und ehe er die Tempel zuschloß, wollte er sie zuvor verlaßen sehen. Er fuhr fort die mit Aemtern und Würden zu versorgen, denen Geburt oder Verdienste ein Recht dazu gaben; er beraubte niemand weder des Lebens, noch seiner Güter; er duldete das, was nicht anders, als durch die Länge der Zeit, abgeschafft werden konnte. Man findet unter seiner und seiner Nachfolger Regierung, bis auf Theodosius den großen, alle Würden und Aemter der Abgötterey bey den Schriftstellern und auf den Marmorn; man liest von erneuerten Götzentempeln und von allerhand Aberglauben. Man muß aber die Menschenopfer, die zu den Zeiten des Lactantius heimlich zu Rom geschahen, nicht als eine Wirkung dieser Toleranz ansehen, weil sie sonder Zweifel der Aufmerksamkeit Constantins entgiengen. Er selbst nahm den Titel und das Kleid eines Hohenpriesters an, welche die heydnischen Priester, der Gewohnheit zu Folge, ihm anboten, und seine Nachfolger, bis auf den Gratianus, bewiesen gleiche Gefälligkeit. Ohne Zweifel glaubten sie, daß diese Würde, die sie als einen leeren Titel ansahen, sie besser in den Stand setzte, den Aberglauben

Constantin. Jahr 312.

ben nach und nach zu ersticken und zu unterdrücken, wenn sie nemlich die heydnischen Priester in einer unmittelbaren Abhängigkeit von ihren Personen erhielten. Es kommt mir nicht zu, den Ausspruch zu thun, ob sie die politische Gefälligkeit nicht zu weit trieben.

Constantin, Jahr 312.

Die Lebensstrafen würden nichts als Hartnäckigkeit und Haß gegen das Christenthum zu Wege gebracht haben; Constantin aber wußte es beliebt zu machen. Sein Beyspiel, seine Gunstbezeugungen, seine Sanftmuth machten mehr Christen, als ihrer durch die Martern während den Verfolgungen waren abgezogen worden. Man fieng unvermerkt an, sich der Götter zu schämen, die man sich selbst machte, und nach der Anmerkung des Baronius machte der Fall der Abgötterey, daß auch die Bildhauerkunst fiel. Die christliche Religion drang sogar in den römischen Rath ein; sonst die stärkste Schanze des Heydenthums. Anicius, ein angesehener Mann im Rathe, war der erste, der sich bekehrte, und kurz darnach sahe man, seinem Beyspiele zu Folge, die vornehmsten Männer zu Rom, die Olybre, die Pauline, die Bassus, sich zu den Füssen des Creutzes werfen.

38. Wachsthum der christlichen Religion.
Baron. in an. 312. Prud. in Sym. l. 1. v. 546.

Der

Constantin.
Jahr 312.
29.
Ehrerbietung die Constantin gegen die Religion bezeugt.
Euſ. Vit. l. 2. c. 42. Socr. l. 1. c. 1. Theophil. p. 11. Baron. an. 312.

Der Kayſer half allen Gebrechen ab, die er, ohne neue Wunden zu machen, heilen konnte. Er rief die verwieſenen Chriſten zurück; er ſammelte die Gebeine der Märtyrer, und ließ ſie auf eine anſtändige Weiſe begraben. Die Ehrerbietung, die er gegen die Diener der Religion bezeugte, machte ihn den Völkern noch unſchätzbarer. Er begegnete den Biſchöffen mit aller Art der Hochachtung, und ließ ſich gern von ihnen auf ſeinen Reiſen begleiten; er glaubte die kayſerliche Majeſtät keinesweges zu erniedrigen, wenn er ſie an ſeine Tafel zöge, ſo wenig auch ihr Aeuſerliches damals ins Auge fiel. Beſonders zogen die Biſchöffe zu Rom, die bis auf dieſe Zeit vor den Verfolgungen im Verborgenen geſteckt hatten, und noch weiter nichts kannten, als die Schätze jener, und die Leiden dieſer Welt, die Aufmerkſamkeit dieſes frommen Prinzen auf ſich. Er gab ihnen den Palaſt, Latran, ein, der ehemals die Wohnung des Plautius Lateranus geweſen war, deſſen Güter Nero eingezogen, nachdem er ihm ſelbſt das Leben genommen hatte. Seitdem Conſtantin Meiſter von Rom geworden war, nannte man dieſes Gebäude den Palaſt der Fauſta, weil dieſe

Prin-

Prinzeßinn denselben bewohnte. Diese Schenkung, ob sie gleich Baronius in dieses Jahr setzt, scheint dennoch später hinaus, ins Jahr 326, und nach dem Tode der Fausta zu gehören. Constantin hatte selbst einen Palast nahe dabey; er machte ein christliches Bethaus aus demselben, welches man das constantinische, oder die Capelle des Heylandes nannte; er schenkte sie dem Pabste Miltiades und seinen Nachfolgern. Es ist dieses das heutige St. Johannes Latranensis, und war damals das erste Eigenthum der Päbste. Es ist nicht mehr nöthig in Frankreich die Acte dieser berühmten Schenkung zu widerlegen, welche die Päbste zu unumschränkten Gebietern von Rom, Italien und dem ganzen Occidente macht.

Constantin. Jahr 312.

Voller Eifer für die Majestät des Gottesdienstes, erhob Constantin denselben, indem er seine Schätze den Kirchen mittheilte. Er erweiterte die, die schon standen, und bauete auch noch neue auf. Es giebt deren eine große Menge zu Rom, und im ganzen Occidente, die ihn für ihren Stifter erkennen. Es ist gewiß, daß er die Peterskirche im Vatican hat bauen lassen, auf eben den Platze, welchen heut zu Tage der

30. Es werden Kirchen gebauet und ausgezieret. Eus Vit. l. 1. c. 42. Cod. Theod. l. 16. t. 2. leg. 14. Anast. Nard. Rom. antiq. v p. 478. Martinelli Roma sacra.

Constantin.
Jahr 312.

der prächtigste Tempel der Welt einnimmt. Jene war nach einer sehr plumpen Bauart, mit großer Eilfertigkeit und meistentheils aus den Trümmern des neronischen Circus aufgeführt worden. Er bauete auch zu verschiedenen Zeiten, die Kirche des heiligen Paulus, des heiligen Lorenz, des heiligen Marcellin, des heiligen Petrus, der heiligen Agnese, welche er auf Begehren seiner Tochter Constantina bauete, und die große Kirche des sessorianischen Palasts, welcher nach der Zeit die Kirche zum heiligen Creuz genannt wurde, nachdem der Prinz ein Stück von dem wahren Creutze dahin geschenkt hatte. Er stiftete noch verschiedene andere Kirchen zu Ostia, zu Albano, zu Capua und zu Neapolis. Er beschenkte sie insgesammt mit kostbaren Gefäßen und prächtigen Zierrathen. Er gab ihnen eigenthümliche Ländereyen, und Einkünfte zur Erhaltung derselben, wie auch der Geistlichkeit, die er von allen Lasten frey sprach, und mit großen Vorrechten begnadigte.

31.
Constantin
thut der
Verfolgung
Maximins
Einhalt.

In eben diesem Jahre, oder zu Anfang des folgenden, gab er, ehe er Rom verließ, mit dem Licinius gemeinschaftlich, ein den Christen sehr günstiges

ges Edict; doch ward die öffentliche
Ausübung der Religion noch durch gewisse Bedingungen eingeschränkt. Man
kann dieses aus den Ausdrücken eines
zweyten Edicts sehen, welches zu Meyland im folgenden Monate März gegeben ward, und das man beym Lactantius im Originale findet. Das Alterthum hat uns das erste nicht aufbehalten. Constantin schickte es an den
Maximin; er meldete ihm zugleich,
was Gott zu seinem Glücke, und zum
Untergange des Maxentius für Wunder gethan habe. Maximin, wie ich
gesagt habe, hatte diese Nachricht schon
mit einer Art von Wuth vernommen.
Nach einigen Entrüstungen aber hatte
er seinen Unwillen wieder fahren lassen,
da er sich noch nicht im Stande glaubte,
daß er ihn durch einen öffentlichen Krieg
ausbrechen lassen könnte. Er trieb seine
Verstellung sogar so weit, daß er auf
seinen Münzen den Sieg Constantins
zu verewigen suchte: Er erhielt den
Brief und das Edict: aber er wußte
nicht, wie er sich dabey verhalten sollte.
Auf einer Seite wollte er nicht den
Schein haben, als ob er seinen Collegen
nachgäbe, und auf der andern fürchtete
er sich sie zu erzürnen. Er ergrif dem-

Constantin.
Joh. 312.
Euf. Hist. l. 9.
c. 9. Lact. c.
48. Notæ in
Pagium apud
Baron. an.
311. Banduri
t. 4. p. 164.

Constantin. Jahr 312.

nach die Parthey, daß er, als aus eigenem Antriebe, einen Brief an den Sabinus, seinen Präfectus Prätorio schrieb, und ihm befahl, ein gleichförmiges Edict aufzusetzen, und es in seinen Staaten bekannt zu machen. Er macht in diesem Briefe dem Diocletianus und Maximianus Lobsprüche, daß sie wider die Christen in keiner andern Absicht sich strenge bewiesen, als um sie zur Religion ihrer Väter zurück zu führen; er rühmt sich hierauf mit dem Toleranzedicte, das er nach dem Tode des Galerius gegeben hatte, und redet von der Widerrufung dieses Edicts auf eine sehr versteckte und zweydeutige Weise; er erklärt sich endlich dahin, daß er keine andern Mittel, die Christen zum Dienst der Götter zurück zu rufen, gebraucht wissen wolle, als die Sanftmuth; daß man denen, die in ihrem Glauben beharren, Gewissensfreyheit lassen solle; er verbietet dabey einem ieden, wer es auch sey, denen Christen übel zu begegnen. Diese Verordnung des Maximin machte aber die Christen noch nicht so sicher, daß sie sich öffentlich zeigten; sie merkten wohl, daß die Furcht ihm dieselbe abgedrungen hatte; und da sie schon einmal waren hintergangen

gen worden, so rechneten sie nicht mehr
auf eine anscheinende Gütigkeit. Man
bemerkte außerdem zwischen dem Edicte
des Constantin und dem Edicte des
Maximin einen sehr merklichen Unterschied: der erste erlaubte den Christen
ausdrücklich, sich zu versammlen, Kirchen aufzubauen, und öffentlich alle
feyerlichen Handlungen ihrer Religion
auszuüben; Maximin aber, der nicht
ein Wort von dieser Erlaubniß sagte,
begnügte sich mit dem Verbote, daß man
ihnen nichts zu leide thun sollte. Sie
blieben also noch versteckt, und erwarteten ihre Freyheit von dem allerhöchsten
Beherrscher der Kayser und der Reiche.

Constantin Jahr 312.

Maximin hatte seit dem Tode des
Galerius keine andern Bürgermeister
erkannt, als sich selbst, und seinen Schatz-
meister Peucetius. Er nahm ihn
auch nochmals, zu Anfange des Jahrs
313, zum Collegen an; Constantin hingegen erklärte sich, nebst dem
Licinius, zum Bürgermeister; beyde
waren es zum drittenmal. Constantin
gab ein sehr heilsames Gesetz, welches
den achtzehnten Jenner gegeben oder zu
Rom angeschlagen ward; es sey nun,
daß er an diesem Tage noch in Rom war,
oder kurz vorher abgereist gewesen. Es

Jahr 313. 32. Consulate von diesem Jahre. Idacius. Eus. Hist. l.9.c. 11. Cod. Theod. l.13. t.10. leg. 1.

D 2 ward

ward durch dieses Gesetz den Ungerechtigkeiten der Steuerschreiber Einhalt gethan, welche auf Unkosten der Armen die Reichen übertrugen.

Constantin. Jahr 313.

33. Vermählung des Licinius.
Lact. c. 45.
Baluz. in Lact. p. 337. Baudri in Lact. p. 739 et 748.
Zos. l. 2. Anony. Vales.
Vict. epit.

Licinius hatte an dem Kriege wider den Maxentius keinen Antheil genommen; dem ohngeachtet hielt sich Constantin für verbunden, sein Versprechen zu halten, daß er ihm seine Schwester zur Ehe geben wollte. Beyde Kayser erhoben sich nach Meiland, allwo die Vermählung geschahe. Sie luden den Diocletianus dazu ein. Da dieser Prinz sich aber mit seinem hohen Alter entschuldigte, schrieben sie ihm einen drohenden Brief, in welchem sie ihm vorwarfen, daß er es mit dem Maxentius gehalten habe, und es auch noch mit ihrem geheimen Feinde, dem Maximin hielte.

34. Tod des Diocletianus.
Lact. c. 42.
Baluz. l. c. p. 334. Cuper in Lact. p. 494 Eus. Hist. l. 9. c. 11.
Eutrop. l. 9. Vict. epit.
Spon. voy. t. 1. p. 61. Pagi

Diese Vorwürfe waren ein tödlicher Streich für den Diocletianus, dessen Kräfte, mehr durch nagenden Verdruß, als durch die verdoppelten Anfälle seiner Krankheit geschwächt, sich kaum mehr erhielten. Er hatte den seiner Person wiederfahrnen Schimpf sehr lebhaft empfunden, als man seine Bildsäulen mit des Maximians seinen zugleich umgeworfen hatte. Das Unglück seiner Tochter

ter Valeria, um deren Befreyung er
vergebens beym Maximin Ansuchung
gethan, indem dieser nie nachließ die
Prinzeßinn zu verfolgen, verbitterte sei=
nen Schmerz auch noch mehr. Die
Drohungen der beyden Kayser schlugen
ihn endlich ganz und ganz nieder. Er
verdammte sich selbst zum Tode, und
brachte die kurze Zeit, die er noch lebte,
in den schrecklichsten Unruhen zu. Diese
finstere Melancholie beraubte ihn des
Schlafs; Seufzen, Weinen, sich bald
auf dem Bette, bald auf der Erde her=
umwerfen, war es, womit er die Nächte
zubrachte; und die Tage waren ebenfalls
nicht ruhiger für ihn. Er trieb es so
weit, daß er sich endlich die nöthige
Nahrung entzog, und zu Tode hungerte;
einige sagen zwar, er sey am Gift ge=
storben. So war das Ende eines Prin=
zen beschaffen, der in seinem Alter glück=
licher, und bey der Nachwelt in bessern
Andenken gewesen seyn würde, wenn er
seine großen und glänzenden Eigenschaf=
ten nicht durch das blutdürstige Edict,
welches so viel Christen ums Leben
brachte, verdunkelt hätte. Man weiß
die Anzahl der Jahre, die er gelebt hat,
nicht genau: Victor räumt ihm nur
acht und sechzig ein. Man kann indeß

Constantin.
Jahr 313.
in Bar. an.
304. Till.
not. 20. sur
Dioclet.

sein

Constantin.
Jahr 313.

sein Leben nicht, wie einige Alten und die meisten Neuern thun, über das Jahr 313 hinaus setzen, wenn man nicht dem Eusebius und Lactantius widersprechen will, welche ausdrücklich sagen, daß Maximin, der im Jahr 313 starb, der letzte unter den Verfolgern gewesen sey. Man muß indeß annehmen, daß Diocletian noch den ersten May überlebt habe, damit man wenigstens den Anfang des neunten Jahres hat, welche Victor zwischen seine Abdankung und seinen Tod setzt. Er starb in seinem Pallaste zu Spalatro, eine Meile von Salone, allwo Spon im Jahr 1675 noch Ueberbleibsel von der Pracht dieses Prinzen fand. Er ward unter die Zahl der Götter versetzt, wahrscheinlicher Weise durch den Maximin, vielleicht auch selbst durch den Licinius.

35.
Meiländisches Edict.
Lact. c. 48.
Euf. hist. l. 10. c. 5. Cod.
Iust. l. 2. tit. 13. leg. 21.
Noris de num. Lic. c. 4 et 5.

Ob dieser letzte Prinz sich gleich niemals zur christlichen Religion bekannt hat, so machte doch seine Verbindung mit Constantin und sein Haß gegen den Maximin, daß er sich der christlichen Religion günstig bezeugte. Er vereinigte sich demnach sehr gern mit dem Constantin, um ein Edict zu verfassen, welches den zwölften März zu Meiland publicirt, und in alle Staaten beyder

Kay-

Kayser geschickt ward. Es ward da-
durch das Edict, das einige Monate *Conſtantin.*
vorher zu Rom war gegeben worden, *Jahr 313.*
beſtätigt und erweitert; es ward den Chriſten eine völlige und uneingeſchränkte
Freyheit zu öffentlicher Ausübung ihrer
Religion zugeſtanden, und zugleich wurden alle Bedingungen aufgehoben, welchen dieſe Erlaubniß bisher noch unterworfen geweſen war; es ward weiter
darinne befohlen, daß man den Chriſten
unverzüglich, und ohne eine Vergütung
oder Schadloshaltung von ihnen zu for-
dern, alle Verſammlungsörter, und andere der Kirche zubehörige Güter und
Gründe herausgeben ſolle; wobey zugleich den gegenwärtigen Beſitzern derſelben, wenn ſie ihr Eigenthum rechts-
kräftig darthun könnten, eine Vergütung auf Koſten der beyden Kayſer ver-
ſprochen ward. Es gab dieſes Edict
auch, ohne Ausnahme, allen denen, die
einer andern Religion zugethan wären,
es ſey welcher es wolle, die Erlaubniß,
ihr nach ihrem Gewiſſen getreu zu ſeyn,
und ſie öffentlich auszuüben, ohne daß
jemand ſie darüber beunruhigen könnte.
Es war noch nicht Zeit die Abgötterey
gänzlich zu verbieten: da ſie ſeit ſo viel
Jahrhunderten geehrt worden war, ſo
würde

Constantin.
Jahr 313.

wurde ihr aufrührisches Geschrey das ganze Reich in Bewegung gesetzt haben. Es war genung, daß man der wahren Religion den Mund öfnete, und sie in den Stand setzte, durch die Weisheit ihrer Lehren und durch die Reinigkeit ihrer Moral ihre Widersacherinn zu beschämen. Constantin, der außerdem auch die Sittsamkeit eines Geschlechts schützen wollte, welchem es nicht anstehet sich zum Tumulte der Geschäffte und Gerichtshändel abzuhärten, gab, ehe er von Meiland weggieng, ein Gesetz, welches den Männern erlaubte, die Angelegenheiten ihrer Weiber vor Gericht zu besorgen, ohne daß sie als Procuratores dazu bestellt würden.

36.
Krieg mit den Franken
Incert. Pan.
c. 21. seq.
Zos. l. 2.
Vorb. t. 2.
p. 154.

Er gieng hierauf weiter, und nahm seinen Weg nach Niederdeutschland. Er hatte erfahren, daß die Franken, des Friedens überdrüßig, sich mit dem Kerne ihrer jungen Mannschaft dem Rheine näherten und in Gallien einfallen wollten. Er eilte ihnen demnach entgegen, und seine geschwinde Gegenwart machte, daß sie es nicht wagten über den Fluß zu gehen. Constantin aber, der sie gern herüber haben wollte, ließ ein Gerüchte ausstreuen, daß Oberdeutschland von den Allemannen noch härter angefallen werde;

werde; er setzte sich auch sogleich in Marsch, als ob er sie zurück treiben wolle. Indeß ließ er eine Anzahl tüchtiger Truppen, unter dem Commando der erfahrensten Officiere zurück, welche Befehl hatten, sich in einen Hinterhalt zu legen, und die Franken zu überfallen, sobald sie über den Fluß kämen. Alles dieses gieng glücklich von statten: die Franken wurden geschlagen; der Kayser verfolgte sie bis über den Rhein, und richtete eine so schreckliche Verwüstung in ihrem Lande an, daß es schien, als ob die ganze Nation ausgerottet wäre. Er kam hierauf nach Trier im Triumphe zurück, und hörte daselbst eine Lobrede an, die wir noch haben, deren Verfasser aber unbekannt ist. Die Freyheit, die dieser Prinz den Götzendienern erlaubte, ist in dieser Rede sehr deutlich zu spüren; sie ist voll heydnischen Aberglaubens. Den Ruhm dieses Sieges verdunkelte außerdem noch das unmenschliche Schauspiel einer Menge Gefangener, welche den Thieren vorgeworfen wurden, und mit jener Unerschrockenheit starben, die ihrer Nation natürlich war.

Constantin brachte den Rest dieses Jahrs, und einen Theil des folgenden

Constantius Jahr 313.

37. Constantin überhäuft zu die africani-

Constantin.
Jahr 313.
sche Kirche
mit Wohl-
thaten.
Euſ. Hiſt. l.
10. c. 6.
Optat. l. 3.
c. 8.

zu Trier zu, und beſchäftigte ſich haupt-
ſächlich damit, daß er der Religion, die
er angenommen hatte, neue Vortheile
verſchafte. Seine vornehmſte Sorge
gieng auf die Kirche in Africa, welche
die Strenge der Verfolgungen am mei-
ſten empfunden hatte, und noch ietzt viel
Ungemach von der neuen Spaltung der
Donatiſten empfand. Der Brief des
Kayſers an den Biſchof zu Carthago,
Cäcilianus, verdient hier beygebracht
zu werden. Hier iſt er, ſo wie wir ihn
vom Euſebius haben.

„Conſtantin Auguſtus an den Cäci-
„lianus, Biſchof zu Carthago. Da
„wir uns vorgeſetzt haben, gewiſſen
„Dienern der chriſtlichen Religion, die-
„ſer heiligen und wahren Religion, in
„den Provinzen Africa, Numidien und
„Mauritanien ſo viel zu geben, als ſie
„zu Beſtreitung der Unkoſten brauchen,
„ſo haben wir dem Obereinnehmer in
„Africa, Urſus, Befehl gegeben, euch
„drey tauſend Beutel zuzuſtellen. Ihr
„werdet ſie unter diejenigen austheilen,
„welche Ihr auf der Liſte benennt finden
„werdet, die euch Oſius zuſtellen wird.
„Wenn die Summe für unſern Eifer
„nicht zureichend ſcheint, ſo fodert ohne
„Bedenken vom Aufſeher über unſere
„Do-

„Domainen, dem Heraclides, soviel,
„als Ihr für nöthig erachtet; er hat
„Befehl, Euch nichts abzuschlagen.
„Und da wir gehört, daß unruhige Köpfe
„das Volk der heiligen und allgemeinen
„Kirche, durch falsche und verkehrte
„Vorstellungen zu verführen suchen, so
„wisset, daß wir dem Proconsul Anu=
„linus, und dem Vicepräfectus, Pa=
„tricius, mündlich befohlen haben,
„diesen Unordnungen mit allem Ernste
„zu steuern. Wenn Ihr demnach be=
„merket, daß diese Leute auf ihrem ver=
„kehrten Sinne beharren, so wendet
„euch sogleich an die Richter, die wir
„Euch angezeigt haben, und stattet Ih=
„nen den nöthigen Bericht ab, damit
„sie dieselben nach der Verordnung be=
„strafen, die wir ihnen gegeben haben.
„Der große Gott erhalte Euch noch
„lange Jahre.„

Dieses Geld scheint zur Erhaltung der Kirchen, und zur Ausschmückung des äußerlichen Gottesdienstes bestimmt ge= wesen zu seyn. Die Summe betrug über hundert tausend Thaler, nach unserm Gelde. Osius, von dem in diesem Briefe geredet wird, war der berühmte Bischoff von Cordua, der die Bedürfnisse der afri= canischen Kirche gar genau kannte, und

Constantin.
Jahr 313.

wel=

welchen Constantin zur Austheilung
seiner Allmosen so wie über die wichtigsten Angelegenheiten der Religion zu
Rathe zog. Man sieht hier, daß dieser
Prinz schon von dem Unfuge der Donatisten benachrichtigt war, und daß er die
Absicht hatte, diese Spaltung in der Geburt zu ersticken. Es verdient außerdem
noch angemerkt zu werden, daß Annius
Anulinus, einer der Vornehmsten im
Reiche, der unter dem Diocletian einer
der heftigsten Verfolger der Kirche in
Africa gewesen war, hier derjenige ist, der
eben dieser Kirche zu einem neuen Glanze
beförderlich seyn muß; er mag nun entweder mit dem Kayser die Religion verändert, oder, wenn er ein Heyde geblieben war, sich aus Gehorsam genöthigt
gesehen haben, das Böse, das er gestiftet hatte, wieder gut zu machen.

Constantin schrieb ihm beynahe zu
eben der Zeit einen Brief, in welchem er
anfänglich die Vorzüge der christlichen
Religion herausstreicht, und ihm hernach
sagt, daß er die Diener der catholischen
Religion, von denen Cäcilianus das
Haupt sey, und welche Clerici genennt
würden, von allen bürgerlichen Lasten in
den Municipal-Städten befreyet wissen
wolle; damit sie, wie er sagt, an dem
Dienste

Constantin.
Jahr 313.

38.
Befreyung
der Geistlichen von
bürgerlichen
Beschwerden.
Euf. hist. l.
10. c. 7. S.
Aug. ep. 68.
Soz. l. 1. c. 9.
Cod. Theod.
l. 16. t. 2 et 5.
God. ad Cod.

Dienste der Gottheit nicht gehindert werden möchten, welches eine Art des Kirchenraubes sey: denn, setzt er hinzu, der Dienst, den sie Gott erweisen, ist die vornehmste Qvelle der Glückseligkeit unsers Reichs. Anulinus kam dem Befehle des Kaysers getreulich nach, und legte ihm in einem Briefe Rechenschafft davon ab, indem er ihm meldet, daß, nachdem er dem Cäcilianus und seinen Clericis die Wohlthat des Kaysers bekannt gemacht, er zugleich Gelegenheit genommen habe, sie zu ermahnen, daß sie aller Herzen zur Beobachtung ihres heiligen Gesetzes vereinigen, und sich mit gebührender Ehrerbietung mit dem Gottesdienste beschäfftigen sollten. Er überschickt ihm zu gleicher Zeit die Klagen der Donatisten, wovon ich in der Folge reden werde. Diese Schismatiker, die an der Befreyung keinen Antheil hatten, und auch die andern Einwohner, vielleicht aus Eifersucht, bemüheten sich mehr als einmal dieses Privilegium durch Chicanen zu vernichten. Wenn ein Theil von den bürgerlichen Lasten frey gesprochen ward, so fielen dieselben auf den andern. Constantin ward daher noch in eben diesem Jahre

Constantin. Jahr 313. Th. I. II. t. l. leg. 1.

gendgenöthigt seine Befehle darüber durch ein Gesetz vom letzten October zu wiederholen. Sozomenes sagt, daß diese Befreyung nach der Zeit auf alle Clericos in allen Provinzen des Reichs sey ausgedehnt worden, und sein Zeugniß wird durch ein Gesetz, das für Lucanien und das Land der Brutier gegeben ist, bestätigt. Der Kayser selbst thut in einem Gesetze vom Jahre 330 die Erklärung, daß er diese Gewohnheit im ganzen Oriente eingeführt habe; ohne Zweifel nach der Niederlage des Licinius. Aber dieses Privilegium ward keinen andern, als den Dienern der allgemeinen christlichen Kirche zugestanden; die Ketzer und Schismatiker, welche zwar auch Theil daran haben wollten, werden mit ausdrücklichen Worten durch ein Gesetz vom Jahre 326 davon ausgeschlossen. Indem aber Constantin die Geistlichen von persönlichen Beschwerden ausnahm, so sprach er sie doch von den Abgaben nicht frey. Sie bezahlten dieselben immer fort nach Beschaffenheit ihres Vermögens. Die Güter der Kirche nahm er davon aus, welches aber unter seinen Nachfolgern schon wieder aufgehört hatte, da die Kirche reich genug geworden war, um ohne Unbequemlichkeit

keit die Lasten des Staats mit tragen zu helfen, wovon ihre Diener einen Theil ausmachen.

Diese den Geistlichen eingeräumten Vortheile, waren gleichsam das Signal, welches alle die zum Dienste der Kirche herbey rief, die sich gern von Ausgaben frey machen wollten, denen sich keiner gern unterwirft, ob gleich ein ieder die Früchte davon genüßt. Man drang sich in die geistlichen Aemter ein; die Municipalämter blieben beynahe unbesetzt, weil es ihnen an Leuten fehlte. Die Habsucht machte den Staat arm, ohne die Kirche zu bereichern, welche sie mit eigennützigen Dienern anfüllte. Der Kayser, der den allzu starken Anwachs der Geistlichen, und die Verlassung der dem Staate nöthigen Aemter zugleich hindern wollte, befahl im Jahre 320, daß künftig, und ohne etwas wegen des Vergangenen zu ändern, man keinen zum Clericus machen sollte, bis einer gestorben sey, und daß man dazu keine andern Leute nehmen sollte, als denen ihre Armuth ohnedem schon die gesuchte Befreyung gäbe. — Er erneuerte sechs Jahre darnach diesen Befehl, und erklärte ihn weiter dahin, daß die Reichen die Bürden des Staats tragen, und die

Constantin. Jahr 313.

19. *Mißbräuche, die mit dieser Befreyung getrieben werden, und welche Constantin abschafft. Cod. Theod. L. 16. t. 2.*

die Güter der Kirche nur zum Unterhalt der Armen angewendet werden sollten. Er befahl sogar, daß, wenn unter den schon aufgenommenen Clericis sich einer fände, der vermöge seiner Geburt, oder seiner Glücksumstände fähig wäre, Municipalämter auf sich zu nehmen, er vom Kirchendienste weggenommen, und dem Staate wiedergegeben werden sollte. Es scheint aber, daß die Donatisten, stets über die Vortheile der wahren Kirche eifersüchtig, in Numidien, wo sie am zahlreichsten waren, dieses Gesetz mißbrauchten, und der Kirche Diener entzögen, auf welche die gegebene Verordnung nicht paßte. Dieses bewog ohnfehlbar den Constantin im Jahre 330 an den Valentin, Statthalter in Numidien, ein anderes Gesetz zu senden, dessen Inhalt mir zu seyn scheint, daß diejenigen, die einmal zu dem Amte eines Clericus gelanget sind, kein zweytes Examen wegen ihrer Geschicklichkeit mehr ausstehen, sondern ohngestöhrt der Rechte eines Clericus genüßen sollen.

So sehr er sich nun auch um die Ehre und die Vortheile der Kirche bemühete, so verlohr er doch das bürgerliche Regiment darüber nicht aus den Augen. Er machte während seines Aufenthalts zu Trie

Constantin. Jahr 313.

40. Gesetze wegen der bürgerlichen Regierung. Cod. Iust. l. 1. t. 22. leg. 3.

Trier verschiedene sehr weise Gesetze, um die Religion gegen alle Gefahren zu schützen, die man ihr durch falsche Auslegungen zuziehen konnte, und um den Richtern die Hände zu binden, daß sie mit der Verdammung der Angeklagten nicht zu sehr eilten, ehe noch eine völlige und gänzliche Ueberführung da wäre. Da er die Anklage der Verbrechen, die man Majestätsbeleidigungen nannte, und sich damals sehr weit erstreckten, ein wenig schwer machen wollte, ließ er die Ankläger, die keine offenbaren Beweise anführen konnten, gleichwie auch diejenigen, die sie zur Anklage verleitet hatten, auf die Folter bringen. Er befahl Sclaven und Freygelassene, die ihre Herrn und Patrone angeben würden, sogleich, und sogar ohne sie angehört zu haben, ans Creutz zu schlagen. Die Städte hatten Cassen, deren Gelder sie auf Interessen ausliehen: Constantin versicherte diese Einkünfte durch einige Verordnungen, und suchte zugleich zu verhüten, daß diese Cassengelder von denen darüber gesetzten Personen gehörig und zu rechter Zeit wieder eingetrieben wurden. Er nahm sich auch der Unmündigen gegen die Untreue ihrer Vormünder und Curatoren an.

Constantin.
Jahr 313.
Cod. Theod.
l. 9. t. 40.
Ibid. t. 5. l.
12. t. 12. l. 3.
t. 19. l. 4. t.
9. l. 5. t. 6.
Cod. Iust. l.
12. t. 1. L 7.
t. 22. l. 6. t.
1. l. 3. t. 1.

I. Theil.   P   Um

Constantin.
Jahr 313.

Um die Ehrbarkeit im gemeinen Wesen zu erhalten, erneuerte er ein Rathsdecret, welches zu den Zeiten des Claudius gemacht war, und durch welches ein Frauenzimmer vom freyen Stande, wenn sie sich mit einem Sclaven einließ, ihre Freyheit verlohr. Er sahe sich indeß in der Folge der Zeit genöthigt dieses Gesetz zu mildern, woraus man das Verderben der Sitten zu der damaligen Zeit leicht schlüßen kann. Es waren unter der Regierung des Marentius viele Unwürdige zu Aemtern gelangt, und ehrbare Bürger hatten dagegen ihre Freyheit verlohren; sie hatten, bey der damaligen grausamen Hungersnoth, welche die Stadt Rom betraf, sich selbst, oder ihre Kinder zu Sclaven verkauft. Diesem Unheile half er durch zwey Gesetze ab: durch das eine erklärte er Unehrliche, oder ihrer Verbrechen und Ausschweifungen wegen berüchtigte Personen für unfähig irgend ein Amt zu besitzen; durch das andere befahl er, bey harter Strafe, alle die wieder frey zu lassen, die unter der Tyranney des Marentius in den Sclavenstand gerathen waren, ohne daß man sich durch die Obrigkeit dazu zwingen ließe. Er erstreckte diese Strafen sogar bis auf die
jenigen

jenigen, welche, wenn sie wüßten, daß einer frey gebohren sey, es verheimlichten, und ihn in der Sclaverey lassen wollten. Er fügte noch hinzu, daß keine Verjährung wider die Freyheit Statt haben, und daß ein freyer Mensch von seinen Rechten nichts verliehren sollte, wenn er auch sechzig Jahr ein Sclave gewesen wäre. Zu gleicher Zeit aber belegte er die entlaufenen Sclaven mit sehr harten Strafen. Seine Neigung, die Rechte der Freyheit zu schützen, ohne doch der Gerechtigkeit zu nahe zu treten, ergiebt sich auch aus verschiedenen andern Verordnungen, die er noch nach der Zeit machte. Es giebt Gesetze von ihm, welche schöne moralische Lehren enthalten. Wir halten dafür, sagt er in einem derselben, daß man mehr auf die Billigkeit und natürliche Gerechtigkeit, als auf das geschriebene und strenge Gesetz sehen müsse. Dabey aber behielt er allemal die Entscheidung dem Prinzen vor, wenn das geschriebene Gesetz mit der natürlichen Billigkeit zu streiten scheinen würde. An einem andern Orte sagt er, daß die Gewohnheit weder der Vernunft noch dem Gesetze etwas entziehen müsse.

Constantin. Jahr 313.

Cod. Theod. l. 4. L. 8.

Cod. Iust. l. 1. t. 14. L. 8. L. 53.

Er

Constantin.
Jahr 313.
41.
Gesetze wegen Erhebung der Steuern.
Cod. Theod.
l. 11. C. l. et 7.
l. 8. l. 10. l.
10. C. 15.

Er scheint sowohl in diesem Jahre, als seine ganze Regierung hindurch, eine besondere Aufmerksamkeit auf zween wichtige Gegenstände gehabt zu haben: nemlich auf die Erhebung der Steuern, und auf die Verwaltung der Gerechtigkeit. Er ergrif alle Mittel, die ihm die Klugheit an die Hand gab, um auf die Contributionen sicher rechnen zu können, welche die Bedürfnisse des Staats erforderten, und um sie seinen Unterthanen weniger beschwerlich zu machen. Die Steuerrollen mußten von den Statthaltern der Provinzen eigenhändig unterschrieben werden; und um keine Reste zu lassen, befahl er, daß die Güter derer, die sich mit Vorsatz in der Bezahlung saumselig bewiesen, ohne Widerrede verkauft werden sollten. Doch setzte er auch auf die unnöthigen Händel, welche die Steuerbedienten etwan erheben könnten, harte Strafen, und erlaubte, sie deßwegen zur Verantwortung zu ziehen. Er verbot ferner den Fiscus wegen der Armenreste auf Unkosten der Reichen schadlos zu halten; die Schuldner des Fiscus ins Gefängniß zu werfen, oder sie mit Leibesstrafen zu belegen. Das Gefängniß, sagt er, ist nur für Verbrecher, oder für die Steuerofficí

officianten, die ihre Gewalt überschreiten; denen, die ihren Theil
zu den Contributionen nicht bezahlen wollen, darf man nur Exe-
cution schicken, oder, wenn sie sich
noch ferner widerspenstig bezeugen, ihre Güter verkaufen. Der,
der die Schulden des Fiscus eintreiben
mußte, hieß der Advocatus Fisci:
Constantin wollte, daß dieses Amt
rechtschaffenen, uneigennützigen und ver-
ständigen Leuten aufgetragen werden
sollte; und er bedrohet sie, daß sie auf
einerley Art bestraft werden sollen, wenn
sie sich in Eintreibung der Schulden
saumselig beweisen, oder allerhand Chicanen dabey machen. Der Vortheil
unserer Unterthanen, sagt er in einem seiner Gesetze, ist uns weit kostbarer, als der Vortheil unsers
Schatzes. Er folgt dieser schönen
Maxime sehr genau: man sieht aus
verschiedenen seiner Gesetze, daß er dem
Fiscus keine Vorzüge einräumte, daß
er ihn den gemeinen Rechten unterwarf, und daß er den Unterthanen
verschiedene Mittel ließ, sich gegen die
Ansprüche des Steuerregals zu vertheidigen.

Constantin.
Jahr 313.

Cod. Th. l.
10. t. 1. l. 4.
t. 13.

Constantin
Jahr 313.
42.
Gesetze, wegen Verwaltung der Gerechtigkeit.
Cod. Theod.
l. 11. t. 29.
30. 36. l. 2. t.
7. l. 9. t. 10.

Was die Verwaltung der Gerechtigkeit anbetrifft, kann man die Sorgfalt nicht genug an ihm loben, daß er alle Weitläuftigkeiten, Betrügereyen und Chicanen, sowohl von Seiten der Richter, als der Partheyen zu entfernen suchte. Da er sich als den unmittelbaren Statthalter Gottes, selbst in der Pflicht, seinem Volke Recht zu sprechen, ansahe, so erlaubte er den Richtern in zweifelhafften Fällen ihre Zuflucht zu ihm zu nehmen, ehe sie ein Urtheil sprächen: er sagte ihnen dabey aber auch, daß sie sich nur selten, und in Fällen, die nicht deutlich in den Gesetzen entschieden wären, an ihn wenden sollten, damit sie ihn nicht zu oft in seinen andern Verrichtungen störten, weil ohnedem auch der, dem etwas zu nahe geschähe, das Recht zu appelliren hätte. Aus Besorgniß, daß diese an den Prinzen zu erstattenden Berichte der Verlängerung der Processe zum Vorwande dienen möchten, schrieb er ihnen einen gar kurzen Termin vor; er gab auch ein Modell, wie sie eingerichtet seyn sollten, und schaffte alle Hindernisse bey Seite, welche die Wirkung davon aufhalten konnten. Da auch die Unterrichter, mit den Appellationen nicht zufrieden, die ihren Urtheilssprüchen in den

Weg

Weg geſtellt wurden, bisweilen den Appellanten ihre Unzufriedenheit empfinden ließen, ſo verbietet er ihnen in verſchiedenen Geſetzen dieſes trotzige Verfahren, und bedrohet ſie mit harter Strafe. Er empfiehlt den Richtern der höhern Gerichte eine ſchleunige Ausfertigung der Appellationen. Er beugt den Mißbräuchen vor, die ſich dabey einſchleichen können. Er thut die Erklärung, daß man von allen Gerichten appelliren könne, nur vom Gerichte der Präfectorum Prätorio nicht, als welche in Verwaltung der Gerechtigkeit Repräſentanten des Prinzen ſelbſt ſind. Ferner erlaubt er keine Appellation, wenn es die Beſtrafung eines Mordes, Ehebruchs, Vergifftung und dergleichen großer Verbrechen betrifft, und wenn eine völlige Ueberführung da iſt. Ich habe, da ich von den Geſetzen, die Conſtantin zu Trier gegeben, geredet habe, alle die unter einen Geſichtspunct zuſammen geſtellt, die einerley zum Gegenſtande hatten, ob ſie gleich nicht unmittelbar auf einander, ſondern in verſchiedenen Jahren hinter einander gegeben wurden. Ich werde es noch ferner ſo einrichten, um unnöthige Weitläufigkeiten und eckelhaffte Wiederholungen zu vermeiden, wenn mich nicht etwan ein

Conſtantin. Jahr 313.

beſon-

Constantin.
Jahr 313.
43.
Maximin fängt den Krieg mit dem Licinius an.
Euf. l. 9. c. 10. Lact. c. 45.

besonderer Umstand nöthigen wird, diese Ordnung zu unterbrechen.

Während daß sich Constantin zu Trier angelegen seyn ließ, die Staatsangelegenheiten in Ordnung zu bringen, machte sich Maximin seine Entfernung zu Nutze, um ein Vorhaben, womit er schon lange schwanger gieng, auszuführen, sich nemlich zum einzigen Herrn des ganzen Reichs zu machen. Dieser stolze und aufgeblasene Mann, älterer Cäsar, als die beyden andern Kayser, konnte ihre Ueberlegenheit nicht leiden, die er als unrechtmäßig ansahe. Er gab sich in seinem Titel den ersten Rang, und da er von den beyden Augusten und den beyden Cäsarn, die Diocletianus und Maximianus ernannt hatten, als sie das Regiment niederlegten, allein übrig war, sahe er sich als den rechtmäßigen Erben ihrer ganzen Gewalt an. Voll von diesen stolzen Gedanken ergriff er die Gelegenheit, da die beyden Kayser das Beylager der Constantia zu Meiland feyerten, und ließ, ob es gleich mitten im Winter war, seine Truppen ins Feld rücken. Er langte mit verdoppelten Märschen zeitig genug aus Syrien in Bithynien an; es gieng aber ein großer Theil seiner Armee darüber verlohren.

Fast

Faſt alle Laſtthiere blieben auf der Straſſe liegen, indem Regen, Schnee, Koth, Kälte und übertriebene Märſche ſie von Kräfften brachten. Nachdem er die Ufer des Bosphorus erreicht hatte, welcher ſeinem Reiche zur Grenze diente, gieng er über die Meerenge und näherte ſich Byzanz, allwo nur eine ſchwache Beſatzung lag. Nachdem er ſie vergebens zu beſtechen verſucht hatte, griff er die Stadt an; ſie ergab ſich nach einem eilftägigem Widerſtande. Von hier gieng er auf Heracläa los, welches ehemals Perinthus hieß, welches ihn noch verſchiedene Tage aufhielt.

Conſtantin. Jahr 313.

Dieſer Aufenthalt gab ſo viel Zeit, daß man Couriere an den Licinius abſchicken konnte, welcher, da er ſich bey dem Abmarſche aus Meiland vom Conſtantin getrennet hatte, nach Illyrien zurück gekommen war. Dieſer Prinz eilte mit einer Hand voll Soldaten herbey, und kam eben zu Adrianopel an, als Perinthus ſich ergeben hatte. Nachdem er nun alles, was er in der Nachbarſchaft von Truppen fand, zuſammen genommen hatte, rückte er bis auf achtzehn Meilen gegen den Maximin vor, der in einer gleichen Entfernung von Perinthus ſtand. Die Abſicht des Li-

44. Licinius kommt ihm entgegen.

Constantin. Jahr 313.

cinius war den Feind aufzuhalten, ohne mit ihm zu schlagen; denn er hatte nicht dreyßig tausend Mann gegen siebzig tausend. Maximin, der aus einem entgegen gesetzten Grunde zu einer Schlacht entschlossen war, gelobte dem Jupiter den Nahmen der Christen auszurotten, wenn er siegte. Lactantius erzählt, daß Licinius während der Nacht eine wunderbare Erscheinung gehabt; es träumte ihm, daß er einen sähe, der ihm sogleich aufzustehen befohl, und mit seiner ganzen Armee den allerhöchsten Gott anzurufen, wofür wenn er gehorchte, er ihm einen vollkommenen Sieg versprach; der Engel soll ihm auch selbst das Gebet gelehrt haben, das er seine Soldaten sprechen lassen sollte. Man muß gestehen, daß diese wunderbare Erscheinung auf keinem andern Beweise, als auf der Aussage des Licinius beruhe, den das übrige seines Lebens in diesem Puncte sehr verdächtig macht. Licinius ließ, als er erwachte, einen Schreiber kommen, und dictirte ihm die Gebetsformel, die er, wie er sagte, noch im frischen Gedächtnisse hatte. Sie war in diesen Worten verfaßt: Wir bitten dich, höchster Gott; heiliger Gott, wir bitten dich;

dich; wir empfehlen dir unsere Wohlfahrt und unser Reich. Von dir erhalten wir Leben, Glück und Sieg. Höchster Gott, heiliger Gott, erhöre uns; wir heben unsere Hände zu dir empor; erhöre uns heiliger Gott, höchster Gott. Er theilte an die Präfecte und Tribune verschiedene Abschriften von diesem Gebete aus, damit es denen Soldaten gelernt würde. Diese, eines Sieges gewiß, den der Himmel selbst versprach, wurden durch einen neuen Muth entflammt. Licinius wollte die Schlacht den ersten May liefern, um seinen Feind an eben dem Tage zu schlagen, an welchem er zum Cäsar war gemacht worden, und um selbst durch diesen Umstand eine Aehnlichkeit zwischen der Niederlage des Maxentius und des Maximin zu stiften. Dieser aber eilte noch den Tag vorher zur Schlacht, um mit dem Siege zugleich den Jahrstag seiner Erhebung zu feyern. Er stellte demnach am letzten April seine Truppen mit Anbruch des Tages in Schlachtordnung. Die Truppen des Licinius griffen, da sie es sahen, sogleich zu den Waffen, und giengen auf den Feind los. Es war zwischen den beyden Lägern eine große und

ganz

Constantin. Jahr 313.

ganz glatte Ebene, welche man Campus serenus nannte. Beyde Armeen standen schon einander im Gesichte: die Soldaten des Licinius legen ihre Schilder auf die Erde, nehmen ihre Helme ab, heben, nach dem Beyspiele ihrer Officiere, die Arme zum Himmel empor, und sprechen dem Kayser das Gebet nach, das sie gelernt hatten. Nachdem sie es dreymal wiederholt haben, nehmen sie ihre Helme und Schilde wieder. Dieses Geräusche und Gemurmele erschreckt die feindliche Armee. Die beyden Kayser besprechen sich mit einander; aber vergebens: Maximin wollte keinen Frieden; er verachtete seinen Nebenbuhler. Da er mit vollen Händen Geld verthat, und Licinius nichts weniger als freygebig war, so wartete er darauf, daß diesen seine Truppen verlassen, und beyde Armeen, unter seinen Fahnen vereint, sogleich auf den Constantin los gehen sollten. In diesem Vertrauen hatte er den ganzen Krieg unternommen.

Man rückte an; die Truppen des Licinius thaten den ersten Angrif, und wurden, nach dem Bericht des Zosimus, anfänglich zurück getrieben. Lactantius hingegen sagt, daß ihre Feinde, von Furcht erstarrt, nicht das Herz hatten,

Constantin. Jahr 313.

45.
Schlacht zwischen dem Licinius und Maximin.
Zos. l. 2. Euf. l. 9. c. 10.
de M. c. 47.

ten, den Degen zu ziehen, oder ihre Pfeile abzuschießen. Maximin ritt um die Armee des Licinius rings herum, und wandte Bitten und Verheißungen an: an statt ihn aber zu hören, wirft und schlägt man nach ihm selbst, so daß er sich zu seinen Truppen wieder zurück zu ziehen genöthigt siehet. Sie lassen sich fast ohne Widerstand von Feinden erwürgen, die weit schwächer an der Zahl waren. Die ganze Fläche war mit Todten bedeckt; die halbe Arme war in Stücken gehauen, und die andern ergaben sich, oder ergriffen die Flucht. Die Leibwache verließ den Maximin; er selbst verläßt sich, wirft den kayserlichen Purpur weg, bedeckt sich mit einem Sclavenhabite, und mengt sich unter die Flüchtlinge, mit denen er wieder über die Meerenge zurück eilt. Vom Schrecken gejagt, kommt er den folgenden Tag in der Nacht zu Nicomedien an, welches vom Schlachtfelde auf hundert und sechzig Meilen entfernt lag. Er nahm daselbst seine Gemahlinn, seine Kinder, nebst einer kleinen Anzahl Officiere mit, und setzte seine Flucht immer weiter nach dem Oriente fort. Nachdem er endlich vielen Gefahren dadurch entgangen war, daß er sich bald da bald dort auf den Feldern

Constantin. Jahr 313.

dern und in den Städten versteckte, erreichte er endlich Cappadocien, wo er, nachdem er den Ueberrest seiner Truppen wieder gesammlet hatte, Halte machte, und den Purpur wieder nahm.

Constantin. Jahr 313.

46. Licinius zu Nicomedien.
Lact. c. 48. Cod. Theod. l. 13. c. 10. leg. 2. God. ad h. leg.

Nachdem Licinius die feindlichen Soldaten, die sich ergaben, unter seine Armee vertheilt hatte, gieng er über den Bosphorus; er hielt einige Tage darauf zu Nicomedien seinen Einzug, allwo er Gott, als dem Urheber seines Sieges, dankte, und seine Truppen ausruhen ließ. Er nahm sogleich den ersten Junius eine Souverainitätshandlung, Lycien und Pamphylien zum Besten, vor; er befreyete nemlich durch ein Gesetz das gemeine Volk in den Städten dieser Provinzen von der Bezahlung einer Kopfsteuer in Ansehung der Güter, die es auf dem Lande besaß. Es war dieses ein neues Joch, womit die Einwohner in den Städten stets verschont geblieben waren, und das ihnen Maximin wahrscheinlicher Weise aufgelegt hatte. Den dreyzehnten eben dieses Monats ließ er das Edict anschlagen, das er zu Meiland mit dem Constantin verfertigt hatte, und wodurch der Kirche eine vollkommene Ruhe geschenkt ward. Er ermahnte sogar die Christen mündlich, ihre

Reli-

Religion frey und öffentlich zu üben. Man kann hieher das Ende jener grausamen Verfolgung setzen, welche, nachdem sie den drey und zwanzigsten Februar im Jahr 303 in eben dieser Stadt den Anfang genommen, zehn Jahre hindurch das Christenthum dadurch verstärkt hatte, daß sie Christen zu tausenden umbrachte.

Constantin. Jahr 313.

Maximin mit Schande bedeckt, und voll Verzweifelung, ließ seine Wuth zuerst gegen die Priester seiner Götter ausbrechen, welche ihn durch betrügliche Orakel das Glück seiner Waffen versichert hatten; sie wurden alle auf seinen Befehl umgebracht. Als er hernach erfuhr, daß Licinius mit seiner ganzen Macht auf ihn los käme, legte er sich in die Defileen des Gebürges Taurus, und suchte sie durch Verhaue und Schanzen, die in der Eil aufgeworfen wurden, zu versperren. Da nun aber der Ueberwinder allenthalben durchbrach, warf er sich in die Stadt Tarsus, in der Absicht nach Aegypten zu flüchten, und daselbst seinen Verlust wieder zu ersetzen. Eusebius redet von einem zweyten Treffen, bey welchem Maximin nicht gegenwärtig war, und sagt, daß er zu eben der Zeit, als die Schlacht gehalten ward, in der Stadt, aus welcher

47. Tod des Maximin. Lact. c. 49. Euf. Hist. L. 9. c. 10. 11. et Vit. l. 1. c. 58. 59. Zof. L. 2.

Constantin. Jahr 313.

cher er sich nicht heraus getrauet, von der Krankheit sey überfallen worden, an welcher er starb. Oder nach dem Lactantius: Dieser Prinz, in Tarsus belagert, ohne Hofnung einiger Hülfe, ohne ein anderes Rettungsmittel zu haben, als den Tod, wenn er nicht in die Hände eines grausamen und aufgebrachten Nebenbuhlers fallen wollte, fraß und soff sich zum letztenmale voll, und verschlang hernach ein zubereitetes Gifft. Die Menge der Speisen aber, die er zu sich genommen hatte, benahm dem Giffte die Wirkung, so, daß es, anstatt ihn sogleich zu tödten, ihn vielmehr in eine lange und schmerzhaffte Todesangst versetzte. Er erkannte in diesem Zustande den Arm Gottes, der ihn schlug; er zwang seinen gottlosen Mund, denjenigen zu loben, gegen den er einen unsinnigen Krieg geführt hatte; er gab den Christen zum Besten ein Edict, in welchem dieser elende Prinz, unter der Hand Gottes, die ihn aufreibt, noch den Stolz des Throns beybehalten, und durch einen gekünstelten Eingang die Bosheit seiner vorigen Edicte bemänteln will. Er räumt übrigens den Christen ohne Ausnahme alles ein, was Constantin ihnen in seinen Staaten eingeräumt hatte; das ist: die Erlaubniß

niß ihre Tempel wieder aufzubauen, und wieder in den Besitz aller Kirchengüter zu treten, auf was für Art und Weise man sie ihnen auch entzogen haben möchte. Eine so erzwungene und unvollkommene Reue entwafnete den Zorn Gottes keinesweges. Er lag schon seit vier Tagen in den abscheulichsten Schmerzen. Er wälzte sich auf der Erde herum, riß mit vollen Händen Stücken aus derselben, und verschlang sie. Seine Eingeweide wurden durch ein innerliches Feuer verbrannt, welches nichts an ihm übrigließ, als ausgedorrete Knochen. Da er sich oft mit dem Kopfe wider die Mauern stieß, so verursachte er dadurch, daß ihm die Augen aus den Augenliedern heraus traten. Die Christen sahen diesen schrecklichen Zufall als eine Strafe für die Grausamkeit an, die er an so vielen Märtyrern ausgeübt hatte, indem er ihnen die Augen ausstechen ließ. So blind als er war, glaubte er doch in den gegenwärtigen Umständen den Gott der Christen, von seinen Dienern umgeben, zu sehen, und das Urtheil über sich aussprechen zu hören. Er schrie gleich einem, der auf die Folter gespannt wird; er schob die Schuld auf seine ungetreuen Räthe; er gestand seine Verbrechen, betete Jesum

Constantis. Jahr 313.

Christum an, und flehete mit Thränen um Barmherzigkeit. Endlich starb er mitten unter diesem Geheule, das so fürchterlich war, als ob er im Feuer läge, eines noch schrecklichern Todes, als Galerius gestorben war, den er auch an Gottlosigkeit und Grausamkeit übertroffen hatte. Er hatte das neunte Jahr seiner Regierung erreicht, wenn man von der Zeit an rechnet, da er Cäsar geworden war, und das sechste, seitdem er den Titel Augustus angenommen hatte. Er hatte verschiedene Kinder, die er schon zu Reichsgehülfen angenommen hatte, von denen man aber die Nahmen nicht einmal weiß.

Constantin. Jahr. 313.

48. Folgen seines Todes. Euf. l. 9. c. 11. Valef. ibid. S. Greg. Naz. adverf. Iulian. orat. 3.

Der Tod des Maximin war aber noch nicht die letzte Strafe, welche die göttliche Rache an ihm ausübte, sondern sie erstreckte sich bis auf sein Andenken, auf seine Bediente und auf seine ganze Familie. Er ward für einen öffentlichen Feind des Reichs erklärt, durch die schimpflichsten Decrete, in welchen er ein gottloser, verabscheuungswürdiger Tyrann und Feind Gottes genennet ward. Seine Gemälde und Bildsäulen, ingleichen die von seinen Kindern, welche man ehemals in allen Städten seines Reichs so sehr verehrete, wurden theils in Stücken

cken geschlagen, theils mit Kohlen und Kothe schwarz gemacht und beschmiert, und allem Muthwillen des Pöbels überlassen, welcher, so bald er sich nicht mehr fürchten darf, auf die ausgelassenste Art sich an den Tyrannen rächt. Man verstümmelte seine Bildsäulen; man machte sich das grausamste Vergnügen damit, daß man sie in die schreckliche Gestallt brachte, in welche ihn die Krankheit versetzt hatte. Der heil. Gregorius Nazianzenus sagt, daß man an ihnen, nach mehr als funfzig Jahren, noch die Merkmale seiner Bestrafung gesehen habe. Licinius nahm den Feinden der christlichen Religion alle ihre Bedienungen. Die sich zum Verdienste gerechnet hatten, die Christen zu quälen, und denen der Tyrann deßwegen alle Gnade hatte angedeihen lassen, wurden zum Tode verurtheilt. Peucetius, der dreymal mit dem Maximin Consul, und Oberaufseher seiner Finanzen gewesen war; Culcianus, der verschiedene wichtige Posten gehabt, und als Statthalter in Thebais eine Menge Märtyrer gemacht hatte, wurden der Grausamkeiten wegen bestraft, deren Rathgeber oder Vollzieher sie gewesen waren. Theotecnus, der Bösewicht, von dem wir schon geredet haben, entgieng der Strafe, die er verdient hatte, gleichfalls nicht. Maximin hatte seine Betrügereyen mit der Statthalterschaft in Syrien belohnt. Licinius, als er nach Antiochien kam, ließ eine Untersuchung anstellen, wer diejenigen wären, welche die Leichtgläubigkeit des Prinzen gemißbraucht hatten, und unter andern ließ er die Propheten und Priester des Jupiter Philius auf die Tortur bringen; er suchte dadurch hinter die Betrügereyen zu kommen, wodurch sie diesem neuen Orakel die Sprache gegeben hatten. Die Marter entriß ihnen auch das ganze Geheimniß. Theotecnus war der Erfinder davon. Sie wurden indeß alle mit dem Tode bestraft, und mit dem Theotecnus machte man den Anfang. Die Gemahlinn des Maximin ward im Orontes ersäuft, in welchen Fluß sie soviel christliche Frauenzimmer hatte stürzen lassen. Bisher hatte Licinius nur Verbrecher bestraft; er war aber blutdürstig, und vergrif sich nun auch an den Unschuldigen, die er seiner Grausamkeit aufopferte. Er ließ den ältesten Sohn des Maximin ermorden, der nur acht Jahre alt war, und seine Tochter von sieben Jahren, die schon an den Candidianus ver-

Constantin. Jahr 313.

verlobt war. Severianus, der Sohn des unglücklichen Severus, hatte sich nach dem Tode des Galerius, in die Staaten des Maximin begeben. Diesem Prinzen getreu, hatte er ihn selbst in seinem Unglücke nicht verlassen. Licinius ließ ihn umbringen, unter dem Vorwande, daß er nach dem Tode des Maximin den Purpur habe nehmen wollen. Candidianus hatte gleiches Schicksal. Seine Begebenheiten sind aber mit der Geschichte der Valeria vermengt, deren Unglücksfälle ich jetzt erzählen will.

Constantin. Jahr 313.

Sie war die Wittwe des Galerius. Da sie unfruchtbar war, hatte sie, aus Gefälligkeit gegen ihren Gemahl, den Candidianus, der von einer Concubine war, den aber der Vater so sehr liebte, daß er ihn zum Reiche bestimmte, an Kindesstatt angenommen. Galerius hatte bey seinem Ableben seine Gemahlinn nebst diesem Sohne in die Hände des Licinius gegeben, und ihn gebeten, ihr Beschützer und Vater zu seyn. Prisca, Gemahlinn des Diocletians und Mutter der Valeria, begleitete ihre Tochter; sie hatte an ihrem Glücke allemal Theil genommen, und begleitete sie auch auf das Blutgerüste. Die Geschichte

49. Begebenheiten der Valeria, der Prisca, und des Candidianus. Lact. c. 15. 39. 40. 41. 50. 51. Baluz. in Lact. p. 298. Cuper. in Lact. p. 508.

D 3

Constantin. Jahr 313.

―schichte sagt uns nicht, warum sie von ihrem Manne getrennt lebte, seitdem er die kayserliche Würde niedergeleget hatte. Vielleicht weniger Philosoph als Diocletianus zog sie den Hof des Galerius den Gärten zu Salone vor, und wollte wenigstens in der Nähe des Throns bleiben, von welchem sie sehr ungern herabgestiegen war. Es scheint auf der andern Seite, daß ihr Gemahl sie mit dem Reiche zugleich vergessen gehabt; und bey den Widerwärtigkeiten, welche beyde Prinzeßinnen mit einander erdulbeten, weiß die Geschichte von keinen Thränen des Diocletians, als die er über seine Tochter vergoß.

50. Valeria fliehet den Licinius, und wird vom Maximin verfolgt.

Licinius sahe kaum das Schicksal der Valeria in seinen Händen, als er ihr vorschlug, sie zu heyrathen. Dieser Prinz war ein Sclave der Wollust und des Geitzes. Valeria war schön, und brachte einem zweyten Manne große Ansprüche auf die Verlassenschaft des ersten mit. Aber unempfindlich gegen die Liebe, und zu stolz, um den Wohlstand zu beleidigen, der den Kayserinnen nicht erlaubte zum zweytenmale zu heyrathen, verließ sie heimlich, nebst der Prisca und dem Candidianus, den Hof des Licinius, und glaubte gegen alle Nachstellungen

lungen gesichert zu seyn, wenn sie ihre Zuflucht zum Maximin nähme. Dieser hatte Frau und Kinder, und hatte außerdem Valerien stets als seine Mutter angesehen, indem er ein adoptirter Sohn des Galerius war. Er war aber ein unvernünftiger und viehischer Mensch, der sogleich weit heftiger als Licinius entbrannte. Valeria war noch in ihrem Trauerjahre: dem ohngeachtet ließ er durch seine Vertrauten bey ihr anwerben, und versicherte sie, daß er bereit sey, seine Gemahlinn zu verstoßen, wenn sie ihren Platz einnehmen wollte. Sie antwortete ohne Umschweife darauf, daß sie noch an keine Heyrath denken könnte, da sie noch in den Trauerkleidern wäre; daß Maximin sich erinnern sollte, wie der Gemahl der Valeria sein Vater sey, dessen Asche noch nicht kalt geworden; daß er, ohne die grausamste Ungerechtigkeit zu begehen, eine Gemahlinn nicht verstoßen könnte, von welcher er geliebt würde; daß sie sonst selbst sich keine bessere Begegnung von ihm verspräche, und daß es endlich ein schimpflicher Schritt sey, von dem man keine Beyspiele habe, daß eine Frau von ihrem Stande sich zu einer zweyten Heyrath entschlöße. Diese gesetzte und

Constantin. Jahr 313.

148 Geschichte des morgenl.

Constantin. Jahr 313.

großmüthige Antwort brachte den Maximin in Wuth, als sie ihm gesagt ward. Er erklärte Valerien vogelfrey, zog ihre Güter ein, nahm ihr alle Bedienten, ließ ihre Verschnittenen zu Tode martern, verbannte sie nebst ihrer Mutter, jagte sie aus einem Exilio ins andere, und um das Maaß der Beleidigungen recht voll zu machen, ließ er verschiedene Hofdamen, die mit der Prisca und Valeria in Freundschaft gelebt hatten, als Ehebrecherinnen fälschlich anklagen und zum Tode verdammen.

51. Drey vornehme Frauenzimmer werden am Leben gestraft.

Es war darunter eine von sehr vornehmer Geburt, die auch schon ziemlich bey Jahren war. Valeria erwieß ihr, als einer zweyten Mutter, viel Achtung. Maximin schrieb die abschlägige Antwort, die ihn so rasend machte, ihren Rathgebungen zu. Er trug dem Präsidenten Eratindus auf, sie durch einen schimpflichen Tod hinzurichten. Es wurden noch zwo andere dazu genommen, die ebenfalls von edler Herkunft waren, und von denen die eine ihre Tochter unter den vestalischen Jungfern zu Rom hatte, die andere aber eines Rathsherrn Frau war. Diese beyden letztern hatten das Unglück gehabt, dem Maximin

Kayserth. Zweytes Buch. 149

min durch ihre Schönheit zu gefallen, und nun strafte er sie ihres Widerstandes wegen. Man schleppte sie alle drey vor den Richterstuhl, allwo ihre Verdammung schon vorher beschlossen war. Man hatte zu ihrem Ankläger niemand anders finden können, als einen Juden, der selbst anderer Verbrechen wegen angeklagt war, und sich durch Versprechung der Loslassung zum Ankläger brauchen ließ. Zu Nicäa war es, wo dieses blutige Trauerspiel gespielt ward. Der Richter, der sich für der Wuth des Pöbels, und gesteinigt zu werden fürchtete, begab sich, unter einer starken Bedeckung von Soldaten, aus der Stadt. Man brachte den Ankläger auf die Tortur, und er blieb bey seiner Aussage, wie man mit ihm abgeredet hatte. Die Angeklagten wollten antworten; aber die Henkersknechte verstopften ihnen den Mund mit derben Fäustenschlägen. Das Urtheil ward gesprochen; man führte sie zwischen zwo Reihen Häscher zum Tode; Seufzer und Klagen schallten wieder, und was das Mitleiden und die Thränen des zusammen gelaufenen Volks noch mehr vermehrte, war der Anblick des Rathsherrn, dessen ich gedacht habe. Vollkommen von der Treue seiner Frau

Constantin. Jahr 313.

über-

Constantin. Jahr 313.

überzeugt, der sie letzt unglücklicher Weise zum Opfer ward, hatte er die Standhaftigkeit bey ihrem Tode gegenwärtig zu seyn, und ihren letzten Seufzer aufzufangen. Man wollte, nachdem man ihnen die Köpfe abgeschlagen hatte, sie unbegraben liegen lassen; aber ihre Freunde holten in der Nacht ihre Körper. Indeß hielt man dem gottlosen Juden, der der Ankläger gewesen war, das gegebene Wort nicht. Nachdem man ihn, mit einer Untreue, die der seinigen würdig war, ans Creutz geschlagen hatte, verrieth er mit lauter Stimme das ganze Geheimniß der Bosheit, und starb als ein Zeuge ihrer Unschuld.

52. Diocletian fodert Valerien zurück.

Valeria, die in die syrischen Wüsteneyen verwiesen war, fand indeß Mittel, den Diocletian, ihren Vater, der noch lebte, von ihren unglücklichen Begebenheiten zu benachrichtigen. Dieser schickte sogleich an den Maximin Boten ab, die um die Zurückgebung seiner Tochter bey ihm ansuchen mußten. Man hörte aber darauf nicht; er wiederholte seine Bitten zu verschiedenen malen; aber allzeit vergebens. Endlich schickte er einen von seinen Anverwandten, einen angesehenen Officier, an ihn ab, der dem Maximin

ximin zu Gemüthe führen sollte, wie
viel er dem Diocletian zu danken habe, **Constantin.**
und der zugleich die Erfüllung dieser bil- **Jahr 313.**
ligen Foderung ihm als eine Pflicht der
Erkänntlichkeit vorstellen mußte. Dieser Officier aber konnte ebenfalls nichts
erhalten. Damals war es nun, daß der
unglückliche Vater unter seinem Schmer-
ze erlag, wie ich schon erzählt habe.

Maximin hörte nicht auf Valerien **II.**
zu verfolgen. Dem ohngeachtet wagte er **Tod des**
es doch nicht, ihr das Leben zu nehmen; **Candidia-**
selbst nach seiner Niederlage nicht, da er **nus, der**
schon seinen Verlust als unvermeidlich **Prisca und**
vor Augen sahe, und seine Wuth so gar **Valeria.**
die Priester seiner Götter nicht verschonte.
Candidianus hatte sich, aus unbekannten Ursachen, von ihr getrennt, so daß sie
ihn schon seit einiger Zeit für tod hielt.
Da sie aber vernommen hatte, daß er
noch lebte, und daß Licinius zu Nicomedien sey, reisete sie, nebst ihrer Mutter
diesem jungen Prinzen nach; und ohne sich
zu erkennen zu geben, mischten sich die beyden Prinzeßinnen, in fremden Kleidern,
unter die Bedienten des Candidianus,
um zu erwarten, was die neue Staatsveränderung in seinen Glücksumständen
für Veränderungen nach sich ziehen würde. Candidianus, der damals sechzehn

Jahre

Constantin. Jahr 313. Jahre alt war, hatte, als er sich dem Licinius zu Nicomedien vorstellte, die Eifersucht dieses mißtrauischen Alten rege gemacht, indem er zu bemerken glaubte, daß der Sohn des Galerius sich zu viel Hochachtung erwärbe; er ließ ihn daher heimlich ermorden. Valeria ergriff hierauf sogleich die Flucht; das übrige ihres Lebens war ein stetes Herumschweifen. Nachdem sie funfzehen Monate lang in verschiedenen Provinzen, und in einer Verkleidung, unter welcher man sie nicht erkannte, herum geirrt war, erkannte man sie doch endlich zu Thessalonich, gegen den Anfang des Jahrs 315, und nahm sie nebst ihrer Mutter in Verhafft. Diese beyden unglücklichen Prinzeßinnen, die kein Verbrechen auf sich hatten, als ihren Stand und die Keuschheit der Valeria, wurden nun auf Befehl des ungerechten und grausamen Licinius zum Tode verurtheilt, mitten unter den vergebenen Thränen eines ganzen Volks zur Richtstädte geführt, ward ihnen der Kopf abgeschlagen, und ihre Körper ins Meer geworfen. Einige Schriftsteller geben vor, daß sie der christlichen Religion zugethan gewesen, vom Diocletian aber wären gezwungen worden, den Göttern Weyhrauch zu streuen. Wenn dieses
Vor-

Vorgeben, das eben nicht viel Grund hat, wahr seyn sollte, so wäre ihre Religion der stärkste Trost für sie in ihrem Unglück gewesen: so wie ihre unglücklichen Zufälle das beste Mittel seyn konnten, die Schwachheit zu büßen, mit welcher sie ihrer Religion ungetreu wurden.

Constantin.
Jahr 313.

Die Feyerung der secularischen Spiele fiel in dieses Jahr; es war gerade das hundert und zehnte, seitdem sie vom Severus, unter dem Consulate des Cilon und Libon, im Jahr 204 waren gefeyert worden. Die unter dem Kayser Philippus, waren nichts als ein außerordentliches Fest gewesen, um das tausende Jahr seit der Erbauung der Stadt Rom zu feyern. Es war bis jetzt noch bey der alten Ordnung geblieben, daß das hundert und zehnte Jahr zu den secularischen Spielen genommen ward; Constantin ließ aber die Zeit dieser abergläubischen Ceremonie vorbey gehen, ohne sie zu erneuern. Zosimus erhebt darüber große Klagen; er schreibt dieser Unterlaßung den Verfall des Reichs zu, dessen Glück, wie er sagt, mit der Feyerung dieser Spiele verbunden war.

54.
Secularische Spiele vom Constantin nicht gefeyert.
Zos. l. 2.

Der Tod des Maximin ließ keinen der christlichen Religion feindseligen Prinzen mehr übrig. Die Kirchen wurden

55.
Allgemeiner Friede der Kirche.

den wieder aufbauet; der öffentliche Gottesdienst ward mit aller Freyheit gehalten, und die freygebige Frömmigkeit Constantins verschönerte ihn mit Glanze und Pracht. Die über diesen Vorzug eifersüchtigen Heyden ließen ein erdichtetes Orakel in griechischen Versen herum gehen, welches sagte, daß die christliche Religion nicht länger als 365 Jahre dauren sollte; sie beschrieben Jesum Christum als einen guten einfältigen Menschen, dem man keine Bosheit nachsagen könnte; Petrus aber war in ihren Augen ein Zauberer, der durch seine Blendwerke die ganze Welt bezaubert, und es so weit gebracht hatte, daß sein Meister und Herr angebetet ward; diese Bezauberung sollte nun nach 365 Jahren aufhören. Diese einfältigen Kunstgriffe und Betrügereyen beunruhigten die Vertheidiger der christlichen Religion ganz und gar nicht: es waren ohnmächtige Lästerungen der zu Boden geworfenen Abgötterey. Die christliche Kirche, die aller menschlichen Gewalt zum Trotze, gewachsen war, und nun von gecrönten Häuptern geschützt ward, hatte weiter keine Verletzung zu befürchten, als von ihren eigenen Kindern. Und da es ihr Schicksal ist, stets zu kämpfen, und stets

Constantin. Jahr 313. Euf. Hist. l. 10. c. 1. 2. S. Aug. de civ. l. 18. c. 53.

zu

zu überwinden, so ward sie auch, da sie
keinen auswärtigen Krieg mehr zu führen hatte, in ihrem eigenen Schooße
von Feinden angegriffen, die als rebel-
lische Unterthanen um soviel erhitzter
waren. Ich rede von den Donatisten,
deren Geschichte ich, vom Anfange an,
erzählen will. Da es hier die erste Gelegenheit ist, daß ich mich auf Materien
die Religion betreffend einlasse, so halte
ich mich für verbunden, den Leser zu benachrichtigen, daß ich in der Fortsetzung
des ganzen Werks, nicht anders ausführlich davon reden werde, als wenn sie
in die politische Verfassung des Reichs
einen Einfluß haben. Die christlichen
Kayser haben sich immer mehr als zu viel
in die theologischen Streitigkeiten ge-
mengt, und ziehen folglich ihren Geschichtschreiber, wider seinen Willen, mit
hinein. Doch werde ich mich nicht in
unnöthige Weitläuftigkeiten einlassen;
sondern ich überlasse es der Kirchengeschichte Untersuchungen darüber anzu-
stellen, als welcher es allein zukommt,
über diese Streitigkeiten einen richterlichen Ausspruch zu thun.

Die Unruhen im Reiche seit der Abdankung des Maximians, hatten gemacht, daß die Verfolgung in Africa
aufge-

Constantin.
Jahr 113.

56.
Ursprung der
Trennung
der Donati-
sten.

aufgehört hatte. Die Kirche dieser Provinz fieng an Ruhe zu genüßen, als Heucheley, Geitz, Herrschsucht, durch die Rachgier einer mächtigen und aufgebrachten Frau unterstützt, ein neues Ungewitter daselbst erregten. Dem Edicte des Diocletians zu Folge, waren die Obrigkeiten der Städte in Gefahr das Leben zu verliehren, wenn sie nicht den Christen alles, was sie von heiligen Schriften hatten, aus den Händen rissen. Es wurden demnach darüber gar genaue und strenge Untersuchungen angestellt. Eine große Anzahl der Gläubigen und selbst Bischöffe hatten die Schwachheit sie auszuliefern; man nannte sie daher Uebergeber, Traditores. Mensurius, Bischof zu Carthago, war ein überaus tugendhafter Mann: dem ohngeachtet klagte ihn Donatus, Bischof zu Casa nigra in Numidien dieses Verbrechens wegen an; und ob er ihn gleich desselben nicht überführen konnte, so trennte er sich doch von seiner Gemeinschaft. Diese Trennung machte indeß nicht viel Aufsehens, bis nach dem Tode des Mensurius. Er ward, da er noch lebte, an den Hof des Maxentius gefodert, um von seinem Verhalten Rede und Antwort zu geben. Man beschuldigte

Constantin.
Jahr 313.
Optat. l. 1.
Bald. in Opt.
Acta Felicis
Aptung. S.
Aug. de civ.
c. 3. Item con-
tra Perill.
Idem brevic.
coll. Idem.
epist. 50. 68.
152. Idem
post. coll.
Idem lib. I.
contra Cre-
scon Idem in
Parmen. Coll.
Carth. Conc.
Hard. t. 1. p.
259. seq. Eus.
Hist. l. 10. c.
5. Valef. de
Schism. Do-
nat. Dupin.
hist. Donat.
Pagi ad Bar.
an. 306. Till.
Hist. des Do-
nat. Fleury
Hist. ecclef.

bigte ihm, daß er einen gewissen Diaco-
nus, Namens Felix, der ein Pasquill   Constantin.
auf den Kayser gemacht haben sollte, in   Jahr 313.
seinem Hause versteckt gehalten, und den
Gerichtsdienern nicht habe ausliefern
wollen. Er gab, als er von Carthago
abreisete, die goldenen und silbernen Gefäße, die beym Gottesdienste gebraucht
wurden, einigen Aeltesten in Verwahrung, und das Verzeichniß davon gab
er einer schon ziemlich bejahrten Frau,
deren Ehrlichkeit ihm bekannt war, mit
der Bitte, dieses Verzeichniß seinem
Nachfolger zuzustellen, wenn er von dieser Reise nicht zurück kommen sollte. Er
starb auf der Zurückreise. Die Bischöffe
der Provinz Africa setzten den Diaconus
der Kirche zu Carthago, Cäcilianus
an seine Stelle, welcher durch die Stimmen der Geistlichkeit und des Volks gewählt, und vom Bischofe zu Aptung,
Felix, eingeweyhet ward. Der neue Bischof fragte sogleich nach den Gefäßen,
deren Verzeichniß ihm war eingehändigt
worden. Die Depositarii aber machten lieber dem Cäcilianus seine Einweihung streitig, als daß sie dieselben
heraus gaben. Sie wurden darinne von
zween ehrgeitzigen Diaconis, dem Bo-
trus und Cäleusius, unterstützt, welche

I. Theil. R dar-

darüber aufgebracht waren, daß ihm der Vorzug vor ihnen war gegeben worden. Die vornehmste Triebfeder dieses ganzen Handels aber war eine zu Carthago wohnende Spanierinn, Nahmens Lucilla, welche vornehm, reich, zum Scheine andächtig und folglich auf sich selbst stolz war. Sie konnte dem Cäcilianus einen Verweis nicht vergessen, den er ihr wegen der Verehrung eines vermeynten Märtyrers gegeben, welchen die Kirche nicht dafür erkannt hatte. Diese Frau, die für ihre zweydeutige Reliquie sehr eingenommen war, machte sich kein Gewissen, alles, was sie von Ansehen, Reichthümern und Arglist besaß, gegen ihren Bischof anzuwenden. Diese gänze Cabale, vom Bischof zu Casa nigra, Donatus unterstützt, schrieb an den Secundus, Bischof zu Tigisi und Primas in Numidien, und bat ihn mit den Bischöffen seiner Provinz nach Carthago zu kommen. Man hoffte bey diesem Prälaten eine grosse Neigung zur Verdammung des Cäcilianus zu finden. Secundus war auch würklich nicht wohl auf ihn zu sprechen, weil er sich nicht lieber von ihm, als vom Felix hatte einweyhen lassen, und die andern nahmen es ebenfalls übel, daß er sie zu dieser

Constantin. Jahr 313.

dieser Einweyhung nicht eingeladen hatte. Secundus hatte, ehe sie noch vor sich gegangen war, verschiedene von seinen Clericis nach Carthago geschickt, welche, da sie mit den Clericis der Stadt nichts zu thun haben wollten, bey Lucillen eingekehrt waren, und einen Visitator der Diöces ernennt hatten.

Die numidischen Bischöffe, mit ihrem Primas an der Spitze, säumten nicht, sich nach Carthago zu begeben, an der Zahl siebzig. Sie kehrten bey den Feinden des Bischofs ein, und an statt sich in der Hauptkirche zu versammeln, wo das ganze Volk nebst dem Cäcilianus auf sie wartete, kamen sie in einem Privathause zusammen. Sie foderten von da aus den Cäcilianus vor sich; er wollte aber vor einer so unregelmäßigen Versammlung nicht erscheinen. Außerdem ward er auch von seinem Volke abgehalten, welches ihn dem Ungestüm seiner Feinde nicht aussetzen wollte. Sie verdammten ihn als einen, der von Traditoren eingeweyhet worden, und verwickelten die zugleich mit in seine Verdammung, die ihn eingewehyet hatten; man that die Erklärung, daß man weder mit ihnen, noch mit dem Cäcilianus einige Gemein-

Constantin. Jahr 313.

57. *Conciliabulum zu Carthago, wobey Cäcilianus verdammt wird.*

schaft haben wolle. Das Merkwürdigste hierbey ist, daß die vornehmsten dieser Bischöffe, welche jetzt gegen die Traditores so sehr eiferten, sich auf dem Concilio zu Cirtha, das sieben Jahr vorher war gehalten worden, eben dieses Verbrechens schuldig erkannt, und sich unter einander selbst die Absolution darüber gegeben hatten.

Da auf diese Weise der bischöfliche Stuhl zu Carthago für erlediget war erklärt worden, so erwählte die Cabale den Majorinus, einen Bedienten der Lucilla, welcher in der Diaconey des Cäcilianus lector gewesen war, auf denselben. Lucilla kaufte ihm diese Stelle, indem sie den Bischöffen vier hundert Beutel gab, um sie, wie sie sagte, unter die Armen auszutheilen. Sie theilten sie aber unter sich selbst, und erreichten dadurch die wahre Absicht derjenigen, die sie ihnen gab, noch besser. Sie schickten zu gleicher Zeit Briefe durch ganz Africa herum, um alle Bischöffe von der Gemeinschaft des Cäcilianus abwendig zu machen. Die Verläumdung, die sich immer bald zu hitzigen Streitigkeiten gesellet, ward auch hier zu Hülfe genommen. Sie beschuldigten ihre Widersacher, daß sie einen von den Ihrigen

Constantin. Jahr 313.

58. *Einweyhung des Majorinus.*

vor

vor der Einweyhung des Majorinus
tod geschlagen hätten. Die Briefe eines
so zahlreichen Concilii theilten die africanischen Kirchen; Cäcilianus aber
ward darüber gar nicht unruhig, indem
er in der Gemeinschaft mit allen andern
Kirchen der Welt, besonders mit der zu
Rom blieb, bey welcher zu allen Zeiten
das Primat des apostolischen Stuhls
gewesen ist.

Constantin.
Jahr 313.

Constantin, nachdem er sich Meister
von Africa gemacht hatte, ließ kurze
Zeit nach der Einweyhung des Majorinus Almosen an die Kirchen dieser
Provinz austheilen. Er war von den
Unruhen schon unterrichtet, welche die
Schismatiker erregt hatten, und schloß
sie von seinen Wohlthaten aus. Der
Neid, der bey ihnen darüber entstand,
machte ihre Bosheit noch verwegener.
Sie kamen von einer Menge Volks
begleitet, das sie verführt hatten, mit
großem Geschrey und Lärmen zum Proconsul Anulinus, um ihm eine mit
Verläumdungen angefüllte Klage wider
den Cäcilianus, und eine Bittschrift
an den Kayser zu übergeben, in welcher
sie sich die gallischen Bischöffe zu Richtern ausbaten. Diese schienen sich auch
am besten zu schicken, Richter in dieser

59.
Constantin
untersucht
diese Streitigkeit.

Sache

Constantin. Jahr 313.

Sache abzugeben, weil keine Traditores unter ihnen waren, indem Gallien unter der Herrschaft des Constantius und Constantins keiner Verfolgung ausgesetzt gewesen war. Der Kayser las beydes, die Klage und die Bittschrift, und befahl dem Proconsul, dem Cäcilianus und seinen Widersachern anzudeuten, daß sie noch vor dem zweyten October dieses Jahrs 313 zu Rom erscheinen, und die Untersuchung ihrer Sache von Bischöffen gewärtigen sollten. Er schrieb zu gleicher Zeit an den Pabst Miltiades, und an drey gallische Bischöffe, die als fromme und gelehrte Männer berühmt waren, und bat sie, beyde Partheyen zu verhören, und dann einen Ausspruch darüber zu thun. Die drey Bischöffe waren Rhäticius von Autûn, Marinus von Arles, und Maternus von Cölln. Der Pabst nahm noch funfzehn italiänische Bischöffe dazu. Cäcilianus mit zehn Bischöffen von seiner Parthey, und Donatus mit zehn andern von der seinigen langten zu bestimmter Zeit in Rom an.

60. Concilium zu Rom.

Das Concilium ward den zweyten October in dem Pallaste der Kayserin Fausta, sonst das Haus des Latrans genannt, eröfnet. Der Pabst hatte dabey

den

den Vorsitz; die drey gallischen Bischöffe saßen zunächst neben ihm; hernach die funfzehn italienischen Bischöffe. Es dauerte daßelbe nur drey Tage; aber alles gieng dabey sehr regelmäßig zu. Da sogleich bey der ersten Seßion die Ankläger mit der Sprache nicht heraus wollten, gieng Donatus, der selbst verschiedener Verbrechen vom Cäcilianus überführt ward, mit großer Beschämung hinweg, und ließ sich vor dem Concilio gar nicht wieder sehen. In den beyden andern Seßionen untersuchte man die Sache des Cäcilians; man erklärte die Versammlung der siebzig numidischen Bischöfe für widerrechtlich und unregelmäßig; man wollte sich aber auf keine Untersuchung wegen des Bischofs Felix von Aptungen einlaßen. Diese Untersuchung würde langweilig und schwer gewesen seyn; man erklärte dieselbe demnach in gegenwärtiger Sache für unnütz, weil Felix, wenn man auch annehmen wollte, daß er ein Traditor sey, dennoch, da er vom Bischofthume nicht abgesetzt gewesen, den Cäcilianus gar wohl habe einweyhen können. Man gieng den gelindesten Weg in dieser Sache; man erklärte den Cäcilianus für unschuldig und seine Einweyhung für gültig, ohne

Constantin. Jahr 313.

daß

daß man seine Widersacher von der christlichen Gemeine ausschloß. Der einzige Donatus ward nach seinem eigenen Geständniß, und als der Urheber der Unruhen verdammt. Man stattete von allem, was vorgegangen war, an den Constantin Bericht ab, und schickte ihm die Acten des Concilii zu. Miltiades lebte nicht lange mehr darnach; er starb den zehnten Jenner des folgenden Jahrs, und Sylvester war sein Nachfolger.

Es wäre der christlichen Klugheit gemäß gewesen, sagt ein neuerer und frommer Gelehrte, wenn man einem seit kurzen bekehrten Kayser die Uneinigkeiten der Kirche nicht vor Augen gelegt hätte. Die Donatisten aber waren so vorsichtig nicht. Indessen erschütterte ein solches Aergerniß den Glauben des Kaysers nicht; sondern man siehet aus seiner Aufführung in dieser ganzen Sache, daß er von der Kirchenzucht noch nicht hinlänglich unterrichtet war. Constantin liebte den Frieden; er suchte ihn überall herzustellen und zu erhalten; aber von den heimlichen Anhängern hintergangen, welche anfänglich die Donatisten und hernach die Arianer am Hofe hatten, glaubte er ihn öfters da zu finden, wo er nicht war. Donatus konnte nach

Constantin. Jahr 313.

61.
Folgen dieses Concilii ums.
Le Pere Morin. de la deliv. de l' Eglise. part. ii. c. 17.

nach dem Concilio die Erlaubniß nicht erhalten, daß er wieder nach Africa zurück kehren durfte, selbst unter der Bedingung, daß er nie Carthago zu nahe kommen wolle. Um ihn nun deßwegen zu trösten, beredete sein Freund, Philumenes, der bey dem Kayser in Gnaden stand, diesen Prinzen, daß er auch den Cäcilianus, zu mehrerer Sicherheit des Friedens, zu Brescia in Italien behalten, solle. Constantin schickte noch zween Bischöffe nach Carthago, um zu untersuchen, auf welcher Seite die wahre Kirche sey. Diese Bischöffe thaten, nach einer vierzigtägigen Untersuchung, wobey die Schismatiker ihren unruhigen Geist sattsam zeigten, den Ausspruch für die Parthey des Cäcilianus. Donatus, um die seinige durch seine Gegenwart zu ermuntern, kehrte wider den Befehl des Kaysers nach Carthago zurück. Cäcilianus hatte dieses kaum erfahren, als er es eben so machte, um seine Heerde in Person zu vertheidigen.

Constantin, Jahr 313.

Die Entscheidung des Concilii zu Rom, an statt daß sie den Schismatikern den Mund stopfen sollte, machte, daß sie ein noch weit ärgeres Geschrey erhoben. Da man aus guten Ursachen

*Jahr 314.
62.
Klagen der Donatisten.*

über

Constantin. Jahr 314. über die Person des Felix von Aptungen keine Untersuchungen hatte anstellen wollen, so beschwerten sie sich, daß man ihre Sache, da man sie einer kleinen Anzahl von Richtern überlassen, gar nicht verstanden habe; sie stelleten dieses Concilium als eine Cabale vor; sie sagten öffentlich, daß die Bischöffe nach ihren Leidenschaften und nach ihrem Eigennutze den Ausspruch gethan hätten. Der Kayser, um ihnen allen Vorwand zu benehmen, ließ es geschehen, daß die Sache des Felix und die Einweyhung des Cäcilianus von einem zahlreichern Concilio untersucht wurde; und da sie gallische Bischöffe zu Richtern verlangt hatten, so erwählte er die Stadt Arles zum Versammlungsplatze. Um die Aufführung des Felix während der Verfolgung zu erfahren, und ob er würklich die heiligen Schriften ausgeliefert habe, waren an dem Orte selbst angestellte Untersuchungen nöthig. Der Kayser trug sie dem Aelianus, Proconsul in Africa in diesem Jahre 314, auf. Die Sache ward gerichtlich und sehr genau untersucht. Man hörte den 15 Februar Zeugen darüber ab; man befragte die Obrigkeit und andere öffentliche Bedienten zu Aptungen; man erkannte die Unschuld

des

des Felix, und die Betrügerey seiner Widersacher, welche die Acten und Briefe verfälscht hatten. Ein Rathscancellist, Nahmens Ingentius, den sie dazu gebraucht hatten, verrieth die gantze Sache; und der gerichtliche Proceß darüber, wovon wir noch einen grossen Theil haben, ward an den Kayser geschickt.

Constantin. Jahr 114.

Während daß man durch dieses Verfahren die Materien zusammen sammelte, die auf dem Concilio abgehandelt werden sollte, rief Constantin die Bischöffe zusammen. Er trug dem Ablavius, Vicarius in Africa, auf, dem Cäcilianus und seinen Widersachern anzudeuten, daß sie sich nebst ihrem Gefolge, vor dem ersten August in der Stadt Arles einfinden sollten. Er befahl ihm zugleich, ihnen durch Africa, Mauritanien und Spanien Fuhrwerk zu geben, und ihnen anzubefehlen, daß sie vor ihrer Abreise alles so anordnen möchten, daß Zucht und Friede in ihrer Abwesenheit erhalten würde. Er erklärte, daß es seine Absicht sey, auf diesem Concilio ein entscheidendes Urtheil sprechen zu lassen, und daß diese Religionsstreitigkeiten weiter zu nichts dienten, als den Zorn Gottes gegen ihn und seine

63. Concilium zu Arles.

Constantin. Jahr 314.

seine Unterthanen zu reitzen. Der Kayser ließ zugleich ein Circularschreiben an die Bischöffe herum gehen. Wir haben das noch, das an den Chrestus, Bischof zu Syracus, geschickt ward. Der Prinz redet darinne von dem, was er schon für den Frieden gethan habe, von der Hartnäckigkeit der Donatisten, von seiner Gefälligkeit gegen dieselben, da er ihnen ein neues Concilium versprochen. Er setzt weiter hinzu: „Da wir eine „Menge Bischöffe von verschiedenen „Orten her auf den ersten August nach „Arles berufen haben, hat es uns nö„thig geschienen auch Euch zu befehlen, „daß ihr Euch zu der gesetzten Zeit, „mit noch zwo Personen vom zweyten „Range, die ihr nach Eurem Gefallen „wählen könnt, und drey Bedienten zur „Reise, an eben diesem Orte einfindet. „Latronianus, der Statthalter in „Sicilien, wird Euch das Fuhrwerk „dazu geben.„ Man siehet hieraus, wie leicht man damals ein Concilium versammeln konnte, und wie wenig dem Kayser die Reise der Bischöffe kostete.

Das Concilium nahm den ersten August seinen Anfang. Marinus, Bischof zu Arles, führte den Vorsitz. Der Pabst schickte zween Legaten dahin, nemlich

lich die Priester Claudianus und Vitus. Man siehet in dem Synodalschreiben die Unterschrifft von drey und dreyßig Bischöffen, von denen sechzehn aus Gallien sind. Es waren ihrer ohne Zweifel noch mehrere, aber ihre Unterschriften sind verlohren gegangen. Constantin war nicht in Person zugegen; er hatte mit dem Kriege wider den Licinius zu thun. Man untersuchte die Klagen gegen den Cäcilianus, und besonders die Sache des Felix. Man fand keinen Beweiß, daß dieser die heiligen Bücher sollte übergeben haben. Beyde wurden demnach nach reiflicher Ueberlegung für unschuldig erklärt, und ihre Ankläger theils schimpflich abgewiesen, theils bestraft. Diese ansehnliche Versammlung machte auch noch, ehe sie aus einander gieng, einige vortrefliche Canons wegen der Kirchenzucht. Die Bischöffe schrieben an den Pabst, den sie ihren sehr geliebten Bruder nannten, ein Synodalschreiben, worinne sie ihn von ihren Urtheilen und Schlüßen benachrichtigten, damit er sie auch in den andern Kirchen publiciren lassen könnte.

Constantin. Jahr 314.

Eine kleine Anzahl Irrgläubiger, die sich aus Einfalt hatten verführen lassen, kamen in den Schooß der rechtgläubigen Kirche zurück, indem sie sich mit dem Cäci-

65. Die Donatisten appelliren vom Concilio an den Kayser.

Constantin Jahr 314. Cäcilianus wieder vereinigten. Die andern hatten das Herz von dem Ausspruche des Concilii an den Kayser zu appelliren. Er nahm es sehr ungnädig auf, und bezeugt es selbst in einem Briefe, den er an die Bischöffe schrieb, noch ehe sie von Arles weggiengen: Sie erwarten, schreibt er, das Urtheil eines Menschen, der selbst das Urtheil Jesu Christi erwartet. Welche Unverschämtheit! Von einem Concilio, so wie von einem weltlichen Gerichte, an den Kayser zu appelliren! Er drohet, daß er die, die sich nicht unterwerfen würden, an seinen Hof wolle bringen lassen, und sie bis an ihren Tod da behalten. Er erklärt, daß er dem Vicarius von Africa Ordre gegeben, ihm die Widerspenstigen unter einer guten Bedeckung zuzuschicken; indessen ermahnt er die Bischöffe zur Liebe und Geduld, und giebt ihnen Erlaubniß nach ihren Diöcesen zurück zu kehren, nachdem sie sich alle Mühe gegeben haben werden, die Halsstarrigen zu gewinnen. Die Ungestümsten von ihnen wurden durch Tribune und Soldaten an den Hof gebracht; die andern kehrten nach Africa zurück, und wurden, eben sowohl als die rechtgläubigen Bischöffe, auf ihrer Rückreise durch die Großmuth Constantins frey gehalten.

In-

Inhalt
des Dritten Buchs.

1. Bürgermeister von diesem Jahre. 2. Erster Krieg zwischen dem Constantin und Licinius. 3. Schlacht bey Cibalis. 4. Folgen dieser Schlacht. 5. Schlacht bey Mardia. 6. Theilungstractat. 7. Gesetz in Ansehung der Hausbedienten. 8. Decennales des Constantin. 9. Aufruhr der Juden gestillt. 10. Gesetze zur Ehre des Creutzes. 11. Constantin in Gallien. 12. Er beschlußt, die Händel der Donatisten aufs neue vorzunehmen. 13. Neue Unruhen in Africa. 14. Urtheil zu Meiland gesprochen. 15. Mißvergnügen der Donatisten. 16. Gewaltthätigkeiten der Donatisten. 17. Sylvanus verwiesen und wieder zurück berufen. 18. Das Schisma schlägt in Ketzerey aus. 19. Donatisten zu Rom. 20. Circumcelliones. 21. Constantin in Jllyrien. 22. Ernennung dreyer Cäsare. 23. Lactantius unterrichtet den Crispus. 24. Geburt des Constantius. 25. Erziehung des jungen Constantin, der mit seinem Vater zugleich Consul ist. 26. Verfolgung des Licinius. 27. Sieg des Crispus über die Franken. 28. Quinquennales der Cäsare. 29. Bürgermeister. 30. Die Sarmaten werden überwunden. 31. Pardon für die Missethäter. 32. Gesetze des Constantin. 33. — wegen Feyer des Sonntags. 34. — zum Vortheil des ehelosen Standes. 35. Gesetz der Toleranz. 36. — zum Besten der Kirchendiener. 37. —

die

die Sitten betreffend. 38. Gesetz die Beamten des Prinzen und der Städte betreffend. 39. — zur allgemeinen Policey und bürgerlichen Regierung gehörig. 40. — wegen Verwaltung der Gerechtigkeit. 41. — wegen Erhebung der Steuern. 42. — für den Soldatenstand. 43. Ursachen des Krieges zwischen dem Constantin und Licinius. 44. Zurüstungen zum Kriege. 45. Frömmigkeit des Constantin, und Aberglaube des Licinius. 46. Annäherung beyder Armeen. 47. Rede des Licinius. 48. Schlacht bey Adrianopel. 49. Krieg zur See. 50. Licinius gehet nach Chalcedonien. 51. Schlacht bey Chrysopolis. 52. Folgen dieser Schlacht. 53. Tod des Licinius.

Geschichte

Geschichte
des
morgenländischen Kayserthums.

Drittes Buch.

Es waren schon dreyzehn Jahre, daß die Auguste und Cäsare, wo- mit das Reich überflüßig verse- hen war, sich der Consulwürden bemäch- tigt hatten. Eifersüchtig auf diese Würde, hatten sie, wenn sie dieselbe nicht selbst verwalten konnten, sie lieber unbesetzt gelassen, und das Jahr von ih- rem vorhergehenden Bürgermeisteramte benahmt. Die Unterthanen durften nur auf die Plätze der subrogirten Bür- germeister Anspruch machen; ihr Ruhm und die Belohnung ihrer Dienste ward von der großen Anzahl der Monarchen gleichsam erstickt. Da nun endlich die ganze Gewalt auf zwey Häupter zusam- men war gebracht worden, und bald auf einem vereinigt werden sollte, so beka- men auch die Verdienste anderer Män-

Constantin.
Jahr 314.
1.
Bürgermei- ster von die- sem Jahre.
dacius. Till.
nor. 29. sur Constant.
Buch. Cycl.
p. 238.

I. Theil.   S   ner

Conſtantin.
Jahr 314.

ner mehr Raum und ein größeres Licht. Conſtantin war geneigt ihnen Platz zu machen, und die erſte Würde des Reichs mit ihnen zu theilen. Voluſianus und Annienus waren ordentliche Bürgermeiſter in dieſem Jahre: das iſt, ſie traten ihr Amt den erſten Jenner ordentlich an. Es iſt dieſes eben der Voluſianus, der unter dem Marentius, im Jahr 310 Präfectus zu Rom, in den vier letzten Monaten des Jahrs 311 Conſul, und zu gleicher Zeit Präfectus Prätorio geweſen war, und der in dieſem Jahre den Alexander überwunden, und Africa wieder ruhig gemacht hatte. Conſtantin, der wahre Verdienſte ſelbſt an ſeinen Feinden zu ſchätzen wußte, ſahe blos auf ſeine Talente, die er im Dienſte des Marentius gezeigt hatte; er gab ihm vom neuen im Jahr 314 nebſt dem Conſulate die Würde eines Präfectus der Stadt Rom.

2.
Erſter Krieg zwiſchen dem Conſtantin und Licinius.
Zoſ. l. 2.
Anony. Val.

Während daß der Kayſer ſich beſtrebte durch Concilia die Streitigkeit beyzulegen, welche die africaniſche Kirche theilte, entſchied er in eigener Perſon durch die Waffen den Streit, der zwiſchen ihm und dem Licinius entſtanden war. Die Gelegenheit dazu war folgende. Conſtantin, der den Titel Cäſar dem Baſſianus

anus geben wollte, welcher seine Schwester Anastasien geheyrathet hatte, schickte einen von den Großen seines Hofes an den Licinius, um seine Einwilligung zu erhalten. Er ließ ihm zu gleicher Zeit die Absicht bekannt machen, die er hatte, dem Bassianus die Herrschafft über Italien abzutreten, als wodurch gewissermaßen eine Scheidewand zwischen den Staaten beyder Kayser gemacht wurde. Dieses Project mißfiel dem Licinius. Um es zu hintertreiben, bediente er sich des Senecio, eines listigen, und seinem Willen gantz unterworfenen Mannes, der, da er ein Bruder des Bassianus war, es bey ihm so weit brachte, daß er mißtrauisch und zum Aufruhr gegen seinen Schwager und Wohlthäter geneigt ward. Diese Untreue aber ward entdeckt, und Bassianus, der derselben überführt ward, bezahlte seine Undankbarkeit mit dem Kopfe. Senecio, der an der gantzen Betrügerey schuld war, befand sich an dem Hofe des Licinius. Constantin wollte ihn heraus haben, um ihn zu bestrafen: und da ihn Licinius nicht ausliefern wollte, so ward diese Verweigerung als eine Kriegserklärung angesehen. Man kann glauben, daß Constantin dieselbe wünschte; er

Constantin. Jahr 314.

war

war ohne Zweifel unzufrieden, daß er sich von der Verlassenschafft des Maximin nichtes zu Nutze gemacht hatte. Zosimus sagt, daß Constantin die Abtretung einiger Provinzen verlangt habe. Licinius machte den Anfang damit, daß er die Bildsäulen seines Collegen, zu Emona in Pannonien an den Grenzen Italiens, umwerfen ließ.

Der Bruch der beyden Prinzen geschah nicht eher völlig, als nach dem funfzehnten May, als von welchem Tage wir noch ein Gesetz haben, das allen beyden zugeeignet wird. Constantin ließ seinen Sohn Crispus in Gallien zurück, und marschirte gegen Pannonien. Licinius zog alda seine Truppen bey Cibalis zusammen. Es war dieses eine sehr hoch liegende Stadt; man näherte sich derselben auf einem sechshundert Schritte breitem Wege, der auf einer Seite einen tiefen Morast, Hiulca genannt, auf der andern aber ein Weingebürge hatte. Hinter diesem Weingebürge streckte sich eine große Ebene, wo sich ein Hügel erhob, auf welchem die Stadt gebauet war. Licinius stand am Fuße des Hügels in Schlachtordnung. Seine Armee war fünf und dreyßig tausend Mann stark. Nachdem nun Constantin die seinige,

die

die nur zwanzig tausend stark war, unten an das Weingebürge gestellt hatte, ließ er die Cavallerie vor die Fronte rücken, weil er sie für fähiger hielt, den ersten Angriff aufzuhalten, wenn ihn die Feinde in dieser beschwerlichen Stellung angreiffen sollten. Licinius aber, anstatt sich seines Vortheils zu bedienen, erwartete sie in der Pläne. Sobald nun die Truppen des Constantin die Anhöhe gewonnen hatten, griffen sie die Armee des Licinius an. Nie ist um den Sieg tapferer gestritten worden. Sie schlugen sich, nachdem sie die Pfeile auf beyden Seiten verschossen hatten, noch lange mit Piquen und Lanzen herum. Der Streit, der sich mit anbrechendem Tage anfieng, dauerte mit Einbruch der Nacht noch mit gleicher Hitze fort, bis endlich der rechte Flügel, den Constantin commandirte, den linken Flügel des Feindes trennte, und in die Flucht trieb. Der Ueberrest der Armee des Licinius, da er seinen Anführer, der bisher zu Fuße gefochten hatte, sich zu Pferde setzen sahe, um sich mit der Flucht zu retten, trennete sich ebenfalls sogleich, nahm in der Geschwindigkeit so viel von Lebensmitteln zu sich, als auf eine Nacht nöthig war, ließ die Bagage im Stiche, und flohe in

Constantin. Jahr 314.

möglichster Eil nach Sirmich an der Sau. Diese Schlacht ward den achten October geliefert. Licinius ließ zwanzig tausend Mann auf dem Platze.

Constantin Jahr 314.

4.
Folgen dieser Schlacht.
Zos. l. 2.
Anony. Vales.

Er hielt sich zu Sirmich nicht auf, als nur daselbst seine Frau, seinen Sohn und seine Schätze mit sich zu nehmen; und nachdem er die Brücke abgebrochen hatte, als er über den Fluß war, gewann er Dacien, allwo er den Valens zum Cäsar machte, der als General bey den Truppen gestanden hatte, welche die Grenzen deckten. Von da begab er sich nach der Stadt Adrianopel, in welcher Gegend Valens eine neue Armee zusammen brachte. Constantin, der sich unterdessen von Cibalis, Sirmich und allen Plätzen Meister gemacht hatte, welche Licinius hinter sich ließ, schickte ihm fünf tausend Mann auf dem Fuße nach. Diese aber kamen auf den unrechten Weg, und holten ihn sogleich nicht ein. Constantin folgte mit der übrigen Armee nach, nachdem er die Brücke über die Sau wieder hatte herstellen lassen. Er kam zu Philippolis in Thracien an, wo die Deputirten des Licinius zu ihm kamen, um ihm einen Vergleich vorzuschlagen. Es war aber alles vergebens, weil

Constantin vor allen Dingen auf die Absetzung des Valens drang.

Der Sieger, der seinen Weg immer weiter fortsetzte, fand den Feind in der Ebene bey Mardia gelagert. Er gab noch in eben der Nacht, als er daselbst ankam, Befehl zur Schlacht, und ließ seine Armee unter die Waffen treten. Als nun Licinius mit Anbruch des Tages den Constantin schon an der Spitze seiner Truppen sahe, eilte er mit dem Valens, die seinigen gleichfalls in Ordnung zu stellen. Nachdem die Pfeile verschossen waren, gieng man auf einander los, und ward handgemein. Während dem Gefechte kamen die zum Nachsetzen abgeschickten Truppen des Constantin, und die sich verirret hatten, zurück, erschienen erst auf einer Anhöhe vor den Augen beyder Armeen, und nahmen einen Umweg über einen Hügel, von welchem sie im Herabsteigen sich mit den ihrigen vereinigt und zugleich die Feinde eingeschlossen zu haben glaubten. Diese aber vereitelten diese Maßregeln durch eine geschickte Wendung, und wehrten sich von allen Seiten tapfer. Das Blutvergießen war groß, und der Sieg zweifelhaft. Die hereinbrechende Nacht aber ersparte dem Licinius die Schande zu fliehen, da nun endlich

Constantin. Jahr 314. 5. Schlacht bey Mardia.

Constantin. Jahr 314.

endlich seine Armee anfieng matt zu werden. Licinius und Valens, die sich die Dunkelheit der Nacht zu Nutze machten, brachen ganz heimlich auf, wendeten sich rechter Hand gegen die Gebürge zu, und begaben sich nach Berda. Constantin begieng einen Irrthum: Denn da er gegen Byzanz marschirte, ward er nicht eher gewahr, daß er den Licinius weit hinter sich gelaßen hatte, als bis er durch einen übertriebenen Marsch seine Soldaten noch mehr ermüdet hatte, da sie es zuvor schon von der Schlacht gewesen waren.

6. Theilungstractat. Zos. l. 2. Petr. Patric. legat. p. 27. Vict. Epit. Eutrop. l. 10. Toinard. in L.a.O. p. 417. Godefr. in Chron. p. 9. Till. art. 37.

Der Graf Mestrien kam noch an eben dem Tage zum Constantin, um ihm Friedensvorschläge zu thun. Dieser Prinz versagte ihm verschiedene Tage die Audienz. Da er aber endlich die Ungewißheit des Kriegsglückes überlegte, und sogar seit kurzem einen Theil seiner Equipage verlohren hatte, die ihm in einem Hinterhalte war weggenommen worden, so ließ er den Mestrien zum Gehör kommen. Dieser Minister stellte ihm vor, „daß ein über Landesleute erhaltener „Sieg mehr ein Unglück als ein Sieg „sey; daß in einem bürgerlichen Kriege „der Ueberwinder den Schaden mit „dem Ueberwundenen theile, und daß

„der-

„derjenige, der den Frieden ausschlägt, „der Urheber aller Uebel des Krieges „würde.„ Constantin nun, der mit Recht wider den Licinius aufgebracht, und von Natur hitzig und zum Zorne geneigt war, nahm diese Vorstellung übel auf, die ihm gewissermaßen die traurigen Folgen der Untreue des Licinius auf den Hals schob; er gab mit einer entrüsteten Mine, und in einem hitzigen Tone zur Antwort: Gehet und saget Eurem Herrn, daß ich nicht mit den Waffen in der Hand, und stets siegreich von den Ufern des Oceans bis hieher gekommen sey, um die Gewalt der Cäsare mit einem schlechten Sclaven zu theilen, ich, der ich die Verrätherey meines Schwagers nicht einmal habe dulden mögen, sondern mich von ihm losgemacht habe. Er that hierauf den Mestrien die Erklärung, daß, ehe man vom Frieden spräche, man dem Valens den Titel eines Cäsars nehmen müsse. Dieses ward bewilliget, und nach einigen Schrifftstellern ward Valens blos abgesetzt; nach andern aber verlangte Constantin seinen Tod. Victor sagt, daß ihn Licinius habe umbringen lassen. Nachdem dieses Hinderniß

Constantin. Jahr 314.

Constantin.
Jahr 314.

gehoben war, ward der Friede, mit der Bedingung einer neuen Theilung, geschlossen. Constantin setzte dem, was er schon besaß, noch Griechenland, Macedonien, Pannonien, Dardanien, Dacien, das vorderste Mösien und ganz Illyrien zu. Dem Licinius ließ er Thracien, das hintere Mösien, klein Scythien, ganz Asien und den Orient. Dieser Tractat ward von beyden Prinzen mit einem Schwure bestätigt. Constantin brachte den Rest von diesem Jahre, so wie das folgende in seinen neuen Staaten zu; das ist, in den Provinzen Griechenlandes und Illyriens.

V.
Gesetz in Ansehung der Hausbedienten.
Cod. Th. l. 6.
t. 35. Dig. l.
49. t. 17.

So große Feldzüge und Reisen nahmen die Bedienten seines Hauses sehr mit. Um sie nun deßwegen schadlos zu halten, nahm er sie von allen Municipalämtern und Beschwerden aus, sie mochten nun entweder in wirklichen Diensten bey ihm seyn, oder ihren Abschied vom Hofe bekommen haben. Er verbot, sie deßwegen auf irgend eine Weise in Anspruch zu nehmen; er dehnte diese Befreyung so gar bis auf ihre Kinder und Enkel aus. Dieses Gesetz ward verschiedenemal von ihm erneuert und erklärt, um den Chicanen vorzubauen, die ihnen darüber konnten gemacht werden;

den; er befahl auch, daß sie, in Ansehung der Güter, die sie in seinen Diensten erworben haben möchten, eben der Vorrechte genüßen sollten, deren die Soldaten, in Ansehung der im Kriege erworbenen Güter, genossen: Weil, wie er sich ausdrückt, der Dienst des Prinzen mit dem Dienste des Staats in eine Classe gesetzt werden muß; da zumal der Prinz stets mit Reisen und beschwerlichen Feldzügen beschäftigt ist, daß, so zu sagen, sein Haus ein beständiges Lager vorstellt. In der That hielt er sich nie lange an einem Orte auf, wenn man die ersten Jahre seiner Regierung ausnimmt, wo die beständige Unruhe der Franken ihn nöthigte, Trier zu seiner Residenz zu nehmen; und die letzten Jahre seines Lebens, in welchen die Sorge für die Einrichtung seiner neuen Stadt ihn länger in Illyrien und zu Constantinopel aufhielt. Mit dem Maxentius, mit dem Licinius, mit den Barbarn, welche von verschiedenen Seiten her die Grenzen angriffen, in öftere Händel verwickelt, und in den Zwischenräumen der Kriege stets mit Verbesserungen und neuen Anordnungen beschäftiget, siehet man ihn alle Augenbli-

Constantin. Jahr 314.

Constantin.
Jahr 314.

—genblicke von einem Ende seines weitläuftigen Reichs, bis ans andere laufen. Er ist überall gegenwärtig, wohin ihn die Bedürfnisse des Staats rufen, mit einer Geschwindigkeit, über welcher wir öfters die Spur seiner Reise aus den Augen verliehren.

Jahr 315.
§.
Decennales des Constantin.
Euf. Vit. l. 1. c. 48. Tertull. de Coron. militia c. 13. Dig. l. 50. leg. 233. Baron. in ann. 315. Columb. in Lact. p. 373. Pagi in Bar. Till. not. 37. sur Constant.

Die Eintracht schien zwischen beyden Prinzen vollkommen wieder hergestellt; sie waren mit einander zum viertenmal Bürgermeister, im Jahr 315. Dieses Jahr ward fast ganz zu nützlichen Gesetzen angewendet, von denen wir bald reden werden. Constantin trat mit dem 25 Julius sein zehntes Regierungsjahr an, und verschiedene Schriftsteller glauben, daß er damals seine Decennales gefeyert habe. Es war dieses eine Art eines Festes, das die Kayser bald zu Anfange, bald am Ende des zehnten Jahrs ihres Regiments hielten. Sie feyerten auch das fünfte Jahr, und dieses Fest ward Quinquennales genannt. Diese Feste, so wie die beyden andern, welche, das eine den dritten Jenner, das andere am Geburtstage des Kaysers, gefeyert wurden, waren bisher mit allerhand heydnischen Gebräuchen verunreiniget gewesen. Constantin aber sonderte allen Aberglauben davon ab;

ab; er verbannete die Opfer; er verbot | Constantin.
Gott für seine Wohlfahrt etwas anderes | Jahr 315.
darzubringen, als Gebet und Danksagung. Licinius, der den Schein nicht haben wollte, daß er ein jüngerer Kayser als Constantin sey, feyerte aus vergebener Nacheiferung dieses Jahr gleichfalls seine Decennales, ob sich gleich den 11 November bey ihm erst das neunte Jahr der Regierung anfieng.

Die Controvers, die in den Acten des | 9.
heiligen Sylvesters, so wie auch vom | Aufruhr der Juden ge-
Cedrenus und Zonaras erzählt wird, | stillt.
in welcher dieser fromme Pabst die Leh- | Zonar. t. 2.
rer der Synagoge angetrieben haben | p. 4. Cedren.
soll, hat alle Kennzeichen einer Fabel an | t. 1. p. 273.
sich. Ein Umstand aber, den der heilige | S. Chrysost.
Chrysostomus bezeugt, ist der, daß | Hom. 2. adv.
die Juden, über das Glück der Christen | Iud. Baron. in
eifersüchtig, einen Aufruhr unter dem | ann. 315.
Constantin erregten. Sie wollten ih- | Vorb. t. 2. p.
ren Tempel wieder aufbauen, und ver- | 165. Cod.
letzten die alten Gesetze, die ihnen verbo- | Th. l. 16. t.
ten nach Jerusalem zu kommen. Die- | 8. et ibi Go-
ser Aufruhr kostete dem Prinzen weiter | def. Ibid. tit.
nichts, als die Mühe ihn zu bestrafen. | 9.
Er ließ denen, die am meisten Schuld hatten, die Ohren abschneiden, und sie in diesem Zustande in seinem Gefolge mit sich führen, indem er durch dieses

Beyspiel der Strenge, eine Nation schüchtern machen wollte, welche die göttliche Rache schon längst im ganzen Reiche herum zerstreuet hatte. Man weiß die Zeit dieser Begebenheit nicht genau. Das, was uns bewegt, sie, mit einigen neuern Schriftstellern, in dieses Jahr zu setzen, ist, daß das erste Gesetz des Constantin wider die Juden unter seinem vierten Consulate gegeben ist. Sie trieben ihre Wuth so weit, daß sie denen unter ihnen, die Christen wurden, sehr übel mitfuhren, und sie sogar steinigten. Der Kayser verdammte demnach diejenigen zur Strafe des Feuers, die sich künftig solcher Ausschweifungen schuldig gemacht, oder Theil daran genommen haben würden. Er drohet ferner, wenn jemand zu ihrer gottlosen Secte übertreten sollte, den Proselyten sowohl, als auch die, die ihn aufgenommen, hart zu bestrafen. Indeß ward er nach einigen Jahren in diesem Stück gelinder: Dann da, vom Alexander Severus an, alle Juden von persönlichen und bürgerlichen Beschwerden ausgenommen waren, so verlängerte er dieses Privilegium, schränkte es aber auf zwey oder drey aus jeder Synagoge ein; endlich dehnte er es auf alle Diener des Gesetzes aus.

aus. Die Wuth dieses Volks nöthigte ihn dennoch, ein Jahr vor seinem Tode, sein erstes Gesetz zu erneuern; und ausserdem sprach er noch einem leben christlichen Sclaven, oder von welcher andern Religion er auch seyn möchte, die Freyheit zu, den ein Jude, als Herr dieses Sclavens, hätte beschneiden lassen. Sein Sohn Constans hieng noch weiter: er befahl einen ieden Sclaven von einer andern Nation oder Secte, wenn ihn ein Jude gekauft hätte, wegzunehmen, und den Juden am Leben zu strafen, wenn er ihn hätte beschneiden lassen; ingleichen sollten alle Güter des Juden confiscirt werden, wenn der gekaufte Sclave ein Christ wäre.

Constantin Jahr 315.

Die Ehrenbezeugungen, die Constantin dem Creuze Jesu Christi bewies, mußten nothwendig den Juden eben soviel Verdruß erwecken, als Freude den Christen. Es stand dasselbe schon auf allen Fahnen; er befahl auch noch, daß es auf die Münzen geprägt, und auf alle Gemälde gesetzt werden sollte, die das Bildniß des Prinzen vorstellten. Er schaffte die Strafe des Creuzes und zugleich den Gebrauch ab, den Missethätern die Beine zu zerbrechen. Es war gleichfalls gewöhnlich, diejenigen, die zu

10. Gesetze wegen Ehre des Creuzes.
Soz. l. 1. c. 8.
Aurel. Vict.
Cod. Theod.
l. 9. c. 40. et ibi Godef.
Lact. Instit. l. 4. c. 26. 27.

Sechs

Fechtkämpfen oder in die Steingruben verdammt waren, auf der Stirne mit einem Brandmale zu bezeichnen; er verbot diese Gewohnheit aber durch ein Gesetz, und erlaubte blos, sie auf den Händen und Beinen zu brandmarken, damit das Angesicht des Menschen nicht verstellt würde, welches das Ebenbild der göttlichen Majestät an sich trägt. Man glaubt, daß ihn Lactantius auf diese fromme Gedanken gebracht habe, welcher damals mit dem Crispus, als Lehrmeister, in Gallien war, und in seinen Büchern von den göttlichen Anordnungen, (Institutiones diuinae) die er um diese Zeit schrieb, eine prächtige Lobeserhebung vom Creuze und von der Tugend macht, die es der Stirne der Christen eindrückt.

Constantin. Jahr 15.

Zu Anfange des folgenden Jahres, unter dem Consulate des Sabinus und Rufinus, kam Constantin nach Gallien, und brachte daselbst zwey Drittel vom Jahre zu. Er war schon den eilften Januar zu Trier, und machte das zehnte Jahr seiner Regierung durch eine großmüthige Handlung berühmt. Er that die Erklärung, daß alle die, die sich im Besitz eines zu den kayserlichen Domainen gehörigen Grundstücks befänden, und bis zu seinen Decennalen im Besitz desselben nicht

Jahr 316. II. Constantin in Gallien. Vid. Epit. Godefr. Chron. Till. art. 40. Cod. Th. l. 4. t. 13.

nicht wären geſtöhrt worden, nicht wei=
ter wegen des Eigenthums dieſer Güter
in Anſpruch genommen werden ſollten.
Nachdem er ſich nach Wien begeben, kam
er von da weiter nach Arles, und erneu=
erte dieſe Stadt, welche aus Erkenntlich=
keit den Namen Conſtantina annahm.
Es ſcheint aber nicht, daß ſie ihn lange
behalten habe. Fauſta brachte daſelbſt
den ſiebenden Auguſt ihren erſten Sohn
zur Welt, welcher mit ſeinem Vater glei=
chen Namen führte. Gegen den Monat
October verließ der Kayſer Gallien, wo=
hin er auch nicht wieder kam, und nahm
ſeinen Weg nach Jtalien.

Conſtantin.
Jahr 316.

Indem er durch Meiland gieng, gab
er wider die Donatiſten das berüchtigte
Urtheil, welches zu gleicher Zeit ſowohl
von den guten Abſichten des Prinzen, als
auch von ſeiner Unbeſtändigkeit zeugt.
Die Schiſmatiker, die er an ſeinen Hof
hatte bringen laßen um ſie wegen der Un=
verſchämtheit, mit welcher ſie vom Con=
cilio an den Kayſer appelliret hatten, zu
beſtrafen, brachten es durch allerhand
Kunſtgriffe ſo weit, daß ſich die Erbitte=
rung nach und nach legte, die er anfäng=
lich über ihr Verfahren bezeugt hatte.
Man ſtellte ihm vor, daß ſie zu entſchul=
digen wären, wenn ſie ſich bloß auf ſeine

12.
Er beſchlüßt,
die Händel
der Donatiſ=
ten aufs
neue vorzu=
nehmen.
S. Aug. Ep. 68.
93. 162. 163.
165. Idem.
lib. 3. contra
Creſcon.
Idem. Brevic.
coll. 3. c. 19.
21. Idem poſt.
coll. c. 33.
Idem adverſ.
Petil. c. 2. l.
92. Idem de
Haereſ. c. 69.
Optat. Du-
pin. hiſt. Do-
natiſt. Valeſ.

I. Theil. T Billig=

Constantin.
Jahr 316.
de Schism.
Donat. Pagi
in Bar. Till.
hist. des Donat. Fleury
hist. ecclef.
L. 10.

Billigkeit und Einsichten verlaßen wollten, und die Eigenliebe wußte ohne Zweifel diese schmeichelhafften Vorstellungen bestens zu unterstützen. Er versprach selbst einen Ausspruch darüber zu thun, nach einem Concilio, welches er selbst zusammen berufen hatte, um ein entscheidendes Urtheil zu fällen. Er wollte anfänglich den Cäcilianus dazu einladen; er änderte aber seinen Vorsatz, indem er es für besser hielt, daß die Donatisten nach Africa zurück kehrten, um da von Commissarien gerichtet zu werden, die er ernennen wollte. Endlich, da er befürchtete, daß sie doch wohl einen Vorwand finden könnten, sich über den Ausspruch dieser Commissarien zu beschweren, kam er auf seinen ersten Vorsatz zurück, und ergriff die Parthey selbst den Ausspruch zu thun. Er rief demnach die Donatisten zurück, und schickte Befehl an den Cäcilianus, nach Rom, binnen der Zeit, die er ihm vorschrieb, zu kommen. Er versprach seinen Widersachern, daß, wenn sie ihn in einem einzigen Artickel überführen könnten, er ihn in allen für schuldig erkennen wollte. Er schrieb zu gleicher Zeit an den Petronius Probianus, Proconsul in Africa, daß er den Canzellisten Ingentius, dessen Verfälschungen vom Aelianus

waren

waren verrathen worden, zu ihm schicken sollte. Cäcilianus, ohne daß man die Ursache weiß, begab sich nicht eher nach Rom, als mit dem vorgeschriebenen Tage. Seine Feinde nahmen daher Gelegenheit den Kayser anzugehen, daß er ihn als einen Widerspenstigen verdammen solle. Der Prinz aber, der diese Sache ein für allemal zu Ende gebracht wissen wollte, räumte einen Aufschub ein, und beschied die Partheyen nach Meiland. Diese Nachsicht machte die Schismatiker aufsetzig; sie fiengen an wider den Kayser zu murren, welcher, wie sie sagten, eine offenbare Partheylichkeit blicken ließe. Verschiedene von ihnen machten sich gar heimlich fort, so daß Constantin den andern eine Wache geben, und sie nach Meiland führen lassen mußte.

<small>Constantin. Jahr 316.</small>

Unterdessen erregten die von den Donatisten, die nach Africa zurück gekommen waren, neue Unruhen, und machten dem Vicarius der Provinz, Domitius Celsus, der daselbst die Ruhe wieder herstellen sollte, viel zu schaffen. Die irrgläubige Parthey hatte seit kurzem, durch die Kühnheit und Geschicklichkeit eines neuen Oberhaupts, neue Kräfte bekommen. Majorinus war gestorben, und hatte zum Nachfolger

<small>13. Neue Unruhen in Africa.</small>

Constantin. Jahr 316.

den Donatus, nicht den Bischof von Casa nigra, von dem wir bisher geredet haben, sondern einen andern dieses Nahmens, der bey eben so vieler Bosheit, die er besaß, durch seine vorzüglichen Talente um so viel gefährlicher war. Er war ein gelehrter und beredter Mann, in seinen Sitten untadelhaft, aber stolz und aufgeblasen, daß er sogar die Bischöffe von seiner Secte, die Obrigkeit und den Kayser selbst nichts achtete. Er erklärte sich ohne Bedenken zum Anführer der Parthey: Meine Parthey, sagte er allemal, wenn er von denen sprach, die es mit ihm hielten. Er nahm sie durch diesen herrischen Ton dergestalt ein, daß sie bey seinem Nahmen schwuren, und sich in öffentlichen Schriften selbst den Nahmen der Donatisten gaben; denn von diesem, und nicht von dem Bischoffe zu Casa nigra ist diese Benennung zuerst entstanden. Er unterstützte seine Parthey durch Kühnheit, durch den äußerlichen Schein einer strengen Tugend, und durch seine Schriften, in welche er einige dem Arianismus ähnliche Irrthümer einmischte, die aber selbst bey seiner Secte wenig Beyfall fanden. Da er sich selbst sehr hoch schätzte, und sich nur die großen und wichtigen Gelegenheiten vorbehielt, über-

ließ

ließ er die Rolle eines Anführers der Aufrührer dem Menalius, Bischoffe in Numidien, der während der Verfolgung den Götzen geopfert hatte. Domitius beklagte sich über diesen beym Kayser, der ihm aber rieth, für ietzt die Augen zuzuthun, und dem Cäcilianus und seinen Widersachern anzudeuten, daß der Kayser unverzüglich nach Africa kommen werde, um alles selbst zu untersuchen, und die Schuldigen strenge zu bestrafen. Diese Briefe machten den Cäcilianus schüchtern, so daß er es fürs Beste hielt, sich nach Meiland zu begeben.

Constantin. Jahr 316.

Sobald der Kayser in dieser Stadt angekommen war, machte er sich fertig diese große Sache vor die Hand zu nehmen. Er verhörte die Partheyen, ließ sich alle Acten vorlesen, und wollte, nach der genauesten Untersuchung, allein das Urtheil sprechen, um die Ehre der Bischöffe zu schonen, und die Heyden nicht zu Zeugen der Uneinigkeiten in der Kirche zu machen. Er ließ demnach alle seine Officiere und die Consistorialrichter, deren die meisten noch Abgötter waren, den Abtritt nehmen, und sprach das Urtheil, welches den Cäcilianus für unschuldig, seine Widersacher aber für Verläumder erklärte. Dieses Ur-

14. Urtheil zu Meiland gesprochen.

theil

Constantin.
Jahr 316.

theil ward im Anfange des Novembers gesprochen; einen Monat darnach war der Prinz zu Sardich. Der heilige Augustinus entschuldigt hier den Constantin mit der Redlichkeit seiner Absichten, und mit dem Verlangen und der Hofnung, denen Schismatikern auf immer den Mund zu verstopfen. Er setzt hinzu, daß er in der Folge seinen Fehler erkannt, und die Bischöffe deßwegen um Vergebung gebeten habe. Man glaubt, daß es um das Ende seines Lebens geschehen sey, als er die Taufe empfing.

15. *Mißverendigen der Donatisten.*

Der Prinz konnte sich nicht schmeicheln, daß seine Entscheidung mehr geachtet werden würde, als der Ausspruch des Concilii zu Arles. Sie schaffte auch wirklich keinen bessern Nutzen. Er sahe daraus, daß keine andere Gewalt, als die Gewalt der göttlichen Gnade, im Stande sey, die Herzen der Menschen zu ändern. Die Donatisten, anstatt bey seinem Urtheile zu beruhen, beschuldigten ihn selbst der Partheilichkeit: er hatte sich, wie sie sagten, vom Osius verführen laßen. Ueber diese Hartnäckigkeit und Unverschämtheit aufgebracht, wollte er anfänglich die Unruhigsten mit dem Tode strafen; aber er begnügte sich, und vielleicht, wie der heil. Augustinus sagt,

auf

auf die Vorstellungen des Osius, damit, daß er sie verwies, und ihre Güter einzog. Er schrieb zu gleicher Zeit an die Bischöffe und die Gemeine der africanischen Kirche einen wahrhafft christlichen Brief, in welchem er sie zur Gedult ermahnt, und daß sie nicht Scheltworte mit Scheltworten vergelten möchten, wenn sie auch darüber zu Märtyrern werden sollten. Die Donatisten mißbrauchten diese Gütigkeit gar bald. Sie thaten an den Orten, wo sie sich am zahlreichsten befanden, und sie waren es in sehr vielen Städten, besonders in Numidien; sie thaten, sage ich, denen Rechtgläubigen allen Verdruß an, den man sich nur vorstellen kann. Endlich befahl der Kayser, alle Gebäude, in denen sie zusammen kamen, zum Besten des gemeinen Schatzes zu verkauffen, und dieses Gesetz ward bis auf die Zeiten Julians beobachtet, der ihnen ihre Kirchen wiedergab.

Constantin. Jahr. 316.

Nichts konnte diese unbändigen Köpfe im Zaume halten: sie wurden frecher, wenn sie nicht gestraft, und wütender, wenn sie gestraft wurden. Sie bemächtigten sich zu Constantina der Kirche, die der Kayser hatte bauen laßen, und wollten sie auch nicht wieder hergeben, den Befehlen des Prinzen zum Trotze, die ih-

16. *Gewaltthätigkeiten der Donatisten.*

nen von den Bischöffen und der Obrigkeit bekannt gemacht wurden. Die Bischöffe brachten ihre Klagen darüber beym Kayser an, und baten um eine andere Kirche. Er ließ ihnen demnach eine auf herrschafftlichem Grunde und Boden bauen, und suchte durch weise Verordnungen denen Chicanen vorzubeugen, welche die Schismatiker ohne Unterlaß wider die Geistlichkeit der Rechtgläubigen erdachten.

Der vornehmste Urheber dieser Verfolgung war Sylvanus, Bischoff der Donatisten zu Constantina. Um ihn zu strafen erweckte Gott einen von seinen Diaconis, Nahmens Nundinarius, der ihn vor dem Zenophilus, Statthalter in Numidien überführte, daß er die heiligen Bücher überliefert, und sich durch Bestechung und mit Gewalt zur bischöflichen Würde gedrungen habe. Damals ward zugleich die ganze Betrügerey der Einweyhung des Majorinus verrathen. Die Acten von diesem Verfahren, die vom 13 December 320 unterschrieben sind, wurden an den Constantin geschickt. Er verwies den Sylvanus, nebst einigen andern. Sechs Monate darnach aber gaben die donatistischen Bischöffe eine Bittschrifft beym Kayser ein, daß

Constantin Jahr 316.

17. Sylvanus verwiesen und wieder zurück beruffen.

daß er die Verwiesenen zurück berufen, und ihnen Gewissensfreyheit gestatten möchte; wobey sie sich erboten, lieber tausendmal zu sterben, als Gemeinschafft mit dem Cäcilianus zu haben, dem sie in dieser Bittschrifft sehr verächtlich begegneten. Der fromme Prinz, der gewohnt war, ihm persönlich wiederfahrne Beleidigungen, aus Liebe zum Frieden, nicht zu achten, hielt sich bey denen nicht auf, die man einem Manne anthat, den er selbst für unschuldig erklärt hatte. Er gab blos seiner Gütigkeit Gehör, und schrieb an den Verinus, den Vicarius in Africa, daß er die verwiesenen Donatisten zurück berufe, daß er ihnen Gewissensfreyheit gestatte, und sie der göttlichen Rache überlaße. Er ermahnet dabey die Rechtgläubigen nochmals zur Geduld.

Constantin. Jahr 316.

Bisher waren die Donatisten nur Schismatiker gewesen; sie stimmten in allen Lehrsätzen mit der rechtgläubigen Kirche überein, von welcher sie blos in Ansehung der Meynung über die Einweyhung des Cäcilianus abgiengen. So wie es aber nicht möglich ist, daß ein vom Körper abgesondertes Glied Leben und Dauer behalten kann, so gesellte sich auch, wie es nach der Zeit immer geschehen ist, die Ketzerey bald zum Schisma.

18. *Das Schisma schlägt in Ketzerey aus.*

T 5

Constantin. Jahr 316.

Da sie sahen, daß alle christliche Kirchen in der Welt mit dem Cäcilianus in Gemeinschafft standen, giengen sie so weit, daß sie sagten, die rechtgläubige Kirche könne mit der Sünde nicht bestehen; sie sey also auf dem ganzen Erdboden erloschen, ausgenommen in ihrer Gemeine. Sie tauften demnach, einem alten Lehrsatze der Africaner zu Folge, daß ausser der wahren Kirche weder Taufe noch Sacrament sey, diejenigen noch einmal, die zu ihrer Secte übertraten; sie sahen die Opfer der Rechtgläubigen als Abscheulichkeiten an; sie traten das Abendmal mit Füssen, das von ihnen war consecrirt worden; ihre Priesterweyhen sahen sie für null und nichtig an; ihre Altäre verbrannten sie; zerbrachen ihre heiligen Gefäße, und weyheten ihre Kirchen noch einmal ein. Indessen ward doch im Jahr 330 in Africa ein Concilium von zweyhundert und siebzig donatistischen Bischöffen gehalten, wobey der Schluß gefaßt ward, daß man die Traditores, ohne sie noch einmal zu taufen, aufnehmen könnte; sie nannten sie nemlich die Rechtgläubigen. Donatus aber, das Haupt der Secte, und verschiedene andere beharrten auf der entgegengesetzten Meynung; welches unterdessen doch keine

Tren=

Trennung unter ihnen verursachte. Man sichet aus dieser großen Anzahl donatistischer Bischöffe, wie sehr sich diese Secte in Africa vermehret hatte.

<small>Constantin. Jahr 316.</small>

Sie war indeß in die Grenzen dieses Landes eingeschlossen; und so groß auch ihr Eifer war, Proselyten zu machen, konnte sie doch nicht weiter kommen, als bis nach Rom, einer Stadt, wo sich immer alles Gute und Böse aus dem ganzen weitläuftigen Reiche, wovon sie der Mittelpunct war, eingeschlichen hat. Doch steckte das Gifft der Ketzerey daselbst nur wenige Personen an: aber diese waren schon hinreichend, die Donatisten auf den Einfall zu bringen, daß sie einen Bischof dahin schickten. Der erste war Victor, Bischof zu Garba; der zweyte, Bonifacius, Bischof zu Balli in Numidien: aber keiner von beyden wagte es, den Titel, Bischof zu Rom, anzunehmen. Sie hatten von den vierzig Kirchen, die in dieser Stadt waren, nicht eine einzige. Ihre Anhänger versammelten sich außerhalb der Stadt in einer Höle, und bekamen daher die Namen Montenses, Campitae, Rupitae. Die Nachfolger dieser beyden donatistischen Bischöffe aber nannten sich keck Bischöffe zu Rom, und unter diesem Titel

<small>19. Donatisten zu Rom.</small>

tel wohnte Felix im Jahre 410 der Versammlung zu Carthago bey. Die Donatisten hatten auch einen Bischof in Spanien: Sein Kirchengebiete aber gieng nicht weiter als die Landgüter einer Dame, die sie verführt hatten.

Eine trotzige, ausschweifende und erhitzte Secte war für die Schwärmerey eine sehr gelegene Sache. Es entstand daher auch unter ihnen, noch zu Lebzeiten des Constantin, man weiß aber das Jahr nicht genau, eine Gesellschaft rasender Menschen, die man Circumcelliones nannte, weil sie ohne Unterlaß um die Häuser auf dem Lande herum schwärmten. Es ist unglaublich was für Verwüstungen und Grausamkeiten diese Straßenräuber lange Jahre hinter einander in Africa ausübten. Es waren grobe und verwilderte Bauern, die keine andere Sprache als die punische verstanden. Trunken von einem unsinnigen Eifer, ließen sie ihren Feldbau liegen, thaten das Gelübde der Enthaltsamkeit, und gaben sich den Titel: Rächer der Gerechtigkeit und Beschützer der Unterdrückten. Um ihrer Sendung gemäß zu handeln, gaben sie den Sclaven die Freyheit, schweiften auf den öffentlichen Straßen herum, nöthigten die Herren

Constantin. Jahr 316.

20. *Circumcelliones.*

Herren von ihren Wagen abzusteigen, und vor ihren Sclaven herzulaufen, die sie an ihre Stelle setzten. Sie halfen den Schuldnern los, indem sie die Gläubiger tod schlugen, wenn sie nicht die Schuldverschreibung zerreißen wollten. Der vornehmste Gegenstand ihrer Grausamkeiten aber waren die Rechtgläubigen, und besonders, die dem Donatismus entsagt hatten. Anfänglich bedienten sie sich keiner Degen, weil Christus den Gebrauch desselben dem Petrus verboten hatte; sie versahen sich aber mit Stöcken, die sie Stäbe Israels nannten. Diese wusten sie so wohl zu führen, daß sie einem Menschen Arme und Beine entzwey schlugen, ohne ihn sogleich tod zu schlagen, sondern daß er nicht eher starb, als bis er noch eine gute Zeit geschmachtet hatte. Sie glaubten eine Gnade zu erweisen, wenn sie einen auf einmal tod schlugen. In der Folge der Zeit waren sie weniger gewissenhaft, indem sie sich aller Arten von Waffen ohne Unterscheid bedienten. Ihr Kriegsgeschrey war: Gott Ehre! Diese Worte waren in ihrem Munde die Losung zu Mord und Todschlage, und fürchterlicher als das Brüllen eines Löwen. Sie hätten auch eine ganz unerhörte Art, einen umzubringen,

Constantin. Jahr 316.

bringen, erfunden; diese bestand darinne,
Constantin. daß sie denen, die in ihre Hände fielen,
Jahr 316. die Augen mit Kalche, den sie mit schar-
fem Eßig dünne machten, verschmier-
ten, und sie in diesem Zustande liegen
ließen, nachdem sie dieselben halb tod,
und überall blutrünstig geschlagen hatten. Nie hat man deutlicher sehen können, was für abscheuliche Dinge der
Aberglaube in tummen und fühllosen
Seelen hervor bringen könne. Diese
Bösewichter, welche das Gelübde der
Enthaltsamkeit thaten, überließen sich
dem Weine, und allen Arten der schändlichsten Ausschweifungen, indem sie mit
Weibern und jungen Mägdchen herum
schwärmten, die eben so besoffen waren
als sie; die sie aber heilige Jungfrauen
nannten, ob sie gleich öfters die Beweise
ihrer Unenthaltsamkeit mit sich herum
trugen. Ihre Anführer gaben sich den
Titel: Häupter der Heiligen. Wenn
sie in dem Blute anderer ihren Durst gestillt hatten, kehrten sie ihre Wuth gegen
sich selbst, und liefen dem Tode mit eben
der Hitze entgegen, als sie ihn andern
gaben. Einige stiegen auf die höchste
Spitze eines Felsen, und stürzten sich
herab; andere verbrannten sich, oder
sprangen ins Meer. Die auf den Titel

tel eines Märtyrers Anspruch machten, kündigten ihren Tod lange vorher an. Man gab ihnen von der Zeit an gut zu essen und zu trinken, so wie man Ochsen zum Opfer mästet; wenn denn diese Vorbereitungen geschehen waren, giengen sie, sich vom Felsen zu stürzen. Bisweilen gaben sie denen, die ihnen begegneten, Geld, und droheten, sie zu ermorden, wenn sie nicht sogleich sie zu Märtyrern machen würden. Theodoretus erzählt, daß ein junger, starker und beherzter Mensch, der einem Haufen solcher Schwärmer begegnete, ihnen versprochen habe, sie umzubringen, wenn er sie vorerst gebunden haben würde. Da er sie nun auf diese Weise außer Stand gesetzt hatte, sich zu wehren, peitschte er sie aus Leibeskräften nach der Reihe durch, und ließ sie gebunden liegen. Ihre Bischöffe gaben ihnen zum Scheine zwar Verweise, in der That aber bedienten sie sich ihrer, um diejenigen schüchtern zu machen, die sich einfallen ließen, ihre Secte zu verlassen; sie ehrten sie sogar als Heilige. Indeß waren sie nicht im Stande diese rasenden Ungeheuer zu regieren; ja sie sahen sich mehr als einmal genöthigt, sie gehen zu lassen, und wohl gar den weltlichen Arm wider sie zu Hülfe

Constantin. Jahr 316.

zu

304 Geschichte des morgenl.

Constantin.
Jahr 316.

zu rüsten. Die Grafen Ursase und Taurin wurden gebraucht, sie zu paaren zu treiben; sie schlagen auch eine große Menge derselben tod, aus welchen die Donatisten eben so viel Märtyrer machten. Da Ursase, der ein rechtgläubiger und frommer Mann war, in einem Treffen wider die Barbarn das Leben eingebüßt hatte, ermangelten die Donatisten nicht, seinen Tod, als eine Wirkung der Rache des Himmels zu feyern. Africa war, so lange Constantin noch lebte, der beständige Schauplatz dieser blutigen Scenen. Dieser Prinz, der sich, nach der letztern Niederlage des Licinius, im Besitz des ganzen Reichs sahe, dachte auf Mittel dieses mörderische Schisma ganz zu unterdrücken: aber die heftigen Anfälle, welche die arianische Ketzerey auf die Kirche that, beschäftigten ihn zu sehr; wir werden demnach von den Donatisten nicht eher wieder reden, als unter der Regierung seiner Nachfolger.

Jahr 317. 21.
Constantin in Jllyrien.
Bach. Cyc. p. 238. Porph. Oprat. c. 19. 23.

Man weiß nicht, warum zum Anfange des Jahrs 317 keine Bürgermeister waren. Gallicanus und Bassus traten ihr Amt erst den 17 Februar an. Nach dem zu Meiland gesprochenen Urtheile war der Kayser nach Jllyrien gegangen,

gangen, und blieb alba sechs Jahre, bis zum zweyten Kriege des Licinius. Sein gewöhnlicher Aufenthalt war zu Sardich, zu Sirmich, oder auch zu Nissa, seiner Geburtsstadt. Er beschäftigte sich diese Zeit über damit, daß er die Grenzen gegen die Barbarn vertheidigte. Es waren dieses die Sarmaten, die Carpi, und die Gothen, als welche öftere Anfälle thaten. Er schlug sie in verschiedenen Treffen, zu Campone, zu Margum, zu Bononia, Städte, die an der Donau liegen. Wir wissen nichts umständliches von diesen Kriegen. Er that innerhalb diesen sechs Jahren auch verschiedene Reisen nach Aquiläa.

<small>Constantin. Jahr 317.</small>

Er hatte zween Söhne, den Crispus, der vor dem Jahre 300 gebohren war, und Constantin, dessen Geburt wir mit dem siebenden August des vorhergehenden Jahres bemerkt haben. Crispus, den er mit seiner ersten Gemahlinn Minervina erzeugt hatte, war ein wohlgebildeter, geistreicher Prinz, und machte große Hofnung von sich. Ob er gleich höchstens nur in seinem achtzehnten Jahre war, als der erste Krieg wider den Licinius angieng, so rechnete doch sein Vater auf seine Geschicklichkeit und Tapferkeit schon so sehr, daß er ihn an

<small>42. Ernennung dreyer Cäsare. Vict. epit. Zos. l. 2. Anony. Vales. Idacius. Chron. Alex. Hier. Chron. Liban. Basil. Till. not. 40. sur Constantin. Euf. Vit. l. 4. c. 51. 52. Till. art. 85.</small>

I. Theil. U seiner

Constantin.
Jahr 317.

seiner Statt in Gallien, den öftern Angriffen einer stürmischen und fürchterlichen Nation ausgesetzt ließ. Licinius hatte gleichfalls von der Constantia einen Sohn gleiches Namens mit ihm, der noch nicht zwanzig Monate alt war. Es war dieser demnach nicht der, den er zwey und ein halb Jahr vorher, nach seiner Niederlage, zu Sirmich gerettet hatte, und der, wie es scheint, seit der Zeit gestorben war. Die beyden Kayser, um das Band ihrer Vereinigung noch fester zu knüpfen, beschlossen ihren drey Söhnen den Cäsartitel zu geben; welches auch den ersten März in diesem Jahre geschahe. Wir werden sehen, daß Constantin auch den Constantius, der ihm noch in diesem Jahre gebohren ward, bald zum Cäsar machte. Er mochte gern, sagt Libanius, seine Kinder, von ihren ersten Jahren an, Versuche in der Kunst zu regieren machen lassen; er glaubte, daß ein Regent eine erhabene Stele haben müsse, und daß ohne diese Erhabenheit die höchste Gewalt ihren Glanz, wo nicht ihre Triebfeder verliere. Er wußte auch, daß der Geist des Menschen sich gern nach ihren Beschäftigungen bilde; er wollte demnach seine Kinder zu einer edlen und anständiständigen Hoheit gewöhnen, um sie vor der Niederträchtigkeit zu bewahren, und ihren Seelen eine Grundlage von Stärke und Standhaftigkeit zu geben, damit sie in Widerwärtigkeiten nicht von jener Höhe des Muths herab fielen, und in glücklichen Umständen eine eben so große Seele behielten, als ihr Glück etwan seyn möchte. Er gab ihnen, sobald sie Cäsare waren, eine eigene Haushaltung und Truppen. Damit sie aber von ihrer Gewalt nicht trunken würden, behielt er selbst die Aufsicht über sie, und ließ sie nicht aus den Augen, um ihnen dadurch, daß er sie gehorchen lernte, zu zeigen, wie sie andern befehlen sollten. Er beschäftigte sie mit lauter solchen Uebungen, welche Helden bilden, und Prinzen eben so geschickt machen die Beschwerlichkeiten des Krieges, als die Last der Geschäfte im Frieden zu tragen. Um ihren Körper stark zu machen, mußten sie bey Zeiten reiten lernen, weite Reisen zu Fusse thun, und ihre Rüstung mit sich tragen, die Waffen zu brauchen versuchen, Hunger, Durst, Hitze, Kälte, und wenig zu schlafen lernen, nur essen um satt zu werden, und wenn der Geist ermüdet war, nur bey Arbeiten des Körpers auszuruhen. Noch besorgter aber

Constantin. Jahr 317.

für die Bildung ihres Verstandes und Herzens, gab er ihnen die vortreflichsten Meister in den Wissenschaften, in der Kriegskunst, in der Politic und der Kenntniß der Gesetze zu Lehrern. Er ließ ihnen nur den Umgang mit solchen Personen zu, die fähig waren, ihnen Gesinnungen einer männlichen Frömmigkeit ohne Aberglauben, einer Rechtschaffenheit ohne Härte, einer Gütigkeit ohne Schwachheit und einer vernünftigen Freygebigkeit einzuflößen. Er bestätigte, durch seine Reden, und durch sein Beyspiel selbst diesen kostbaren Unterricht. Unter den Marimen aber, die er tief in ihr Herz zu graben suchte, war eine, die er ihnen am öftersten wiederholte und am nachdrücklichsten empfahl: daß nemlich die Gerechtigkeit die Richtschnur, die Gütigkeit aber die Neigung der Prinzen seyn müsse, und daß das sicherste Mittel, Herr seiner Unterthanen zu seyn, dieses sey, daß man sich als einen Vater derselben zeige. Nach diesen Unterweisungen, die sich schon mit den Jahren anfiengen, wo sie als Kinder dieselben begreifen konnten, nahm er Versuche in der Regierung und bey den Armeen mit ihnen vor, und hörte nicht auf sie theils selbst zu unterweisen, theils durch

durch Männer, die von seinem Geiste und seinen Grundsätzen erfüllt waren, unterweisen zu lassen.

Constantin. Jahr 317.

Da sein ältester Sohn Crispus von ihm entfernt war, und auf einem wichtigen Grenzposten gebraucht ward, schickte er ihm den geschicktesten Meister, und einen von den tugendhaftesten Männern im Reiche zu. Lactantius, ein gebohrner Africaner, war es, der in seiner Jugend von dem berühmten Arnobius war unterwiesen worden. Er war im Heydenthume erzogen; Diocletianus ließ ihn ums Jahr 290 nach Nicomedien kommen, um daselbst die Rhetoric zu lehren. Er war, seiner großen Geschicklichkeit ungeachtet, so arm, daß es ihm sogar öfters am Nothwendigen fehlte, und diese Armuth brachte bey ihm eine ganz entgegen gesetzte Wirkung hervor, als sie sonst insgemein hervor zu bringen pflegt: er bekam nemlich Geschmack an derselben, und gewöhnte sich so leicht daran, daß er nach der Zeit an dem Hofe des Crispus, und an der Quelle der Reichthümer, weder seine Bedürfnisse noch seine Begierden sich vermehren sahe. Er hatte sich noch vor dem Edicte des Diocletianus zur christlichen Religion bekehrt. Man weiß

2]. Lactantius unterrichtet den Crispus. Vita Lact. apud Langlet.

Constantin.
Jahr 317.

nicht, wie er der Verfolgung entgieng: vielleicht ward er unter dem Mantel des Philosophen nicht entdeckt. Constantin glaubte, daß sein Sohn einer gründlichen Unterweisung nie mehr bedürftig gewesen, als seitdem er angefangen habe, andere zu regieren. Nichts ist lobenswürdiger als diese Klugheit des Vaters, wenn es nicht vielleicht eben so sehr die Klugheit des Sohnes ist, als dessen Seele standhaft genug war, der Verführung der höchsten Gewalt und der Hofschmeichler zu widerstehen, welche immer die Niederträchtigkeit haben, von der Wiege an denen hohen Einbildungen der Prinzen zu schmeicheln, und oft genung, ihres Eigennutzens wegen, die Unwissenheit derselben erheben und unterhalten. Es war schön, einen Cäsar von zwanzig Jahren zu sehen, der weitläuftige Provinzen regierte und große Armeen commandirte, wie er, wenn er aus einer Rathsversammlung oder von einem Siege zurück kam, mit Aufmerksamkeit den Unterricht eines Mannes anhörte, der weiter nichts großes an sich hatte, als seine Talente und seine Tugenden. Man glaubt, daß Lactantius zu Trier in einem hohen Alter verstorben sey. Die Schriften, die er hinterlassen

terlaſſen hat, geben uns von ſeiner Ge-
lehrſamkeit und Beredſamkeit einen ſehr
vortheilhaften Begrif. Er iſt eins von
den glücklichen Genien, die ſich vor der
Barbarey oder dem böſen Geſchmacke
ihres Zeitalters zu hüten gewußt haben,
und unter allen lateiniſchen Kirchenſcri-
benten iſt keiner, deſſen Schreibart ſchöner und reiner wäre. Man nannte ihn
den chriſtlichen Cicero. Ob er gleich
in Erklärung der chriſtlichen Religion
nicht ſo viel Stärke zeigt, als in Widerlegung des Heydenthums, und auch bisweilen in Irrthümer gefallen iſt, ſo hat
doch die Kirche ſeine Schriften ſtets
hochgeſchätzt, und die Wiſſenſchaften
verehren ſie immer noch als eins ihrer
koſtbarſten Alterthümer.

Conſtantin.
Jahr 317.

Conſtantius, der zweyte Sohn der
Fauſta, ward in dieſem Jahre den dreyzehnten Auguſt in Illyrien gebohren, wie
er es ſelbſt in einem ſeiner Geſetze ſagt:
ein Zeugniß, das um ſo viel ſicherer iſt,
als wenn verſchiedene Calender ſeine Geburt auf den ſiebenden eben dieſes Monats ſetzen.

24.
Geburt des
Conſtan-
tius
Jul. or. I.
Cod. Th. lib.
4. tit. 4. leg.
10

Nachdem Conſtantin dem Criſpus
den Titel Cäſar gegeben hatte, machte er
ihn im Jahre 318 zum Conſul mit dem
Licinius, der dieſe Würde zum fünften
mal

Jahr 318.
319. 320.
25.
Erziehung
des jungen

312 Geschichte des morgenl.

Constantin. mal übernahm. Im Jahr 319 erwie-
Jahr 320. derte er gegen den Sohn seines Collegen
Constantin, die Ehre, die dieser seinem Sohne Cri-
der mit sei- spus erwiesen hatte; er führte nemlich
nem Vater sein fünftes Consulat mit dem jungen
Bürgermei- Licinius zugleich. Es war von den drey
ster ist. neuen Cäsarn also keiner mehr übrig,
Idacius. Naz. der das Consulat noch nicht gehabt hatte,
pan. c. 37. als der junge Constantin, der erst drey
Ducange und ein halbes Jahr alt war. Sein Va-
Fam. Byz. p. ter nahm diesen Titel im Jahre 320 zum
41. sechstenmale an, um ihn mit demselben
zu theilen. Seitdem alle Gewalt in der
Person der Kayser vereinigt worden war,
war das Consulat weiter nichts mehr als
ein Titel, der zur Unterzeichnung der öffentlichen Schrifften diente. Wenigstens
aber war das Consulat des jungen Prinzen an guten Hoffnungen fruchtbar.
Die Gleichheit des Namens mit seinem
Vater, ohne Zweifel ein schwacher Bewegungsgrund, war indeß beym Volke
doch hinreichend, die glücklichsten Vorbe-
deutungen daraus zu folgern; der Vater
aber setzte durch die Erziehung, die er seinem Sohne gab, einen weit sicherern
Grund hinzu. Dieses Kind konnte schon
schreiben, und der Kayser übte seine Hand,
indem er ihn die Begnadigungsbefehle
unterschreiben ließ; er hatte überhaupt
eine

eine Freude daran, wenn er alle Gunst- | Constantin,
bezeugungen, die er erwies, durch seinen | Jahr 320.
Mund konnte gehen laßen: eine vortreffliche Schule der höchsten Gewalt, die bestimmt ist den Menschen Gutes zu thun.
Dieses Jahr gab dem Constantin noch
einen dritten Sohn, der den Namen
Constans erhielt. Man weis den Tag
seiner Geburt nicht genau.

Das gute Verständniß zwischen bey- | 26.
den Kaysern schien seit dem Theilungs- | Verfolgu**ng**
tractate wieder hergestellt. Auf Seiten | des Lici-
Constantins war es auch nicht bloßer | nius
Schein, sondern Aufrichtigkeit: Lici- | Euf. Chron.
nius aber konnte ihm die Ueberlegenheit | Idem Hist. l.
seiner Waffen eben so wenig vergeben, | 10. c. 8. Idem
als seiner vorzüglichen Verdienste. Von | Vit. l. 1. c. 49.
dem Vorzuge, der seinem Collegen ge- | seq. et l. 2. c.
bührte, überzeugt, glaubte er ihn im Her- | 1. 2. Anony-
zen aller Völker zu lesen. Diese schwarze | Valef. Soer.
Eifersucht brachte ihn zu einer Art von | l. 1. c. 2. Soz.
Verzweiflung, und gab allen seinen La- | l. 1. c. 7. Co-
stern den Durchbruch. Er spann an- | dren. t. 1. p.
fänglich heimliche Meutereyen an, um | 282. Valef. in
ihn aus dem Wege zu räumen. Die | not. Euf. p.
Geschichte erzählt nichts ausführliches | 207.
davon, sondern sagt uns nur, daß, da seine bösen Absichten verschiedenemal waren verrathen worden, er sich bemühet habe, durch niedrige Schmeicheleyen den ge-

U 5 rechten

Constantin. Jahr 320.

rechten Verdacht zu erſticken, den ſeine Bosheit erregt hatte. Man hörte von ſeiner Seite nichts, als Vertheidigungsreden, Freundſchaffts verſicherungen, und Schwüre, die er ſogleich wieder brach, wenn er Gelegenheit fand neuen Unfug zu ſtifften. Endlich müde, alle ſeine Projecte gegen einen Prinzen ſcheitern zu ſehen, den Gott mit ſeiner Macht bedeckte, wandte er ſeinen Haß gegen Gott ſelbſt, den er niemals recht gekannt hatte. Er bildete ſich ein, daß alle Chriſten, die ihm unterthan waren, wider ihn auf der Seite ſeines Nebenbuhlers wären, daß ſie durch ihr Gebet den Himmel auf eben die Seite zögen, und daß alle ihre Bitten, in Anſehung ſeiner, eitel Verrätherenen und Majeſtätsbeleidigungen wären. Von dieſem närriſchen Gedanken eingenommen, und blind bey den ſchrecklichen Strafen, wodurch das Geſchlecht der Verfolger war vertilgt worden, und wovon er der Zeuge und ſogar der Vollzieher geweſen war, hörte er nichts als ſeine Entrüſtung wider die Chriſten. Er bekriegte ſie anfänglich unter der Hand, ohne ihnen den Krieg erklärt zu haben. Er unterſagte unter allerhand nichtigem Vorwande, den Biſchöfen allen Umgang mit den Heyden, in keiner andern Abſicht, als die

Fort-

Fortpflanzung der christlichen Religion zu hindern. Er wollte ihnen auch das Mittel, die Einförmigkeit des Glaubens und der Kirchengebräuche zu unterhalten, benehmen, indem er ihnen durch ein ausdrückliches Gesetz verbot, aus ihrem Kirchensprengel heraus zu gehen, und Synodalversammlungen zu halten. Dieser den unsinnlichsten Lüsten überlassene Prinz gab vor, daß die Enthaltsamkeit eine unmögliche Tugend sey: Diesem Vorgeben zu Folge, und unter dem Scheine, als ob ihm die Ehrbarkeit im gemeinen Wesen, die er doch ohne Unterlaß durch die ärgerlichsten Ehebrüche und Schandthaten verletzte, recht nahe am am Herzen läge, gab er ein Gesetz, welches den Männern untersagte, mit Weibern in der Kirche zusammen zu kommen; den Weibern, in die öffentlichen Lehrstunden zu gehen; den Bischöffen, ihnen Unterricht in der Religion zu geben, als welche, wie er sagte, ihnen von Personen ihres Geschlechts gelehrt werden müßte. Er gieng endlich gar so weit, daß er die Versammlungen der Christen im freyen Felde wollte gehalten haben, weil daselbst, wie er sagte, die Luft weit besser und reiner sey, als in den engen Mauern der Kirchen in einer Stadt. Da er die Bischöffe

Constantin. Jahr 310.

Constantin. Jahr 320.

Bischöffe als Häupter einer eingebildeten Verschwörung, wovon er den Kopf voll hatte, ansahe, stiftete er allerhand Verläumdungen, selbst wider die Tugendhaftesten unter ihnen an, und ließ viele derselben in Stücken zerhauen, und ihre Gliedmaßen ins Meer werfen. Diese an den Hirten verübte Grausamkeiten machten die ganze Heerde unruhig. Man flohe, man rettete sich in Wälder, in Wüsteneyen und Hölen. Es schien als ob die ehemaligen Verfolger der Kirche alle aus der Hölle wieder zurück gekommen wären. Licinius, der durch dieses allgemeine Schrecken verwegener geworden war, zog die Larve vom Gesichte, jagte alle Christen aus seinem Pallaste, schickte seine getreuesten Diener ins Exilium, brauchte die zu den niedrigsten Verrichtungen, die zuvor die vornehmsten Würden in seinem Hause gehabt hatten, zog ihre Güter ein, und drohete endlich allen den Tod, die sich unterstehen würden Christen zu bleiben. Er setzte alle Gerichtsbedienten ab, welche den Götzenbildern nicht opfern wollten; er verbot denen, die der Religion wegen im Gefängnisse saßen, Speise zu reichen, oder sonst hülfliche Hand zu leisten, und befahl zugleich die, welche ihnen ten diese Pflicht der Menschlichkeit erweisen würden, ins Gefängniß zu setzen, und mit gleichen Strafen zu belegen. Er ließ, um den öffentlichen Gottesdienst ganz abzuschaffen, die Kirchen theils niederreißen, theils zuschlüßen. Seine Wuth und sein Geitz, welche anfänglich blos gegen die Christen gerichtet waren, breiteten sich bald ohne Unterschied über alle seine Unterthanen aus. Er erneuerte alle Ungerechtigkeiten des Galerius und Maximin: grausame und übermäßige Gelderpressungen; Auflagen auf Eheverbindungen und Begräbnisse; Tribute auf die Todten sogar, die man als Lebende ansahe; Verweisungen und widerrechtliche Confiscationen; alle diese abscheulichen Mittel füllten seine Schatzkammern, ohne iedoch seine Habsucht zu befriedigen. Mitten unter den unermeßlichen Reichthümern, die er zusammen geraubt hatte, beklagte er sich ohne Unterlaß über seine Dürftigkeit, und sein Geitz machte ihn in der That arm. Durch die Ausschweifungen seines vergangenen Lebens erschöpft, aber selbst unter dem Eise des Alters noch von schändlichen Lüsten entbrannt, raubte er den Männern ihre Weiber, und den Vätern ihre Töchter. Oefters,

Constantin. Jahr 320.

nach=

Constantius. Jahr 310.

nachdem er angesehene und vornehme Männer in Ketten und Banden geworfen hatte, überließ er ihre Weiber der Geilheit seiner Sclaven. Auf diese Weise brachte er die vier letzten Jahre seiner Regierung zu, biß daß Constantin, dem er in Ausrottung der Tyrannen beygestanden hatte, auch seiner Tyranney ein Ende machte, wie wir an seinem Orte erzählen wollen.

27. Sieg des Crispus über die Franken. Naz. Pan. c. 17 et 36.

Die Franken wurden indeß einer allzulangen Ruhe überdrüßig. Obgleich diese Völkerschaft sieben Jahre zuvor ein gräuliches Blutbad unter sich gehabt hatte, so verband sie sich doch mit den Deutschen, und that Anfälle auf die Grenzen Galliens. Crispus gieng ihnen entgegen. Sie fochten als Verzweifelte; aber ihre Hitze diente weiter zu nichts, als den Sieg noch glänzender zu machen. Der römische Prinz zeigte in diesem Treffen eine Klugheit und Tapferkeit, die eines Sohns des Constantin würdig war.

Jahr 321.

Es war zu Anfange des Winters; und ehe derselbe zu Ende gieng, eilte der junge Sieger durch Schnee und Eis nach Illyrien, um seinen Vater, den er lange nicht gesehen hatte, daselbst anzutreffen, und ihm seinen ersten Sieg zum Opfer darzubringen. Die Franken, die durch

so

so viele Niederlagen endlich eingesehen hatten, wie überlegen ihnen Constantin sey, hielten sich die übrige Zeit seiner Regierung friedlich und stille; und während daß seine Waffen den Occident zittern machten, zog ihm sein Ruf eine Gesandschaft von Seiten der Perser zu; die stolzeste Nation der Welt kam, und bat um seine Freundschaft.

<small>Constantin Jahr 321.</small>

Der Sieg des Crispus ward mit einem zweyten Consulate belohnt, womit er nebst seinem jüngern Bruder Constantin, im Jahr 321 beehrt ward. Das fünfte Jahr der Cäsare, welches mit dem funfzehnten des Constantin überein kam, ward mit großer Freude und Pracht gefeyert. Nazarius, ein berühmter Redner, hielt eine Lobrede, die wir noch haben. Es scheint, daß es zu Rom geschehen sey. Constantin war in Jllyrien, und begab sich auf einige Zeit nach Aquiläa, im Monat May oder Junius. Dieser Nazarius hatte eine Tochter, die sich durch ihre Beredsamkeit eben so berühmt machte, als ihr Vater.

<small>28. Quinquennales der Cäsare. Idacius. Nazpan. c.l. Cod. Th. Hier. Chron.</small>

Die beyden Bürgermeister des Jahrs 322, waren durch ihre Verdienste eben so schätzbar, als durch ihre Würde. Sie hießen Petronius Probianus und Anicius Julianus. Der erste war Pro-

<small>Jahr 322. 29. Bürgermeister. Idacius. Cod. Th. Symm. app. p. 299.</small>

Constantin.
Jahr 322.
Prud. ad
Symm.l. 1. v.
554.

Proconsul in Africa und Präfectus Prätorio gewesen; nach der Zeit ward er Präfectus zu Rom. Er verband zwo Eigenschafften in seiner Person, die sich nur bey grossen Seelen beysammen befinden, Geschicklichkeit in den Staatsgeschäfften und Freymüthigkeit. Er vergab auch seiner Tugend nichts, um sich die Liebe und das Vertrauen der Prinzen zu erwerben. Der andere war Stadthalter im tarraconesischen Spanien gewesen, und war nach diesem auch verschiedene Jahre hinter einander Präfectus zu Rom. Er war der Parthey des Marentius zugethan gewesen, und seine Verdienste nur verschafften ihm einen Wohlthäter an dem Prinzen, dessen Feind er gewesen war. Constantin erhob ihn zu den ersten Würden des Staats. Er hatte die Ehre unter den Rathsherren der erste zu seyn, der zur christlichen Religion übergieng, wie wir schon angemerkt haben. Die Heyden selbst machen ihm grosse Lobsprüche. Sie setzen sein Genie, seine Klugheit und eine grossmüthige Gütigkeit, die alle seine persönlichen Vortheile zu Vortheilen des menschlichen Geschlechts machte, noch über seinen Adel, seine Reichthümer und sein grosses Ansehen. Man glaubt mit Grunde, daß er der Vater des

Juli-

Julians, Grafen im Orient, und der Basilina sey, die an den Julius Constantius, den Bruder des Constantin vermählt, und die Mutter Julians des Abtrünnigen ward.

Constantin. Jahr 322.

Seit einigen Jahren beschäfftigten und übten die Sarmaten die römischen Waffen. Diese Völker, die um den Palus Mäotis wohnten, kamen öfters über die Donau, und beunruhigten die Grenzen. Es waren in den vorhergehenden Jahren verschiedene von ihren Partheyen geschlagen worden; die andern retteten sich wieder über den Fluß, ohne den Ueberwinder zu erwarten. Als nun diese Barbarn in diesem Jahre die Grenzen nicht genung besetzt fanden, während der Zeit, daß Constantin zu Thessalonich war, fielen sie in Thracien und Mösien ein, und hatten sogar die Dreustigkeit, unter der Anführung ihres Königs Rausimodus, dem Constantin entgegen zu gehen. Auf ihrem Marsche hielten sie sich vor einer Stadt auf, von der uns die Geschichte den Namen nicht meldet. Die Mauern waren bis zu einer gewissen Höhe, aus Steinen gebauet, das übrige aber war von Holze. Ob nun gleich eine starke Besatzung darinne lag, so schmeichelten sie sich doch dieselbe leicht

30. Die Sarmaten werden überwunden. Zos. l. 2. Buch. in Cycl. p. 287. Anony. Valef. Cod. Theod. Till. art. 48. Valef. not. in anony. Band. in num. t. 2. p. 253.

einzunehmen, wenn sie den obern Theil der Mauer in Brand steckten. Sie rückten unter einem Hagel von Pfeilen, die sie abschossen, an: aber die, so die Mauern vertheidigten, verschafften dem Kayser Zeit ihnen zu Hülfe zu kommen; indem sie sich tapfer wehrten, und die Barbarn mit Wurfspießen und Steinen ganz überschwemmten. Die römische Armee, die wie ein Strom von den Höhen, die um die Stadt waren, herunter schoß, tödtete oder nahm den größten Theil der Belagerer gefangen. Der Rest gieng mit dem Rausimodus über die Donau zurück, an deren Ufern er sich noch eine Weile aufhielt, um einen neuen Versuch zu machen. Er hatte aber dazu nicht Zeit. Die römischen Adler waren seit langer Zeit nicht jenseits der Donau gesehen worden: Constantin gieng über dieselbe, und überfiel den Feind, der sich auf einen mit Holze bewachsenen Hügel gezogen hatte. Der König verlohr dabey das Leben. Nach einem großen Niedermetzeln gab der Ueberwinder endlich denen Pardon, welche darum baten; er bekam die Gefangenen wieder, die sie in den Provinzen des Reichs gemacht hatten, und nachdem er mit einer großen Anzahl anderer Gefangener wieder über den Fluß gegan-

gegangen war, vertheilte er sie in die Städte in Dacien und Mösien. Die Freude, welche dieser Sieg verursachte, macht den Sarmaten Ehre: man führte zum Andenken ihrer Niederlage die sarmatischen Spiele ein, welche alle Jahre sechs Tage lang, zu Ende des Novembers gefeyert wurden. Die Erzählung von diesem Kriege ist aus dem Zosimus genommen. Der ungenannte Autor der Geschichte Constantins aber, redet nur von einer Streyferey der Gothen in Thracien und Mösien, welcher Constantin Einhalt that. Gottfried und der Herr von Tillemont machen daher den Schluß, daß es zween verschiedene Kriege wären, und daß der mit den Gothen bis auf den Anfang des folgenden Jahrs hinausgesetzt werden müsse. Diese Meinung scheint mir die Begebenheiten des Jahrs 323 zu enge zusammen zu ziehen, da man doch in demselben mit den Zurüstungen und den Vorfällen eines weit wichtigern Krieges genung zu thun hatte. Man kann eher mit dem Herrn von Valois glauben, daß der ungenannte Autor das hier Gothen nenne, was Zosimus Sarmaten nennt, und dieses um soviel mehr, da es sehr möglich ist, daß diese damals an einander grenzende

Constantin. Jahr 322.

Völker sich zu diesem Feldzuge vereinigt haben.

Constantin. Jahr 322.
31. Pardon für die Missethäter.
Cod. Th. l. 9. t. 38. leg. 1. et ibi Godef.
Till. art. 46.

Gegen das Ende dieses Jahrs ließ der Kayser zu Rom einen Generalpardon für alle Missethäter publiciren; er nahm davon blos die Gifftmischer, die Menschenmörder und Ehebrecher aus. Das Gesetz ward den 30 October angeschlagen. Der Text desselben ist sehr dunkel. Er scheint dem Buchstaben nach, obgleich in sehr uneigentlichen Ausdrücken zu sagen: daß die Geburt eines Sohns des Crispus und der Helena die Ursache dieser Begnadigung sey. Aber man kennt diese Helena, Gemahlinn des Crispus, nicht, und dieser Grund, mit den uneigentlichen Ausdrücken zusammen genommen, macht die Muthmaßung wahrscheinlich, daß der Text verfälscht sey, und daß er vielmehr von einer Reise handele, welche Crispus mit seiner Großmutter Helena nach Rom that. Dieser Prinz war seit dem Anfange des vorhergehenden Jahrs in Illyrien gewesen, und könnte wohl um diese Zeit nach Rom zurück gekehrt seyn.

32. Gesetze des Constantin.
Zos. l. 2. Nazar. pan. c. 38.

Nach der Niederlage der Sarmaten kam Constantin wieder nach Thessalonich, wo er Anstalt machte, sich wegen der Untreue des Licinius zu rächen. Ehe ich

ich mich aber in die Erzählung dieses wichtigen Krieges einlaße, glaube ich erst die vornehmsten Gesetze berühren zu müssen, welche dieser Prinz seit dem Jahre 314 gemacht hatte, und von denen ich noch nicht Gelegenheit zu reden gehabt habe. In diesem Zeitraume war es, daß er sich hauptsächlich angelegen seyn ließ, die Sitten zu verbessern, die Ungerechtigkeit zu unterdrücken, die Chicanen zu verbannen, die sich öfters selbst mit den Gesetzen schützen, und seinen Unterthanen Gesinnungen der Eintracht und der Leitseligkeit einzuflößen, die der geistlichen Brüderschafft, welche das Christenthum stifftet, so gemäß sind. Die Gesetzgebung ist die rühmlichste und wesentlichste Verrichtung eines Regenten. Man zeigt ihn blos im Vorbeygehen, und gleichsam nur auf dem Theater, wenn man ihn nicht anders als mitten unter Schlachten vorstellt.

Wir wollen mit den Gesetzen anfangen, welche die Religion betreffen. Seit den Zeiten der Apostel schon feyerten die Christen den Sonntag durch allerhand Werke der Frömmigkeit. Constantin verbot an diesem Tage zu arbeiten, oder vor Gericht irgend eine Handlung vorzunehmen. Blos den Ackerbau erlaubte

Constantin. Jahr 322.

33. *Gesetz wegen Feyer des Sonntags.* Cod. Th. l. 2. t. 8. l. 8. t. 8. l. 5. t. 5. Cod. Iust. l. 3. t. 12. Eus. Vit. l. 4. c. 18. 19. 20. Soz. L. I. c. 8.

Constantin. Jahr 322.

—er, aus Furcht, daß die Menschen die Gelegenheit verliehren möchten, aus der Hand der Vorsehung die Nahrung zu nehmen, die sie ihnen darreicht. Er erlaubte auch Sclaven an dem Tage frey zu machen, welcher der Tag der Freymachung des menschlichen Geschlechts ist. Seine Nachfolger verboten sogar Steuern am Sonntage einzufodern, und öfentliche Schauspiele zu geben. Sozomenes sagt, daß Constantin eben dieses Gesetz in Ansehung des Freytags gegeben habe, und Eusebius scheint es auch vom Sonnabende zu sagen. Aber diese beyden letztern Gesetze wurden entweder nie beobachtet, oder man muß annehmen, daß sie blos einen Theil dieser beyden Tage zu Uebungen der Religion anzuwenden befohlen. Nur im Oriente kam die Gewohnheit auf, auch den Sonnabend zu feyern. Um den christlichen Soldaten nicht von der Beywohnung des Gottesdienstes in der Kirche abzuhalten, ließ er ihnen den Sonntag von allen Soldatenübungen frey; er befahl sogar, daß die Soldaten, die nicht Christen waren, sich an diesem Tage aus der Stadt begeben, und im freyen Felde, nach gegebenen Signal, alle zusammen ein kurzes Gebet sprechen sollten, wovon er ihnen selbst das Formular gab. Es enthielt eine Danksagung für die Macht Gottes, der allein Sieg giebt; sie baten darinne zugleich den Höchsten, daß er ihnen ferner seinen Schutz angedeyhen lassen, und den Kayser und seine Kinder bey Leben und Wohlseyn erhalten wolle.

Constantin. Jahr 322.

Man kann unter die Zahl derer den Christenthum vortheilhaften Gesetze auch dasjenige rechnen, durch welches er die im papia‐poppäischen Gesetze bestimmte Strafen, wenn man im fünf und zwanzigsten Jahre noch nicht geheyrathet, oder in der Ehe keine Kinder gehabt hatte, abschaffte. Die erstern konnten nicht erben, als von ihren nächsten Anverwandten, und die andern bekamen nur die Hälfte von dem, was man ihnen im Testamente vermachte, und konnten von der Verlassenschaft ihrer Weiber nicht mehr als den zehnten Theil fodern, das übrige fiel in den Fiscus. Constantin glaubte, daß sich dieses Gesetz mit einer Religion nicht vertrüge, welche den jungfräulichen Stand in Ehren hält. Er opferte großmüthig den Vortheil seines Schatzes auf, indem er eine der ergiebigsten Quellen verstopfte. Er befahl, daß die einen und die andern, sowohl Männer als Weiber bey Erbschaftsfällen gleiche Rechte mit

34. Gesetz zum Vortheil des ehelosen Standes. Cod. Th. lib. 8. tit. 16. Cod. Iust. lib. 5. tit. 26. Euf. vit. l. 4. c. 26. Soz. l. 1. c. 9.

denen

denen haben sollten, die eine zahlreiche Familie hatten. Indeß war er dabey doch auch so vorsichtig, daß er die Bevölkerung zu ermuntern nicht vergaß, da er den ehelosen Stand von dem befreyete, was als eine Strafe desselben angesehen werden konnte; er bestätigte denen, welche Kinder hatten, ihre alten Vorrechte, und ließ den Theil des Gesetzes bey Kräften, der dem Manne, oder der Frau ohne Kinder nur den zehnten Theil von der Verlassenschaft des Verstorbenen zusprach. Es geschahe, wie er selbst sagt, um den Wirkungen der ehelichen Liebe zuvor zu kommen, die öfters weit listiger und stärker ist, als alle Warnungen und Verbote der Gesetze. Doch beehrte er auch die evangelische Keuschheit mit einem neuen Privilegio: er gab denen beyderley Geschlechts, die sich derselben widmen würden, das Recht, noch vor dem in den Gesetzen vorgeschrieben Alter ein Testament zu machen. Er glaubte nemlich, daß er ihnen ein Recht nicht entziehen dürfe, welches die Heyden ihren vestalischen Jungfrauen zugestanden hatten.

Zu eben der Zeit aber, da er das Laster herzhaft angrif, wagte er sich nicht anders, als mit großer Vorsicht, an den

Aber

Aberglauben, weil dieser, stets mit einem glänzenden Vorwande bewafnet, sich mit mehr Kühnheit und Hitze vertheidigt. Rom war zu allen Zeiten für seine Orakel, Wahrsager und Zeichendeuter sehr eingenommen gewesen: um nun das Heydenthum nicht in Feuer zu bringen, verbarg Constantin den Bewegungsgrund der Religion hinter politische Ursachen; und gleich als ob er nur die geheimten Künste und Zaubereyen der eingebildeten Wahrsager fürchtete, verbot er ihnen den Eintritt in Privathäuser, und erlaubte ihnen ihre Wahrsagereyen nirgends anders zu treiben, als öffentlich in den Tempeln. Er duldete die abergläubischen Untersuchungen in Ansehung der öffentlichen Gebäude, die vom Donner gerührt werden würden; er befahl aber, daß man ihm den Bericht davon zuschicken solle. Er verbot alle magischen Künste, die dem Menschen zum Schaden gereichen könnten, oder wodurch man Liebe zu erregen suchen möchte, und ließ bloß einige eingebildete Geheimnisse zu, welche eine unschuldige Absicht hatten, als: gewisse Krankheiten zu heilen, Regen und Ungewitter zu entfernen. Mit einem Worte, er verglich sich gewissermaßen mit dem Heydenthume;

Constantin.
Jahr. 322.
et. 16. l. 16. l.
10. Euf. vit.
l. 2. c. 45.
Soz. l. 1. c. 8.
Zof. l. 2.

und

Constantin.
Jahr 321.

und indem er ihm das ließ, was nicht allzu ausschweifend war, nahm er ihm zugleich dasjenige, was es gefährliches hatte. Nachdem er aber den Wahrsagereyen in den Häusern, welche die wichtigsten für das gemeine Volk waren, den ersten Schlag versetzt hatte, ward es ihm nicht schwer diesen Ast der Abgötterey ganz abzuhauen, welches er auch einige Jahre darnach that. Seine Nachsicht, in Ansehung der Heyden, gieng nicht so weit, daß er ihnen irgend einen Vortheil eingeräumt hätte. Da sie zur Zeit noch die stärkste Parthey waren, besonders in Rom und Italien, so zwangen sie die Christen, an den Opfern und Ceremonien Theil zu nehmen, die für die gemeine Wohlfahrt unternommen wurden, unter dem Vorwande, daß das Glück des Staats einem ieden Bürger am Herzen liegen müsse. Der Kayser that diesem ungerechten Zwange Einhalt, indem er die Contravenienten mit verhältnißmäßigen Strafen belegte.

36.
Gesetze zum Besten der Kirchenbediener.
Cod. Th. l. 4. t. 7. l. 16. t. 2.
Cod. Iust. l. 1.

Um der Religion mehr Ehrerbietung zu verschaffen, bemühete er sich das Ansehen ihrer Diener, durch Privilegia und allerhand zeitliche Vortheile zu vermehren. Die vollständige und gänzliche Freylassung der Sclaven, welche den

Frey-

Freygelassenen das römische Bürgerrecht
gab, war mit allerhand beschwerlichen
Formalitäten verknüpft; er verordnete
demnach, daß es genug seyn solle, ihnen
in der Kirche, in Gegenwart der Bi=
schöffe und des Volks die Freyheit zu
geben, so daß man ein von den Bischöf=
fen unterschriebenes Zeugniß darüber
aufweisen könnte. Noch mehr: er räumte
den Geistlichen das Recht ein, ihre Scla=
ven mit einem einzigen Worte, ohne
Formalität und Zeugen, loszulassen.
Sozomenes sagt, daß man zu seiner
Zeit diese Gesetze stets über die Befrey=
ungsacten geschrieben habe. Diese
neue Art aber ward in Africa nicht eher,
als im folgenden Jahrhunderte einge=
führt. Man erwählte zu dieser Cere=
monie insgemein den Ostertag. Das
berühmteste Gesetz des Constantin zum
Besten der Kirche, ist indeß dasjenige,
das zu Rom den 3 Julius im Jahr 321
bekannt gemacht ward. Dieser Prinz
hatte den Kirchen schon alle Güter wie=
dergeben lassen, die ihnen während der
Verfolgung waren genommen worden;
er hatte ihnen auch noch das Erbfolge=
recht auf alle Märtyrer gegeben, welche
keine Anverwandten hinterließen. Das
Gesetz, von dem ich rede, war die frucht=

Constantin.
Jahr 312.
c. 13. Euf. vir.
Soz. l. 1. c. 9.
Godef. ad
Cod. Th.

barste

Constantin Jahr 312.

barste Quelle der Reichthümer der Kirche, und alles dessen, was eine Folge davon ist. Constantin giebt durch dasselbe allen Personen ohne Ausnahme die Freyheit von ihren Gütern der Kirche soviel zu vermachen, als sie für gut befinden; er bestätigt diese Schenkungen, die, wie es scheint, schon zur damaligen Zeit Widerspruch fanden, und die nach der Zeit so häufig wurden, daß die Prinzen die Augen aufthaten, und sie durch Gesetze einschränkten.

37. *Gesetze die Sitten betreffend.*
Cod. Th. L 11. t. 27. l. 5. t. 9. l. 9. t. 18. 19. l. 4. t. 10. L 3. t. 5. Cod. Iust. l. 6. t. 1. Dig. l. 23. t. 1. Last. inst. L 6. c. 20.

Nichts angieng dem Constantin, was den Sitten, der Aufführung der Staatsbedienten, der allgemeinen Policey im Staate, der guten Ordnung in Gerichten, der Erhebung der öffentlichen Steuern, der Soldatenzucht vortheilhaft seyn konnte. Italien und Africa waren durch die Grausamkeiten des Maxentius zu Wüstereyen geworden; das Elend hatte daselbst die lebhafftesten Empfindungen der Natur erstickt, und nichts war so gemein, als daselbst Väter zu sehen, die ihre Kinder verkauften, wegsetzten, oder wohl gar tödteten. Um dieser Unmenschlichkeit Einhalt zu thun, erklärte der Kayser sich als Vater aller Kinder seiner Unterthanen; er befahl den öffentlichen Beamten unverzüglich für alle

Kinder

Kinder Nahrung und Kleider herzugeben, deren Väter beweisen würden, daß sie nicht im Stande wären, sie zu erziehen. Die Kosten wurden aus dem Schatze der Städte und des Prinzen gemeinschafftlich bestritten: Es wäre, sagt er, eine unsern Sitten ganz zuwider lauffende Grausamkeit, wenn man einen unserer Unterthanen Hungers sterben, oder geschehen ließe, daß er aus Dürftigkeit zu einer unanständigen Handlung schritte. Und da diese Erleichterung noch nicht den gottlosen Handel, den einige Väter mit ihren Kindern trieben, verhinderte, so wolle er, daß die, die sie gekaufft und erzogen hätten, rechtmäßige Besitzer von ihnen seyn, und die eigentlichen Väter sie nicht anders zurück bekommen sollten, als wenn sie alle Unkosten wieder bezahlten. Es scheint sogar, daß er in der Folge den Vätern, die ihre Kinder wegsetzten, die Freyheit genommen habe, sie von den Händen derer wieder zu erkauffen, welche, nachdem sie dieselben erzogen, sie an Kindesstatt angenommen, oder unter ihre Sclaven gesteckt hatten. Man glaubt, daß auch dieses Gesetze ihm Lactantius unter den Fuß gegeben habe, welcher in seinen Schrifften sehr wider diese grau-

samen

Constantin. Jahr zu.

Constantin Jahr 322. samen und unmenschlichen Väter eifert. Er verdammte die, welche Kinder ihren Vätern rauben würden, um sie zu ihren Sclaven zu machen, zur Strafe von den wilden Thieren zerrissen, oder auf dem Kampfplatze von Fechtern ermordet zu werden; es war noch gewöhnlich dergleichen Strafen zu grausamen Ergötzlichkeiten dienen zu laßen. Er erfand neue Mittel die Verfälschung der Testamente darzuthun, und diese Sache vor Gericht kurz auszuführen. Er that den Betrügereyen derer Einhalt, die einen entlauffenen Sclaven in Schutz nahmen, um sich denselben zuzueignen. Das alte Gesetz, wegen Bestrafung der Mörder ward erneuert. Seine väterliche Sorgfalt erstreckte sich bis auf die niedrigste Classe von Menschen. Vor dem Constantin erlaubten sich die Herren alle Arten von Grausamkeit, in Abstrafung ihrer Sclaven; sie bedienten sich nach ihrem Gefallen des Schwerds, des Feuers, des Pfahls: der Kayser aber verboth diese Unmenschlichkeit, und untersagte den Herren alle Bestrafungen, die ans Leben giengen, bey Strafe, daß sie als Menschenmörder angesehen werden sollten; doch sollten sie dieses Verbrechens nicht schuldig geachtet werden, wenn der Sclave nach

nach einer mäßigen Züchtigung gestorben wäre. Es ist eine weit strafbarere Frech-heit, den Prinzen zu hintergehen, als wenn man Unterobrigkeiten betrügt; es wurden dahero auch diejenigen, die ihn zu hintergehen sich unterstanden, weit härter bestraft. Er machte Verordnungen wegen der Schenkungen, die Verlobte vor ihrer Verehlichung einander machen würden. In Ansehung der Soldaten, welche der Dienst des Vaterlandes öfters lange ausser den Gräntzen desselben aufhalten kann, erklärte er, daß, wenn sie eine Verlobung eingegangen wären, dieses Bündniß nicht eher getrennt werden könne, als wenn zwey volle Jahre verflossen wären, ohne daß die Heyrath erfolgt sey. Eins von den strengsten Gesetzen dieses Prinzen war das, wider den Jungfernraub. Vor dem Constantin ließ man es dem Räuber ungestraft hingehen, wenn das Frauenzimmer sich nicht über gewaltsame Entführung beschwerte, und ihn zum Manne haben wollte: nach dem Gesetze dieses Prinzen aber, hatte die Einwilligung des Frauenzimmers keine andere Wirkung, als daß sie sich des Verbrechens theilhafft machte; sie ward alsdann eben so bestraft, als der Räuber. Selbst wenn sie mit Gewalt war geraubt worden,

Constantin.
Jahr 322.

Constantin. Jahr 322.

worden, wenigstens wenn sie nicht bewieß, daß von ihrer Seite keine Unvorsichtigkeit dazu gekommen, und daß sie sich auf alle mögliche Art und Weise widersetzt habe, ward sie von der Erbfolge ihres Vaters und Mutter ausgeschlossen; der Räuber, wenn er einmal überführt war, konnte sich weiter durch kein Appelliren helfen. Die häuslichen Verführerinnen, welche die Wachsamkeit der Eltern betrügen, oder das Zutrauen derselben mißbrauchen, und mit der Ehre ihrer Töchter einen schändlichen Handel treiben, bekamen eine ihrem Verbrechen gemäße Strafe; man goß ihnen geschmolzen Bley in den Hals; und die Eltern, wenn sie den Verbrecher nicht ausklagten, wurden verwiesen und ihre Güter eingezogen. Man verfuhr mit denen von freyem Stande eben so, wenn sie zu einer Entführung Hülfe und Beystand geleistet hatten. Die Sclaven wurden, ohne Unterschied des Geschlechts, lebendig verbrannt; der Sclave, der das Verbrechen angab, wenn es die Eltern verschwiegen, bekam die Freyheit zum Lohne. Dieses Gesetz enthält unterdeß nichts von der Strafe des Räubers: man kann aber aus einem Gesetze des Constantius muthmaßen, daß er den

Thieren

Thieren auf dem Amphitheater sey vorgeworfen worden. Ein altes Gesetz verbot dem Vormunde seine Pupille zu heyrathen, oder sie seinen Sohn heyrathen zu lassen: Constantin hob dieses Verbot auf; wenn aber der Vormund die Pupille verführte, ward er auf Zeit lebens verwiesen, und seine Güter eingezogen. Um die öffentliche Ehrbarkeit zu erhalten, verbot er bey Lebensstrafe einer Frau ihren Sclaven zu heyrathen. Die Kinder, die aus dergleichen ungeziemenden Ehen erzeugt wurden, waren nach den Gesetzen frey: Constantin aber erklärte sie für unfähig, das geringste vom Vermögen ihrer Mutter zu besitzen.

Constantin. Jahr 322.

Constantin ließ sich von den geringsten Mißbräuchen genaue Nachricht geben, und unterließ nichts, dieselben abzuschaffen. Er verbesserte verschiedene, die sich ins Postwesen, und bey den Reisen gewisser Stadtsbedienten eingeschlichen hatten, wo das Publicum die Kosten dazu hergab. Er war besonders gegen die sehr ungnädig, welche das Vertrauen der Prinzen mißbrauchten, um die Unterthanen zu plagen; die Gesetze, die er deswegen machte, haben einen gewissen drohenden und erzürnten Ton. Die Einnehmer herrschafftlicher Gefälle, welche man Ràù=

38. Gesetze die Beamten des Prinzen und der Städte betreffend. Cod. Th. l. 8. t. 5. l. 4. 7. l. 10. t. 4. 7. 20. l. 9. t. 21. 22. l. 12. t. 7. l. 17. l. 5. t. 2. l. 6. t. 22. 4. Cod. Just. l. 10. t. 4.

I. Theil.   Y   bereyten

Constantin. Jahr 322.

bereyen oder nur gehäßiger Chicanen überführen würde, sollten lebendig verbrannt werden: die unter unsern Händen stehen, sagt er, und von uns unmittelbar Befehl erhalten, sollen um so viel härter bestraft werden. Da verschiedene unter ihnen, um sich gegen die Strafe in Sicherheit zu setzen, sich große Titel geben ließen, die mit gewissen Privilegien verknüpft waren, versperrte er ihnen den Weg zu allen höhern Würden, bis sie die Zeit ihres Amts auf eine untadelhafte Weise ausgedient hatten. Er schränkte den Stolz derer ein, die in den Tribunalen arbeiteten, indem er eine Ordnung fest setzte, wie sie ihrem Alter und der Fähigkeit nach weiter steigen sollten; er bestimmte zugleich nach Beschaffenheit ihres Verhaltens Strafen und Belohnungen, und schrieb ihnen die Zeit vor, wie lange sie dienen sollten. Er verbot denen, die zu Anklägern der Missethäter verordnet waren, sie in einem privat Gefängnisse zu verwahren. Die Unruhen des Reichs hatten allen Lastern den Weg eröfnet: die falschen Münzer hatten sich vermehrt. Es war auch noch ein anderer Mißbrauch in Ansehung der Münzen eingeschlichen: die Heyden, welche der Anzahl nach die

stärksten

stärksten waren, verriefen, wider den Constantin aufgebracht, die mit dem Stempel dieses Prinzen bezeichneten Münzen; sie gaben, unter allerley flüchtigem Vorwande, und vermöge einer willkührlichen Schätzung, denen Münzen der vorigen Kayser einen höhern Werth, ob sie gleich von gleichem Schroot und Korne waren. Der Prinz schränkte diesen unverschämten Eigensinn ein; er machte durch strenge Gesetze die falschen Münzer, und die ihres Gelichters waren, schüchtern; er ließ die herrschaftlichen Münzbedienten in strengere Pflicht nehmen, damit sie sich nicht unterstünden, für ihre Rechnung eine Arbeit zu treiben, die sogleich ein Verbrechen wird, als sie aufhört dem Printzen nützlich zu seyn; er bestimmte aufs genaueste, wie viel iede Münzsorte wiegen sollte; und trieb die Gewissenhafftigkeit so weit, daß er sogar die Art das Gold zu wägen vorschrieb, welches man zur Bezahlung der Auflagen bringen würde. Jede Stadt hatte eine Art von Senat, dessen Mitglieder Decuriones, und die Häupter derselben Decemvire hießen. Die Würde eines Decurio war mit der Geburt verknüpft; man konnte es aber auch durch Wahl des Senats, durch

Constantin. Jahr 322.

Erbschafft,

Constantin.
Jahr 322.

Erbschafft, oder durch Erwerbung des Vermögens eines Decurio werden. Einige, die das dazu erforderliche Vermögen besaßen, begaben sich freywillig in diese Gesellschafft; die meisten aber hüteten sich dafür, weil die Decurione verschiedene beschwerliche Verrichtungen auf sich hatten: sie mußten selbst die stärksten Abgaben bezahlen, und für die stehen, welche andern Bürgern aufgelegt waren; sie mußten für den Unterhalt der Einwohner, für die öffentlichen Magazine und für die öffentlichen Gebäude sorgen; es lag ihnen ob, die Befehle der Statthalter auszuführen; sie trugen die ganze Last der bürgerlichen Regierung. Constantin machte eine Menge Gesetze, um so nothwendige Aemter nicht eingehen zu lassen: er setzte eine Rangordnung unter ihnen fest; er machte ihre Würde noch glänzender; er that auf das Recht des Fiscus am Vermögen derer unter ihnen, die ohne Testament, und ohne rechtmäßige Erben versterben würden, Verzicht, und wollte daß dieses Vermögen der Gesellschafft zu gute gehen solle; er bestimmte das Alter, in welchem man in diese Gesellschafft treten könnte, und Strafen für diejenigen, die sich diesen Aemtern entziehen

ziehen würden; mit einem Worte, er schaffte, so viel an ihm war, die sehr gewöhnliche Ungerechtigkeit ab, da man an die Vortheile der Gesellschafft Anspruch macht, und doch nichts von dem Seinigen dazu beytragen will. Indeß sprach er die davon frey, welche ihre Armuth beweisen könnten, oder fünf Kinder hätten. Er verschonte auch die damit, welche vom Kayser Gnadenbriefe erhalten, wenn sie dieselben nur durch wirkliche Dienste bekommen, und nicht mit Gelde erkaufft hätten. Das Verlangen nach Titeln und Würden, welche nie gemeiner werden, als wenn wahre Verdienste am seltensten sind, hatte damals die schlimme Gewohnheit eingeführt, Gnadenbriefe, das ist, Titel ohne Aemter, im Ueberflusse zu geben. Nichts war für die Stolzen und Reichen bequemer, indem weder Geschicklichkeit noch Arbeit zu Erlangung derselben erfodert ward; der Geiz der Hofleute hatte einen ordentlichen Handel damit errichtet. Constantin war aber nicht der Meynung, daß Titel, welche von weiter nichts als Credit oder Reichthum zeugten, eine Befreyung von den Lasten des Staats mit sich führen müßten. Die Nahmen der Consule, der Prätore, der

Constantin. Jahr 322.

Qvästore

Quästore waren noch gewöhnlich; sie waren aber auch weiter nichts mehr, als bloße Nahmen. Die Verrichtungen dieser obrigkeitlichen Personen bestanden weiter in nichts, als daß sie auf ihre Kosten dem Volke Schauspiele im Circus und auf dem Theater gäben. Um nun diesen Aufwand nicht zu machen, entfernten sie sich bisweilen von Rom; man verurtheilte sie aber alsdann, eine gewisse Quantität Getreyde in die öffentlichen Magazine zu liefern. Man glaubt, daß ein Prätor funfzig tausend Scheffel habe liefern müssen. Der Kayser befreyete die, die unter zwanzig Jahren mit diesen Würden begleitet waren, von der Pflicht den Aufwand zu machen.

Wir haben den Constantin gesehen, wie er für die Erhaltung seiner Unterthanen besorgt ist; er war es auch nicht weniger, um sie beym Ueberflusse zu erhalten. Africa und Aegypten lieferten den Einwohnern Roms den größten Theil des zu ihrem Unterhalte nöthigen Getreydes, und die Vorräthe dieser beyden fruchtbaren Provinzen wurden nach der Hauptstadt des Reichs auf zwo Flotten gebracht, von denen die eine von Carthago, die andere von Alexandrien auslief. Ein Theil dieses Getreydes war der Tribut

---

Constantin. Jahr 322.

39. Gesetze zur allgemeinen Policey und bürgerlichen Regierung. Cod. Th. l. 13. t. 5. 3. l. 14. t. 3. 25. l. 9. t. 40. 34. 10. l. 10. t. 18. 8. 11. l. 8. 18. 12. l. 2. t. 9. 19. l. 3. t. 1. 2. l. 5. t. 1. l. 15. t. 3. l. l. 4. t. 22. Cod. Just. l. 6. t. 61. l. 5. t. 10. l. 8. t. 10.

but dieſer Länder, den andern bezahlte der
Kayſer mit baarem Gelde. Spanien
ſchickte gleichfalls Getreyde. Der Trans‐
port koſtete dem Staate nichts. Es war
eine Claſſe gewiſſer Perſonen, welche
Schiffe von einer gewiſſen Größe unter‐
halten, und die Koſten der Farthen tra‐
gen muſten; man nannte ſie Naviculares. Dieſe Pflicht war nicht perſön‐
lich, ſondern hafftete auf ihrem Eigenthu‐
me; ſie war als ein Servitut auf gewiſſe
Grundſtücke gelegt. Wenn dieſe Grund‐
ſtücke in andere Hände kamen, es mochte
durch Erbſchafft oder durch Kauf geſche‐
hen, ſo gieng die Pflicht dieſe Schiffe zu
halten, zugleich auf den Erben oder Käu‐
fer über. Dieſes Getreyde, das man in
dem Hafen zu Oſtia ausſchiffte, ward auf
Kähnen nach Rom gebracht, und daſelbſt
einer andern Geſellſchafft von Menſchen
übergeben, welche vermöge ihrer Grund‐
ſtücke verbunden waren, Brodt daraus
zu backen. Das Getreyde ward auf
Handmühlen gemahlen, und es war eine
der gelindeſten Strafen, wenn ein Miſſe‐
thäter verurtheilt ward, die Mühle zu
drehen. Ein Theil von dieſem Brodte
ward an das Volk umſonſt ausgetheilt,
und der andere ward zum Beſten der
Schatzkammer verkauft. Conſtantin
gab

Conſtantin.
Jahr. 312.

Constantin Jahr 322.

gab verschiedene Gesetze um diese nützliche Einrichtung mit den Schiffen zu erhalten: er wollte nicht, daß die, die zu diesem Dienste verpflichtete Grundstücke besaßen, unter dem Vorwande einer Befreyung oder irgend einer Würde sich davon losmachen sollten; doch verbot er auch auf der andern Seite ein mehrers von ihnen zu fodern. Er sprach sie von allen andern öffentlichen Lasten und Abgaben frey; er vermehrte ihre ohnedem schon ansehnlichen Privilegia, und räumte ihnen gewisse Gefälle ein, die sie von dem Getreyde selbst nehmen durften. Er war auch für die Erhaltung des Ueberflusses in Carthago, der größten Stadt in Africa, besorgt. Als er Constantinopel gebaut hatte, führte er daselbst eben diese Ordnung ein, um die Stadt mit Lebensmitteln zu versehen, und von zwo Flotten, welche die Zufuhre nach dem alten Rom besorgten, nahm er die Alexandrinische weg, und ließ sie das Getreyde aus Aegypten nach seiner neuen Stadt bringen. Die Gesetze wegen ohngefähr gefundener Schätze, waren unter den vorigen Kaysern nicht übereinstimmend gewesen: Constantin that daher den Ausspruch, daß der, der einen Schatz fände, ihn halb in den Fiscus geben sollte, wenn

er

er selbst käme und es meldete, und daß man sich, ohne weitere Untersuchung, blos auf seine gewissenhaffte Anzeige verlassen sollte; er sollte aber den ganzen Schatz verliehren, und auf die Folter gespannt werden, wenn man ihn überführen könnte, daß er den Fund verheimlichte. Auch in Ansehung der Testamente machte er sehr gute Einrichtungen; er brachte die Erbfolge des mütterlichen Vermögens in bessere Ordnung; er sorgte für die Sicherheit und Aufrichtigkeit beym Kaufe und Verkaufe; er verbot das Leihen auf Pfänder, welches bis anhero erlaubt gewesen war; er bestimmte die Gestallt der Schenkungen, wenn sie gültig seyn sollten; er setzte fest, wie viel einer Mutter aus der Erbschafft ihres Sohnes, der ohne Kinder und ohne Testament verstürbe, zukommen sollte; so ward auch der Vortheil der Unmündigen, selbst in dem Falle, wenn sie Schuldner des Fiscus waren, nicht verabsäumt. Er bestätigte ferner den Besitz der Güter, die von der Freygebigkeit des Prinzen herkamen. Die Frechheit der Ankläger, die sich bey ihren Anklagen nicht nannten, ward gleichfalls eingeschränkt: die Obrigkeiten erhielten wirklich Befehl, nicht weiter darauf zu achten, als daß sie den Ur-

Constantin. Jahr 322.

heber zu entdecken suchten, ihn zum Beweise nöthigten, und selbst nachdem er die Anklage bewiesen, ihn abstraften. Doch sollten sie zugleich den Angeklagten warnen, daß er sich nicht begnügen solle, unschuldig zu seyn, sondern einen solchen Lebenswandel zu führen, daß man gar keinen Verdacht gegen ihn haben möge. Er sorgte auch sehr für die öffentlichen Landstraßen, deren Unterhaltung denen Besitzern der Landgüter, ohne Ausnahme, aufgelegt war. Die Aufführung und Ausbesserung öffentlicher Gebäude war nicht eine seiner letzten Sorgen: er schickte Inspectores herum, die ihm Nachricht geben mußten, wie die Obrigkeiten auf die Erhaltung derselben Acht hätten. Die Statthalter der Provinzen durften keine neuen Werke eher anfangen, als bis sie die von ihren Vorgängern angefangenen vollendet hatten. Um die Gefahr bey Feuersbrünsten zu vermeiden, durfte man an die öffentlichen Magazine kein Haus näher setzen, als hundert Schritte. Für die Verschönerung der Städte besorgt, verbot er denen, die auf dem Lande Häuser besaßen, bey Strafe der Confiscation derselben, Marmorplatten und Säulen dahin zu schaffen, als welche blos ihren

Häusern

Häusern in der Stadt zur Zierde dienen sollten. Die, die sich mit Gewalt in den Besitz eines Gutes setzten, wurden in den vorigen Zeiten mit der Verweisung und Confiscation der Güter bestraft: Constantin aber verwandelte diese Strafe anfänglich in eine Lebensstrafe; er kam hernach zwar wieder auf die erste Bestrafung zurück, doch mit dem Unterschiede, daß, wenn der Urheber der Gewalthat ein ungerechter Usurpator wäre, er verbrannt werden, und alle seine Güter und Vermögen verliehren sollte; hätte er aber ein rechtmäßiges Eigenthum, so sollte die Hälfte der Güter, in deren Besitz er sich mit Gewalt gesetzt, zum Besten der kayserlichen Schatzkammer confiscirt werden. Besonders suchte er die Abwesenden vor dergleichen Gewaltthätigkeiten in Sicherheit zu setzen, und befahl zu dem Ende den ordentlichen Richtern auf ihre Vertheidigung bedacht zu seyn, und sich ihrer bestens anzunehmen. Damit auch die Aerzte, und die Meister der freyen Künste, als der Grammatic, der Rhetoric, der Philosophie, der Rechtsgelahrheit ungehindert und ohne Unruhe ihren Geschäfften, obliegen könnten, bestätigte er die Privilegia, die ihnen von den vorigen Käysern

Constantin. Jahr 322.

Constantin.
Jahr 322.

sern waren gegeben worden, und welche man ihnen aus Verachtung von Zeit zu Zeit zu entreißen suchte. Er sprach sie von allen beschwerlichen Aemtern frey; er verbot unter schweren Geldstrafen, sie durch Chicanen zu beunruhigen, sie an ihrer Ehre zu beleidigen, oder ihnen die Besoldung zurück zu halten, die ihnen aus der gemeinen Stadtcasse angewiesen war. Er erlaubte ihnen Aemter in den Städten anzunehmen: aber er verbot, sie dazu zu zwingen. Er dehnte diese Befreyungen bis auf ihre Weiber und Kinder aus; sie wurden mit Soldatendiensten und Einquartierungen verschont; selbst von Seiten derer, die, wenn sie in Staatsangelegenheiten geschickt wurden, das Recht hatten, in privat Häusern einzukehren.

40.
Gesetze wegen Verwaltung der Gerechtigkeit.
Cod. Th. l. 1. t. 2. 10. l. 4. t. 16. l. 9. t. 3, 42. l. 2. t. 6. 48. 10. l. 11 t. 35. Cod Iust. l. 1. t. 40. l. 7. t. 49. l. 2. t. 6.

So viele Gesetze wären unnütz gewesen, wenn er nicht auch für die Ausübung derselben, durch eine strenge Verwaltung der Gerechtigkeit, gesorgt hätte. Wohl wissend, daß das wahre Ansehen des Fürsten unzertrennlich mit dem Ansehen der Gesetze verbunden sey, verbot er den Richtern seine eigenen Rescripte zu befolgen, auf was für Art man sie auch bekommen haben möchte, wenn sie der Gerechtigkeit entgegen wären, waren, und gäb ihnen die allgemeine Regel, daß man einem Gesetze vorzüglich vor andern besondern Befehlen gehorchen müsse. Ehe die Aussprüche, die er auf Bittschrifften gethan, vollzogen würden, befahl er erst den Obrigkeiten, wegen der Wahrheit derer in den Bittschrifften enthaltenen Umstände Erkundigung einzuziehen, und neuen Bericht abzustatten, wenn sie dieselben falsch befinden sollten. Um die richterlichen Aussprüche bey Kräften zu erhalten, und sich selbst vor Hintergehungen zu verwahren, verbot er die Rescripte des Prinzen anzunehmen, die man über ein Urtheil erhalten hätte, von welchem nicht wäre appellirt worden; zugleich verdammte er diejenigen zur Confiscation der Güter und zur Verbannung, die sich dieses Weges bedienen würden, um ein Urtheil unkräftig zu machen. Nach dem alten römischen Rechte konnte man niemanden mit Gewalt aus seinem Hause schleppen, um ihn vor Gericht zu führen; man war aber von diesem Gesetze sehr abgegangen. Constantin erneuerte es wieder in Ansehung des weiblichen Geschlechts, und setzte die Todesstrafe darauf, wenn einer dawider handeln würde. Um die Schwachen vor allen Plackereyen in Sicherheit

Constantin. Jahr 322.

Constantin Jahr 320.

Sicherheit zu setzen, schaffte er die Evocationen in den Processen der Pupillen, der Wittwen, der Einfältigen und Armen ab, und befahl, daß die Sache an ihrem Orte entschieden werden sollte. Indeß ließ er ihnen den Vortheil, den er ihren Widersachern nahm; indem er ihnen erlaubte, die, deren Ansehen und Gewalt ihnen fürchterlich war, auf das Urtheil des Prinzen zu verweisen. Er befahl, daß in Criminalsachen, die Verbrecher, ohne Ansehen ihres Standes und ihrer Privilegien, von den ordentlichen Richtern, und selbst an dem Orte gerichtet werden sollten, wo die Missethat war begangen worden: Denn, sagt er, eine Missethat hebt alle Privilegien und Würden auf. Wenn ein angesehener Mann in einer Provinz sich über die Gesetze und über die richterlichen Aussprüche hinaussetzte, um andere zu unterdrücken; so hatten die Statthalter Befehl, sich entweder an den Prinzen selbst, oder an den Präfectus Prätorio zu wenden, und Hülfe für die Unterdrückten zu suchen. Es giebt eine Menge Gesetze, welche den Richtern Genauigkeit in Untersuchungen, Geduld in Anhörung der Partheyen, schleunige Ausfertigung und
Billigkeit

Billigkeit in den Urtheilen empfehlen. Außer dem Verlust ihrer Ehre, wenn sie sich bestechen lassen, werden sie noch zur Ersetzung des Schadens verdammt, den ihr Urtheil gestifftet hat. Wenn die Abthuung der Streitsachen durch ihre Schuld verzögert wird, sind sie gehalten die Partheyen auf eigene Kosten schadlos zu halten. Wenn man von ihrem Urtheile appellirt, sind sie verbunden, denen, die sie verurtheilt haben, eine Abschrifft des ganzen Verfahrens zu geben, um ihre Billigkeit dadurch an den Tag zu legen. Eins von diesen Gesetzen ist in solchen Ausdrücken verfaßt, und wird sogar mit einem Schwure beschlossen, daß man daraus den brennendsten Eifer für die Gerechtigkeit ersehen kann: Wenn einer, wes Standes er auch sey, sich im Stande zu seyn glaubt, einen unter meinen Richtern, Räthen und Dienern, welcher es sy, zu überführen, daß er der Gerechtigkeit entgegen gehandelt habe, so trete er dreist auf, er wende sich an mich. Ich will alles anhören; ich will selbst eine Untersuchung anstellen; und wenn er das beweisen kann, was er sagt, will ich mich gewiß rächen. Noch einmal: er rede

Constantin. Jahr 322.

ohne

Constantin. Jahr 322.

ohne Furcht, und nach seinem Gewissen. Wenn die Sache bewiesen wird, so will ich den, der mich durch einen falschen Schein der Frömmigkeit hintergangen hat, schon bestrafen, und dagegen denjenigen belohnen, dem ich es zu danken habe, daß ich aus dem Irrthume gerissen worden bin. Der höchste und allmächtige Gott helfe mir, und erhalte den Staat und meine Person bey Ehren und Wohlergehen. Er confiscirte die Güter der Halsstarrigen, die sich in der Zeit von einem Jahre nicht stellten, und diese Confiscation fand sogar Statt, wenn sie auch nach der Zeit ihre Unschuld beweisen konnten. Er erneuerte die Gesetze, welche dem weiblichen Geschlechte die Freyheit, Anklägerinnen zu seyn, entzogen, außer in Fällen, wo sie eine ihnen selbst oder ihrer Familie wiederfahrne Beschimpfung klagend anzubringen hatten, und den Advocaten verbot er, ihnen zu dienen. Die Advocaten, die, anstatt ihre Clienten zu vertheidigen, sie ausziehen, und durch heimlichen Vergleich sich einen Theil ihres Vermögens, oder der streitigen Sache, schenken lassen, werden auf Zeitlebens von einem so ehrwürdigen,

würdigen, bey eigennützigen Seelen aber gefährlichen Geschäffte ausgeschlossen. Nach der alten Gewohnheit wurden die Güter der Verbanneten confiscirt, und ihre Bestrafung zog nebst ihnen auch die mit ins Elend, die kein ander Verbrechen begangen hatten, als daß sie ihnen angehörten: Constantin aber wollte, daß man den Kindern und Weibern alles lassen sollte, was ihnen eigenthümlich gehörte, und selbst dasjenige, was ihre unglücklichen Väter und Männer ihnen vor der Begehung des Verbrechens geschenkt hatten. Er befahl sogar, daß, wenn ihm ein Verzeichniß der confiscirten Güter gegeben würde, man ihm allemal dabey sagen sollte, ob der Verurtheilte Kinder hätte, und ob diese Kinder von ihrem Vater schon einigen Vortheil erhalten hätten. Er nahm indeß alle die davon aus, die öffentliche Gelder in den Händen gehabt hatten, und erklärte, daß die Schenkungen an ihre Kinder und Weiber nicht eher gültig seyn sollten, als bis ihre Rechnungen untersucht wären. Die Gütigkeit des Kaysers ließ sich sogar in die Gefängnisse herab, um daselbst Plagen abzuschaffen, die dem gemeinen Wesen zu nichts dienen, und um den Geitz jener niederträchtigen und bösartigen Kerkermei-

Constantin. Jahr 322.

I. Theil.   Z   ster

Constantin.
Jahr 322.

ster zu bestrafen, denen ihre Grausamkeit ein Einkommen verschafft, und die den armen Gefangenen alles, bis auf die Lufft, die sie athmen, theuer genug verkauffen. Er that die Erklärung, daß er sich an die Richter selbst halten werde, wenn sie nicht mit den härtesten Strafen die Kerkermeister und ihre Knechte belegten, die an dem Tode eines Gefangenen Schuld wären, wenn sie ihm entweder die Nahrung entzogen, oder sonst übel gehalten hätten. Er empfohl die Beschleunigung, besonders in Criminalsachen, um das Unrecht zu verkürzen, das dem Unschuldigen durch langen Verzug wiederführe, und den Zufällen zuvor zu kommen, welche den Schuldigen der öffentlichen Rache entziehen könnten. Er wollte sogar, daß ein jeder Angeklagter sogleich verhört, und nicht eher ins Gefängniß gesetzt werden sollte, als wenn man, nach einem ersten Verhöre, gegründeten Verdacht hätte, daß er schuldig sey.

41.
Gesetze wegen Erhebung der Steuern.
Cod.Th.l.2.
t. 30.l.11.t.
16, 3.l.13.t.
6.l.4.t.12.

Dieser Printz zeigte nicht weniger Menschlichkeit in den Verordnungen, die er wegen Eintreibung der öffentlichen Steuern machte. Die alten Gesetze erlaubten nicht, die zum Ackerbau nöthigen Werkzeuge wegzunehmen, und er verbot bey Lebensstrafe, Sclaven, und das zu den

Feld-

Feldarbeiten benöthigte Vieh weg zu treiben. Das hieß in der That, die Bezahlung unmöglich machen, zu eben der Zeit, da man dieselbe foderte. Außer den jährlichen Abgaben, machten es die Staatsbedürfnisse nothwendig, daß noch außerordentliche Taxen aufgelegt wurden. Er machte selbst die Eintheilung von diesen Auflagen; er gab sie nachdem nicht den vornehmen Einwohnern eines Orts in die Hände, als welche die ganze Last den weniger Reichen auflegten, damit sie selbst übertragen würden, sondern den Statthaltern der Provinzen. Diesen befahl er an, in Eintreibung derselben billig zu seyn, und nie den Landmann zur Saat- oder Erndtezeit dazu zu zwingen. Der Geitz, der stets sinnreich genung ist, sich den allgemeinen Lasten zu entziehen, hatte einen Mißbrauch eingeführt, welcher den Fiscus arm machte, und die Armen vollends zu Boden drückte: die Reichen, die in der Dürftigkeit der andern ihren Vortheil ersahen, kauften die besten Landgüter mit der Bedingung an sich, daß sie für ihre Rechnung von allen Auflagen frey und los seyn mußten; die vorigen Besitzer blieben also, vermöge des Kaufcontracts, in der Verbindlichkeit, die alten Schulden, und auch die Contributio-

Constantin.
Jahr 320.

Z 4 nen

Constantin. Jahr 302.

nen aufs künftige zu bezahlen. Es geschah dadurch, daß der Fiscus um vieles gebracht ward, indem die, die ihre Güter verkauft hatten, nicht im Stande waren zu bezahlen, und die, die sie gekauft hatten, keine Anfoderungen des Fiscus wollten gelten lassen. Der Kayser aber erklärte diese Contracte für null und nichtig, und befahl, daß die Steuern allemal von den wirklichen Besitzern bezahlt werden sollten. Die Stadtobrigkeiten, welche die Einnehmer ernannten, müßten dafür hafften, wenn einer, den sie gewählet hatten, den Fiscus betrog. Er sorgte auch dafür, wie er den Einwohnern der Provinzen, welche ihre Steuern in die Hauptstadt bringen mußten, die Unkosten ersparen, und ihnen eine geschwinde Abfertigung verschaffen wollte. Die Verpachtung der öffentlichen Zölle hatte eben dieses zur Absicht, daß die Steuern aus den Provinzen bequem in die Schatzkammer gebracht werden sollten. Die Stadtobrigkeiten verpachteten sie an wen sie wollten, und auch wie lange sie wollten. Diesen Pachtern nun fehlte es insgemein weder an Habsucht noch an Mitteln die Einwohner zu quälen: Constantin schaffte demnach diese Mißbräuche ab, indem er befahl, daß diese Pachte an den Meistbietenden

tenden überlaßen, und keinem ein Vorzug vor dem andern gegeben werden sollte; daß sie nicht länger als drey Jahr dauern, und die Pachter, die mehr fodern würden, als sie den strengen Rechten nach zu fodern hätten, am Leben gestraft werden sollten.

Constantin. Jahr 322.

Die Kriegszucht, die vornehmste Triebfeder der römischen Macht, fieng unvermerkt an schlaff zu werden. Dieser kriegerische Prinz, der seinen Waffen einen großen Theil seines Reichs zu danken hatte, und der diese Kriegszucht nicht in ihrer ehemaligen Lebhaftigkeit wiederherstellen konnte, hielt wenigstens den Verfall derselben durch weise Verordnungen noch länger auf. Die Gunst des Regenten, welche oft die Stelle der Verdienste vertritt, hatte vielen durch Gnadenbriefe Soldatenwürden beygelegt, die in ihrem Leben keinen Feind gesehen hatten: Constantin nahm ihnen die Privilegia, die mit diesen Titeln verbunden waren, als welche nur wirklich geleisteten Diensten zukamen. Er gab dagegen den alten ausgedienten Soldaten beträchtliche Vorrechte; er schenkte ihnen erledigte Landgüter, nebst einer immerwährenden Befreyung von allen Abgaben, und ließ ihnen alles dazu geben, was ihnen zur Be-

42. *Gesetze für den Soldatenstand. Cod. Th. l. 7. t. 21, 20, 12. t. 6. t. 22.*

stellung

stellung derselben fehlte. Er sprach sie außer dem noch von allen bürgerlichen Bedienungen, öffentlichen Arbeiten und Auflagen frey. Wenn sie Handlung treiben wollten, schenkte er ihnen einen großen Theil der Abgaben, welche die Kaufleute entrichten musten. Diese Befreyungen wurden nach den Gattungen, den Stufen und Würden der Soldaten eingerichtet. Er dehnte die Privilegien der alten Soldaten auf ihre Kinder männlichen Geschlechts aus, wenn sie den Soldatenstand wählten. Da aber einige von diesen die Vortheile ihrer Väter genießen, und sich doch dem Ungemach und der Gefahren des Krieges nicht aussetzen wollten; da diese Weichlichkeit sogar so weit gieng, daß verschiedene von ihnen, besonders in Italien, sich den Daumen abschnitten, um sich zum Soldatendienste untüchtig zu machen, so befahl der Kayser, daß die Söhne der alten Soldaten, die sich nicht wollten einschreiben lassen, oder die sich zum Kriege nicht schickten, aller Privilegien verlustig, und zu allen Stadtämtern verbunden seyn sollten; und daß hingegen auf diejenigen, welche sich den Waffen wiedmeten, bey Beförderungen von einer Stufe zur andern vorzüglich gesehen werden sollte. Die Grenzen,

Constantin. Jahr 322.

Grenzen, so wohl nach der Donau, als nach dem Rheine zu, waren Postenweise mit Soldaten besetzt, um die Franken, Deutschen, Gothen und Sarmaten zurück zu halten. Bisweilen aber ließen diese von den Barbarn bestochene Truppen dieselben durch, und theilten die auf dem Gebiete des Reichs gemachte Beute mit ihnen. Der Kayser verdammte die zum Feuer, die sich einer so schwarzen Verrätherey schuldig machen würden; und um die Bewachung der Grenzen um so viel sicherer und genauer zu machen, verbot er den Officieren, irgend einem Soldaten Urlaub zu geben. Er setzte die Strafe der Verbannung darauf, wenn während der Abwesenheit des Soldaten die Barbarn auch nichts unternahmen, und die Todesstrafe, wenn unterdeß ein Lärm entstand.

Constantin. Jahr 322.

Auf diese Weise nun wandte Constantin die Zeit der Ruhe, die ihm zwischen den Kriegen übrig blieb, zur innern Einrichtung des Staats an. Zu Anfange des Jahrs 323, als Rufinus und Severus Bürgermeister waren, befand er sich zu Thessalonich, allwo er einen Hafen anlegen ließ. Es fehlte dieser alten und dem Meere nahe gelegenen Stadt noch an diesem Vortheile. Die

Jahr 323.
41.
Ursachen des Krieges zwischen Constantin und Licinius.
Eus. vit. l. 2. c. 31. 32. 33. 34. Zos. l. 2. Anony. Vales. Hist. misc. L. 11. Philost. l. 5. c. 2.

*Constantin.
Jahr 323.
Suidas in
ωʹξἰντος.
Baron. an.
316. Socr.L.j.
c. 2.*

Die Eifersucht des Licinius kam indeß, und ſtöhrte dieſe friedlichen Arbeiten. Im vorhergehenden Jahre hatte Conſtantin die Gothen und Sarmaten bis in Thracien und Möſien aufgeſucht, welche Provinzen ſeinem Collegen gehörten. Dieſer beſchwerte ſich darüber, und gab es für einen Bruch des Theilungstractats aus; er behauptete, daß Conſtantin keinen Fuß in Provinzen hätte ſetzen ſollen, über welche er kein Recht habe. Er haßte dieſen Prinzen, zugleich aber fürchtete er ihn. Zweifelhaft demnach und unſchlüßig ſchickte er Deputirte über Deputirte, von denen die einen Beſchwerden führen, die andern ihn wieder entſchuldigen mußten. Dieſe närriſche Aufführung ermüdete die Geduld des Conſtantin, und der Krieg ward angekündigt. Er war ohne Zweifel weniger bedacht, den erſten Saamen der Zwietracht zu erſticken, als ſich der Gelegenheit zu bedienen, ſich einen verhaßten Collegen vom Halſe zu ſchaffen; und um die Waffen zu ergreiffen, hatte er nicht nöthig, wie Euſebius ſagt, erſt durch das Intereſſe der verfolgten Religion dazu aufgefodert zu werden. Ein ſo ſchöner Vorwand zog indeß alle Chriſten des Reichs auf ſeine Seite, da

indeß

indeß Licinius nichts unterließ, um sie abwendig zu machen. Da verschiedene unter ihnen bey einer Armee nicht dienen wollten, welche wider das Creutz gebraucht werden sollte, so ließ Licinius sie umbringen, und jagte von seinen Truppen alle die Verräther hinweg, welche sich zur christlichen Religion bekannten. Einen Theil derselben verurtheilte er zur Arbeit in den Bergwerken; die andern schickte er in die öffentlichen Manufacturhäuser, daß sie daselbst Leinwand weben und andere weibliche Verrichtungen thun sollten. Man erzählt, daß ein vornehmer Officier, Nahmens Aurentius, auf der Stelle den Abschied bekommen habe, weil er dem Bacchus ein gewisses Opfer nicht hatte bringen wollen. Dieser Aurentius ward nach der Zeit Bischof zu Mopsveste, und gerieth in Verdacht, daß er es mit den Arianern halte.

Constantin.
Jahr 323.

Obgleich Licinius die Christen von Soldatendiensten ausgeschlossen hatte, brachte er doch eine ansehnliche Macht auf die Beine. Nachdem er in alle Provinzen Befehle geschickt hatte, ließ er in der Geschwindigkeit alles, was er von Kriegsschiffen hatte, ausrüsten. Aegypten gab ihm deren achtzig; Phönicien

44.
Zurüstungen zum Kriege.
Zos. l. 2.
Jornand. de reb. Got. c.
21. Amm. l.
15. c. 5.

eben

Constantin, Jahr 323. eben so viel; die Jonier und Dorier in Asien sechzig; dreyßig bekam er aus Cyprus, zwanzig aus Carien, dreyßig aus Bithynien, und funfzig aus Libyen. Alle diese Schiffe waren mit drey Reyhen Ruderknechten besetzt. Seine Landarmee bestand ohngefähr aus hundert und funfzig tausend Mann zu Fuß; Phrygien und Cappadocien gaben ihm dazu noch funfzehn tausend Reuter. Die Flotte des Constantin bestand aus ohngefehr zwey hundert Galeeren mit dreyßig Rudern, welche fast alle aus den griechischen Häfen, und weit kleiner waren, als die Schiffe des Licinius; er hatte mehr als zwey tausend Lastschiffe. Man zählte bey seiner Armee hundert und zwanzig tausend Fußgänger; die Seetruppen und die Reuterey machten zusammen zehn tausend Mann aus. Er hatte Gothen in Sold genommen, und Bonit, ein fränkischer Officier, leistete ihm in diesem Kriege, an der Spitze eines Corps von seiner Nation, gute Dienste. Der Versammlungsplatz der Seemacht des Constantin, die von seinem Sohne Crispus commandirt ward, war der Hafen zu Achen. Die Schiffe des Licinius, unter dem Commando des

des Abantes oder Amand versammelten sich im Hellesponte.

Constantin setzte sein Vertrauen vornehmlich auf den Beystand Gottes, und auf die Fahne des Creutzes. Er ließ ein Zelt, in Gestalt eines Bethauses mit sich führen, in welchem man den Gottesdienst hielt. Diese Capelle ward von Priestern und Diaconen bedient, die ihn auf allen Feldzügen begleiten mußten, und die er die Wächter seiner Seele nannte. Jede Legion hatte ihre Capelle, und ihre besondern Geistlichen, und man kann diese Einrichtung als den ersten Ursprung unserer Feldprediger bey den Armeen ansehen. Er ließ dieses Betzelt außer dem Lager aufschlagen, damit er daselbst, in Gesellschafft einer kleinen Anzahl von Officieren, deren Frömmigkeit und Treue er kannte, desto ruhiger seine Andacht haben könnte. Er lieferte nie eine Schlacht, wenn er sich nicht vorher zu den Füßen des Creutzes vom Siege versichert hatte. Von Gott gleichsam begeistert, gab er sogleich, wenn er von diesem heiligen Orte hinweg gieng, das Zeichen zum Angriffe, und theilte seinen Truppen das Feuer mit, von welchem er selbst entbrannt war. Licinius trieb ein Gespötte mit allen diesen andächtigen

Constantin. Jahr 303. 45. Frömmigkeit des Constantin und Aberglaube des Licinius. Euf. vit. l. 2. c. 4. 5. 6. 12. Soz. l. 1. c. 7. 8.

364 Geschichte des morgenl.

Constantin. Jahr 323.

Handlungen; und dennoch fiel dieser starke Geist in den abgeschmacktesten Aberglauben. Er schleppte eine Menge Opferpriester, Wahrsager, Darmseher und Traumdeuter mit sich herum, welche ihm in prächtigen und schmeichelhaftesten Versen den glücklichsten Erfolg versprachen. Das Orakel des Apollo zu Milet, welches er um Rath fragen ließ, war es allein, das keinen Hofmann abgeben wollte; es antwortete mit zween Versen *) aus dem Homer, deren Inhalt folgender ist: „Alter, es schickt sich für „dich nicht junge Krieger zu bestreiten; „deine Kräffte sind erschöpft; das hohe „Alter drückt dich zu Boden.„ Diese Prophezeyung war es auch allein, die der Prinz nicht hören mochte.

46. Annäherung beyder Armeen.
Zof. l. 2. Anony. Vales.

Er gieng über die Meerenge, und schlug bey Adrianopel in Thracien sein Lager auf. Constantin, der von Thessalonich herkam, rückte bis an die Ufer des Hebrus vor. Beyde Armeen stunden einander einige Tage lang im Gesichte,

*) Ω γέρον, ἦ μάλα δή σε νέοι τείρουσι
μαχηταί,
Σὴ τε βίη λέλυται, χαλεπὸν δέ σε γῆρας
ἱκάνει.
Hom. Iliad. 8. 102.

sible, und wurden nur durch den Fluß getrennt. Die Armee des Licinius, die auf dem Abhange eines Berges sehr vortheilhaft stand, verwehrte den Uebergang. Constantin, der auſſer dem Gesichte des Feindes, einen seichten Ort entdeckt hatte, bediente sich folgender Kriegslist. Er läſt aus einem nahe gelegenen Walde eine Menge Holz herbey schaffen, und starke Seile drehen, als ob er eine Brücke über den Fluß zu schlagen willens sey; zu gleicher Zeit schickt er fünf tausend Bogenschützen und achtzig Reiter ab, und läßt so einen mit Holz bewachsenen Hügel am Ufer des seichten Orts, den er entdeckt hatte, heimlich besetzen; er selbst setzt mit zwölf Reitern durch den Fluß, greift den ersten Posten der Feinde an, hauet die Mannschaft entweder nieder, oder jagt sie nach dem nächsten Posten zurück, welche alle ausreissen, und das Schrecken von einem zum andern, bis zur Hauptarmee mit sich fortnehmen. Diese, über einen so unvermutheten Angriff erstaunt, sieht starr und steif; die Truppen, welche Constantin in den Hinterhalt gelegt hatte, kommen ihm nach, und nachdem er sich des Flusses versichert hatte, ließ er die ganze Armee übergehen.

Man

Man machte sich nun auf beyden Seiten zu einer Schlacht fertig, welche dem ganzen Reiche einen einzigen Herrn geben, und das Schicksal der alten Gottheiten entscheiden sollte. Licinius, der den Tag vorher, oder vielleicht an dem wichtigen Tage der Entscheidung selbst, welcher der dritte Julius war, die vornehmsten Officiere zu sich genommen hatte, führte sie an einen dieser Oerter, welchen der heydnische Aberglaube ein heiliges Schrecken beylegte. Es war ein dickes Gehölze, von kleinen Bächen durchströhmt, in welchem man bey einem dunkeln Lichte die Bildsäulen der Götter sahe. Hier, nachdem er Fackeln anzünden, und Opfer hatte schlachten lassen, rief er mit aufgehabenen Händen zu diesen Götzenbildern aus: „Meine
„Freunde, sehet hier die Götter, die unsere Vorfahren anbeteten! sehet hier
„die Gegenstände der Verehrung, die
„durch das Alter der Zeiten geheiligt ist!
„der, der uns ietzt bekriegt, kündigt den
„Krieg unsern Vätern, er kündigt ihn
„unsern Göttern selbst an. Er erkennt
„blos eine frembde und welsche Gottheit, um gar keine zu erkennen; er beschimpft seine Armee, indem er einen
„verabscheuungswürdigen Galgen an die
„Stelle

„Stelle der römischen Adler setzt. Die-
„ses Treffen wird entscheiden, welche
„von beyden Partheyen im Irrthume
„steckt; es wird uns sagen, wen wir
„künftig anbeten sollen. Wenn der Sieg
„sich für unsere Feinde erklärt; wenn je-
„ner einsame, in der Dunkelheit sitzende,
„und seinem Ursprunge und Wesen nach
„gleich unbekannte Gott über so viel
„mächtige Gottheiten, deren Anzahl schon
„fürchterlich ist, die Oberhand behält; so
„wollen wir uns mit unsern Gebeten an
„ihn wenden; wir wollen uns diesem
„siegreichen Gotte ergeben; wir wollen
„ihm Altäre auf den Trümmern derer, die
„unsere Väter aufgerichtet haben, auf-
„richten. Wenn aber, wie wir überzeugt
„sind, unsere Götter heute den Schutz,
„den sie diesem Reiche angedeihen lassen,
„kund thun; wenn sie unserm Arme und
„unserm Degen Sieg verleihen, so wol-
„len wir eine gottlose Secte, welche sie
„verachtet, bis auf den Tod verfolgen,
„und sie in ihrem Blute vertilgen.„
Nachdem er diese Gotteslästerungen gesagt hatte, kehrte er ins Lager zurück, und
machte sich zur Schlacht fertig.

Constantin indessen, in seinem Bett-
zelte auf den Knien liegend, wo er den
vorhergehenden Tag mit Fasten und Be-

Constantins Jahr 323.

48.
Schlacht bey Adrianopel.
Euf. vit. l. 2.

ten

ten zugebracht hatte, flehete den wahren
Gott für das Heil der Seinigen, und
selbst seiner Feinde an. Voll Zuversicht
und Muth gieng er heraus, ließ die Fahne
des Creutzes vor der Armee hertragen,
und gab seinen Truppen zur Parole:
Gott Erretter. Die Armee des Licinius war vor seinem Lager am Abhange
des Berges in Schlachtordnung gestellt;
die Truppen des Constantin rückten in
guter Ordnung an, und ob sie gleich keinen so vortheilhafften Stand hatten, blieben sie doch geschlossen, und brachen sogleich beym ersten Angriff durch die vor-
dersten Bataillons durch. Diese strecken
die Waffen, werfen sich dem Uebrwinder
zu Füssen, der mehr besorgt sie zu erhalten, als zu Grunde zu richten, ihnen das
Leben schenkt. Die zweyte Linie that mehr
Widerstand. Vergebens suchte sie Constantin mit der gütigsten Art zu bereden,
daß sie sich ergeben sollte; es half nichts,
er mußte fechten: und der Soldat, der
durch die Unterwerfung der andern, nur
noch trotziger geworden war, richtete ein
gräßliches Blutbad unter ihnen an. Die
Verwirrung, die unter ihren Bataillonen
einriß, war ihnen eben so nachtheilig, als
das Schwerd des Feindes. Von allen
Seiten eingeschlossen, stachen sie einander
selbst

selbst nieder. Die vornehmste Sorge des
Ueberwinders war, ihr Blut zu schonen.
Ob er gleich am Schenkel verwundet war,
drängte er sich doch in den dicksten Hauf-
fen, wo es am hitzigsten zugieng, und rief
seinen Truppen zu, daß sie schonen und
bedenken sollten, daß die Ueberwundenen
Menschen wären; er versprach allen, die
ihm einen Gefangenen bringen würden,
eine Summe Geldes; die feindliche Armee schien die seinige geworden zu seyn.
Die Gütigkeit des Prinzen aber konnte
den erhitzten Soldaten nicht aufhalten;
das Morden dauerte bis auf den Abend.
Dreyßig tausend blieben vom Feinde auf
dem Platze. Licinius war einer von den
letzten, welche die Flucht ergriffen; und
indem er alles, was er von den Trümmern
seiner Armee sammlen konnte, zusammen
nahm, eilte er durch Thracien, um nur
seine Flotte zu erreichen. Constantin
verbot den Seinigen ihm nachzusetzen;
indem er hoffte, daß dieser Prinz, durch
seine Niederlage belehrt, sich eine billige
Unterwerfung gefallen lassen würde. Mit
Anbruch des folgenden Tages kamen die
Feinde, die dem Blutbade entgangen waren, indem sie sich auf die Gebürge und
Thäler gerettet hatten, um sich zu ergeben; eben dieses thaten auch die, die den

Constantin.
Jahr. 323.

I. Theil.   Aa   Lic-

Licinius, da er mit möglichster Geschwindigkeit flohe, nicht hätten nachkommen können. Es ward ihnen allen sehr leutselig begegnet. Licinius schloß sich hierauf in Byzanz ein, allwo ihn Constantin belagerte.

Constantin. Jahr 323.

Die Flotte des Crispus, die aus dem Hafen zu Athen ausgelaufen war, hatte den Weg an den macedonischen Küsten hin genommen, als sie vom Kayser Befehl erhielt, sich zu ihm vor Byzanz zu verfügen. Man muste durch den Hellespont fahren, den Abantes mit drey hundert und funfzig Schiffen verschlossen hielt. Crispus versuchte mit achtzig seiner besten Galeeren sich den Durchgang zu eröfnen, indem er sich überzeugte, daß in einem so engen Canale eine größere Anzahl zu nichts weiter dienen würde, als ihn zu hindern. Abantes kam ihm mit zwey hundert Segeln entgegen, indem er die geringe Anzahl der Feinde verachtete, und sich schmeichelte sie einzuschließen. Nachdem das Signal von beyden Seiten gegeben war, näherten sich beyde Flotten einander, und des Crispus seine rückte in vollkommner Ordnung an. Bey der Flotte des Abantes aber war nichts, als Unordnung und Verwirrung, indem sie sich, wegen Menge der Schiffe, nicht

45. Krieg zur See. Zos. l. 2. Anony. Vales.

nicht aus einander begeben konnten, sondern alle Augenblicke zusammen stießen, Constantin
und einander die Bewegung hinderten; Jahr 323.
denen Feinden ward es dadurch leicht den
Vortheil über sie zu gewinnen, und sie in
den Grund zu bohren. Nach einem be-
trächtlichen Verluste an Schiffen und
Soldaten von Seiten des Licinius,
und nachdem die Nacht eingebrochen war,
legte sich die Flotte des Constantin in
den Hafen Eläus, an der Spitze des thra-
cischen Chersones, und die des Licinius,
beym Grabe des Ajax, in Troada vor An-
ker. Den folgenden Tag, da ein starker
Nordwind wehete, kam Abantes wieder
auf die Höhe, um das Treffen vom neuen
anzufangen. Da aber Crispus in der
Nacht die übrigen Galeeren, die zurück
geblieben waren, hatte zu sich stoßen lassen, erstaunte Abantes über eine so ansehnliche Vermehrung, und trug Bedenken sie anzugreifen. Während dieser
Unentschlossenheit wendete sich der Wind,
und blies so hefftig aus Süden, daß er
die Schiffe des Abantes an die Küste
von Asien zurück trieb, wo sie theils schei-
terten, theils an den Felsen zerstoßen,
theils mit allem, was darauf war, in den
Grund versenkt wurden. Crispus, der
sich diese Unordnung zu Nutze machte,

Aa 2 segelte

segelte bis Gallipolis fort, und nahm alles weg, was er unterwegens antraf, oder bohrte es in den Grund. Licinius verlohr hundert und dreissig Schiffe, und fünf tausend Mann, welche meistens von denen waren, die er von der Niederlage gerettet hatte, und nach Asien schicken wollte, um nicht Byzanz zu sehr zu beschweren, welches ohnedem schon überlegt war. Abantes rettete sich mit vier Schiffen; die andern wurden zerstreuet. Nachdem das Meer frey geworden war, erhielt Crispus eine Anzahl Schiffe, die mit allerhand Vorrath beladen waren; und segelte auf Byzanz los, um die Belagerung dieser Stadt zu unterstützen, und sie von der Seeseite einzuschlüßen. Bey der Nachricht von seiner Annäherung warf ein Theil der Soldaten, die in Byzanz waren, und sich für einer gänzlichen Einsperrung fürchteten, sich auf Barken, die sie im Hafen fanden, und retteten sich am Ufer hin, bis nach Eläus.

Constantin. Jahr 323.

50. Licinius gehet nach Chalcedonien. Zos. l. 2. Anony. Valef. Aurel. Vict. epit. Bandini

Constantin setzte die Belagerung sehr ernstlich fort. Er hatte einen Wall, der Höhe der Mauer gleich, aufwerfen lassen; man hatte hölzerne Thürme darauf gesetzt, von welchen man mit Vortheil auf diejenigen schoß, die die Stadt vertheidigtheidigten. Diese Werke dienten auch dazu, daß er die Sturmböcke und andere Maschinen gegen die Mauern brauchen konnte. Licinius, der die Stadt schon verlohren gab, ergriff die Parthey, dieselbe zu verlassen, und sich mit seinen Schätzen und mit seinen besten Truppen, nach Chalcedonien zu begeben. Es scheint, daß er vor der Ankunft der feindlichen Flotte die Stadt verlassen habe. Er hoffte in Asien eine neue Armee zusammen zu bringen, und sich im Stande zu befinden, den Krieg fortzusetzen. Sein Sohn, der schon Cäsar war, aber nicht mehr, als neunzehn Jahre hatte, konnte ihm nichts helfen. Er glaubte seinem Glücke eine Stütze zu verschaffen, wenn er den Titel Cäsar, und vielleicht gar Augustus, dem Martinianus, seinem Haushofmeister gäbe, welcher in dieser Würde allen Bedienten seines Pallasts zu befehlen hatte. Es war dieses in gegenwärtigen Umständen ein sehr gefährliches Geschenk, und Martinianus mußte zittern, wenn er an das Beyspiel des Valens gedachte. Aber die unumschränkte Gewalt bezaubert immer die Menschen; sie ziehet die Augen so fest an sich, daß sie vergessen hinter sich die Schiffbrüche zu sehen, welche sie verur-

Constantin.
Jahr 323
numm. in
Martinianos.

sacht

374 Geschichte des morgenl.

Constantin. Jahr 323.

sache hat. Licinius schickte ihn mit einem abgesonderten Corps nach Lampsacus, um den Hellespont zu versperren. Er selbst aber stellte sich auf die Anhöhen bey Chalcedonien, und besetzte alle Wege zwischen den Gebürgen, die nach dem Meere zu giengen, mit Truppen.

11. Schlacht bey Chrysopolis. Euſ. vit. L. 2. c. 11, 15, 16, 17. Zoſ. L. 2. Anony. Valeſ. §c. L. 1. c. 2.

Die Belagerung von Byzanz ward langweilig, und konnte dem Licinius Zeit geben, seine Kräfte zu verstärken. Constantin beschloß nach Asien zu gehen, und die Stadt eingeschlossen zu lassen. Da man mit großen Schiffen dem Ufer in Bithynien nicht nahe genung kommen konnte, ließ er kleine Fahrzeuge zurecht machen, und nachdem er gegen die Mündung des Pontus Euxinus zu, bis an das heilige Vorgebürge, acht bis neun Meilen von Chalcedonien gefahren war, stieg er an dem Orte aus, und stellte sich auf Hügel. Es fiel dazumal eine Unterhandlung zwischen beyden Prinzen vor. Licinius suchte den Feind durch allerhand Vorschläge aufzuhalten, und Constantin, um nicht noch mehr Blut zu vergießen, bewilligte ihm den Frieden; er ward von beyden Kaysern beschworen. Es war aber von Seiten des Licinius blos Verstellung: denn er suchte nur Zeit zu gewinnen, um

seine

ſeine Truppen zuſammen zu bringen. Er rief den Martinianus zurück; er bettelte heimlich um den Beyſtand der Barbarn, und es ſtießen eine große Anzahl Gothen, unter der Anführung eines ihrer Fürſten, zu ihm, ſo daß er ſich bald an der Spitze von hundert und dreyßig tauſend Mann ſahe. Durch neue Hoffnung verblendet, brach er nun den Tractat, und indem er das vor der Schlacht bey Adrianopel gethane Verſprechen vergaß, daß er, wenn er überwunden würde, die Religion ſeines Nebenbuhlers annehmen wollte, nahm er ſeine Zuflucht zu neuen Gottheiten, gleich als ob er von den alten wäre betrogen worden, und überließ ſich allem Aberglauben der Zauberer. Da er bemerkt hatte, daß eine göttliche Kraft mit der Fahne des Creutzes verbunden war, ſo befahl er ſeinen Soldaten dieſem furchtbaren Zeichen aus dem Wege zu gehen, und es nicht einmal anzuſehen; er glaubte, daß etwas von Zauberey dabey ſey, welche ihm zuwider wäre. Nach dieſen Vorbereitungen ermuntert er ſeine Truppen; er verſpricht ihnen bey allen Gefahren voraus zu gehen; er läßt die Bilder ſeiner neuen und unbekannten Götter vor der Armee hertragen, und führt ſie

Conſtantin Jahr 323.

Constantin.
Jahr 323

so zur Schlacht an. Constantin rückte bis an Chrysopolis vor: diese Stadt, welche Byzanz gegenüber lag, diente Chalcedonien zum Hafen. Um aber den Vorwurf nicht zu haben, daß er mit den Feindseligkeiten den Anfang gemacht habe, erwartete er den Angriff der Feinde. Sobald er sie nun den Degen ziehen sah, fiel er über sie her, und blos das Geschrey seiner Truppen brachte schon ein Schrecken unter die Armee des Licinius; sie wich beym ersten Angriffe zurück. Fünf und zwanzig tausend wurden getödtet; dreißig tausend retteten sich mit der Flucht, die andern streckten das Gewehr, und ergaben sich dem Ueberwinder.

52. Folgen der Schlacht.
Idacius. Zos. l. 2. Valef. Pa- Anony- xag. apud Phot.

Dieser Sieg, der den achtzehnten September erfochten ward, öffnete dem Constantin die Thore von Byzanz und Chalcedonien. Licinius flohe nach Nicomedien, wo er endlich, da er sich belagert, ohne Truppen und ohne Hoffnung sahe, willig finden ließ, den für seinen Herrn zu erkennen, den er nicht als seinen Collegen hatte dulten wollen. Sogleich den Tag nach der Ankunft des Constantin kam seine Schwester Constantia, und Gemahlinn des Licinius, zum Ueberwinder ins Lager, und bat für ihren Gemahl

mahl um Gnade. Sie erhielt auch, daß
ihm das Leben nicht genommen werden
sollte, und dieses Versprechen ward mit
einem Schwure bestätiget. Auf diese
Versicherung gieng der Ueberwundene
aus der Stadt, und nachdem er den Kayserlichen Purpur zu den Füssen seines
Schwagers niedergeleget hatte, erklärte er
sich für seinen Unterthanen, und bat de-
müthig um Vergebung. Constantin
nahm ihn sehr gnädig auf, zog ihn an
seine Tafel, und schickte ihn nach Thessalonich, sein Leben allda ruhig zuzubringen.

Er ward daselbst kurze Zeit darnach
umgebracht, und die Ursache dieses Verfahrens, die zur Bestimmung des Cha-
racters des Constantin so wichtig ist,
ist zu gleicher Zeit der zweydeutigste Umstand seines Lebens. Die Schrifftsteller
sind darüber so getheilt, daß die Nachwelt kein zuverläßiges Urtheil darüber
fällen kann. Die einen geben den Tod
des Licinius für die Strafe eines neuen
Verbrechens aus, und die andern machen
ihn dem Constantin zum Verbrechen.
Diese letztern sagen, der Kayser habe wider Treu und Glauben, diesen unglücklichen Prinzen erwürgen lassen. Einige
setzen hinzu, um das Gehäßige einer so

Constantin Jahr 323.

13.
Tod des Li-
cinius.
Euf. vit. l. 2.
c. 18. et hist.
l. 10. c. 9.
Zof. l. 2. Eu-
trop. l. 10.
Hieron.
Chron. Ano-
ny. Valef.
Zon. t. 2. p. 3.
Socr. l. 1. c. 2.
Cedren. t. 1.
p. 284.
Theoph.
p. 16.

schändlichen Untreue zu mildern, daß man zu fürchten Ursache gehabt habe, Licinius möchte so, wie Maximianus, sich einfallen lassen, den Purpur wieder zu nehmen; und daß Constantin sich durch den Aufruhr der Soldaten gezwungen gesehen, ihm das Leben zu nehmen. Andere sagen, daß der Kayser, um seine mißvergnügten Truppen nicht noch mehr aufzubringen, wenn er einem so oft untreuen Prinzen das Leben ließe, sich auf den Senat bezogen habe, um von ihm zu vernehmen, was für ein Schicksal derselbe verdiene, und daß der Senat die Entscheidung den Soldaten überlassen, welche ihn umgebracht hätten. Aber weder diese Besorgnisse, noch diese Meuterey der Soldaten, noch der Ausspruch eines Senats, den man niemals um Rath fragt, wenn man sein Wort schon gegeben hat, man müste denn nicht Lust haben es zu halten; alle diese Umstände würden die Verletzung eines freyen und unerzwungenen Eides nicht entschuldigen, wenn Licinius den Tod nicht durch neue Verbrechen verdient gehabt hätte. Die dem Constantin günstige Schriftsteller erzählen auch, daß der abgesetzte Prinz überführt worden sey, daß er sich unter der Hand bemühe, die Barbarn an sich

sich zu ziehen, und den Krieg vom neuen anzufangen. Nach dem Eusebius wurden auch seine Minister und Räthe mit dem Tode bestraft, und die meisten seiner Officiere, die das Blendwerk ihrer falschen Religion einsahen, traten zur wahren über. Martinianus verlohr seine neue Würde nebst dem Leben; es sey nun, daß ihn Constantin seinen Soldaten überließ, die ihn umbrachten, als Licinius sich ergab, oder daß er mit dem zugleich umkam, der ihn zu nichts, als zum Theilhaber seines Unglücks gemacht hatte. Ein Schrifftsteller sagt, ohne einen andern Umstand dabey anzuführen, daß er einige Zeit darnach in Cappadocien sey umgebracht worden. Den Sohn des Licinius, dem man den Titel Cäsar genommen hatte, ließ man das Leben. Die Statuen und andere Denkmäler des Vaters wurden umgeworfen, und es blieb von einem Prinzen, der im Anfange glücklich gewesen war, nichts weiter übrig, als ein verhaßtes und trauriges Andenken seiner Gottlosigkeit und seines Unglücks. Er hatte das Regiment ohngefehr sechzehn Jahre geführt.

Constantin. Jahr 323.

Inhalt.

Inhalt des vierten Buchs.

1. Begebenheiten des Hormisdas. 2. Er nimmt seine Zuflucht zum Constantin. 3. Erzählung des Jonaras. 4. Constantin allein Herr vom ganzen Reiche. 5. Er macht sich seinen Sieg zu Nutze, um das Christenthum weiter auszubreiten. 6. Schreiben des Constantin, an die Völker im Orient. 7. Er verbietet die Opfer. 8. Edict des Constantin für den ganzen Orient. 9. Toleranz des Constantin. 10. Constantins Gottesfurcht. 11. Verderben an seinem Hofe. 12. Rede des Constantin. 13. Unruhen der arianischen Secte. 14. Erste Bewegungen des Arius. 15. Abbildung von ihm. 16. Wachsthum des Arianismus. 17. Erstes Concilium zu Alexandria wider den Arius. 18. Eusebius von Nicomedien. 19. Eusebius von Cäsarien. 20. Bewegungen des Arianismus. 21. Concilium dem Arius zum Vortheile. 22. Schreiben Constantins an den Alexander und Arius. 23. Zwentes Concilium zu Alexandrien. 24. Großmüthige Antwort des Constantin. 25. Zusammenberufung des Concilii zu Nicäa. 26. Beschäfftigungen Constantins, bis zur Eröffnung des Concilii. 27. Die Bischöffe begeben sich nach Nicäa. 28. Orthodoxe Bischöffe. 29. Arianische Bischöffe. 30. Heidnische Philosophen eingetrieben. 31. Beweis der Klugheit Constantins. 32. Vorläufige Unterredungen. 33. Sitzungen des Concilii. 34. Constantin beym Concilio. 35. Rede des Constantin. 36. Freyheit des Concilii. 37. Consubstantialität des Worts. 38. Urtheil des Concilii. 39. Streit wegen des Osterfests geendigt. 40. Verordnung wegen

der

Inhalt.

der Meletianer und Novatianer. 41. Canon und Glaubensbekenntniß von Nicäa. 42. Briefe des Concilii und Constantins. 43. Vicennales des Constantin. 44. Beschluß des Concilii. 45. Exilium des Eusebius und Theognis. 46. St. Athanasius, Bischoff zu Alexandrien. 47. Gesetze des Constantin. 48. Tod des Crispus. 49. Tod der Fausta. 50. Beleidigungen, welche dem Constantin zu Rom wiederfahren. 51. Er verläßt Rom, mit dem Vorsatze, nie wieder dahin zu kommen. 52. Bürgermeister. 53. Entdeckung des Creutzes. 54. Kirche zum heiligen Grabe. 55. Gottseligkeit der Helena. 56. Zurückkunft der Helena. 57. Ihr Tod. 58. Kriege wider die Barbarn. 59. Verheerung der Götzenbilder. 60. Tempel zu Aphec. 61. Andere Ausschweifungen und abergläubische Dinge abgeschafft. 62. Eiche zu Mamre. 63. Erbauete Kirchen. 64. Arabus und Majuma nehmen den christlichen Glauben an. 65 Bekehrung der Aethiopier und Iberier. 66. Stiftung der Klöster. 67. Uberbleibsel der Abgötterey. 68. Datum der Erbauung der Stadt Constantinopel. 69. Gründe, die den Constantin bewogen eine neue Stadt zu bauen. 70. Er will zu Troja bauen. 71. Lage der Stadt Byzanz. 72. Kurze Geschichte von Byzanz, bis auf den Constantin. 73. Zustand der christlichen Religion zu Byzanz. 74. Neuer Umfang der Stadt Constantinopel. 75. Merkwürdige Gebäude daselbst. 76. Oeffentliche Plätze. 77. Paläste. 78. Andere Gebäude. 79. Statuen. 80. Erbauete Kirchen. 81. Schleussen zu Constantinopel. 82. Beschleunigung aller dieser Werke. 83. Häuser zu Constantinopel erbauet. 84. Nahme und Eintheilungen von Constantinopel.

Geschichte

Geschichte
des
morgenländischen Kayserthums.

Viertes Buch.

*Constantin.
Jahr 323.
1.
Begebenheiten des Hormisdas.
Zos. l. 2. Eutrop. l. 9.
Agathias l. 4.
Suid. in Μαρσυας.*

Während dem, daß sich Constantin, nach dem Siege bey Chrysopolis, fertig machte, auf Nicomedien los zu gehen, um den Licinius zur Uebergabe zu zwingen, sahe er einen ausländischen Prinzen, mit einem Gefolge von Armeniern, in seinem Lager ankommen, und eine Freystadt bey ihm suchen. Hormisdas war es, der Enkel des Narses. Er war seit kurzem einem Gefängnisse entgangen, in welchem er Zeit gehabt hatte ein trotziges und unüberlegtes Wort zu bereuen. Sein Vater Hormisdas II, der achte König der Perser, seitdem Artaxerxes dieses Reich im Jahr Christi 216 wieder empor gebracht hatte, feyerte mit großer Pracht seinen Geburtstag. Während diesem Feste, das er den Großen des Reichs gab, kam sein

ältester

ältester Sohn Hormisdas von einer Jagd zurück, und trat in den Saal. Da nun die Gäste nicht aufstanden, uni ihm die Ehrerbietung zu bezeugen, die ihm gehörte, ward er darüber böse, und es entfuhr dem jungen Prinzen das Wort, daß er es eines Tages mit ihnen eben so machen wolle, wie man es mit dem Marsyas gemacht habe. Die Erklärung dieser Worte, die sie nicht verstanden, ward ihnen von einem Perser gegeben, der einige Zeit in Phrygien gewesen war, und ihnen sagte, daß Marsyas lebendig sey geschunden worden. Es war dieses eine bey den Persern nicht ungewöhnliche Strafe. Diese Drohung nun machte einen so starken Eindruck auf sie, daß sie dem Prinzen die schönste Crone der Welt und die Freyheit kostete. Als der Vater nach einer Regierung von sieben Jahren und fünf Monaten gestorben war, bemächtigten sich die Großen des Hormisdas, schlößen ihn mit Ketten und sperreten ihn in einen Thurm, der nicht weit von seiner Hauptstadt auf einem Hügel stand. Der König hatte seine Gemahlin schwanger hinterlassen. Sie fragten also die Wahrsager, von welchem Geschlecht das Kind seyn werde; und da diese ihnen die Versicherung gaben, daß ein Prinz zu

hoffen

Constantin Jahr 323.

hoffen sey, setzten sie die Crone auf den Leib der Mutter, riefen die in ihren Eingeweiden noch verschlossene Frucht zum Könige aus, und gaben ihm den Namen Sapor II. Ihre Erwartung traf ein. Sapor, der vor seiner Geburt schon König war, lebte und regierte siebzig Jahr, und die großen Begebenheiten seiner Regierung schickten sich vollkommen zu einem so außerordentlichen Anfange.

Constantin. Jahr 325.

Hormisdas schmachtete schon dreyzehn Jahr in den Banden, und so wie sein Bruder wuchs, vermehrte sich auch seine Furcht. Er konnte sich wenig schmeicheln, sein Leben gegen das Mißtrauen des Monarchen zu sichern, sobald dieser alt genung seyn würde, um mißtrauisch zu werden. Seine Gemahlin ersann eine List, ihn aus der Gefangenschafft und von seiner Unruhe zu befreyen. Sie ließ ihn durch einen Verschnittenen eine Feile, die sie in den Bauch eines Fisches verborgen hatte, zustellen. Zu gleicher Zeit schickte sie den Wächtern ihres Gemahls einen reichen Vorrath an Wein und Speisen. Während nun, daß diese weiter an nichts dachten, als an Essen und Trinken, arbeitete Hormisdas, mit der ihm zugeschickten Feile, seine Ketten entzwey, zog das Kleid des Verschnittenen an, und entkam glücklich

2. Er nimmt seine Zuflucht zum Constantin. Zos. l. 2.

glücklich aus dem Gefängniſſe. Von einem einzigen Bedienten begleitet, flüchtete er anfänglich zu ſeinem Freunde, den König von Armenien, und nachdem er von dieſem Prinzen zu ſeiner Sicherheit eine Bedeckung erhalten hatte, gieng er, ſich in die Arme des Conſtantin zu werfen. Der Kayſer nahm ihn mit allen Ehrenbezeugungen auf, und ſetzte ihm einen ſeiner Geburt anſtändigen Unterhalt aus. Dem Sapor war es lieb, daß er ſich von der Nothwendigkeit, ein Verbrechen zu begehen, oder von der Verlegenheit, einen ſo gefährlichen Gefangenen zu verwahren, befreyet ſahe. Anſtatt ihn zurück zu fodern, ſchickte er ihm lieber ſeine Gemahlin nach. Dieſer Prinz lebte ohngefähr vierzig Jahre am Hofe des Conſtantin und ſeiner Nachfolger, welchen er in den Kriegen wider die Perſer nützliche Dienſte leiſtete. Die chriſtliche Religion, die er annahm, machte ſeine Sitten geſchmeidiger; er gab unter dem Julianus deutliche Kennzeichen von ſeinem Eifer für den Glauben. Man ſagt, daß er ſehr ſtark, und den Wurfſpieß zu werfen ſo geſchickt geweſen ſey, daß er insgemein vorher ſagen könnte, auf welchem Flecke des Leibes er den Feind treffen wollte. Ich werde Ge-

Conſtantin. Jahr 343.

Constantin.
Jahr 323.
3.
Erzählung des Jonaras.
Zon. 1, 2.
p. 12.

legenheit haben noch weiter von ihm zu reden.

Andere Schrifftsteller erzählen diese Begebenheit auf eine etwas unterschiedene Art. Ihrem Vorgeben nach hinterließ Narses vier Söhne. Er hatte den Sapor mit einer Frau von geringem Stande erzeugt. Adanarses, Hormisdas, und ein dritter, dessen Name nicht bekannt ist, waren von der Königin gebohren. Adanarses sollte seinem Vater folgen, weil er der älteste war; er hatte sich aber, durch einen sehr merklichen Hang zur Grausamkeit, bey den Persern verhaßt gemacht. Man erzählt, daß einst seinem Vater ein Zeit von buhten Fellen, das in der berühmten Manufactur zu Babylon gemacht war, sey gebracht worden: Narses ließ es aufschlagen, und fragte seinen damals noch gar jungen Sohn, wie es ihm gefiele, und dieses Kind gab zur Antwort: wenn ich König seyn werde, will ich ein weit schöneres aus Menschenhäuten machen lassen. Die Perser erschracken vor so ausgearteten Neigungen. Sie schafften, nach dem Tode des Narses, den Adanarses auf die Seite, und setzten, wider die Kinder der Königinn eingenommen, den Sapor auf den Thron,

welcher

welcher den Hormisdas einsperren, und seinem andern Bruder die Augen ausstechen ließ. Das übrige der Erzählung kommt mit dem überein, was wir schon gesagt haben.

Die kayserliche Gewalt fand sich nun ganz in der Person des Constantin vereinigt, welcher den achten November seinem dritten Sohne, Constantius, der damals sechs Jahr alt war, den Titel Cäsar gab. Das Consulat des künftigen Jahres 324 trug er seinen beyden andern Söhnen Crispus und Constantin auf. Sie besaßen diese Würde zum dritten mal. Der Kayser blieb fünf Monate zu Nicomedien, und suchte den Orient, den Licinius durch seinen Geitz ganz erschöpft hatte, in bessere Umstände zu setzen. Er nahm, da er alle seine Nebenbuhler überwunden hatte, den Titel, unüberwindlich, an, den man auf seinen Münzen sowohl, als auch über den Briefen desselben siehet, und der als ein Erbstück auf verschiedene seiner Nachfolger fortgepflanzet ward. Diese glückliche Veränderung schien allen Unterthanen des römischen Reichs ein neues Leben zu geben. Die Glieder dieses weitläuftigen Staats, die seit langer Zeit durch Eigennutz getrennt, oft durch Kriege aus ein-

Constantin. Jahr 323.

Constantin. Jahr 324.
4.
Constantin allein Herr vom ganzen Reiche.
Euf. hist. l. 10. c. 9. Idem vit. l. 2. c. 19. Idacius. Chron. Alex.

anderᛜgerissen, und gleichsam Fremdlinge gegen einander geworden waren, erneuerten mit Freuden ihre alte Verbindung; und die morgenländischen Provinzen, die bisher auf das Glück der abendländischen eifersüchtig gewesen waren, versprachen sich angenehmere Tage, unter einer künftig weit billigern Regierung.

Constantin. Jahr 324.

§. 1.
*Er macht sich seinen Sieg zu Nutze, um das Christenthum weiter auszubreiten.
Euf. vit. l. 3. c. 24. seq.
Cod. Th. l. 15. t. 14.*

Besonders glaubten die Christen im Triumphe des Prinzen den Triumph der Religion zu sehen. Der vornehmste Gebrauch, den Constantin von der Erweiterung seiner Gewalt machte, war, daß er das Christenthum zu befestigen und zu erweitern suchte. Nachdem er bisher in Schlachten die Bildsäulen jener erdichteten Götter zu Boden geworfen hatte, griff er sie nunmehro selbst auf ihren Altären an. Ob er aber gleich die Götzen vertilgte, so schonte er doch ihre Anbeter. Er vergaß nicht, daß sie seine Unterthanen waren, und daß, wenn er sie nicht heilen könnte, er sie doch wenigstens zu erhalten suchen müsse. Er that in Ansehung des Orients das, was er nach der Niederlage des Maxentius schon für Italien gethan hatte. Er hob alle Decrete des Licinius auf, die den alten Gesetzen und der Gerechtigkeit zu wider waren. Da er überzeugt war, daß es Gott allein

allein sey, dem er so viel glückliche Zufälle
zu danken habe, so wollte er auch gern
öffentlich, im Angesichte des ganzen
Reichs, einen Beweis davon ablegen.
Er schickte in dieser Absicht zwey Circularschreiben herum, eins an die Kirchen,
das andere an alle Städte im Orient.
Eusebius hat uns das letztere aufbehalten, so wie er es vom Originale, das vom
Kayser eigenhändig unterschrieben, und
in den Archiven zu Cäsarea niedergelegt
worden war, abgeschrieben hatte. Es ist
zu lang, um ganz hier einen Platz zu
finden.

Constantin.
Jahr 324.

Der Prinz zeigt darinne auf einer
Seite die Vortheile, die er über die Feinde des Christenthums erhalten hat, auf
der andern aber das traurige Ende der
Verfolger, als einen doppelten Beweis
der Allmacht Gottes. Er stellt sich vor,
wie er unter der Hand Gottes stehe, der,
weil er ihn zur Einführung seines Dien-
stes im ganzen Reiche bestimmte, ihn von
den Ufern des britannischen Meeres bis
nach Asien geführt, seinen Arm gestärkt,
und die festesten Mauern vor ihm umgeworfen habe. Er giebt seine Erkenntlichkeit dadurch zu erkennen, daß er alle
getreuen Diener desjenigen, der ihn selbst
beschützt hat, zu beschützen verspricht.

6.
Schreiben
des Con-
stantin an
die Völker
im Orient.

Constantin. Jahr 324.

Dem zu Folge ruft er alle die zurück, welche die Verfolgung verbannt hatte; er giebt den Christen ihre Freyheit, ihre Würden, ihre Privilegien wieder; er befiehlt denen Beraubten und den Kirchen ihre Güter wieder zu geben, unter welchem Titel sie auch in fremde Hände möchten gekommen seyn, selbst die nicht ausgenommen, die der Fiscus im Besitz hatte, doch ohne zur Wiedererstattung der bisherigen Nutzung verpflichtet zu seyn. Endlich wünscht er den Christen zu dem lichte Glück, dessen sie geniessen, nachdem sie unter der Tyranney des Heydenthums so lange in der Finsterniß und in der Gefangenschafft hätten schmachten müssen.

7.
Er verbietet die Opfer.
Euf. vit. l. 2. c. 44. et seq. Cod. Theod. L 76. r. 10. leg. 3. Zof. l. 2. Soz. l. 1. c. 8. Theod. l. 5. c. 20. Hier. Chron. Oros. l. 7. c. 28. Anony. Valef. Eunap. in Aedesio Cedren. t. I. p. 296. God. ad Cod. Th. l. 9. t. 17. leg. 4.

Diese an meistens abgöttische Völker geschickten Briefe hatten zur Absicht, denen grossen Veränderungen, die er im Sinne führte, die Bahn zu brechen. Er nahm bald darauf die Axt in die Hand, um die Götzenbilder umzuwerfen; er that aber so vorsichtige Schläge, daß er nicht die geringste Unruhe in seinen Staaten erregte. Und gewiß, wenn man die Stärke des Heydenthums betrachtet, dessen Wurzeln älter und tiefer waren, als die Wurzeln des Reichs selbst, und daher unmöglich auszurotten schienen, so muß man erstaunen, daß Constantin
sie

ſie ohne Blutvergießen, ohne ſeine Macht wankend zu machen, hat ausreiſſen können, und daß das Gepoltere ſo vieler Götzenbilder, die auf allen Seiten zu Boden geſtürzt wurden, ihre Verehrer nicht in Allarm gebracht habe. Man kann ſich nicht enthalten, bey einer Revolution, die ſehr tumultuariſch hätte ſeyn können, und die doch ſo ruhig war, die Geſchicklichkeit des Prinzen, alle Begebenheiten vorzubereiten, ſeine Beurtheilung, den rechten Zeitpunct zu treffen, ſeine Wachſamkeit, die Verfaſſung der Gemüther auszuforſchen, und ſeine Klugheit, nicht weiter zu gehen, als die Geduld ſeiner Unterthanen reichte, zu bewundern. Er machte den Anfang damit, daß er in die Provinzen Statthalter ſchickte, die dem wahren Glauben, oder wenigſtens ſeiner Perſon unverbrüchlich zugethan waren; und er verlangte von dieſen, ſo wie von allen andern vornehmen Bedienten, daß ſie ſich mit keinem Opfer mehr abgeben ſollten. Er machte hernach ein ausdrückliches Geſetz, für alle Einwohner in den Städten und auf dem Lande, daraus; er verbot ihnen, neue Bildſäulen ihren Göttern aufzurichten, Gebrauch von den Wahrſagungen zu machen, und Opfer zu ſchlachten. Er ſchloß die Tempel

Conſtantin. Jahr 324.

Constantin.
Jahr 324.

Tempel zu, und riß verschiedene gar nieder, so wie auch die Götzenbilder, die den Gräbern zur Zierde dienten. Er bauete neue Kirchen, und besserte die alten aus, denen er zugleich mehr Umfang gab, damit sie die Menge von Proselyten, die er dem wahren Gott zuzuführen hoffte, fassen könnten. Er befahl den Bischöffen, die er in seinen Briefen seine vielgeliebten Brüder nennt, so viel Geld zu fodern, als sie zu Aufführung dieser Gebäude nöthig haben würden; so wie den Statthaltern das Verlangte aus seinem Schatze herzugeben, und nichts zu sparen.

§.
Edict des Constantin für den ganzen Orient.
Euf. vit. l. 2. c. 48. et seq.

Um seine Stimme mit der Bischöffe ihrer zu vereinigen, welche die Völker zum Glauben riefen, ließ er im ganzen Oriente ein Edict publiciren, in welchem er zuvörderst die Weisheit des Schöpfers erhebt, der sich sowohl durch seine Werke, als auch selbst durch die Vermischung der Wahrheit und des Irrthums, des Lasters und der Tugend, welche die Menschen theilen, zu erkennen giebt; hernach führt er die Sanftmuth seines Vaters, und die Grausamkeit der letzten Kayser ins Gedächtniß zurück. Er wendet sich an Gott, dessen Barmherzigkeit er für seine Unterthanen anflehet; er sagt

sagt ihm Dank wegen seiner Siege; er belennet, daß er blos das Werkzeug derselben gewesen sey; er betheuert seinen Eifer, den durch Unheilige entweiheten Gottesdienst in seiner Reinigkeit herzustellen; er erklärt aber auch zugleich, daß er unter seiner Regierung auch die Unheiligen Friede und Ruhe genüßen lassen wolle, und daß dieses das sicherste Mittel sey, sie auf den rechten Weg zu bringen. Er verbietet ihnen den geringsten Verdruß zu machen; er verlangt, daß man die Halsstarrigen ihrer Blindheit überlassen solle. Und da die Heyden die christliche Religion für eine Neuerung ausgaben, so merkt er an, daß sie so alt sey, als die Welt; daß das Heydenthum eine bloße Verkehrung derselben, und der Sohn Gottes gekommen sey, um der Religion ihre ursprüngliche Lauterkeit wieder zu geben. Er ziehet aus der einförmigen und unveränderlichen Ordnung, die in allen Theilen der Natur herrscht, einen Beweis der Einheit Gottes. Er vermahnt seine Unterthanen, daß sie, der Verschiedenheit der Meynungen ungeachtet, einander ertragen, und sich ihre Einsichten mittheilen sollen, ohne Gewalt und Zwang dabey zu brauchen, weil es schön ist für die Religion den

Constantin, Jahr 324.

Tod zu leiden, aber nicht ihn zu geben.
Er empfiehlt seine eigenen menschenfreundlichen Gesinnungen zum Muster, um den allzu heftigen Eifer einiger Christen zu mildern, welche, da sie sich auf die Gesetze beriefen, die der Kayser dem Christenthume zu gefallen gegeben hatte, verlangten, daß man die Ausübung der heydnischen Religion als ein Staatsverbrechen ansehen solle.

Die Ausdrücke dieses Edicts, und die Freyheit, welche das Heydenthum noch lange Zeit behielt, beweisen, daß Constantin durch Nachsicht das Verbot, den Götzen nicht zu opfern, zu mildern wuste, und daß zu eben der Zeit, da er den Dienst derselben verbannte, er die Augen vor der Unbiegsamkeit der hartnäckigen Abgötter zuschloß. Es ist in der That außer Zweifel, daß auf einer Seite der Gebrauch der heidnischen Ceremonien allen Unterthanen des Reichs, besonders den Statthaltern der Provinzen, untersagt war; daß es verboten war, sogar im Verborgenen unheilige Gebräuche vorzunehmen; daß die berühmtesten Götzenbilder auf die Seite geschafft, die meisten Tempel ausgeleeret, zugeschlossen, und wohl gar niedergerissen wurden: und dennoch ist es auf der andern Seite nicht weniger

weniger gewiß, daß die Ankläger nicht gehört wurden; daß die Abgötterey zu Rom zu herrschen fortfuhr, allwo sie vom Rathe unterstützt ward; daß sie noch in einem großen Theile des Reichs im Schwange gieng, und nirgends mehr als in Aegypten. Oder nach der Beschreibung eines Schriftstellers, der unter dem Constantius schrieb: Die Tempel waren noch prächtig, die Diener und Verehrer der Götter noch in großer Anzahl, die Altäre noch stets rauchend vom Weyrauch, und mit Opfern belegt; oder alles, mit einem Worte, war noch vom alten Aberglauben voll.

Constantin. Jahr 324.

Die Religion hatte in die ganze Aufführung des Constantin einen Einfluß. Er bemühete sich, diejenigen mit Geschenken und Gunstbezeugungen zu überhäufen, die sich durch ihre Gottesfurcht hervorthaten. Mehr bedurfte es nicht, um das äußerliche des Christenthums sehr weit auszubreiten. Eusebius merkt daher auch an, daß er, bey seiner natürlichen Aufrichtigkeit öfters von der Heucheley sey hintergangen worden, und daß diese Leichtgläubigkeit ihn zu Fehlern verleitet habe, welche eben so viele Schandflecken in einem sonst so schönen Leben sind. Vielleicht ist Eusebius selbst ein Beyspiel von der allzugroßen Leichtigkeit,

10. Constantins Gottesfurcht. Euf. vit. l. 3. c. 1, 24. l. 4. c. 18, 24, 29, 31, 54.

womit

Constantin.
Jahr 324.

womit Constantin durch einen Scheik der Tugend zu hintergehen war. Der Prinz unterredete sich gern mit den Bischöffen, wenn die Angelegenheiten ihrer Kirchen sie an den Hof zogen; er ließ sie in seinem Pallaste wohnen; er schrieb öfters an die andern. Er gab durch Briefe Vermahnungen denen Völkern, die er seine Brüder und Mitdiener nannte; er sahe sich selbst als den Bischoff aller derer an, die noch außer der Kirche waren. Er gab einigen Diaconis und andern Geistlichen, deren Gelehrsamkeit, Tugend und Uneigennützigkeit er kannte, ein großes Ansehen in seinem Hause, weil sie darinne großen Nutzen stiften konnten, wenn sie sich mit nichts als geistlichen Dingen beschäfftigten. Er brachte bisweilen ganze Nächte mit Nachdenken über die Wahrheit der Religion zu.

II.
Verderben an seinem Hofe.
Aurel. Vid. Zof. l. 2. Amm. Mar. l. 16. c. 8. Euf. vit. l. 4. §. 30.

Die Gottesfurcht des Herrn gab ohnfehlbar seinem ganzen Hofe den Ton an. Das Laster wagte es nicht die Masque abzunehmen; aber es verlohr auch nichts von seiner Tücke, und wußte, hinter dem Rücken des Kaysers, sich dieses Zwanges wegen gar leicht schadlos zu halten. Anstatt es zu strafen, beschäftigte sich der Kayser lieber mit andern Dingen, als die sein Rang von ihm verlangte: er verfertigte

fertigte Reden, und hielt sie auch selbst. Man kann glauben, daß es ihm an Zuhörern nicht werde gefehlt haben. Er nahm insgemein einen moralischen Satz zur Materie, und wenn ihn dieser auf Sachen brachte, welche die Religion angiengen, nahm er eine ernsthafftere Mine und einen festern Ton an, und bestritt die Abgötterey; er bewies die Einheit Gottes, die Vorsehung, die Menschwerdung; er stellte seinen Hofleuten die Strenge des göttlichen Gerichts vor, und schalt ihren Geitz, ihre Raubereyen, ihre Gewaltthätigkeiten so nachdrücklich, daß die Vorwürfe ihres Gewissens, durch die Vorwürfe des Prinzen erweckt, sie mit Scham und Bestürzung erfüllten. Aber sie errötheten, ohne sich zu bessern. Obgleich der Kayser in seinen Gesetzen und in seinen Reden wider die Ungerechtigkeit donnerte, so gab doch seine Nachsicht in den Strafen der Frechheit und den Betrügereyen der Beamten und Obrigkeiten freye Hand. Die Statthalter der Provinzen, die diese Gütigkeit nachahmten, ließen gleichfalls die Laster ungestraft, und das Reich war, unter einem guten Prinzen, der Habsucht tausend kleiner Tyrannen ausgesetzt, die zwar weniger mächtig, aber ihrer Erbitterung und ihrer Menge wegen vielleicht weit beschwerlicher waren,

Constantin. Jahr 324.

Constantin Jahr 324.

waren, als die, die er aus dem Wege geräumt hatte. Der größte Vorwurf, den ihm die Geschichte macht, ist daher auch dieser, daß er sein Vertrauen Leuten geschenkt habe, die desselben unwürdig waren; daß er den öffentlichen Schatz durch übel angewandte Geschenke erschöpft, und dem Geitze derer, die um ihn waren, keine Schranken zu setzen gewust habe. Der Prinz seufzte eben sowohl, als das Volck, über den Mißbrauch, den man mit seiner Gütigkeit trieb. Er nahm eines Tages einen von diesen unersättlichen Hofleuten beym Arme: Ey was! sagte er zu ihm, wollen wir unserer Begierde nie einen Zaum anlegen? Hierauf zeichnete er auf der Erde mit der Spitze seiner Piqué die Figur eines menschlichen Körpers ab, und fuhr fort: Bringet, wenn Ihr könnet, alle Reichthümer der Welt zusammen; gewinnet die ganze Welt: es bleibt Euch doch von allen nichts, als ein wenig Erde, wie ich hier abgezeichnet habe, wo Euch anders noch so viel eingeräumet wird. Diese Vermahnung, sagt Eusebius, war eine Prophezeyhung: denn dieser Hofmann, nebst noch einigen von denen, welche die Schwachheit des Kaysers ge-

miß-

mißbraucht hätten, wurden nach seinem Tode ermordet, und des Begräbnisses beraubet.

Constantin Jahr 324.

Er verfertigte seine Reden in lateinischer Sprache, und ließ sie hernach in die griechische übersetzen. Wir haben noch eine davon, die er in der Paßionszeit gehalten hat; man weiß aber nicht in welchem Jahre. Der Herr von Tillemont muthmaßt, daß es zwischen der Niederlage des Maxentius und Licinius geschehen sey. Sie ist an die Versammlung der Heiligen, das ist, an die Kirche gerichtet, und hat nichts merkwürdiges, als ihre Länge. Dieser Geschmack des Constantin pflanzte sich auf seine Nachfolger fort. Es schlich sich an dem Hofe zu Constantinopel eine seltsame Vermischung gottesdienstlicher Verrichtungen mit kayserlichen Geschäfften ein. Es war ein Artickel des Hofceremoniels, daß die Kayser an gewissen Festtagen im Jahre vor dem ganzen Hofe predigen mußten. Da nun verschiedene von ihnen nach der Zeit in Ketzereyen verfielen, gleichwohl aber die ausübende Gewalt in ihren Händen war; und der Blitz ihren Worten sogleich nachfolgte, so wurden sie, ihrer Ungeschicklichkeit ungeachtet, dennoch sehr furchtbare und gefährliche Prediger.

12. Tode des Constantin. Oratio ad Sanctor coetum Euseb. Till. art. 87.

Constan=

400 Geschichte des morgenl.

Constantin.
Jahr 324.
13.

Unruhen der arianischen Secte.
Euſ. vit. L 2. c. 72.

Constantin hatte die Abſicht eine Reiſe nach dem Orient, das iſt, nach Syrien und Aegypten zu thun. Es war ſeine Gegenwart in dieſen neu erorberten Provinzen nöthig. Als er nun eben im Begriff war abzureiſen, machte eine betrübte Neuigkeit, daß er ſeinen Vorſaz änderte, indem er kein Augenzeuge von dem ſeyn wollte, was er nicht anders, als mit äußerſter Betrübniß vernahm. Eine aufrühreriſche, verwegene und heftige Ketzerey, die der Wuth des Aberglaubens nachzufolgen ſehr geſchickt war, erregte zu Alexandrien und in Aegypten große Unruhe. Der Arianiſmus war es, deſſen Geburt und Fortgang wir anjetzt erzählen wollen.

14.
Erſte Bewegungen des Arius.
Athan. apol. 2. Socr. l. 1. c. 5. Theod. h. l. c. 2. Soz. l. 1. c. 14. Pagi in Bar. Till. Arian. art. 3.

Gegen das Jahr 301 geſchahe es, daß Meletius, Biſchoff zu Lycopolis in Thebais, verſchiedener Verbrechen, und beſonders, daß er den Götzenbildern geopfert habe, überführt, und vom Biſchoffe zu Alexandria Peter, auf einem Concilio abgeſetzt ward; er fieng hierauf ein Schiſma an, welches großen Anhang hatte, und noch nach hundert und funfzig Jahren fortdauerte. Arius hieng ſich anfänglich an den Meletius. Nachdem er ſich hernach mit Petern wieder ausgeſöhnt hatte, ward er zum

Diaconus

Diaconus gemacht. Da er aber immer fortfuhr unter der Hand für die unter dem Banne stehenden Meletianer einen Freywerber abzugeben, jagte ihn Peter aus der Kirche. Dieser fromme Bischoff erhielt unterdessen die Märtyrerkrone, und Achillas, sein Nachfolger, ließ sich von der Reue, welche Arius bezeugte, rühren; er nahm ihn wieder in die Gemeine auf, machte ihn zum Priester, und trug ihm die Sorge für eine Kirche zu Alexandrien, Baucale genannt, auf. Auf dem Achillas folgte bald Alexander. Arius hatte selbst voller Stolz Ansprüche auf die bischöfliche Würde gemacht; von Eifersucht geplagt sahe er seinen Bischoff für nichts anders, als einen glücklichern Nebenbuhler an, und suchte alle Gelegenheit hervor, wo er sich, des erhaltenen Vorzugs wegen, an ihm rächen könnte. Die Sitten Alexanders gaben der Verläumdung keine Materie an die Hand: Arius ergriff demnach, mit allen seinen Kunstgriffen der Dialectick bewaffnet die Parthey ihn von der Seite der Lehre anzugreiffen. Eines Tages, als Alexander seine Kirchkinder unterrichtete, und von dem ersten und unbegreiflichsten unserer Geheimnisse redete, sagte er, den Ausdrücken des Glaubens

Constantin. Jahr 324.

I. Theil.   Cc

Constantin.
Jahr 324.

bens gemäß, daß der Sohn dem Vater gleich, und mit ihm von gleichem Wesen sey, so daß es in der Dreyfaltigkeit wirklich eine Einheit gäbe. Arius schrie sogleich, daß dieses die schon seit sechzig Jahren verworfene Ketzerey des Sabellius sey, welche die Personen der Dreyfaltigkeit unter einander mengte; daß, wenn der Sohn gezeugt wäre, er einen Anfang gehabt habe; daß demnach eine Zeit gewesen sey, wo er noch nicht war, woraus dann folgte, daß er aus dem Nichts hervorgezogen sey. Er schämte sich nicht, die gottlosen Folgen, die aus diesem Grundsatze flossen, einzuräumen, und gab dem Sohne Gottes weiter keinen Vorzug, als daß er eine auserlesene und vortrefflichere Creatur als die andern gewesen sey. Alexander suchte anfänglich den Arius durch freundschafftliche Vermahnungen und durch Unterredungen, wo er ihm die Freyheit ließ, seine Meynung zu vertheidigen, wieder auf den rechten Weg zu bringen. Da er aber sahe, daß diese Dispüte zu nichts weiter dienten, als ihn noch hartnäckiger zu machen, und daß verschiedene Priester und Diaconi sich schon hatten verführen lassen, untersagte er ihm alle priesterlichen Verrichtungen und that ihn in den Bann.

Die

Die Talente des Arius trugen nicht wenig bey, einer Lehrt Eingang zu verschaffen, die ohnedem der stolzen Schwachheit der menschlichen Vernunft schon angenehm genung schien. Er war daher auch der gefährlichste Feind, den die Kirche bis ietzt aus ihrem Schoße, um sie zu bestreiten, hatte hervor kommen sehen. Er war aus Libya cirenaica, andere sagen aus Alexandrien. In allen Wissenschafften wohl unterrichtet, von einem lebhaften, feurigen und durchdringenden Verstande, vermöge dessen er sich überall zu helfen, und mit ungemeiner Leichtigkeit auszudrücken wuste, ward er im Disputiren für unüberwindlich gehalten. Nie ward ein Gifft besser und von einem Manne von mehrern Eingenschafften zubereitet, von denen er einige zu verbergen, und die andern sehr glücklich zu zeigen wuste. Seine Herrschsucht verbarg sich hinter den Schleyer der Bescheidenheit, und sein Stolz hinter eine angenommene Demuth, listig und zugleich ungestüm; geschickt ins Herz der Menschen zu sehen, und die Triebfedern desselben in Bewegung zu setzen; voll sonderbarer Wendungen, und zu listigen Streichen gebohrten, schien nichts natürlicher, gefälliger, freymüthiger, aufrichtiger und mehr von

Constantin. Jahr 324. 15. Abbildung von ihm. Epiph. haer 69.

Ee 2 gehelgeheimen Absichten entfernt. Sein Aeusserliches trug auch viel zur Verführung mit bey: ein langer und schlanker Körper, ein ernsthaftes, blasses und demüthiges Gesicht, ein überaus gefälliges Betragen im Umgange, etwas schmeichelhaftes und überredendes in seinen Gesprächen: kurz, alles an seiner Person schien nur von Tugend, Menschenliebe und Eifer für die Religion belebt zu werden.

Constantin. Jahr 324.

16. *Wachsthum des Arianismus. Soc. l. 1. c. 6. Theod. l. 1. c. 3. 4. Soz. l. 1. c. 14. Epiph. haer.*

Ein Mensch von diesem Character muste nothwendig viel Anhänger haben; er verführte auch wirklich eine große Menge einfältiger Layen, Diaconen, Priester, und selbst Bischöffe. Secundus, Bischoff zu Ptolemais in Pentapolis, und Theonas, Bischoff zu Marmarica waren die ersten, die sich für ihn erklärten. Die Weiber besonders liessen sich vom Scheine einer so zärtlichen und einschmeichelnden Andacht hintergehen, und sieben hundert alexandrinische und marcotische Jungfrauen hielten sich zu ihm, als zu ihrem geistlichen Vater. Diese Proselyten hielten bey Tage und bey Nacht Versammlungen, in welchen man Lästerungen wider Jesum Christum, und Verläumdungen wider die Bischöffe ausspie. Sie lehrten öffentlich auf den Markt-

Marktplätzen; sie erschlichen von fremden Bischöffen Attestate, daß sie mit ihnen in Gemeinschafft stünden, und machten sich bey ihren Anhängern groß damit, die sie dadurch im Irrthume noch mehr bestärkten. Verschiedene von ihnen wandten sich an andere Kirchen, und steckten sie sehr leicht mit ihrem Giffte an, da sie die Geschicklichkeit besaßen, ihren Lehren die Mine der Ketzerey zu benehmen. Voll Eigenliebe und Stolz verachteten sie die andern Lehrer, und wollten die Weisheit, den richtigen Verstand der Lehrsätze und Geheimnisse allein besitzen. Man hörte in den Städten und Flecken Aegyptens, Syriens und des gelobten Landes nichts mehr, als Dispute und Streitigkeiten über die schwersten Fragen; iede Gasse, ieder öffentliche Platz war zu einer theologischen Schule geworden; die Meister beyder Partheyen griffen einander öffentlich mit Lehrsätzen gegen Lehrsätze an, und der Pöbel, der um dieselben herum stand, warf sich zum Richter auf, und schlug sich auf die eine oder die andere Seite. Die Familien wurden mit sich selbst uneinig; in allen Häusern waren Zänkereyen, und der Disputirgeist brachte einen Bruder gegen den andern in die Waffen.

Constantin. Jahr 324.

Constantin.
Jahr 324.
17.
Erstes Concilium zu Alexandrien wider den Arius.
Athan. Orat. I. Soc. l. 1. c. 6. Theod. l. 1. c. 4. 5. Epiph. haer. 69. Valef. in vit. Euseb. Till. Arian. art. †.

Um endlich diesen Unordnungen durch rechtmäßige Wege zu steuern, berief Alexander ein Concilium nach Alexandrien. Es fanden sich beynahe auf hundert Bischöffe aus Aegypten und Libyen dabey ein. Arius ward nebst den Priestern und Kapellanen von seiner Parthey in den Bann gethan; man schonte selbst den Secundus und Theonas nicht. Der Erzketzer suchte alle Bischöffe im Oriente wider dieses Urtheil aufzuwiegeln; er schickte ihnen sein Glaubensbekänntniß zu, und beschwerte sich gewaltig über die Ungerechtigkeit einer Verdammung, unter welcher, wie er sagte, alle Orthodoxen mit begriffen wären. Das meiste Geschrey machte er beym Eusebius von Nicomedien, welcher verschiedene andere Bischöffe zu bereden suchte, daß sie beym Alexander um die Wiederaufnahme des Arius in die Gemeine Ansuchung thun sollten. Um nun einer allgemeinen Verführung zuvor zu kommen, ließ Alexander an alle Bischöffe im Oriente ein Circularschreiben ergehen, und ein anderes besonders an den Bischoff zu Byzanz, welcher mit ihm gleichen Nahmen führte, und dem seine Tugenden die Hochachtung der ganzen Kirche erworben hatten. Er zergliedert

gliedert in diesen Schreiben die Lehre des Arius nach der Länge; er erzählt, was auf dem Concilio vorgegangen; er warnt seine Mitbrüder vor den Betrügereyen der neuen Ketzer, und besonders des Eusebius von Nicomedien, dessen Heucheley er an den Tag legt.

<small>Constantin, Jahr. 324.</small>

Dieser Eusebius war die stärkste Stütze der Parthey, und vielleicht schon ein Arianer vor dem Arius; er vertheidigte auch diese Ketzerey aufs hitzigste. Die Arianer gaben ihm den Nahmen des Großen, und schrieben ihm Wunderwerke zu. Er war auf Empfehlung der Constantia, einer leichtgläubigen und einfältigen Prinzeßinn, die sich besser zur Gemahlinn des Licinius, als zur Schwester des Constantin schickte, von Berytus, wo er zuvor Bischoff war, nach Nicomedien versetzt worden. In seiner Jugend war er, unter der Verfolgung des Maximin abgefallen, so wie auch Maris und Theognis, von denen der eine nach der Zeit Bischoff zu Chalcedonien, der andere zu Nicäa ward, und alle beyde sich öffentlich zu den Arianern schlugen. Der heil. Lucianus hatte sie wieder in den Schooß der Kirche zurück geführt; sie gaben vor, mit ihrer neuen Lehre nichts

<small>18. Eusebius von Nicomedien. Socr. l. 1. c. 6. Philost. l. 2. c. 13. Niceph. Call. l. 8. c. 31. Till. Arian. art. 6.</small>

weiter

weiter zu behaupten, als was ihr Meister lehrte, und schmückten sich, eben wie auch Arius, mit dem Titul Collucianisten. Eusebius, ein listiger, kühner und zu Hofstreichen aufgelegter Kopf, kam bey dem Licinius in großes Ansehen. Einige hatten ihn im Verdachte, daß er sich zu den Grausamkeiten dieses Prinzen brauchen lassen, und, um sich bey ihm in Gunst zu setzen, verschiedene fromme Bischöffe verfolgt habe. Obgleich Constantin anfänglich sein Feind gewesen war, so wußte er ihn doch durch List wieder zu gewinnen, und stand in ziemlicher Vertraulichkeit bey ihm, als die ersten Unruhen zu Alexandrien ausbrachen.

Während daß Eusebius von Nicomedien zum Vortheil des Arianismus seine Kunstgriffe am Hofe anwandte, gab ein anderer Eusebius, der ein eben so guter Hofmann, obgleich vom Hofe entfernt war, dem Arius, der sich nach Alexandrien gewendet hatte, eine Freystadt bey sich. Es war dieses der Bischoff von Cäsarea, der durch seine Kirchengeschichte, und andere beträchtliche Werke bekannt genung ist. Er hatte einen ansehnlichen Rang unter den orientalischen Bischöfen, mehr seiner Gelehrsamkeit, seiner Beredsamkeit und seines großen

großen Verstandes, als der Würde seiner Kirche wegen, ob sie gleich die Hauptkirche in Palästina war. Als einen Schüler des berühmten Märtyrers Pamphilus hatte man ihn im Verdacht, daß er dem Tode entgangen sey, indem er denen Götzen geopfert; dieser Verdacht ist aber nie recht ins Licht gesetzt worden. Dieß war aber nicht die einzige Aehnlichkeit, die sich zwischen den beyden Eusebiis fand: Sie waren beyde Schmeichler, beyde kriechend, und nach allen Umständen zu drehen und zu wenden; der erste zwar stolzer, kühner, entschlossener, sehr für die Ehre, das Haupt einer Parthey zu seyn, eingenommen, und auf eine nicht zweydeutige Weise boshaft; der andere dagegen vorsichtig, furchtsam, mehr unterwürfig als herrschsüchtig. Der eine war biegsam aus Nothwendigkeit, der andere war es seinem Character gemäß. Sie verstanden sich mit einander; indeß hielt doch der Bischoff von Cäsarea immer zurück, und war nicht so hitzig als der andere. Einige glauben, wiewohl mit wenigem Grunde, daß sie Brüder, oder wenigstens nahe mit einander verwand gewesen. Man hat gern einen der Kirche so nützlichen Schriftsteller, als Eusebius von Cäsarea, vom Verdachte der

Constantin.
Jahr 324.
Christ. t. 3.
p. 559.

aria-

Constantin.
Jahr 324.

arianischen Ketzerey befreyen wollen: aber seine ganze Aufführung klagt ihn an, und seine Schriften vertheidigen ihn auch nicht. Das siebende öcumenische Concilium erklärt ihn für einen Arianer; und das, was einen Beweis abgiebt, daß, nachdem er endlich die Consubstantialität des Wort, im Concilio zu Nicäa unterschrieben hatte, er dennoch im Herzen ein Arianer blieb, ist, daß er in allen seinen Schrifften, die er seit der Zeit schrieb, den Ausdruck consubstantiel sorgfältig vermeidet; daß in seiner Geschichte er den Arius gar nicht nennt, sondern alle Geschicklichkeit anwendet, um nichts von ihm zu erwähnen; daß in der Erzählung vom Concilio zu Nicäa, er nur des Streits wegen des Osterfests gedenkt, und, um gleichsam den Augen ein Blendwerk zu machen, weitläuftig von der Gestalt des Concilii handelt, ohne ein einziges Wort von der arianischen Ketzerey lauffen zu lassen, welche doch der vornehmste Gegenstand desselben war; daß er endlich, so lange er lebte, mit den vornehmsten Arianern in genauer Verbindung blieb, und ihren Kunstgriffen allen möglichen Vorschub that.

10. *Bewegung.*

Alles war in den ägyptischen, libyschen und orientalischen Kirchen in Bewegung.
Man

Man sahe nichts, als Bothschafften hin und her, als Briefe von einem Theile unterschrieben, und vom andern verworfen. Eusebius von Nicomedien war nicht ein Mann, der dem Alexander die Abbildung vergeben konnte, die dieser in seinem Circularschreiben von ihm zu machen sich unterstanden hatte. Er hörte unterdessen doch nicht auf, zum Besten des Arius an ihn zu schreiben; zu gleicher Zeit aber bemühete er sich, alle Kirchen wider ihn aufzubringen. Der Parthengeist schonte keine Schimpfreden, und das Aergerniß war so öffentlich, daß die Heyden es zum Gegenstande ihres Gelächters machten, und die Uneinigkeit der Christen auf ihre Schauplätze brachten. Die Verwirrung ward noch grösser, da auch Meletius und seine Anhänger es mit den Arianern hielten. Unterdessen versammelte man allenthalben Synoden. Arius, der sich nach Palästina gewendet hatte, erhielt vom Eusebius von Cäsarea, und verschiedenen andern Bischöffen die Erlaubniß, Verrichtungen eines Priesters zu unternehmen; doch stellte man sich, als ob man ihm diese Erlaubniß nicht anders gäbe, als mit der Bedingung, daß er seinem Bischoffe von Herzen unterwürfig seyn, und

Constantin. Jahr 324. gen des Arianismus. Soc. l. 1. c. 6. Soz. l. 1. c. 14. Epiph. haer. 69. Philost. l. 2. c. 2. Athen. Deipn. l. 14. God. in Philost. l. 1. c. 7. Till. Arian. art. 5, 7, 8. Fleury Hist. ecclaf. l. 10. c. 36.

Constantin. Jahr 324.

und nicht säumen sollte, sich wieder mit ihm auszusöhnen. Nach einigem Aufenthalte in Palästina, gieng er, sich in die Arme seines großen Beschützers, des Eusebius von Nicomedien zu werfen; von hier aus schrieb er an den Alexander, und indem er ihm seine ganze Ketzerey vom Grunde aus vorlegte, hatte er die Verwägenheit, zu betheuern, daß er nichts lehre, als was er von ihm selbst gehört habe. Hier schrieb er auch, um seinen Irrthümern eine noch gefälligere Mine zu geben, ein Gedicht, unter dem Titel: Thalia. Aus diesem Titel konnte man nichts anderes als lustige Beschreibungen von Festen und Lustbarkeiten erwarten, und die Ausführung des Werks war noch weit unverschämter. Es war in eben dem Sylbenmaaße geschrieben, als die Lieder des Sotades, die selbst von den Heyden ihrer Unverschämtheit halber verabscheuet wurden, und dem Dichter das Leben kosteten. Arius hatte alle seine Lehrsätze mit eingeflochten, und um sie auch den dümmsten Köpfen begreiflich zu machen, deren unvernünftiger Eifer einen Heresiarchen immer sehr fürchterlich macht, verfertigte er Gesänge, die auf die verschiedenen Classen des Volks eingerichtet waren;

es

es gab deren für die Schiffleute, für die Mühlknechte, für die Reisenden. Der Character eines Vertriebenen, eines Verfolgten, den Arius sehr hoch zu taxiren wußte, zog ihm das Mitleid des Pöbels zu, der fast niemals ermangelt die Menschen für unschuldig zu halten, die er unglücklich siehet.

Constantin. Jahr 324.

Eusebius von Nicomedien diente seinem Freunde mit allem Eifer, indem er die Bischöffe in Bithynien zusammen kommen ließ. Es ward auf diesem Concilio beschlossen, an alle Bischöffe in der ganzen Welt zu schreiben, und sie zu ersuchen, daß sie den Arius nicht verlassen möchten, dessen Lehre nichts wider die Orthodoxie enthielte, und daß sie sich vereinigen sollten, um die ungerechte Hartnäckigkeit Alexanders zu überwinden. Alle von beyden Partheyen, vom Anfange des Processes an, geschriebene Briefe wurden so wohl vom Alexander, als auch vom Arius in eine Sammlung gebracht, und machten, so zu sagen, den Codex der Orthodoxen und der Arianer aus.

21. Concilium dem Arius zum Vortheile. Soc. l. 1. c. 6. Soz. l. 1. c. 14.

Constantin erhielt von diesen Unruhen der orientalischen Kirche Nachricht, als er eben im Begriff war nach Syrien und Aegypten zu gehen. Er seufzete, da er im Schooße des Christenthums selbst

22. Schreiben Constantins an den Alexander und an den Arius.

eine

eine Trennung entstehen sahe, die fähig war, dasselbe zu ersticken, oder wenigstens den Fortgang desselben zu hindern. Er wollte nicht gern ein Zeuge dieser Unordnungen seyn, weil er in die Nothwendigkeit gesetzt zu werden befürchtete, sich darein mengen, oder strafen zu müssen. Er hielt es daher für gut, sich ein wenig entfernt zu halten, und die Wege der Gelindigkeit zu gehen. Eusebius von Nicomedien machte sich diese friedliebende Gesinnung des Prinzen zu Nutze, um ihn zu überreden, daß es nur auf einen bloßen Wortstreit ankomme; daß beyde Partheyen in den Hauptpuncten mit einander überein kämen, und daß die ganze Uneinigkeit nur auf Subtilitäten beruhe, an denen der Glaube ganz und gar keinen Antheil habe. Der Kayser glaubte es; er schrieb an den Alexander und den Arius, welche ohne Zweifel schon wieder nach Alexandrien zurück gekehrt waren. Sein Schreiben hatte die Absicht, die Gemüther mit einander zu vereinigen: er tadelte darinne sowohl den einen als den andern, daß sie ihren Gedanken und Meynungen in Dingen, die für den menschlichen Verstand unbegreiflich sind, freyen Lauf gelassen hätten; er behauptete, daß, da diese Puncte nicht

Constantin Jahr 324 Euf. vit. l. 2. c. 63. Idem l. 3. c. 5, 18 Idem Hill. l. 5. c. 23. seq. Athan. de Synod. Soc. l. 1. c. 7. Soz. l. 1. c. 15 Theod. l. 1. c. 7.

das

das Wesentliche des Christenthums enthielten, die Verschiedenheit der Meynung auch die christliche Eintracht nicht stören sollte; daß ein ieder für sich eine Parthey ergreiffen könnte, die ihm gefiele, daß man aber, aus Liebe zum Frieden, sich enthalten müsse, darüber zu disputiren. Er verglich diese Uneinigkeiten mit den Disputen der Philosophen von einerley Secte, welche dem ohngeachtet einen einzigen Körper zusammen ausmachten, obgleich die Glieder über verschiedene Fragen nicht einerley Meynung wären. Dieser gütige Prinz, von einer väterlichen Zärtlichkeit beseelt, schloß sein Schreiben mit diesen Worten: „Gebt mir jene hei=
„tern Tage und jene ruhige Nächte wie=
„der; laßt mich eines Lichts ohne Wol=
„ken genüßen. Wenn Eure Uneinigkei=
„ten fortdauern, so kann ich weiter nichts,
„als seufzen und Thränen vergießen; so
„ist für mich kein ruhiger Augenblick
„mehr. Wo sollte ich ihn finden, wenn
„das Volk Gottes, wenn meine Mitdie=
„ner auf die hartnäckigste Art einander
„verfolgen? Ich war auf dem Wege zu
„Euch zu kommen; mein Herz war schon
„bey Euch: aber Eure Uneinigkeiten ha=
„ben mir den Weg nach dem Oriente
„versperrt. Vereinigt Euch, um ihn mir
„wieder

Constantin. Jahr 324.

Constantin. Jahr 324.

„wieder zu eröfnen. Verschafft mir die „Freude, Euch und alle Völker meines „Reichs glücklich zu sehen. Möchte ich „doch meine Stimme mit den Eurigen „vereinigen können, um mit Euch ge„meinschaftlich dem höchsten Wesen, we„gen der unter uns hergestellten Ein„tracht Dank abstatten zu können!„ Er gab diesen Brief dem Osius, daß er ihn nach Alexandrien bringen sollte. Er machte große Rechnung auf die Klugheit dieses Alten, der seit dreyßig Jahren Bischoff zu Corduba gewesen, und bey der ganzen Kirche, seiner großen Gelehrsamkeit und der Standhaftigkeit wegen, mit welcher er Jesum Christum unter der Verfolgung des Maximian bekannt hatte, in ungemeiner Achtung stand. Um allen Saamen der Zwietracht zu ersticken, befahl er ihm auch an einer Vereinigung der Kirchen zu arbeiten, die sich wegen des Tages, an welchem das Osterfest gefeyert werden sollte, getrennt hatten. Es war dieses ein alter Streit, den verschiedene Concilia noch nicht hatten beylegen können. Der ganze Occident, und ein großer Theil des Orients feyerten das Osterfest den ersten Sonntag nach dem vierzehnten des Neumondes im März; Syrien und Mesopotamien

blieben

blieben, bey der alten Weise, es mit den Juden am vierzehnten Tage des Neumonden zu feyern, er mochte auf einen Tag in der Woche fallen, auf welchen er wollte. Diese Verschiedenheit im äusserlichen Gottesdienste gab zu hartnäckigen und ärgerlichen Streitigkeiten Anlaß, und dem Osius ward aufgetragen, auch in diesem Puncte, wenn es möglich wäre, die Einförmigkeit wieder herzustellen.

Dieser große Bischoff hatte Eifer und Fähigkeit genug, um einem so wichtigen Auftrage Genüge zu leisten. Er versammlete ein zahlreiches Concilium zu Alexandrien; er fand aber die Gemüther allzusehr gegen einander aufgebracht. Alle seine Bemühungen schafften weiter keinen Nutzen, als daß er sich selbst von der Falschheit des Arius, und von der Gefährlichkeit seiner Lehre überzeugte. Man erneuerte unterdessen auf diesem Concilio die Verdammung des Sabellius und des Meletius. Man verdammte gleichfalls einen Priester, Nahmens Colluthus, der ein Schisma erregt, und sich der bischöflichen Würde unrechtmäßiger Weise angemaßt hatte. Er unterwarf sich, und war wieder mit dem Range eines gemeinen Priesters zufrie-

Constantin.
Jahr 324.

Zweytes Concilium zu Alexandrien.
Euf. vit. l. 2.
c. 73. Idem
l. 3. c. 4.
Soc. l. 1. c. 7.
Soz. l. 1. c. 16.
Gelaf. Cyzic.
l. 3. c. 1. Baron. an. 319.

I. Theil.   Dd

Constantin. Jahr 324.

zufrieden; verschiedene seiner Anhänger aber traten auf die Seite des Meletius und Arius. Constantin war mit Anfange des März nach Thessalonich wieder zurück gekehrt. Osius begab sich zu ihm, benahm ihm seinen Irrthum, und öffnete ihm über der Gerechtigkeit und Klugheit der Aufführung Alexanders die Augen. Eusebius, der den Prinzen hintergangen hatte, verdiente bestraft zu werden; dieser listige Hofmann wußte aber der Strafe zu entgehen. Arius unterstand sich sogar eine Schutzschrift an den Kayser zu schicken. Wir haben noch eine Antwort darauf, die dem Kayser zugeschrieben wird, und an den Arius und die Arianer gerichtet ist. Es ist ein satyrisches Stück, das voll verworrener Schlüsse, und noch voller von Schmähungen, Jronien, frostigen Anspielungen und persönlichen Injurien ist. Wenn es das Werk des Kaysers ist, dessen Nahmen es führt, und nicht etwan einen Declamator der damaligen Zeit zum Verfasser hat, so muß man gestehen, daß die Schreibart der kayserlichen Majestät sehr wenig anständig sey. Es kam dem Constantin nicht zu, sich mit einem Sophisten einzulassen; er war gebohren, um große Dinge zu sagen und

zu

zu thun, und große Beyspiele zu geben.

Er gab auch denen Prinzen bey dieser Gelegenheit ein Beyspiel einer wahrhaft großmüthigen Gütigkeit. Die Verwegenheit der Ketzer wuchs von Tage zu Tage. Bischöffe bewaffneten sich wider Bischöffe, und der Pöbel trat wider den Pöbel in Harnisch. Ganz Aegypten, von Thebais an bis nach Alexandrien, war in einer schrecklichen Verwirrung. Man schonte in der Hitze sogar die Bildsäulen des Kaysers nicht. Es ward ihm hinterbracht, und der unter den Hofleuten gewöhnliche Eifer, der so gern die Bestrafung anderer sieht, ermunterte ihn zur Rache; man wuste das Verbrechen nicht groß genung vorzustellen; man fand keine Strafe hart genung, um Unsinnige damit zu züchtigen, die sich unterstanden hatten, mit Steinen nach dem Angesichte des Kaysers zu werfen. Bey diesem allgemeinen Murren über eine solche Beleidigung griff Constantin mit der Hand nach dem Gesichte, und gab lächelnd zur Antwort: Ich finde aber nicht, daß ich eine Wunde bekommen habe. Diese Antwort stopfte den Hofschmeichlern den Mund, und wird von der Nachwelt nie vergessen werden.

Constantin. Jahr 324. Großmüthige Antwort des Constantin. Joan. Chrysost. c. 2. hom. 21.

Constantin.
Jahr 324.
25.
Zusammen-
berufung des
Concilii zu
Nicäa.
Euſ. vit. l. 3.
c. 6. Theod.
l. 1. c. 7. Stra-
be l. 12.

Gegen eine so unruhige, so kühne und schon von so vielen Bischöffen unterstützte Parthey glaubte Constantin alle Kräffte der Kirche aufbieten zu müssen. Herr vom ganzen Reiche, faßte er einen Vorsatz, der seiner Macht und seiner Frömmigkeit würdig war: er war nämlich willens, ein allgemeines Concilium zu versammlen. Nicäa ward zum Versammlungsplatze gewählt. Es war dieses eine berühmte Stadt in Bithynien, am Ufer des Sees Ascanius, in einer großen und fruchtbaren Ebene gelegen. Der Kayser beschied alle Bischöffe aus seinen Staaten dahin: Er traf die Veranstaltung, daß ihnen auf gemeine Kosten die benöthigten Wagen, Pferde und Maulesel gegeben werden mußten, so, daß sie für weiter nichts zu sorgen hatten, als sich mit möglichster Eile auf den Weg zu machen. Die Zusammenkunft war auf den Monat May des folgenden Jahres fest gesetzt.

26.
Geschäffti-
gungen Con-
stantins bis auf
zur Eröff-
nung des
Concilii.
Cod. Th. l. 2.
t. 17. 24. 15.
Canon. Nic.

Der Kayser hielt sich bis dahin theils zu Thessalonich, theils zu Nicomedien. Man findet nicht, daß er etwas anderes zu thun gehabt, als Gesetze zu geben. Er machte eine Verordnung wegen der Dispensation des Alters, die der Prinz denen Unmündigen giebt, um ihre

ihre Güter selbst verwalten zu können. Um die Gelegenheiten zu Processen zu vermindern, gab er der väterlichen und mütterlichen Gewalt in Absicht auf die Theilung der Güter ihrer Kinder, eine neue Ausdehnung. Er verbot den obrigkeitlichen Personen die Contributionen der Provinzen, die ihnen als ein Depositum gegeben wurden, anzugreifen, und sie wider ihre Bestimmung anzuwenden, wenn es auch in der Absicht geschehen sollte, daß man sie hernach wieder ersetzen wollte. Der Wucher hatte gar keine Grenzen; um ihn nun einzuschränken, erlaubte er denen, die trockene oder flüßige Früchte, als Getrende, Wein, Oel verborgten, die Helfte drüber zu fodern, als sie geliehen hatten; zum Exempel, drey Scheffel Getrende für zween Scheffel. Das Interesse des Geldes setzte er auf zwölf pro Cent. Diese Zinse, so ausschweifend sie ist, war durch die römischen Gesetze allemal gebilligt worden. Er setzte hinzu, daß der Gläubiger, wenn er, um den Profit der Interessen länger zu genüßen, die Wiederbezahlung des Capitals nicht annehmen wollte, beydes, Capital und Interessen verliehren sollte. Dieses Gesetz konnte nur für die Heyden gültig seyn;

Constantin. Jahr 324. 17. Cod. Just. 6. L. 31.

Constantin. Jahr 324. es ward auch nie von der Kirche angenommen, als welche stets verboten hat, Geld auf Wucher zu leihen. Und es geschah ohne Zweifel, um in diesem Stück über ihrer Policey zu halten, daß sie drey Monate darnach auf dem Concilio zu Nicäa durch einen Canon ausdrücklich erklärte, daß ein jeder Geistlicher, der auf Wucher leihen würde, es möge seyn, auf welche Art es wolle, aus der Gesellschaft der Geistlichen verstoßen werden solle. Denen zum Besten, die ihr Leben fürs Vaterland aufopfern, befahl er, daß ihr letzter Wille, wenn sie im Felde blieben, ohne Einwendung erfüllt werden sollte, auf was für Art und Weise er auch kund gemacht worden wäre. Es hatte demnach ihre testamentliche Verordnung, wenn sie mit ihrem Blute auf die Degenscheide, auf den Schild, oder gar nur mit der Lanze auf den Sand des Schlachtfeldes, wo sie das Leben verlohren, geschrieben war, die völlige Krafft eines mit allen Formalitäten gemachten Testaments. Es war dieses wohl in der That der edelste Character, und die heiligste Gestalt, in welcher ein Testament verfaßt werden konnte. Einige dieser Gesetze wurden während dem Concilio publicirt. Der Prinz
wiedmete.

widmete der Einrichtung des Staats alle Augenblicke, die ihm damals die wichtigen Geschäffte der Kirche frey ließen. Er publicirte auch noch, ehe das Concilium eröffnet ward, verschiedene andere Verordnungen, die wir schon bey Gelegenheit der Gesetze, die in den vorhergehenden Jahren gegeben wurden, angezeigt haben.

Constantin. Jahr 324.

Die Bischöffe, in Begleitung der Gelehrtesten von ihren Priestern und Capellanen, kamen zu Anfange des Jahrs 325, unter dem Consulate des Paulinus und Julianus, von allen Orten her zu Nicäa zusammen. Sie verließen da ihre Kirchen mitten unter dem Gebet und den Seegenswünschen ihres Volks. Alle Städte, durch welche sie reiseten, nahmen mit Ehrerbietung und Freude diese großmüthigen Kämpfer auf, die voll Hoffnung und Verlangen, den Frieden wieder herzustellen, in den Krieg wider die Feinde der Kirche eilten. Sie ließen allenthalben den Geruch ihrer Tugenden, und Vorherverkündigungen ihres Sieges zurück. Constantin war zu Anfange des Februars zu Nicomedien, und begab sich mit dem Monat May nach Nicäa, um daselbst die Väter des Concilii zu bewillkommen. Er nahm

Constantin. Jahr 325.
27.
Die Bischöffe begeben sich nach Nicäa.
Euf. vit. l. 3. c. 6, 8, 9.
Soc. l. 1. c. 11.

Constantin. Jahr 325. sie mit der ehrerbietigsten Art auf: man gab ihnen, auf seine Kosten, während ihres Aufenthalts allda, alles, was sie nöthig hatten, mit einer Pracht, die durch nichts als durch die Einfalt und Strenge dieser heiligen Personen eingeschränkt ward. Nie waren so viele Tugenden vereint beysammen gewesen. Nicäa schloß jetzt in seinen Mauern das Erlauchteste und Heiligste ein, was auf dem Erdboden war. Es war hier das Schlachtfeld, wo Religion und Wahrheit auftraten, um Gottlosigkeit und Irrthum zu bestreiten. Man sahe allhier die angesehensten Häupter der Kirchen der Welt, von den Grenzen des obern Thebais an, bis an das Land der Gothen, von Spanien an bis nach Persien. „Nichts, sagt Eusebius, glich jener ersten Versammlung mehr, von welcher in den Geschichten der Apostel geredet wird, als am Tage der Geburt der Kirche eine große Menge gottesfürchtiger und frommer Männer, aus allen Völkern, die unter dem Himmel sind, über dem Sausen der Herabkunft des heiligen Geistes zusammen lief,„ Es war auch dieses das erstemal, daß die ganze Kirche sich versammlen konnte; sie ward gewissermaaßen neugebohren, durch die

Freyheit,

Freyheit, die sie zu genützen anfieng; es war auch eben derselbe Geist, der herab kommen sollte. Der Prinz verehrte an diesen berühmten Bekennern die Beweise des Muths, welche verschiedene von ihnen am Leibe trugen. Er achtete vor andern besonders den Paphnucius, Bischoff von Ober-Thebais, einen ehrlichen und armen Mann, der aber seines frommen Lebens, seiner Wunderwerke, und des Verlusts eines seiner Augen wegen, um welches er in der Verfolgung des Maximin gekommen war, in besondern Ansehen stand. Es waren dieses beym Kayser die schönsten Titel des Adels; er ließ öfters den Paphnucius in den Pallast kommen; er küßte mit Ehrerbietung die Narbe, und erwieß ihm die größten Ehrenbezeugungen.

Constantin. Jahr 325.

Das Concilium bestand aus dreyhundert und achtzehen Bischöffen, unter welchen nur siebzehn mit dem Giffte der arianischen Ketzerey angesteckt waren. Es gehört für die Kirchengeschichte, alle die bekannt zu machen, deren Namen sich erhalten haben: ich werde nur die berühmtesten nennen, deren Geschichte mit der Geschichte Constantius oder seiner Söhne genau verknüpft ist. Eustathius war von Sidus in Pamphylien gebür-

28. Orthodoxa Bischöffe. Act. Conc. Nic. Athan. Apol. 2. et Synod. Socr. l. 1. c. 7. Theod. l. 1. c. 5. 7. et l. 2. c. 30. Soz. l. 1. c. 16. Hieron. Chron. Rufin. l. 1. c. 5. Gelas.Cyzic. h.

Dd 5   tig;

*Constantin.
Jahr 325.
c. 35. Baron.
an. 325. Ma-
rin delivr. de
l'egl. part. 2.
c. 51. Bossuet
Hist. univ.
part. 1. Fleu-
ry Hist. eccles.
l. 11. c. 2. et
seq.*

tig; er war Bischoff zu Beröa in Syrien gewesen, und wider seinen Willen, durch die einstimmige Wahl der Bischöffe, der Geistlichen und des Volks, nach dem Tode des Philogones nach Antiochien versetzt worden. Dieser Prälat war durch seine Gelehrsamkeit und durch seine Tugend gleich berühmt; er hatte den Glauben vor dem Angesichte der Tyrannen bekannt, und war bestimmt, eine noch härtere Verfolgung von Seiten der Arianer auszustehen. Von den drey Alexandern, die beym Concilio waren, ist der eine, als Bischoff von Alexandrien, der andere als Bischoff von Byzanz schon bekannt; der dritte regierte die Kirche zu Thessalonich, und machte sich in der folgenden Zeit, durch seinen Eifer für den heiligen Athanasius, als er verfolgt ward, berühmt. Macarius, Bischoff von Jerusalem, war einer von den Rechtgläubigen, den die Arianer am meisten haßten; er stand in der Folge der Zeit der heiligen Helena bey, als sie das heilige Creutz entdecken wollte. Vom Cäcilianus, Bischoff zu Carthago, haben wir schon geredet. Marcellus von Ancyra, der sich bisher durch seine Widersetzung gegen die Arianer berühmt gemacht hatte, ward es nach der Zeit noch mehr durch

die

die Irrthümer, deren man ihn beschuldigte, und die viele Gelegenheit zum Strei-
te über seine Orthodoxie gegeben haben.
Jacobus, Bischoff von Nisibis in Mesopotamien, der durch sein strenges Leben
und durch seine Wunderwerke bekannt
war, ward fünf und zwanzig Jahre darnach der stärkste Wall für seine bischöfliche Stadt gegen die unzählbare Armee
des Sapor, und zwang diesen Prinz
zur Aufhebung der Belagerung. Der
angesehenste unter allen diesen Prälaten,
war der große Osius, den wir schon
kenntlich gemacht haben. Der Pabst Sylvester, der Alters wegen zu Rom blieb,
schickte zween Priester, den Vitus und
Vincentius unter dem Titel als Legaten. Der fürchterlichste Feind aber,
den die Arianer auf dem Concilis hatten, war der junge Athanasius,
Diaconus zu Alexandrien. Der Bischoff Alexander, der ihn erzogen hatte, und als seinen Sohn liebte, hatte ihn
mitgebracht. Die Arianer kannten ihn
schon, und waren seine abgesagten Feinde; sie schrieben die unbewegliche Standhafftigkeit Alexanders hauptsächlich seinen Rathgebungen zu. Die Vorsehung,
die ihn erlesen hatte, sein ganzes Leben
hindurch, bis auf den letzten Augenblick
für

Constantin.
Jahr 325.

Constantin. **Jahr 325.**

für die Kirche zu streiten, ließ ihn, so zu sagen, auf diesem Concilio den ersten Versuch mit den Waffen machen. Er hielt im Angesicht der ganzen Kirche die hefftigsten Anfälle mit Ruhm und Standhafftigkeit aus, und zeigte sich durch eine solche Beredsamkeit und Stärke im Disputiren, daß die geschicktesten Arianer, und Arius selbst, mehr als einmal eingetrieben wurden, worüber der Kayser und der ganze Hof erstaunen musten. Die Bischöffe hatten sich außer den Priestern, Capellanen und Acoluthen noch von verschiedenen in den weltlichen Wissenschafften geschickten Layen begleiten lassen.

29.
Arianische Bischöffe.
Philost. l. 1. c. 9. et ibi God. Diss.

Die Arianer, deren Ketzerey sich von Ober-Libyen bis nach Bithynien ausgebreitet hatte, konnten indeß doch nicht mehr als siebzehn Bischöffe zusammen bringen. Die bekanntesten darunter sind Secundus von Ptolemais, Theonas oder Theon aus Marmarica, der berühmte Eusebius von Cäsarea, Theognis von Nicäa, Maris aus Chalcedonien, und der große Vertheidiger der ganzen Parthey, Eusebius von Nicomedien. Arius ermunterte sie durch seine Gegenwart, und theilte ihnen seine List und Kunstgriffe mit.

Die

Die Lehrer der christlichen Religion mußten, als eine Art von Vorspiel, sich vor der Eröfnung des Concilii mit einigen heidnischen Philosophen einlassen. Diese waren theils aus Neugier, um sich von der Lehre der Christen zu unterrichten, theils aus Haß und Neid angekommen, und waren Willens sie nieder zu disputiren. Einer von diesen letztern, der sich alles zutrauete, that auf seine Disputirkunst sehr stolz, und begegnete den Geistlichen sehr verächtlich, die ihn widerlegen wollten, als ein ehrwürdiger Alter von der Zahl der Bekenner, ein einfältiger und unwissender Laye, gegen ihn auftrat. Sein Zutrauen war den Helden, die ihn kannten, schon im voraus lächerlich, und die Christen selbst befürchteten, daß er sich wirklich lächerlich machen möchte; doch wollte man aus Hochachtung ihm das Reden nicht verbieten. Er legte im Namen Jesu Christi diesem großsprecherischen Philosophen Stillschweigen auf: Höre mich an, sagte er zu ihm; und nachdem er ihm in deutlichen und bestimmten Ausdrücken die unbegreiflichsten Geheimnisse der Religion, der Dreyeinigkeit, der Menschwerdung, des Todes unsers Erlösers und seiner Zukunft zum Gericht, ohne sich jedoch mit

Constantin Jahr 325. 30. Heidnische Philosophen eingetrieben. Soc. l. 1. c. 7. Soz. l. 1. c. 17.

Unter-

Constantin. Jahr 325.

Untersuchungen und Beweisen darüber abzugeben, erklärt hatte, setzte er hinzu: Da siehe, was wir ohne neugierige Untersuchung glauben. Höre auf, über Wahrheiten vergebens zu vernünfteln, die nur der Glaube allein erreichen kann, und antworte mir, ob du sie glaubst. Bey diesen Worten ward die ganze Disputirkunst des Philosophen durch eine ihm unbekannte Gewalt zu Boden geworfen; er gestand, daß er überwunden sey; er dankte dem Alten, und betheuerte eidlich, nachdem er selbst ein Prediger des Evangelii geworden war, gegen seines Gleichen, daß er in seinem Herzen den Eindruck einer göttlichen Krafft empfunden habe, deren geheimnißvolle Wirkung er nicht begreiffen könne.

31. *Beweis der Klugheit Constantins. Theod. L. I. c. 11. Soz. l. 1. c. 16.*

Unter so vielen versammelten Bischöffen gab es auch verschiedene Privatstreitigkeiten. Sie glaubten ietzt eine gute Gelegenheit zu haben, ihre Beschwerden beym Kayser anzubringen, und Genugthuung zu erhalten. Alle Tage wurden Klagen und Bittschrifften bey ihm eingegeben. Der Kayser, nachdem er deren eine große Anzahl erhalten hatte, ließ sie alle zusammen rollen, mit seinem Petschafft versiegeln, und setzte einen Tag

fest,

feſt, wo er darauf antworten wollte. Un-
terdeſſen gab er ſich alle Mühe die ge- Conſtantin.
trennten Gemüther wieder mit einander Jahr 325
zu vereinigen. Als der Tag nun kam,
und die Partheyen vor ihm erſchienen,
um ſeinen Ausſpruch zu hören, ließ er
die Rolle herholen, und ſagte, indem er
ſie in der Hand hielt: „Alle dieſe Proceſ-
„ſe haben einen gewiſſen Tag der Ent-
„ſcheidung; den Tag des allgemeinen
„Weltgerichts; ſie haben einen unver-
„meidlichen Richter, welcher Gott ſelbſt
„iſt. Ich, der ich nur ein Menſch bin,
„habe nicht das Recht in Sachen einen
„Ausſpruch zu thun, wo Kläger und Be-
„klagte Gott geheiligte Perſonen ſind.
„Ihre Pflicht iſt, ſo zu leben, daß ſie kei-
„ne Vorwürfe verdienen, noch andern
„machen. Laßt uns der göttlichen Gü-
„tigkeit nachahmen, und andern ſo ver-
„geben, wie ſie uns vergiebt; wir wollen,
„durch eine aufrichtige Verſöhnung, alles,
„bis ſogar auf das Andenken unſerer
„Klagen, vergeſſen, und uns nur mit der
„Sache des Glaubens beſchäfftigen, wel-
„che uns hier zuſammen ruft. Nach
dieſen Worten warf er alle Klagſchriff-
ten ins Feuer, und betheuerte mit einem
Eide, daß er keine davon geleſen habe:
Man muß ſich hüten, ſagte er, die
Fehler

Fehler der Diener des Herrn offenbar zu machen, aus Furcht, das gemeine Volk zu ärgern, und ihm einen Vorwand zur Beschönigung seiner Ausschweifungen zu geben. Man sagt, er habe so gar hinzugesetzt, daß, wenn er einen Bischoff im Ehebruche anträfe, er ihn mit seinem Purpur bedecken würde, um vor den Augen der Gläubigen dieses Aergerniß zu verbergen. Er setzte zugleich den neunzehnten Junius zur ersten öffentlichen Sitzung fest.

Constantin. Jahr 325.

32. Vorläufige Unterredungen. Soz. l. 1. c. 18.

Die Bischöffe versammelten sich, ehe dieser Tag heran kam, zu verschiedenen malen, um die abzuhandelnden Materien vorzubereiten und in Ordnung zu bringen. Sie ließen den Arius kommen, sie hörten ihn an, und suchten seine Meynung wohl zu fassen. Bey diesen Unterredungen war es, wo auf einer Seite Arius alle seine Talente, alle seine Geschicklichkeit an den Tag legte, indem er bald seine Lehre blos darstellte, um die Gemüther auszuforschen, bald sie wieder bedeckte, und in orthodoxe Ausdrücke hüllte, um ihr das anstößige zu benehmen; und wo auf der andern Athanasius als ein helleleuchtendes Licht erschien, welches die Ketzerey schamroth

roth machte, und sie bis in die dunkelsten Winkel verfolgte.

Die erste Sitzung geschah also den neunzehnten Junius. Das geistliche Alterthum hat uns die Lehre dieses grossen Concilii, und alles, was daselbst für den Glauben wichtiges abgehandelt ward, als ein Heiligthum aufgehoben. Es ist eine der sichersten und zuverläßigsten historischen Nachrichten; es ist auch die einzige, woran der Kirche wirklich gelegen ist, deren Siege unsterblich seyn müssen. Die Articfel aber, die blos für die Neugier sind, als die Anzahl der Sitzungen, ihre Unterschiede, der Ort, wo sie gehalten wurden, wie oft, und an welchen Tagen Constantin dabey gewesen, welcher Bischoff jedesmal den Vorsitz gehabt, dieses alles ist in der Dunkelheit geblieben. Die Ursache dieser fehlenden Nachrichten ist, daß keine vollständigen Acten vom Concilio niedergeschrieben wurden; man schrieb weiter nichts auf, als das Glaubensbekänntniß, die Kirchenverordnungen, und die gemeinschafftlich abgefertigten Briefe. Es ist nicht möglich die Zahl der Sitzungen, und was bey einer jeden abgehandelt ward, zu bestimmen. In Ansehung des Versammlungsorts und der Gegenwart Con-

Constantin. Jahr 325. 33. Sitzungen des Concilii. Eus. vit. l. 3. c. 11. et prooem. Soz. l. 1. c. 18. Conc. Chalc. aa. t. Chron. Alex. p.282. Baron. an. 325. Pagi in Baron. Valef. not. in Euseb. vit. l. 3. c. 10; 11; 14. Herm. vie de S. Athan. l. 2. Till. Arian. art. 8: et aine 1361

Constantin. Jahr 325.

stantins scheint es mir sehr wahrscheinlich, daß die Väter des Concilii in der Kirche zu Nicäa zusammen gekommen sind, daß sie sich aber zur letzten Session, bey welcher Constantin gegenwärtig seyn wollte, und welche den Beschluß des Concilii machte, in den kayserlichen Pallast begeben haben. Was den vorsitzenden Bischoff anbetrifft, glauben einige, daß es Eustathius von Antiochien gewesen sey. Er war in der That einer der größten Bischöffe der Kirche; er saß zu rechter Hand oben an, und man glaubt, daß er es gewesen sey, der im Nahmen des Concilii eine Rede an den Constantin hielt. Der Ausdruck aber, zur rechten Hand, den Eusebius hier braucht, ist zweydeutig, und kann eben sowohl die Seite auf rechter Hand bedeuten, wenn man hinein kommt, welche man in der Kirche die Epistelseite nennt, als die gegenüber stehende, welche im Concilio die geehrteste war, wie man aus den Sitzungen des chalcedonischen Concilii sieht. Es ist auch sehr ungewiß, ob Eustathius das Wort beym Kayser geführt habe. Eusebius scheint zu sagen, daß er es selbst gewesen sey; Sozomenes bestätigt dieses; und andere legen diese Ehre dem Bischoff von Alexandrien bey.

Dem

Dem ſey indeß, wie ihm wolle, ſo ſcheint es auch eben nicht nothwendig, daß der Präſident des Concilii die Rede habe halten müſſen; man konnte dieſe Verrichtung jedem andern auftragen, dem man die meiſte Beredſamkeit zutrauete. Die Meynung, die mir am wahrſcheinlichſten vorkommt, iſt, daß Oſius, im Nahmen des Pabſts Sylveſter den Vorſitz beym Concilio gehabt habe; der Nahme des Oſius ſtehet nebſt den Nahmen der beyden Legaten, Vitus oder Victor und Vincentius in den Unterſchrifften oben an.

Conſtantin. Jahr 325.

Die Sitzungen dauerten bis den fünf und zwanzigſten Auguſt. Man ſiehet aus den Acten des Concilii zu Epheſus, daß ſie damals ſehr lange währten, indem ſie um acht oder neun Uhr des Morgens anfiengen, und bis gegen den Abend dauerten. Man legte das Evangelienbuch mitten unter der Verſammlung auf einen Thron oder Pult. Nachdem man die ſtreitigen Puncte der Glaubenslehre aus einander geſetzet, die Arianer verhört, und die Kirchengeſetze, die man durch das Anſehen der allgemeinen Kirche zu befeſtigen für nöthig erachtete, beſtätigt hatte, begaben ſich die Biſchöffe, nach dem Verlangen des Kayſers, in den

34. Conſtantin beym Concilio. Euſ. vit. l. 3. c. 10. Theod. l. 1. c. 7. Socr. l. 1. c. 7. Soz. l. 1. c. 18.

Et 2 großen

Constantin. Jahr 325. großen Saal des Pallasts; um da über alles den endlichen Entschluß zu fassen. Man hatte auf rechter und linker Hand Sitze für sie gemacht. Ein jeder begab sich auf seinen Platz, und erwartete mit Stillschweigen die Ankunft des Kaysers. Man sahe ihn bald ohne Wache erscheinen, nur von einigen seiner Hofleute begleitet, die sich zur christlichen Religion bekannten. Bey seiner Annäherung standen die Bischöffe auf. Es schien, sagt *Eusebius*, als ob ein Engel Gottes käme. Sein Purpurmantel, mit Gold und Edelsteinen besetzt, blendete durch seinen Glanz; das aber, was noch mehr in die Augen dieser heiligen Prälaten fiel, war die edelmüthige Gottesfurcht, die sich in allen seinen Minen und Handlungen zeigte. Seine niedergeschlagenen Augen, die Röthe in seinem Gesichte, sein bescheidner und ehrerbietiger Eintritt gaben seiner ansehnlichen Länge, seiner ernsthafften Mine, und der Majestät, die den Herrn des Reichs in ihm ankündigte, noch eine gewisse christliche Annehmlichkeit. Nachdem er durch die Versammlung hindurch gegangen war; blieb er oben im Saale vor einem goldenen Stuhle stehen, der niedriger war, als die Stühle der Bischöffe; er setzte sich auch nicht

nicht eher nieder, als bis diese ihn durch
gewisse Zeichen der Ehrerbietung darum
ersuchten. Nachdem dieses geschehen
war, setzten sich die Bischöffe gleichfalls
nieder. Einer von den Prälaten hielt
hierauf im Nahmen des Concilii eine kur=
ze Anrede an den Kayser, und stattete im
Nahmen des Prinzen Gott Danck ab. Als
dieser Bischoff zu reden aufgehört hatte,
richteten alle die andern, mit einem tiefen
Stillschweigen, die Augen auf den Kay=
ser, welcher, indem er seine sanften und
heitern Blicke auf diese erlauchte Gesell=
schafft warf, und sich ein wenig gefaßt
hatte, in diesen Ausdrücken sie anredete:

Constantin.
Jahr 325.

„Meine Wünsche sind erfüllt. Unter
„allen Gnadenbezeugungen, deren der
„König Himmels und der Erde mich ge=
„würdiget hat, habe ich keine eifriger ge=
„wünscht, als Euch versammelt, und in
„einem Geiste vereinigt zu sehen. Ich
„genüße dieses Glück, Dank sey es dem
„Allmächtigen. Der Feind des Friedens
„müsse nun weiter unsern Frieden nicht
„stöhren! Der Geist der Bosheit wage
„es künftig nicht mehr unsere heilige Re=
„ligion durch Arglist und Verstellung
„anzugreiffen, nachdem wir durch den
„Beystand des allmächtigen Erretters die
„Tyranney jener Gottlosen, welche einen

II.
Rede des
Constantin.
Euf. vit. L 3.
c. 12.

Ee 3 „offen=

Constantin. Jahr 315.

„offenbaren Krieg wider ihn führten, zu
„Boden geworfen haben. Ich sage es
„von ganzem Herzen: die innerlichen
„Uneinigkeiten der Kirche Gottes sind
„in meinen Augen die gefährlichsten Krie-
„ge. Ich schmeichelte mir, nachdem mei-
„ne Feinde überwunden waren, daß ich
„nichts weiter zu thun haben würde, als
„den Urheber meiner Siege zu preisen,
„und meine Erkenntlichkeit und die
„Früchte derselben mit Euch zu theilen:
„aber die Nachricht von Euern Uneinig-
„keiten versetzte mich aufs neue in eine
„schmerzliche Betrübniß. Um diesem Ue-
„bel, dem gefährlichsten unter allen, ab-
„zuhelfen, habe ich Euch ohne Verzug
„zusammen berufen lassen. Die Freude,
„die mir Eure Gegenwart verursacht,
„kann durch nichts vollkommen gemacht
„werden, als durch die Vereinigung Eu-
„rer Herzen. Diener eines friedliebenden
„Gottes, lasset den Geist der Liebe, den
„Ihr andern einflößen sollet, wieder un-
„ter Euch wohnen! Ersticket allen Saa-
„men der Zwietracht! Schlüßet an
„dem heutigen Tage einen unverletzlichen
„Frieden mit einander! Es wird dieses
„dem Gotte, dem ihr dienet, das ange-
„nehmste Opfer, und dem Prinzen, der
„ihn mit Euch zugleich anbetet, das an-
„nehmste Geschenke seyn."

Diese

Diese Rede, die der Kayser in lateinischer Sprache gehalten hatte, ward hernach in die griechische übersetzt, weil die meisten Väter des Concilii nur diese Sprache verstanden. Constantin redete sie beyde; da aber die lateinische Sprache damals noch die herrschende war, so drückte sich auch die kayserliche Majestät in keiner andern aus. Der Kayser that nicht den geringsten Eingriff in die Freyheit des Concilii; er gestattete sogar den Arianern alle Freyheit, ehe das Urtheil gesprochen ward. Bey den hefftigen Streitigkeiten, die zwischen ihnen und den Rechtgläubigen geführt wurden, hörte der Prinz alles mit Aufmerksamkeit und Gedult an; er ließ sich von beyden Theilen Vorschläge thun, und genehmigte die, die ihm zur Vereinigung der Gemüther am fähigsten schienen; er bemühete sich durch gütliche Vermahnungen, durch kräftige Vorstellungen, durch ernstliche Bitten und durch Verweise, die immer mit Lobsprüchen vergesellschafftet waren, die Halsstarrigkeit zu besiegen: Man muß indeß gestehen, daß die Gegenwart des Monarchen bey einem Concilio ein gefährliches Beyspiel war, weil Constantius nach der Zeit auf dem Concilio zu Antiochien und zu Meiland einen Mißbrauch damit trieb.

Constantin. Jahr 325. 36. Freyheit des Concilii. Euf. vit. l. 3. c. 13. Soz. l. 1. c. 19. Herm vie de St. Athan. l. 2.

Constantin Jahr 325. 37. Consubstantialität des Worts. Athan. epist. contra Arian. Theod. l. 1. c. 7, 8. Till. Arian. art. 9. Fleury Hist. eccles. l. 11. §. 14.

Die Arianer übergaben ein sehr listig eingerichtetes Glaubensbekenntniß; alles ward darüber aufrührisch; das Geschrey war allgemein, und es ward in Stücken zerrissen. Man las einen Brief vom Eusebius von Nicomedien ab, welcher mit so groben Lästerungen wider die Person des Sohnes Gottes angefüllt war, daß die versammleten Väter, um sie nicht zu hören, sich die Ohren zustopften; man zerriß auch diesen Brief mit Abscheu. Die Rechtgläubigen wollten ein Glaubensbekenntniß aufsetzen, welches keiner Zweydeutigkeit, keiner der gottlosen Lehre des Arias günstigen Auslegung fähig wäre, und durchaus alle Vorstellungen eines Geschöpfs von der Person Jesu Christi ausschließen sollte. Die Arianer hingegen suchten nur aus der Verlegenheit zu kommen, und brachten ihre Irrthümer hinter zweydeutigen Ausdrücken in Sicherheit. Man verlangte gleich anfänglich von ihnen, daß sie, nach der heiligen Schrifft, bekennen sollten, daß Jesus Christus, seiner Natur nach, der einige Sohn Gottes, sein Wort, seine Krafft, seine ewige Weisheit, der Glanz seiner Herrlichkeit und das Ebenbild seines Wesens sey: die Arianer machten keine Schwierigkeit diese Ausdrücke alle anzunehmen, weil sie, nach ihrer Auslegung,

mit

mit den Eigenschafften einer Creatur gar wohl bestehen konnten. Sie waren listig genung, in allen diesen Ausdrücken eine Verschanzung für den Irrthum zu finden; man trieb sie aber aus allen auf einmal heraus, als man alle in der Schrifft hin und wieder vorkommende Ideen vom Sohne Gottes in ein einziges Wort zusammen faßte, und von ihnen verlangte, zu bekennen, daß der Sohn mit dem Vater consubstantiel oder gleiches Wesens sey. Dieses Wort war für sie ein Donnerschlag; es ließ der Ketzerey keinen Schlupfwinkel mehr übrig; es ward dadurch bekannt, daß der Sohn in allem dem Vater gleich, und eben sowohl Gott sey, als er. Sie schrien daher, daß dieses ein neues Wort, und von der heiligen Schrifft nicht bestätigt wäre: man antwortete ihnen aber, daß die Ausdrücke, deren sie sich bedienten, um den Sohn Gottes zu erniedrigen, eben so wenig in den heiligen Büchern stünden; daß außerdem dieses Wort schon längst durch den Gebrauch geheiligt sey, indem sich vor mehr als achzig Jahren zween berühmte Bischöffe zu Rom und Alexandrien (es waren die beyden heiligen Dionysii) desselben bedient hätten, um die Widersacher der Gottheit Jesu Christi zu widerlegen. Die Väter des Concilii hielten sich standhaffe

Constantin. Jahr 324.

Constantin. Jahr 325.

hafft an diesen Ausdruck, der alle Subtilitäten des Arius unnütz machte, und von der Zeit an das Unterscheidungszeichen der Orthodoxen von den Arianern war. Das merkwürdigste ist, daß dieses Schwerdt, womit sie die Ketzereÿ erwürgten, ihnen von der Ketzereÿ selbst in die Hände gegeben ward. Man hatte nehmlich einen Brief des Bischoffs von Nicomedien gelesen, in welchem er sagte, daß den Sohn für unerschaffen zu erkennen, eben so viel seÿn würde, als ihn mit dem Vater für consubstantiel zu erklären.

38.
Urtheil des Concilii. Athan. ad Solit. Soc. l. 1. c. 7. Soz. l. 1. c. 19. Polit. apud Phot. Theod. l. 1. c. 8. 12. Philost. l. 1. c. 9. Baron. an. 325. Pagi ibid. Herm. vie de St. Athan. l. 2. Till. Arian. ar. 9. Fleury Hist. eccles. l. 11. c. 13. Bayle dict. art. Arius. rem. A.

Da nun alle Orthodoxen über den Glauben der Kirche mit einander einstimmig waren, unterschrieben sie das vom Osius darüber aufgesetzte Formular, und sprachen den Bannfluch über den Arius und seine Lehre aus. Die siebzehen Anhänger des Heresiarchen wollten anfänglich nicht unterschreiben; die meisten aber gaben endlich nach, wenigstens stellten sie sich so. Die Furcht vor der Verweisung, womit der Kaÿser die Widerspenstigen bedrohete, machte, daß sie wider ihre Ueberzeugung unterschrieben, wie sie es in der Folge gar deutlich zu verstehen gaben. Eusebius von Cäsarea besann sich eine Weile, und unterschrieb endlich. Der Brief, den er an seine Kirche schreibt, scheint bloß den Arianern

nern zu Cäsarea Muth machen zu sollen, als welche ohne Zweifel über die Nachricht von seiner Unterschreibung beunruhigt worden waren. Er erklärt darinne den Ausdruck consubstantiel, und schwächt ihn durch seine Erklärung. Man sieht in ihm den Hofmann, der sich nach den Umständen richtet, und nichts verändert, als die Sprache. Eusebius von Nicomedien und Theognis von Nicäa wehrten sich lange; der erste wandte alles Ansehen an, das er beym Prinzen hatte, um sich Sicherheit zu verschaffen, ohne genöthigt zu seyn, den Ausspruch des Concilii anzunehmen. Da aber der Kayser nicht im geringsten nachgab, willigte er endlich in die Unterschreibung der Glaubensformel, aber nicht des Bannfluchs. Er sagte, daß er die Unschuld und Reinigkeit des Glaubens des Arius zu genau kenne. Es scheint, daß ihm Theognis Schritt für Schritt gefolgt sey. Philostorgius giebt vor, daß die Arianer, auf Anrathen der Constantia, die der neuen Lehre anhieng, den Kayser und die Orthodoxen hinters Licht geführt hätten, indem sie in das griechische Wort, welches consubstantiel bedeutet, einen Buchstaben eingeschoben haben sollen, der dem Worte eine andere Bedeutung giebt, daß es so viel als ähnlich in der Substanz

Constantin.
Jahr 325.

—stanz heißt. Es ist aber nicht wahrscheinlich, daß dieser schwache Kunstgriff so vielen scharfsichtigen Augen entgangen seyn sollte. Secundus und Theonas blieben allein widerspenstig, und man verdammte sie, nebst dem Arius und den andern Priestern oder Capellanen, die schon auf dem Concilio zu Alexandrien mit dem Banne belegt worden waren. Pistus und Evzoius waren von dieser Classe; sie machten sich den Unfug der Ketzeren so wohl zu Nutze, daß sie sich auf den bischöflichen Stuhl, der eine zu Alexandrien, der andere zu Antiochien schwungen. Die Schriften des Arius und besonders seine Thalia wurden verworfen. Um diesen Schluß des Concilii, das von der weltlichen Macht unterstützt, nicht aber geführt ward, zur Ausführung zu bringen, befahl Constantin in einem an alle abwesende Bischöffe und an alle Gläubige gerichteten Schreiben, daß diese Bücher ins Feuer geworfen werden sollten, bey Lebensstrafe, wenn man sie künftig bey jemanden finden würde. Das Concilium hatte dem Arius verboten, nach Alexandrien zurück zu kehren, und der Kayser verwies ihn nach Nicäa in Illyrien, nebst dem Secundus, dem Theonas, und allen denen, über die der Bann gesprochen war. Man hat den

Constan=

Constantin hier, einer Ungleichheit in der Bestrafung beschuldigt; man hat es ihm zum Vorwurfe gemacht, daß er die zum Tode verurtheilte, welche Bücher lesen würden, deren Verfasser er doch nur ins Exilium schickte. Man kann diesen Fehler nicht anders entschuldigen, als durch einen andern Fehler, den wir schon angemerkt haben, und der seinen Grund in der Gütigkeit des Prinzen selbst zu haben scheint. Er war weit strenger in Ansehung der Verbrechen, die noch begangen werden konnten, als in Ansehung derer, die schon begangen waren. Die Liebe zur Ordnung bewog ihn, mit den härtesten Züchtigungen zu drohen, und seine natürliche Gütigkeit hielt immer die Strafen zurück. Es sind daher, zufälliger Weise, die in seinen Gesetzen gedroheten Strafen blos Drohungen geblieben. Er würde ohne Zweifel die Pflicht eines Gesetzgebers und Regenten besser erfüllt haben, wenn er in den Drohungen ein wenig zurückhaltender, in der Vollziehung aber ernstlicher gewesen wäre: Er verlangt in eben dem Briefe, daß die Arianer künftig Porphyrianer genennt werden sollen, und zwar wegen der Aehnlichkeit, die er zwischen dem Porphyrius und Arius fand, indem sie alle beyde Todfeinde der christlichen Religion

Constantin. Jahr 325.

ligion waren, die sie durch gottlose Schrifften angriffen, und alle beyde von der Nachwelt verabscheuet zu werden, und nebst ihren Werken unter zu gehen würdig waren. Diese Benennung aber ward nie allgemein Mode, und es ist dieses nicht das einzige mal, daß die Sprache, so wie die Gedanken, sich der ganzen Macht der Monarchen entzogen hat.

Constantin. Jahr 325.

Constantin hätte die Einförmigkeit in der Feyrung des Osterfestes sehr am Herzen. Man verglich sich endlich über diesen Punct. Es ward beschlossen, daß dieses Fest allemal auf den ersten Sonntag nach dem vierzehnten Tage des Märzmondes gefeyert werden sollte, und daß man sich des metonischen Cyclus bedienen wollte. Es enthält dieser eine Reihe von neunzehn Jahren, nach welchen der Mond in seinen vorigen Stand zurück kommt, und den Lauf vom neuen anfängt. Eusebius von Cäsarea verfertigte einen Ostercanon von neunzehn Jahren; er schrieb ihn dem Constantin zu, nebst einem ausführlichen Tractate über diese Materie. Wir haben noch den Brief des Kaysers, in welchem er sich für dieses Werk bedankt. Die Astronomie ward damals stark getrieben, besonders in Aegypten. In der folgenden Zeit ward es dem Bischoffe zu Alex

39. Streit wegen des Osterfestes geendiget. Euf. l. 3. c. 17. seq. Idem l. 4. c. 34. 35. Dionys. exig. apud Buch. in cyclis p. 485. Baron. an. 325.

andrien

andrien aufgetragen, das Osterfest auf
jedes Jahr zu berechnen, und davon
Nachricht an den Bischoff zu Rom zu
geben; dieser mußte es hernach an die
andern Kirchen berichten. Diese Ge=
wohnheit ward lange beobachtet; nach=
dem aber der bischöfliche Stuhl zu Alex=
andrien ketzerischen Prälaten zu Theil
ward, wollte man ihre Osterbriefe nicht
mehr annehmen. Dieser Verordnung
des Concilii zu Nicäa ungeachtet, blie=
ben doch einige Bischöffe bey der herge=
brachten Weise, das Osterfest mit den
Juden auf einen Tag zu feyern; sie
trennten sich von den andern, und wur=
den Quartodecimani genennt.

Das Concilium hätte gern alle Strei=
tigkeiten, welche die Kirche beunruhigten,
beygelegt. Es gieng mit dem Mele=
tius gelinder um, als mit dem Arius,
es ließ ihm den Titel und die Würde
eines Bischoffs, es entzog ihm aber die
Einweihungen. Die Bischöffe, welche
Meletius eingesetzt hatte, sollten nach
einer neuen Auflegung der Hände, ihre
Titel behalten, mit der Bedingung, daß
sie denen, die vom Alexander ordinirt
wären, den Rang vor sich lassen sollten,
welchen sie nachfolgen könnten, wenn sie
sich den Satzungen der Kirche gemäß
verhiel=

Constantin. Jahr 325.

40. Verordnun=
gen wegen
der Meletia=
ner und No=
vatianer.
Soc. l. 1. c. 7.
10. Theod.
l. 1. c. 9. Soz.
l. 1. c. 21, 23.
Canon. VIII.
Nic. Baron.
an. 311.

Constantin.
Jahr 325.

verhielten. Diese weise Verordnung des Concilii ward durch die Halsstarrigkeit des Meletius unnütz gemacht, indem dieser die Unruhen fortsetzte, da er sich selbst einen Nachfolger auf seinem Todbette ernannte. Theodoretus sagt, daß zu seiner Zeit, das ist, mehr als hundert Jahre nach dem Concilio zu Olicäa, dieses Schisma noch gedauert habe, besonders unter einigen ägyptischen Mönchen, die sich von der reinen Lehre entfernten, und auf lächerliche und abergläubische Uebungen verfielen. Die Kirche war auch noch, seit achtzig Jahren her, durch das Schisma der Novatianer getrennt. Novatianus war der Urheber desselben gewesen, und hatte, nach seiner Absonderung vom Pabste Cornelius, den Titel, Bischoff zu Rom, angenommen. Diese Ketzer beobachteten eine übertriebene Strenge, und gaben sich, aus diesem Grunde, einen Nahmen, der in der griechischen Sprache so viel als die Reinen bedeutet. Sie verstießen die, die nach ihrer Taufe ein Verbrechen, das der öffentlichen Buße unterworfen war, begangen hatten, auf immer aus ihrer Gemeine; sie lehrten, daß Gott allein von Sünden lossprechen könne, und nahmen der Kirche die Gewalt

walt zu binden und zu löſen. Sie verwarfen die zweyte Ehe, als einen Ehebruch. Ihre Secte war ſehr groß; ſie hatte im Occidente, und noch mehr im Oriente, Biſchöffe, Prieſter und Kirchen. Das äußerlich ordentliche Betragen machte ſie unter allen ketzeriſchen Secten am wenigſten verhaßt, ſo daß ſie im achten Jahrhunderte noch beſtand. Die Väter zu Nicäa bewilligten, daß man ſie in den Schooß der Kirche aufnähme, wenn ſie ihren falſchen Vorurtheilen entſagen wollten. Sie boten ihren Prieſtern an, ſie in die Zahl der Capellanen, und ihren Biſchöffen, ſie in die Zahl der Prieſter aufzunehmen, ihnen ſogar ihren Titel zu laßen, aber ohne die damit verknüpften Verrichtungen, und unter der Bedingung, wenn die catholiſchen Biſchöffe des Orts ſich nicht widerſetzten. Alle dieſe Anerbietungen waren vergebens; der Kayſer ſelbſt gab ſich umſonſt wegen ihrer Wiedervereinigung Mühe. Er ließ den Aceſius, einen novatianiſchen Biſchoff von Byzanz, den er der Reinigkeit ſeiner Sitten wegen hochſchätzte, nach Nicäa kommen; er legte ihm die Ausſprüche des Concilii vor, und fragte ihn, ob er das Glaubensbekänntniß, und den Schluß wegen des Oſter-

Conſtantin. Jahr 325.

I. Theil.   Ff   feſt-

festes billige. Acesius gab zur Antwort, daß man nichts neues beschlossen habe, und daß diese beyden Puncte der Lehre und Gewohnheit der Apostel vollkommen gemäß wären. Warum aber, sagte Constantin zu ihm, trennet ihr euch von der Gemeine? Der von den ausschweifenden Lehrsätzen der Novatianer eingenommene Bischoff, fieng hierauf an von dem Verderben zu reden, in welches, seiner Meynung nach, die Kirche verfallen war, indem sie sich die Gewalt angemaßt Todtsünden zu vergeben, und der Kayser merkte, daß eine mit Stolz vergesellschafftete Strenge nicht weniger schwer zu heilen sey, als eine träge Nachläßigkeit.

Constantin. Jahr 325.

41. *Canon und Glaubensbekenntniß zu Nicäa. Canon Nic. Pagi ad Bar. an. 325.*

Wir überlassen der Kirchengeschichte alle Canones dieses Concilii anzuführen. Sie sind, unter den Kirchensatzungen, die reinste Quelle, aus welcher die Kirche noch ietzt ihre Regeln zur Ordnung in Lehre und Leben schöpft. Das berühmte Glaubensbekenntniß, welches, von dieser Zeit an, das Schrecken und die Klippe der arianischen Secte war, ist eben das, was man heut zu Tage das nicänische Symbolum nennt. Das zweyte allgemeine Concilium, das zu Constantinopel gehalten ward, hat einige Zusätze

Zusätze dazu gemacht, um die wesentlichen Stücke unsers Glaubens noch deutlicher aus einander zu setzen. Die spanische Kirche ist, auf Anrathen des Königs Recared zu Ende des sechsten Jahrhunderts, die erste gewesen, die es bey der Messe abgesungen hat, um die Gothen, die zuvor Arianer gewesen waren, im Glauben desto mehr zu befestigen. Unter Carl dem Großen fieng man auch in Frankreich an es abzusingen; zu Rom aber war dieser Gebrauch unter dem Pabste Johann VIII, zur Zeit Carls des Kahlen noch nicht eingeführt.

Constantin. Jahr 325.

Nachdem alles, was den Glauben und die Kirchenzucht angieng, in Ordnung gebracht war, trug das Concilium den vornehmsten Bischöffen namentlich auf, allen Kirchen Nachricht davon zu geben, und wies einem jeden sein Departement an. Es fand aber für gut dem Theile, der am kränkesten war, das Arzneymittel selbst zu überschicken; es ließ daher ein Synodalschreiben an die Kirchen zu Alexandrien, in Aegypten, Libyen und Pantapolis ergehen. Man bemerkt in demselben die evangelische Sanftmuth dieser frommen Bischöffe, die anstatt über das Exilium des Arius

42. *Briefe des Concilii und Constantins.* Soc. l. 1. c. 7. Gelas. Cyzic. l. 2. c. 37.

Constantin. Jahr 325. zu triumphiren, sich vielmehr darüber zu betrüben scheinen: Ihr habt ohne Zweifel erfahren, sagen sie, oder werdet bald erfahren, wie es dem Urheber der Ketzerey ergangen ist. Wir sind nicht geneigt eines Mannes zu spotten, der die Strafe erhalten hat, die sein Fehler verdiente. Mehr sagen sie über die Bestrafung des Arius nicht. Der Kayser begleitete diesen Brief mit einem andern, der an die Kirche zu Alexandrien gerichtet war; er dankte darinne Gott, daß er den Irrthum durch das Licht der Wahrheit zu Schanden gemacht habe; er giebt den Vätern des Concilii das Zeugniß einer gewissenhafften Genauigkeit in der Untersuchung und Behandlung der Materien; er seufzt über die verwegenen Lästerungen der Arianer wider Jesum Christum, er ermahnt die abgetrennten Glieder, sich mit dem Körper der Kirche wieder zu vereinigen, und schlüßt mit diesen Worten: Ein Urtheil, das von dreyhundert Bischöffen gesprochen ist, muß so angesehen werden, als ob es aus dem Munde Gottes selbst ergangen wäre. Der heilige Geist war es, der sie erleuchtete, und aus ihnen redete: es trage

demnach

demnach keiner von Euch Bedenken sie zu hören. Tretet alle auf den Weg der Wahrheit wieder zurück, damit ich bey meiner Ankunft mit euch vereinigt demjenigen danken könne, der Herzen und Nieren prüft. Man sieht, daß er Willens gewesen bald nach Aegypten zu gehen; es ist aber nicht geschehen. Er schrieb noch zween andere Briefe an alle Kirchen; der eine ist der, von dem wir schon geredet haben, in welchem er die Lehre und die Schrifften des Arius verbannete; im andern vermahnte er alle Gläubigen, sich den Schlüssen des Concilii, in Ansehung der Osterfeyer, gemäß zu bezeugen.

Constantin. Jahr 325.

Die Vicennales des Constantin fielen auf den fünf und zwanzigsten Julius dieses Jahrs; es fieng sich mit demselben das zwanzigste Jahr seiner Regierung an. Man glaubt, daß er, um wichtigere Geschäffte nicht zu unterbrechen, die Begehung dieses Fests bis nach Endigung des Concilii verschoben habe, welches den fünf und zwanzigsten August beschlossen ward. Eusebius von Cäsarea hielt vor der ganzen Versammlung dem Kayser eine Lobrede, und dieser lud alle Bischöffe zu einem Feste ein, wozu er die Anstalten in seinem Pallaste machen

43. Vicennales des Constantin. Euf. vit. l. 1. c. 1. l. 3. c. 15, 16. Theod. l. 1. c. 11. Soz. l. 1. c. 24. Pagi ad Bar. an. 325. Till. art. 59.

chen ließ. Es waren zwo Reihen Soldaten, mit bloßen Degen, vor den Eingang gestellt. Der Saal war prächtig ausgezieret, und man hatte verschiedene Tafeln darinne aufgesetzt, der Kayser ließ die vornehmsten Prälaten an seine Tafel setzen, und gab denen, welche die glorreichen Kennzeichen der Streiter Jesu Christi trugen, durch die ehrerbietigsten Freundschafftsbezeugungen, einen gewissen Vorzug. Er fühlte, indem er sie umarmte, sich von einem neuen Eifer für den Glauben erhitzt, den sie so großmüthig vertheidigt hatten. Alles gieng mit einer solchen Hoheit und Bescheidenheit zu, die einem Kayser und Bischöffen anständig sind. Nach dem Feste machte er ihnen einige Geschenke, und gab ihnen Schreiben an die Statthalter der Provinzen, in welchen er diesen befahl, daß sie alle Jahre, in jeder Stadt, an Wittwen, unverheyrathete Jungfrauen, und an die Diener der Kirche Getreyde austheilen sollten. Das Maaß, wieviel ein jedes bekommen sollte, sagt *Theodoretus*, ward mehr durch die Freygebigkeit des Prinzen, als durch das Bedürfniß der Armen bestimmt. Julianus schaffte diese Austheilung ab. Jovianus führte sie wieder ein; aber

nur

nur bis auf den dritten Theil. Der Getreydemangel, welcher damals das Reich beschwerte, erlaubte ihm nicht sie ganz zu erneuern: dieser dritte Theil aber war schon ansehnlich genug, und ward noch zu Zeiten des Theodoretus ausgetheilet. Der Kayser beschloß seine Vicennales zu Nicomedien, und erneuerte sie zu Rom im folgenden Jahre.

Constantin. Jahr 325.

44. Beschluß des Concilii.
Euf. vit. l. 3. c. 21. Soz. l. 1. c. 24. Baron. an. 325.

Ehe die Bischöffe aus einander giengen, ließ Constantin sie noch einmal zusammen kommen. Er ermahnte sie, diese glückliche Eintracht unter sich zu erhalten, welche die Religion selbst in den Augen der Heiden und Ketzer verehrungswürdig machen würde; und allen Geist der Herrschsucht, des Zankes und des Neides zu verbannen. Er rieth ihnen an, sich zur Bekehrung der Menschen nicht bloßer Worte zu bedienen: „Es „giebt wenige unter ihnen, sagte er, wel„che die Wahrheit aufrichtig suchen; „man muß sich nach ihrer Schwachheit „bequemen; man muß die Gott er„kauffen, die man ihm nicht gewinnen „kann; man muß Almosen, Beweise der „Freundschafft, der Gewogenheit, und „selbst Geschenke zu Hülfe nehmen; „man muß, mit einem Worte, so wie ein „geschickter Arzt, die Arzeneymittel nach

„oder

„der Beschaffenheit derer verändern, die „man heilen will." Nachdem er sie endlich gebeten, ihm mit ihrem Gebete beyzustehen, und Abschied von ihnen genommen hatte, schickte er sie in ihre Kirchspiele zurück, und hielt sie unterwegens frey, wie er beständig gethan hatte, seit sie von ihren Kirchen abwesend waren. So endigte sich das Concilium zu Nicäa, welches allen folgenden zum Muster gedient hat, und welches der wichtigen Sachen wegen, die auf demselben abgehandelt wurden, so wie auch der Verdienstvollen Bischöffe wegen, die sich dazu versammelten, zu allen Zeiten berühmt seyn wird. Die Kirche nahm dabey gleichsam eine Musterung ihrer Kräffte vor; sie lehrte dem Irrthume vor jenen heiligen Armeen Ehrfurcht zu haben, welche unter so vielen angesehenen Häuptern standen, wobey der heilige Geist selbst commandirte und der Wahrheit stets den Sieg gab. Was aber diesem Concilio einen noch höhern Glanz giebt, ist, daß die Kirche, die bisher die langen und schweren Proben der Verfolgungen ausgehalten hatte, sich unsern Augen mit aller Reinigkeit und mit allem Glanze des Goldes darstellt, das aus dem Ofen kommt. Das Andenken dieser Versammlung ist durch die

die Ehrerbietung der Gläubigen geheiligt worden; die morgenländische Kirche feyert, nach dem Calender der Griechen, den acht und zwanzigsten May das Fest der Bischöffe zu Nicäa.

Als die Bischöffe aus einander gegangen waren, zogen Eusebius von Nicomedien und Theognis von Nicäa sogleich die Larve ab, und fiengen wieder an ihre Irrthümer zu predigen. Sie warfen sich zu Beschützern einiger hartnäckigen Arianer auf, welche Constantin an seinen Hof gefodert hatte, weil sie neue Unruhen zu Alexandrien erregten. Der Kayser, der über das unredliche Verhalten der beyden Prälaten aufgebracht war, ließ ein Concilium von einigen Bischöffen, drey Monate nach dem zu Nicäa, zusammen berufen. Sie wurden auf demselben verdammt und abgesetzt. Der Kayser verwies sie nach Gallien, und gab den Nicomediern schriftlich Nachricht davon. Er beschreibt in diesem Briefe den Eusebius als einen Bösewicht, der sich zur Tyranney des Licinius, zur Ermordung der Bischöffe, und zur Verfolgung der Gläubigen habe brauchen lassen; er stellt ihn als einen persönlichen Feind von sich selber vor; er ermahnt seine Kirchkinder, sich in acht zu nehmen,

Constantin. Jahr. 325.

45. Exilium des Eusebius und Theognis. Theod. l. 1. c. 20. Philost. l. 1. c. 10. Gelas. Cyzic. l. 3. c. 2. Till. Arian. art. 10, 11. et not. 8.

daß sie von einem so bösen Beyspiele nicht angesteckt würden, und bedrohet einen ieden mit harter Strafe, der sich gelüsten lassen möchte, die Parthey dieses Abtrünnigen zu nehmen. Man setzte an die Stelle dieser beyden Prälaten, zu Nicomedien den Amphion, und zu Nicäa den Chrestus ein. Wir werden in der Folge erzählen, durch was für Kunstgriffe diese beyden Ketzer es dahin brachten, daß sie nach dreyen Jahren zurück gerufen, und wieder auf den bischöflichen Stuhl gesetzt wurden.

<small>Constantin. Jahr 325.</small>

<small>16. St. Athanasius, Bischoff zu A-lexandrien. Soc. l. 1. c. 11. Theod. l. 1. c. 26. Herman vie de S. Athan. l. 1.</small>

Fünf Monate nach dem nicänischen Concilio ward der Bischoff von Alexandrien gerufen, den Lohn für seine Arbeiten zu empfangen. Er ernannte, dem Tode nahe, im prophetischen Geiste, den Athanasius zu seinem Nachfolger. Dieser Diaconus, der bey seinen noch jungen Jahren, an Verdiensten den ältesten Prälaten, und an Bescheidenheit den demüthigsten gleich war, verbarg sich; ward aber entdeckt, und seines Widerstandes ungeachtet, nach allen canonischen Gebräuchen erwählt. Er war sechs und vierzig Jahre lang, als so lange seine bischöfliche Regierung dauerte, das Haupt der Streiter Israels, und die stärkste Schutzwehr der Kirche gewesen. Fünfmal ver-

verbannt, öfters in Gefahr, das Leben zu verliehren, der Wuth der Arianer stets ausgesetzt, ließ er sich doch nie durch ihre heftigsten Anfälle überwinden, oder durch ihre Kunstgriffe hintergehen. Ein wirklich heroischer Geist, voll Stärke und Einsicht, zu groß, um sich durch Gunstbezeugungen verführen zu lassen, unbeweglich mitten unter den Stürmen, widersetzte er sich allen Rotten, wenn sie auch mit der ganzen Macht der Hölle und des Hofes bewafnet gewesen wären. Es war in der folgenden Zeit ein Unglück für den Constantin, und einer der größten Schandflecken seiner Regierung, daß er sich gegen einen Bischoff, der seines Wertrauens so würdig war, hatte einnehmen lassen, und nichts zeigt besser, wie listig und gefährlich die Feinde des Athanasius waren.

<small>Constantin.
Jahr 325.</small>

Der Kayser brachte den Ueberrest des Jahres und den Anfang des folgenden in Thracien, in Mösien und Pannonien zu. Diese Zeit der Ruhe ward zur Verfertigung verschiedener Gesetze angewandt. Es war eine Rechtsregel, daß der Kläger allein den Beweis von der Gerechtigkeit seiner Klage führen müßte. Constantin nun, der die Richter in keiner Sache zweifelhaft haben wollte, befahl,

<small>47.
Gesetze des Constantin.
Cod. Theod.
l. 11. t. 39.
l. 15. t. 12.
Euf. vit. l. 4.
c. 25. Socr. l.
1. c. 18. Soz.
l. 1. c. 8.
Lact. Instit.
l. 6. c. 20.
Idem epit. c.
6. Joseph.
Ant. iud. l. 19.</small>

fahl, daß in gewissen Fällen der Beklagte gehalten seyn sollte, die Rechtmäßigkeit seines Besitzes zu beweisen. In Ansehung der gerichtlichen Beweise überhaupt, dergleichen die Schrifften und Zeugen sind, verordnete er in den folgenden Jahren, daß man auf keine der Schrifften sehen sollte, die von einer der beyden streitenden Partheyen zum Vorschein gebracht würden, wenn eine der andern widerspräche; daß die Zeugen, ehe sie ihr Zeugniß ablegten, einen Eid schwören sollten; daß die Zeugnisse nach dem Range und Verdienste der Personen, mehr oder weniger Gewicht haben, das Zeugniß eines einzigen aber, von welchem Range er auch wäre, nie gehöret werden sollte. Ein noch merkwürdigeres Gesetz ist das, welches die Fechterkämpfe verbot, und diejenigen, welche bisher zu diesem grausamen Vergnügen aufgehoben wurden, künftig zur Arbeit in den Bergwerken verurtheilte. Die Christen hatten diese blutigen Schauspiele stets verabscheuet; außerdem hatte auch Lactantius, in seinem Buche von den göttlichen Anordnungen, welche vier bis fünf Jahr zuvor heraus gekommen waren, das Abscheuliche derselben gezeiget. Es ist auch nicht zu zweifeln, daß die Wä-

Constantin. Jahr 325. c. 7. Liban. de vita sua p. 3. Cod. Th. l. 7. t. 4. Cod. Iust. l. 5. t. 71.

ter der nicänischen Kirchenversammlung in den Unterredungen, die sie mit dem Kayser hatten, diesen Artickel gewiß nicht werden vergessen haben. Constantin, der öfters das Blut der Gefangenen in diesen fürchterlichen Schauspielen hatte vergießen lassen, nun aber durch die Ausübung der christlichen Tugenden menschlicher geworden war, fühlte alles Abscheuliche dieser Kämpfe. Er hätte sie gern im ganzen Reiche abgeschafft, wie man aus seinem Gesetze sehen kann: dennoch scheint es, daß dasselbe nur zu Berytus in Phönicien, an welche Stadt es geschickt ward, seine Wirkung gethan habe. Diese Stadt war wegen eines prächtigen Amphitheaters berühmt, welches Agrippa, König in Judda, ehemals erbauet hatte; diese Art von Schauspielen war daselbst sehr Mode. Es herrschte diese unmenschliche Gewohnheit auch lange Zeit im Oriente, und noch mehr zu Rom, allwo sie erst vom Honorius abgeschafft ward. Libanius redet von einem Fechterspiele, welches zu Antiochien, im Jahr 328, das ist, drey Jahr nach diesem Gesetze, gehalten ward. Der Kayser schaffte auch einen Mißbrauch ab, den die Habsucht der Officiere unter den Armeen eingeführt hatte.

Constantin. Jahr 325.

Constantin. Jahr 325.

hatte. Sie sollten täglich einen gewissen Theil von Lebensmitteln bekommen, der aus den öffentlichen Magazinen, wo dieselben beysammen aufgehoben wurden, genommen ward; sie ließen sich aber ihre Rationes in Gelde bezahlen, woraus eine doppelte Unbequemlichkeit erwuchs: die Aufseher über diese Lebensmittel, da sie ihre Magazine nie leer bekamen, foderten von den Provinzen Geld anstatt der natürlichen Früchte, mit denen sie nichts anzufangen wußten, und die Früchte, die zu lange auf den Böden liegen blieben, verdarben, und wurden hernach in diesem Zustande unter die gemeinen Soldaten ausgetheilt. Constantin verbot demnach den Vorstehern der Magazine bey Lebensstrafe, sich auf diesen Handel einzulassen. Er schrieb auch neue Formalitäten vor, wie die Güter der Unmündigen, die Schuldner des Fiscus wären, künftig veräußert werden sollten.

Constantin. Jahr 326. 48. Tod des Crispus. Idacius Cod. Theod. Chron. Philost. l. 2. c. 4.

Im Monat April des Jahrs 326, da Constantin zum siebendenmale Consul war, und seinen Sohn Constantius, der damals acht und ein halb Jahr alt, und schon Cäsar war, zum Collegen genommen hatte, beschloß er eine Reise nach Rom zu thun, allwo er seit langer Zeit nicht

nicht gewesen war. Er gieng über Aquileia und Mieland, wo er sich, wie es scheint, einige Zeit aufhielt. Er traf den achten Julius zu Rom ein, und hielt sich beynahe drey Monate lang daselbst auf. Er feyerte daselbst seine Vicennales aufs neue. Dieses Fest war um soviel herrlicher, da die Decennales der beyden Cäsare, Crispus und Constantin, zu gleicher Zeit einfielen. Die Freude aber veränderte sich in Trauren, durch eine unglückliche Begebenheit, welche für den Kayser bis ans Ende seines Lebens eine Quelle vieler Bitterkeit war. Crispus, welcher die Stelle seines Vaters im Kriege wider die Franken so wohl vertreten hatte, der so viel zur Niederlage des Licinius mit beygetragen hatte, und der noch die Hoffnung zu weit größern Dingen von sich machte, ward von seiner Stiefmutter angeklagt, daß er eine strafbare Neigung gegen sie empfunden, und sich unterstanden habe, ihr den Antrag zu thun. Einige Schriftsteller schreiben diese Bosheit der Fausta der Eifersucht zu, welche die glänzenden Eigenschaften des Sohnes der Minervina in ihr rege gemacht haben sollen; andere geben vor, daß sie, von einer strafbaren Liebe gegen den jungen Prinzen entbrannt, und mit Abscheu

Constantin. Jahr 326. Vict. epit. Eutr. l. 10. Ammi. l. 14. c. 11. Zos. l. 2. Sidon. epist. l. l. 5. Cod. orig. Const. p. 34.

von

Constantin. Jahr 326. von ihm abgewiesen, ihn des Verbrechens beschuldigt habe, dessen sie sich allein schuldig gemacht hatte. Alle stimmen darinne überein, daß Constantin, vom Zorne hingerissen, ihn ohne Untersuchung zum Tode verurtheilt habe. Er ward weit von dem Angesichte seines Vaters weg, nach Pola in Istrien geführt, und ihm allda der Kopf abgeschlagen. Sidonius sagt, daß man ihn mit Giffte ums Leben gebracht habe. Er war ohngefehr dreyßig Jahre alt. Sein Tod ward bald gerochen. Der unglückliche Vater fieng an sich deswegen selbst zu bestrafen. Von den Vorwürfen seiner Mutter Helena, und noch mehr seines Gewissens verfolgt, welches ihn ohne Unterlaß einer ungerechten Uebereilung beschuldigte, überließ er sich einer Art von Verzweiflung. Alle Tugenden des Crispus machten seine Gewissensbisse, um so viel empfindlicher; er schien auf das Leben Verzicht gethan zu haben. Vierzig ganze Tage brachte er in lauter Thränen zu, ohne sich des Bades zu bedienen, und ohne einige Ruhe zu genüßen. Er fand keinen andern Trost, als daß er seine Reue durch eine silberne Bildsäule merkwürdig machte, die er seinem Sohne aufrichten ließ; der Kopf war von Golde, und auf der Stirn

Stirn waren die Worte eingegraben: Das ist mein Sohn, der ungerechter Weise verdammt worden ist. Diese Bildsäule ward nach der Zeit nach Constantinopel gebracht, wo sie auf dem Platze, Smyrnium genannt, zu sehen war.

Constantin. Jahr 326.

Der Tod des Crispus, der vom ganzen Reiche geliebt ward, zog der Fausta einen allgemeinen Haß zu. Man wagte es gar bald, den Constantin von den Ausschweifungen seiner ungetreuen Gemahlinn zu benachrichtigen. Sie ward eines gewissen abscheulichen Umgangs wegen angeklagt, welchen er vielleicht allein bisher nicht gewust hatte. Dieses unerhörte Verbrechen war ein Beweis der Verläumdung. Constantin nun, ein eben so unglücklicher Ehemann, als unglücklicher Vater, eben so blind im Zorne gegen seine Gemahlinn als gegen den Sohn, gab sich auch diesesmal nicht die Mühe die Anklage zu untersuchen, sondern setzte sich nochmals der Gefahr aus eine Ungerechtigkeit zu begehen, die er hernach wieder bereuete. Er ließ die Fausta in einer Badstube ersticken. Verschiedene vornehme Bediente seines Hofes wurden in diese schreckliche Rache mit verwickelt. Der junge Licinius, der

49. Tod der Fausta. Zos. l. 2. Philost. l. 1. c. 11. Vict. epit. Eutr. l. 10. Sidon. ibid.

noch

Constantin.
Jahr 326.

noch nicht zwölf Jahr alt war, und dessen gute Eigenschafften eines bessern Schicksals würdig schienen, verlohr damals das Leben, ohne daß man die Ursache weis. Diese Hinrichtungen erregten durchgängig Abscheu. Man fand an den Thoren des Pallasts zween satyrische Verse angeschlagen, in welchen das Andenken des Nero wieder erneuert ward. Diese so tragischen Begebenheiten haben die letzten Jahre des Constantin ziemlich schwarz gemacht; sie trugen ohne Zweifel auch viel dazu bey, daß er sich von der Stadt Rom entfernte, wo so viel blutige Auftritte vorgefallen waren; er sahe diese Stadt als einen unglücklichen Aufenthalt an.

50.
Beleidigungen, welche dem Constantin zu Rom widerfahren.
Liban. or. 14
Du Cange fam. Byz.

Rom ließ es auch an Verwünschungen und Schmähungen wider ihn nicht fehlen. Man erzählt, daß, als ihm eines Tages von dem gemeinen Volke sehr übel war begegnet worden, er zweene von seinen Brüdern gefragt habe, wie er sich dabey verhalten solle, der eine habe ihm gerathen, diesen unverschämten Pöbel massacriren zu lassen, und sich erboten, selbst der Anführer der Truppen zu seyn; der andere aber sey der Meynung gewesen, daß es einem großen Prinzen besser anstehe, die Augen und die Ohren vor

dergleichen

dergleichen Beleidigungen zu verstopfen. Der Kayser, sagt man, folgte dem Rathe des letztern, und gewann durch diese Gelindigkeit das wieder, was er durch die vorhergegangene Strenge in dem Herzen des Volks verlohren hatte. Der Schriftsteller, der diesen Umstand erzählt, setzt hinzu, daß Constantin den Bruder, der ihn zur Gütigkeit vermahnte, mit Aemtern und Würden beschenkt, den andern aber in einer Art von Dunkelheit gelassen habe. Man geräth daher auf die Muthmaßung, daß der erstere entweder Julius Constantius, der Consul und Patricius war, oder Delmatius gewesen sey, welcher das Amt eines Consuls führte, und zu den wichtigsten Angelegenheiten gebraucht ward; und daß der andere Hannibalianus müsse gewesen seyn, welcher in der That so wenig geachtet ward, daß verschiedene Schriftsteller ihn von der Zahl der Brüder des Constantin gar ausschlüßen, und ihn mit dem Delmatius für eine Person halten.

Constantin. Jahr 326.

Dieses Unangenehme, was der Kayser zu Rom empfand, und die Ergebenheit, die diese von dem Blute der Märtyrer trunkene Stadt gegen das Heidenthum behielt, brachten ihn auf die Gedanken,

51. *Constantin verläßt Rom mit dem Vorsatze nie wieder dahin zu kommen. Chron. Cod.*

*Constantin.
Jahr 316.
Theod.
Amm. l. 14.
c. 16.*

danken, den Sitz seines Reichs anders wohin zu verlegen. Man kann aus der wenigen Zeit, die er sich zu Rom aufgehalten hatte, seitdem er Meister davon geworden war, leicht schlüßen, daß diese Stadt nie viel Anzügliches für ihn müsse gehabt haben. Sie war auch in der That schon seit langer Zeit der Sitz der Tugend und einer edelmüthigen Einfalt nicht mehr; sie war der Sammelplatz aller Laster und Ausschweifungen. Weichlichkeit, Putz, Pracht im Aeußerlichen, Prahlerey mit Reichthümern und Verschwendung bey der Tafel vertraten daselbst die Stelle der Verdienste. Die Großen herrschten als Tyrannen, und die Geringern krochen als Sclaven. Die, die am Ruder saßen, belohnten keine andern als schimpfliche Dienste oder unnütze Talente. Wissenschaft und Frömmigkeit waren als unbrauchbare oder gar als gefährliche Eigenschafften verbannt. Man erkauffte die Gunst der Herren von ihren Dienern. Die ernsthafften Studien verkrochen sich und schwiegen still; die ergötzenden Künste wurden allein geachtet. Alles schallte von Gesängen, von Geigern und Pfeiffern wieder. Der Musicus und der Tanzmeister wurden bey der Erziehung junger Leute für

wichtiger

wichtiger gehalten als der Philosoph und der Redner. Die Bibliotheken waren Einöden oder vielmehr Gräber, da indeß die Schauplätze und die Tanzsäle das zulauffende Volk nicht fassen konnten; und als einst eine Hungersnoth zu Rom entstand, wo man sich genöthigt sahe, die Fremden aus der Stadt zu entfernen, jagte man zugleich alle Meister der freyen Künste aus derselben, und behielt die Comödiantinnen, die Puppenspieler, und drey tausend Tänzerinnen, nebst eben so viel Patomimen dagegen zurück; so fremde waren Wissenschafft und Tugend geworden. Man setze zu diesem Gemälde nun noch alle die Betrügereyen, an welchen das allgemeine Verderben Schuld war, alle verbotene Griffe der Herrschsucht und des Geitzes, die Trunkenheit des Pöbels, die rasende Neigung zum Spiele, die unsinnige Begierde nach Schauspielen, und die dabey gewöhnlichen Cabalen: so hat man die Abbildung, die uns ein sehr vernünftiger Schriftsteller von dieser Stadt macht, welcher das für die Nachwelt mahlte, was er vor Augen hatte. Constantin verließ sie demnach, entschlossen nie wieder dahin zu kommen, ob er gleich noch nicht wußte, wo er seine neue Residenz

Constantin. Jahr 326.

aufschlagen würde. Er gieng zu Ende des Septembers von da weg, und kehrte über Spoleto und Meiland nach Pannonien zurück.

Constantin. Jahr 326.

Er blieb das ganze folgende Jahr 327 in Illyrien und Thracien, während dem Consulate des Constantius und Maximus. Dieser Constantius war nicht von der Familie des Constantin; er hatte damals mit dem Consulate zugleich die Würde eines Präfectus Prätorio. Dieses Jahr ist besonders durch die Entdeckung des Instruments unserer Erlösung merkwürdig, welches, nachdem es beynahe dreyhundert Jahre verborgen gesteckt, endlich bey dem Falle der Abgötterey wieder zum Vorschein kam, und sich auf den Ruinen derselben nun wieder erhob.

Constantin. Jahr 327. 52. Bürgermeister. Chron. Cud. Theod. Buch. Cycl. p. 239, 250, 253.

Constantin hatte beschlossen Jerusalem mit einem Denkmale zu beehren, das seiner Hochachtung gegen dieses geheiligte Land würdig wäre. Seine Mutter Helena, von diesem heiligen Vorhaben erfüllt, war schon im vorigen Jahre nach dem Tode des Crispus, von Rom weggegangen, um einigen Trost in den Fußtapfen des Erlösers zu suchen. Sie erschrack vor den Beschwerlichkeiten einer so weiten Reise ganz und gar nicht, ob

53. Entdeckung des Creuzes. Euſ. vit. l. 3. c. 25. ſeq. Theod. l. 1. c. 17, 18. Soz. l. 2. c. 1. Paulin. epiſt. 11. Hieron. epiſt. 12.

sie

sie gleich schon neun und siebzig Jahre alt war. Ihr frommes Herz ward bey ihrer Ankunft zärtlich gerühret, da sie den Calvarius in so beweinungswürdigen Umständen fand. Die Heiden, um das Christenthum selbst in seiner Wiege zu ersticken, hatten sich sehr angelegen seyn lassen, den Ort zu verunstalten: Sie hatten auf dem Hügel große Haufen Erde aufgeworfen, und nachdem sie den Boden mit großen Steinen bedeckt, eine Mauer rings herum aufgeführt. Es stand, seit den Zeiten des Hadrianus, ein der Venus geheiligter Tempel darauf, in welchem der Bildsäule dieser Göttinn ein unheiliger Weyhrauch geopfert ward, so daß die Christen es nicht wagten sich diesem abscheulichen Orte zu nähern. Sie waren so fremd allda geworden, daß sie sogar das Grabmal des Heylandes nicht mehr zu finden wußten. Helena, von einem Hebräer geführt, der mehr Kenntniß von dem Orte hatte, als die andern, ließ die Bildsäulen und den Tempel niederreissen, die aufgeworfene Erde wegschaffen, und entdeckte das Grabmal. Man fand auch, da man rings herum weiter nachgrub, drey Creutze, ingleichen die Nägel, womit der Heyland angenagelt gewesen, und noch an

Constantin. Jahr 327.

einem

einem andern Orte die Ueberschrifft, wie sie von den Evangelisten angeführet wird. Ein Wunderwerk *) zeigte an, welches das Creuz Jesu Christi war.

Die Entdeckung eines so wichtigen Schatzes machte dem Kayser eine große Freude. Er hörte nicht auf, die Vorsehung zu preisen, die ein an sich der Verwesung unterworfenes Holz so lange erhalten hatte, und es endlich dem Himmel und der Erde zeigte, da die Christen nach der erhaltenen Freyheit, ohne Furcht ihrer allgemeinen Fahne folgen konnten. Er ließ eine Kirche bauen, die von den Schrifftstellern bald Anastasis, das ist, Auferstehung, bald die Kirche zum heil. Creuz oder des Leidens, und bald vom heil. Grabe benennet wird. Der Kayser befahl dem Bischoff Macarius nichts

Marginalien:
Constantin. Jahr 327.
Kirche zum heil. Grabe.
Eus. vit. L. 3. c. 29. seq.
Soc. l. 1. c. 17.
Soz. l. 2. c. 1.
Valois epist. de Anastas.
Fleury Hist. ecclés. l. 11. c. 54.

---

*) Mich wundert, daß der Verfasser dieses Wunderwerk nicht genauer bestimmt. Gehört er vielleicht zu denen, die es nicht glauben? Die Leser werden ihn nicht in diesem Verdachte haben. Nach der Sage der Schriftsteller, die er auf dem Raube anführt, und einiger andern, trug man, eben als die drey Creuze entdeckt worden waren, einen Todten vorbey; diesen nun nahm man, und legte ihn auf ein Creuz nach dem andern, er ward auf einem derselben lebendig, und nun wußte man, was man gern wissen wollte. Uebers.

zu sparen, damit es das schönste Gebäude der Welt würde. Er gab an den Dra- Constantin.
cilianus, dem Statthalter in Palestina, Jahr 317.
Befehl, so viel Arbeiter und Baumate-
rialien herbey zu schaffen, als der Bischoff
verlangen würde. Er selbst schickte Edelsteine, Gold und den schönsten Marmor
dahin. Einige Schrifftsteller sagen, daß
Eustathius, Priester zu Byzanz, der
Baumeister davon gewesen sey. Hier ist
die Beschreibung, welche Eusebius von
diesem prächtigen Tempel macht: „Die
„Vorderseite von außen her war präch-
„tig gezieret und mit einem breiten Ein-
„gange versehen, durch welchen man in
„einen weiten Hof kam, der auf rechter
„und linker Hand mit bedeckten Gängen
„eingefaßt war. Man gieng in den
„Tempel durch drey Thüren auf der Sei-
„te gegen Abend zu. Das ganze Gebäu-
„de bestand aus drey Theilen: der mit-
„lere, den wir das Schiff nennen, und
„welcher eigentlich die Kirche war, hatte
„einen großen Umfang, und war sehr
„hoch. Die inwendige Seite war mit
„dem kostbarsten Marmor ausgelegt,
„und auswendig waren die Steine so
„genau auf einander gelegt, und so glatt
„gemacht, daß sie wie Marmor glänzten.
„Die Decke, die aus zusammen gefügten
„Balken

„Balken bestand, welche mit Bildhauer-
„arbeit geziert, und über und über mit
„dem reinsten und glänzendsten Golde
„überzogen waren, schien ein Feuermeer
„zu seyn, das über der ganzen Kirche
„hieng. Das Dach auswendig war mit
„Bley gedeckt. Gegen die Mitte zu er-
„hob sich ein halbzirkliches Helmdach,
„auf zwölf Säulen ruhend, welche die
„Zahl der Apostel vorstellen sollten; auf
„den Capitälern standen eben so viel
„große silberne Vasen. Auf jeder Seite
„der Kirche gieng ein bedeckter Gang
„hin, wovon die Gewölbe mit Golde
„eingefaßt waren. Die Säulen, die
„ihnen mit der Kirche gemein waren,
„hatten viel Erhabenes; die andere
„Seite ruhete auf Pfeilern, die sehr
„zierlich waren. Man hatte unter der
„Erde einen andern Säulengang ange-
„bracht, welcher in der Ausmessung dem
„obersten völlig gleich kam. Aus der
„Kirche kam man in einen andern Hof,
„der mit schönen glatten Steinen gepfla-
„stert, und auf dreyen Seiten herum mit
„langen Säulengängen eingefaßt war.
„Am Ende dieses Hofes, und an der
„Spitze des ganzen Gebäudes war die
„Capelle des heil. Grabes, allwo der
„Kayser durch den Glanz des Goldes,

„und

„und der kostbarsten Edelsteine die „Strahlen nachzuahmen gesucht hatte, „von denen dieser heilige Ort bey der „Auferstehung des Heylandes geglänzt „hatte." Dieses Gebäude, das man zwar unter den Augen der Helena anfieng, ward aber nicht eher vollendet und eingeweihet, als acht Jahre darnach. Es sind keine Ueberbleibsel mehr davon da, weil es zu verschiedenen malen verwüstet worden ist. Es entstand in der Nähe eine andere Stadt, welche den alten Nahmen, Jerusalem, annahm, und, wie Eusebius sagt, das neue Jerusalem zu seyn schien, wovon die Propheten geweissaget haben. Dieses schloß das heilige Grab und den Berg Calvarius in seine Mauern ein. Das alte Jerusalem, das seit den Zeiten des Hadrianus den Nahmen Aelia führte, ward gänzlich verlassen; und von der Zeit nahmen die Pilgrimschafften und die Opfer der Christen, welche die Andacht aus allen Theilen der Welt hieher zog, ihren Anfang.

Constantin. Jahr 327.

Die gottesfürchtige Kayserinn bauete noch zwo andere Kirchen, die eine zu Bethlehem auf der Stelle, wo der Heyland war gebohren worden, die andere auf dem Oelberge, von welchem er gen Himmel

55. Frömmigkeit der Helena. Euf. vit. l. 3. c. 41. et seq. Soc. l. 1. c. 17. Soz. l. 2. c. 1.

Himmel gefahren war. Sie ließ es bey der Pracht der Gebäude nicht bewenden; sondern ihre Großmuth gab sich noch mehr durch die Wohlthaten, die sie über die Menschen ausbreitete, zu erkennen. Sie theilte auf ihren Reisen sowohl ganzen Städten als einzelnen Personen die Schätze des Kaysers mit, welche zu ihren Freygebigkeiten immer voll genug waren. Sie verschönerte die Kirchen und die Bethäuser der gemeinsten Städte; sie theilte mit eigner Hand Geld unter die Soldaten aus; sie speisete und kleidete die Armen; sie befreyete die Gefangenen, begnadigte die, die zu den Bergwerken verdammt waren, zog die unter dem Joche hervor, die unter der Tyranney der Großen seufzeten, rief die ins Elend verwiesenen zurück; mit einem Worte, in diesen Ländern, wo ehemals der Heyland der Welt gewandelt hatte, erneuerte sie sein Bild, indem sie das für den Leib that, was er für die Seele gethan hatte. Das, was sie diesem göttlichen Bilde noch ähnlicher machte, war die Einfalt in ihrem Aeußerlichen, und die Demuth, welche die kayserliche Majestät verhüllte, ohne sie zu erniedrigen. Man sahe sie in den Kirchen mitten unter andern Weibern auf den

Constantin.
Jahr 327.
Theoph.
p. 21. Saidas
in Ἑλένη
et in Ἐλέν.

den Knien liegen, und sich von ihnen durch nichts weiter unterscheiden, als durch das Feuer ihrer Andacht. Sie ließ zu verschiedenen malen die Jungfrauen von Jerusalem, die den ehelosen Stand erwählten, zusammen kommen; sie bediente sie selbst bey Tische, und befahl, daß sie auf gemeine Kosten unterhalten werden sollten.

Nachdem sie nun den heiligen Oertern ihren Glanz wiedergegeben hatte, reisete sie wieder zu ihrem Sohne ab. Das heilige Creutz, das sie in einem silbernen Futterale mitbrachte, ward in die Hände des Bischoffs gegeben, der es dem Volke jährlich nur einmal, nämlich am Charfreytage, zeigte. Constantin bekam von seiner Mutter die Nägel, die Ueberschrifft und ein ansehnliches Stück vom Creuze zum Geschenk, wovon er wiederum ein Stück, nebst der Ueberschrifft nach Rom schickte. Er ließ beydes in der Kirche des sessorianischen Pallasts in Verwahrung bringen, und diese bekam daher den Namen der Kirche zum heil. Creuz, oder der Kirche der Helena. Das andere Stück behielt er bey sich, und ließ es nach der Zeit zu Constantinopel in seine Statue einschlüßen, welche auf eine Säule von Porphyr gesetzt

Constantin. Jahr 327.

56. *Zurückkunft der Helena.* Soc. l. 1. c. 17. Theod. h. l. c. 17. Soz. l. 2. c. 1. Cod. orig. C. P. p. 17.

478 Geschichte des morgenl.

Constantin
Jahr 327.

setzt ward. Was er mit den Nägeln vorgenommen habe, wird uns so deutlich nicht gesagt: alles, was man von den Ausdrücken der Originalschriftsteller verstehen kann, ist, daß er sie mit andern Eisen zusammen schmelzen, und sich einen Helm und ein Gebiß für sein Pferd daraus machen ließ, um ihm zu einem Schutze in den Schlachten zu dienen. Der Pabst Sylvester setzte auf den dreyßigsten May das Fest der Creuzfindung ein.

17.
Hr. Tod.
Euf. vit. l. 3.
c. 46 et 47.
Soc. l. 1. c. 17.
Theod. l. 1.
c. 18. Soz.
l. 2. c. 1.
Anast. in Sylvest. Theoph.
p. 21. Niceph.
Call. l. 8. c. 31.
Chron. Alex.
p. 283. Hesych. Milef.
Philost. l. 2.
c. 13. Iustin.
Coll. 4. t. 7.
nov. 18. c. 1.
Baron. an.
326.

Helena lebte nicht lange mehr nach dieser frommen Eroberung. Sie starb im Monat August, achtzig Jahre alt, in den Armen ihres Sohnes, den sie durch ihre letzte Reden im Glauben stärkte und den Seegen gab. Er ließ ihren Leichnam nach Rom bringen, wo er in ein porphyrnes Grab gelegt ward, in dem Mausoläo, welches Constantin neben der Kirche des heil. Marcellinus und des heil. Petrus hatte bauen laßen. Er zierte diese Kirche mit einer großen Menge kostbarer Gefäße. Die Römer geben vor, daß sie den Leichnam dieser Prinzeßinn noch besitzen: Wenn man aber den griechischen Geschichtschreibern hierinne glauben darf, so ward derselbe, zwey Jahre darnach, wieder nach Constantinopel gebracht, und in der Kirche der heil. Apostel bey-

beygesetzt. Das gewisseste ist, daß der
Kayser seine Mutter bey ihrem Leben sehr
in Ehren hielt: er gab ihr den Titel Augusta; er ließ ihren Namen auf Münzen prägen; und sie war über alle seine
Schätze Herr. Sie bediente sich derselben blos zu einer frommen Pracht und
zu unerschöpflichen Mildthätigkeiten. Es
ist aber sehr wahrscheinlich, daß auf einer
Seite die Wegnehmung aller Reichthümer der Tempel, auf der andern die frommen Verschwendungen der Helena der
vornehmste Grund zu dem Vorwurfe
sind, den die heidnischen Schriftsteller dem
Constantin machen, daß er mit einer
Hand das verschwendet habe, was er mit
der andern raubte. Der Kayser hörte
indeß nicht auf das Andenken seiner Mutter auch nach ihrem Tode zu ehren. Er
richtete ihr zu Constantinopel eine Bildsäule auf, an einem Orte, der davon den
Namen Augusteon bekam. Nachdem
er den Flecken Drepanum in Bithynien
zu einer Stadt gemacht hatte, um dem
Märtyrer Lucianus eine Ehre zu erweisen, dessen Reliqvien allda waren,
nannte er sie Helenopolis, und sprach das
ganze Gebiete rings herum, so weit man
mit den Augen reichen konnte, frey. Einige sagen, daß es Helena selbst gewesen

Constantin.
Jahr 327.

sen sey, die auf ihrer Zurückreise diesen Flecken erweiterte; sie glaubten daher, daß sie daselbst gebohren sey. Sozomenes redet noch von einer Stadt in Palestina, welche Constantin Helenopolis nannte. Er veränderte auch ihr zu Ehren den Namen eines Theils der Provinz Pontus, und nannte sie Helenepont. Justinianus dehnte nach der Zeit diese Benennung auf die ganze Provinz aus.

Die Angelegenheiten der Kirche, von denen wir anderwärts reden wollen, hielten den Constantin ein großes Stück vom folgenden Jahre zu Nicomedien auf, in welchem Januarius und Justus Bürgermeister waren. Er gieng von da weg, zu einem Feldzuge, von dem man aber nichts umständliches weis. Eine Aufschrifft von diesem Jahre, die ihm zum zwey und zwanzigsten mal den Titel Imperator giebt, ist das Denkmal eines erhaltenen Sieges. Die alexandrinische Chronic sagt, daß er damals verschiedenemal über die Donau gegangen sey, und eine steinerne Brücke über diesen Fluß habe bauen laßen. Theophanes stimmt damit überein, und setzt hinzu, daß er einen rühmlichen Sieg über die Deutschen, Sarmaten und Gothen erhalten, und sie, nach Verwüstung ihrer Länder,

Constantin. Jahr 327.

Constantin. Jahr 328. 58. Kriege wider die Barbarn. Vict. epit. Chron. Alex. p. 284. Theoph. p. 22. God. Chron. Cod. Theod. et in not. t. 2. p. 240. Grut. CLIX. 6.

Länder, unter das Joch gebracht habe. Er wiederholt aber eben dieses zwey Jahre darnach, und man kann überhaupt auf die Richtigkeit dieses Schriftstellers nicht viel rechnen. Aus der Lage der Stadt Oescos, in Unter-Mösien an der Donau, wo sich Constantin zu Anfange des Julius befand, kann man muthmassen, daß er damals wider die Gothen und Taifalen zu Felde gelegen. Die letztern waren eine scythische Völkerschafft, die im Reiche schon bekannt war; sie bewohnten einen Theil der Länder, die man heut zu Tage die Moldau und Walachey nennt.

Mitten unter diesen kriegerischen Verrichtungen verlohr der Kayser das Vorhaben, die Abgötterey zu schwächen, nicht aus dem Gesichte; und während daß in diesem und den folgenden Jahren, Asien eine neue Hauptstadt, jenseits des Bosphorus, glänzend empor steigen sahe, hörte es auf einer andern Seite das Gepoltere der Götzenbilder und der Tempel, die man in Cilicien, in Syrien, in Phönicien niederriß; Provinzen, die von dem abgeschmacktesten und schändlichsten Aberglauben angesteckt waren. Die Klugheit des Prinzen diente seinem Eifer zum Führer: um keine Unruhen zu erre-

Constantin Jahr 328.

19. Verheerung der Götzenbilder.
Eus. vit. L. 3. c. 54. 57. Soc. l. 1. c. 10. Soz. l. 2. c. 4.

gen

Constantin Jahr 328.

gen bediente er sich keiner gewaltsamen Mittel, sondern schickte in jede Gegend zween oder drey vertraute Bediente vom Hofe, die seinen Befehl schrifftlich bey sich hatten. Diese Commissarien warfen in den größten Städten und in den volkreichsten Dörfern, durch welche sie reiseten, die Gegenstände der öffentlichen Anbetung um. Die Ehrerbietung, die man gegen den Kayser hegte, diente ihnen statt der Waffen und der Bedeckung. Sie brachten es sogar bey den Priestern so weit, daß sie selbst ihre eigene Gottheiten aus ihren dunkeln Behältnissen heraus holten; sie zogen diesen Götzen selbst vor den Augen des Volks die prächtigen Kleider ab, und zeigten demselben die darunter verborgene plumpe und häßliche Gestalt. Sie ließen das Gold und Silber zusammen schmelzen, dessen Glanz den Aberglauben geblendet hatte; sie nahmen die chernen Götzenbilder weg; man sahe jene in den Fabeln der Griechen berühmte Statuen, und welche der Pöbel so ansahe, als ob sie vom Himmel gefallen wären, aus ihren Tempeln heraus werfen. Der Pöbel, welcher anfänglich erzitterte, und sich einbildete, daß entweder der Blitz diese gottlose Rotte zerschmettern, oder die Erde sie verschlingen würde, erröthete hernach über seine Opfer,

da

da er die Ohnmacht und die Schande
dieser Götter sahe. Da er ihnen weiter Constantin.
nichts als eine zeitliche und irrdische Ge- Jahr 328.
walt zugeeignet hatte, sahe er sie nicht
mehr für Götter an, sobald man sie ungestraft beleidigte; ein Irrthum vertrieb
demnach den andern. Viele nahmen die
christliche Religion an; die hartnäckig-
sten aber hielten sich zu gar keiner mehr.
Sie erstaunten, da sie in den unterirrdi-
schen Gemächern, und in der Hölung dieser Götzenbilder nichts weiter antraffen,
als Koth, Hirnschädel und Knochen,
schreckliche Ueberbleibsel der magischen
Ceremonien oder der Menschenopfer.
Ihre Verwunderung stieg noch höher,
da sie keinen von den Göttern da fanden,
welche ehemals diese Bilder redend gemacht hatten, keinen Genius, keinen
Geist. Diese Oerter wurden verächtlich, so bald sie nur aufhörten geheim
und verborgen zu seyn.

An einigen Tempeln ließ der Kayser 60.
weiter nichts thun, als die Thüren aus- Tempel zu
heben, und das Dach aufdecken; andere Apher.
aber, in welchen Unzucht und Abgötterey Euf. vit. L 3.
am ärgsten getrieben wurden, ließ er c. 55. Soz.
vom Grunde aus umkehren. Auf einem l. 2. c. 4. Zof.
der Gipfel des Libanons, zwischen Helio- quaeft. l. 3.
polis und Byblos, nahe bey dem Flusse c. 26. Ety-
                                          mol. in
                                          Αφακα.

Hh 2   Adonis,

Adonis, lag ein Ort, Apher genannt. Hier stand in einer einsamen Gegend, mitten in einem dicken Walde, ein Tempel der Venus. Daneben war ein See, so regelmäßig ausgestochen, als ob er von Menschenhänden gegraben wäre. Zu der Zeit, wenn das Fest dieser Göttinn gefeyert ward, sahe man an einem gewissen Tage, nach einer geheimnißvollen Anrufung, einen Stern vom Gipfel des Libanons empor steigen, und herunter in den Fluß Adonis fallen; man sagte, daß dieß die Venus Urania sey. Niemand bestritt die Wirklichkeit dieser Lufterscheinung, und Zosimus, der von allen Wundern der christlichen Religion nichts glauben will, wagt es nicht, an diesem zu zweifeln. Der See war noch durch ein anderes Wunderwerk berühmt: die Verehrer der Göttinn warfen, einander zum Trotz, allerhand Opfer hinein; die Geschenke nun, die sie annahm, sunken, wie man sagt, auf den Grund nieder, wenn sie auch noch so leicht gewesen wären, als z. E. seidene Schleyer und Leinwand; die Geschenke aber, welche die Göttinn nicht haben wollte, blieben oben auf dem Wasser, so schwer sie auch waren. Diese Fabeln, die durch die Erzählung von den Liebeshändeln der Venus

Constantin. Jahr 128.

und

und des Adonis, welche an diesem Orte vorgefallen seyn sollten, einen Schein bekamen, vermehrten die Reize dieser angenehmen Landschaft. Alles foderte hier zur Wollust auf. Unzüchtige Frauenzimmer und ihnen ähnliche Mannspersonen kamen hieher, um in diesem Tempel ihre abscheulichen Orgia zu feyern. Das Laster scheuete hier keinen Tadler, weil die Schamhafftigkeit und die Tugend sich nie diesem Orte naheten. Constantin ließ diese Freystadt der Unreinigkeit vom Grunde aus umkehren, die Götzenbilder zerschlagen, und die Opfer verbieten; er ließ das durch diese Werke der Finsterniß besudelte Erdreich reinigen, und that durch schreckliche Drohungen dem Fortgange dieser unreinen und abscheulichen Religionsgebräuche Einhalt.

Constantin. Jahr 328.

Die Ausschweifungen beyder Geschlechte gegen einander waren kein Religionsgebrauch, sondern ein altes Gesetz zu Heliopolis in eben dem Lande. Die Weiber waren daselbst gemein, und die Kinder wußten nicht wer ihr Vater war. Ehe die Töchter verheyrathet wurden, ließ man sie zuvor von den Fremden mißbrauchen. Constantin suchte durch ein strenges Gesetz diese schändliche Gewohnheit

61. *Ausschweifungen und abergläubische Dinge abgeschafft.* Euf. vit. l. 3. c. 56, 58. Socr. l. 1. c. 18. Soz. l. 2. c. 4.

Constantin Jahr 328.

heit abzuschaffen, und Ehrbarkeit und die Rechte der Natur in den Familien wieder herzustellen. Er schrieb an die Einwohner, um sie zur Erkenntniß des wahren Gottes zu rufen; er ließ eine große Kirche bauen; er setzte einen Bischoff ein, nebst andern dazu gehörigen Geistlichen, und theilte, um der Wahrheit den Weg leichter zu machen, in der Stadt häufige Almosen aus. Sein Eifer schaffte aber den Nutzen nicht, den er sich versprach, und die Hartnäckigkeit dieses Volks bewies, daß die durch schändliche Wollüste verdorbenen Herzen am wenigsten geneigt sind den Saamen des Evangelii anzunehmen. Wir werden sehen, wie sie sich unter dem Julianus wegen der Gewalt gerochen haben, die ihnen Constantin anthat, um sie zur Vernunft zu bringen. Der Kayser fand weniger Widerstand zu Aegä in Cilicien, wo nur der Betrügerey Einhalt geschehen durfte. Man kam von allen Seiten nach dem Tempel des Aesculaps gelaufen, um daselbst die Gesundheit wieder zu finden. Der Gott erschien in der Nacht, heilte die Kranken im Schlafe, oder offenbarte ihnen die Genesungsmittel. Constantin machte dieser Charlatanerie ein Ende, indem er der

Götzen

Götzen umwarf und den Tempel niederriß. Aegypten betete den Nil, als den Urheber seiner Fruchtbarkeit an; es hatte ihm eine Gesellschaft weibischer Priester geheiligt, welche sogar den Unterschied ihres Geschlechts vergessen hatten. Das Maaß, dessen man sich bediente, wenn man das Aufschwellen des Nils bestimmen wollte, ward zu Alexandrien im Tempel des Serapis verwahrt. Man schrieb diesem Gotte die Macht zu, das Austreten des Flusses zu veranlassen. Der Prinz ließ diesen Maaßstab in die Kirche zu Alexandrien bringen. Ganz Aegypten ward darüber aufrührisch; man zweifelte nicht, daß sich der erzürnte Serapis durch eine Dürre rächen würde, und um die Gemüther zu beruhigen, war nichts Geringeres nöthig, als eine noch günstigere Ueberschwemmung, wie sie auch wirklich verschiedene Jahre hinter einander erfolgte. Das, was Constantin bey dieser Gelegenheit zu viel that, war, daß er die Priester des Nils umzubringen befahl. Es waren wirklich Leute, die Abscheu verdienten; aber es waren Blinde, die er wenigstens erst aus dem Irrthume zu reißen hätte suchen sollen, ehe er sie umbringen ließ.

Constantins Jahr 328.

Eine andere Art von Aberglauben hatte sich in Palestina eingeschlichen. Ohngefähr zehn Meilen von Jerusalem, nicht weit von Hebron, war ein Ort Terebinthus genannt, von einem Baume dieser Art, welcher, der gemeinen Sage nach, so alt seyn sollte als die Welt. Dieser Ort ward auch die Eiche zu Mamre genannt, weil man vorgab, daß daselbst noch die Eiche zu sehen sey, unter welcher Abraham saß, als er von den Engeln besucht ward, die Sodom zerstören sollten. Man zeigte daselbst auch das Grab dieses Patriarchen. Es war eine Wallfarth und ein berühmter Jahrmarkt allda, wo zu einer gewissen Zeit im Jahre eine große Menge Menschen aus allen Gegenden in Palestina, Phönicien und Arabien zusammen kamen, so wohl um einzukaufen und zu verkaufen, als auch um ihre Andacht zu haben. Die Christen, die Juden und die Heyden verrichteten hier ihre Religionsübungen, ein jedes nach seiner Art. Man schlachtete Opfer allda; man goß dem Abraham zu Ehren, nach Art der heidnischen Libationen, Wein aus: denn zu allen Zeiten ist Abraham von den morgenländischen Völkern sehr verehrt worden. Die Engel, die heidnischen Gott-

Constantin. Jahr 328. 62. Eiche zu Mamre. Euf. vit. l. 3. c. 51 seq. Valef. not. ib. Soc. l. 2. c. 3. Till. art. 68.

Gottheiten zur Seite gemahlt waren, die Eiche selbst und der Terpentinbaum, alles war ein Gegenstand der Abgötterey. Man hielt sich in dieser leeren und offenen Ebene unter Zelten auf, und so groß auch öfters der Schwarm war, so geschahen doch keine Ausschweifungen: eine strenge Enthaltsamkeit war eins von den Gesetzen des Festes, und die Männer beobachteten sie sogar gegen ihre Weiber. Der Brunnen Abrahams war indeß die ganze Zeit über mit brennenden Lampen behangen; man goß Wein hinein; man warf Kuchen, Geld und allerley Räucherwerk hinein. Eutropia, die Stiefmutter des Kaysers, die ohnfehlbar aus Andacht eine Reise nach Palestina gethan hatte, gab ihm von diesen Mißbräuchen in ihren Briefen Nachricht. Er schrieb hierauf sogleich an den Macarius, und an die andern Bischöfe der Provinz, und gab ihnen Verweise, daß sie nicht längst diese abergläubischen Gebräuche bemerkt und abgeschafft hätten. Er that ihnen ferner zu wissen, daß er dem Acacius aufgetragen habe, unverzüglich alle Bilder zu verbrennen, die er an diesem Orte finden würde, alle Altäre nieder zu reißen, und alle die mit schwerer Strafe zu belegen, die es künftig

Constantin. Jahr 328.

Constantin.
Jahr 328.

wagen würden, Abgötterey daselbst zu treiben. Er empfiehlt den Bischöffen, daß sie mit aller Sorgfalt den Ort rein zu erhalten suchen, und ihm von allem Nachricht geben sollen, was daselbst dem Dienste der wahren Religion zuwider vorgenommen werden könnte. Man bauete daselbst auf Befehl des Kaysers eine schöne Kirche. Die Eiche zu Mamre stand nach diesem nicht lange mehr, und zu den Zeiten des heil. Hieronymus war nichts als der Stock noch davon übrig. Der Aberglaube entgieng aber doch den Befehlen des Constantin und der Wachsamkeit der Bischöffe; so daß er im fünften Jahrhunderte noch fortdauerte.

63.
Erbauete Kirchen.
Euf. vit. l. 3. c. 50. Soz. l. 2. c. 3.
Fleury Hist. eccles. L. 11. c. 35.

Zu eben der Zeit, da der Kayser die Tempel der falschen Götter niederriß, bauete er andere dem wahren Gotte auf. Er ließ auf seine Kosten einen sehr grossen und sehr prächtigen zu Nicomedien aufführen, und weihete ihm mit dem Nahmen Salvator ein, aus Erkenntlichkeit für seine Siege, welche Gott in dieser Stadt durch die Unterwerfung des Licinius gekrönt hatte. Es war beynahe keine Stadt, die er nicht mit einem dem Gottesdienste gewiedmeten Gebäude zierte. Antiochien war gewissermaaßen

die Hauptstadt im Oriente, und er ver‑
schönerte sie durch eine Kirche von vor‑ *Constantin.*
züglicher Größe und Pracht. Es war *Jahr 328.*
ein achteckigtes Schiff, sehr hoch, und
mitten in einer geraumigen Ringmauer.
Rings herum waren Wohnungen für
die Geistlichen, Säle und Gebäude von
vielen Stockwerken über einander, ohne
von den unterirdischen Gemächern zu
reden. Gold, Erz und die kostbarsten
Materialien waren daran verschwendet:
man nannte sie die goldene Kirche. Jo‑
seph, ein angesehener Mann unter den
Jüden, der anfänglich in seiner Blind‑
heit sehr verstockt war, hernach aber durch
eine Menge Wunderwerke sich bekehren
ließ, und vom Kayser mit dem Titel
eines Grafen beehrt worden war, ließ
auch eine große Anzahl Kirchen in ganz
Judäa herum aufbauen. Dieser Jo‑
seph machte sich durch seine Treue gegen
den wahren Glauben merkwürdig. Er
war der einzige rechtgläubige Einwoh‑
ner zu Scythopolis; eine Stadt, welche
ihr Bischoff Patrophilus ganz mit den
arianischen Irrthümern angesteckt hatte.
Die Würde eines Grafen setzte ihn gegen
die Arianer in Sicherheit.

Der Glanz, den Constantin dem *64.*
Christenthume verschaffte, eröffnete im‑ *Arabud und*
  Majuma
mer nehmen des

mer je mehr und mehr den Heiden die
Augen. Man hörte von nichts als
Städten und Flecken reden, welche, ohne
einen Befehl dazu zu haben, ihre Götter
verbrannt, ihre Tempel niedergerissen
und Kirchen aufgebauet hatten. Eine
Stadt in Phönicien (man glaubt, daß
es Arabus sey) bekannte sich zur christlichen Religion, nachdem sie eine große
Menge Götzen ins Feuer geworfen hatte.
Constantin veränderte zur Belohnung
dieses Eifers ihren Nahmen in Constantina. Den Nahmen seiner Schwester
Constantia, oder seines Sohns Constantius, gab er der Stadt Majuma,
und nannte sie Constantia. Es war
eigentlich nur ein Flecken, welcher der
Stadt Gaza in Palestina zum Hafen
diente. Die Einwohner, die dem Aberglauben sehr ergeben waren, sagten sich
auf einmal, durch eine Art von Eingebung, davon los. Der Kayser schenkte
diesem Orte große Privilegien; er gab
ihm den Titel einer Stadt, befreyete ihn
von der Gerichtsbarkeit der Stadt Gaza,
und erlaubte ihm seine eigenen Statu-
ten und einen eigenen Stadtrath zu
haben. Er setzte auch einen Bischoff
dahin. Gaza ward darüber sehr eifersüchtig, und hielt fester als zuvor an der
Abgötte-

Constantin.
Jahr zu christlichen Glauben an.
Euf. vit. l. 4
c. 38, 39.
Soc. L. 1. c. 18.
Soz. l. 2. c. 4
et l. 5. c. 3.
Noris epoch.
Syr. p. 363.
God. ad Cod.
Th. l. 15. t. 6.
leg. 2.

Abgötterey. Sie rächte sich auch unter dem Julianus, welcher der Stadt Majuma ihre Privilegien nahm, und sie wieder in den vorigen Stand setzte. Doch behielt sie ihren Vorzug in der neuen geistlichen Einrichtung, und hatte beständig ihren eigenen Bischoff. Was uns dabey wunderbar vorkommen muß, ist, daß diese Stadt, nachdem sie sich zur christlichen Religion gewendet hatte, dennoch eine sehr unehrbare Bildsäule der Venus behielt, welche auch noch einige Anbeter hatte. Es scheint sogar, daß sie ihren Schauplatz fortgesetzt habe, der durch wollüstige Vorstellungen so berühmt war, daß man alle geilen Schauspiele, die besonders in Syrien Mode waren, überhaupt Majumen nannte. Sie wurden nicht eher gänzlich abgeschafft, als durch den Arcadius zu Ende dieses Jahrhunderts.

Constantia. Jahr 308.

Das Reich war schon überall mit Christen angefüllt. Die wahre Religion hatte schon seit langer Zeit die Grenzen der römischen Herrschafft sogar überschritten; sie war an verschiedenen Orten bis über den Rhein und die Donau gedrungen. Die Barbarn, die seit der Regierung des Gallienus öfftere Einfälle in Europa und Asien thaten, nahmen

65. Bekehrung der Aethiopier und Iberier.
Soz. l. 1. c. 15.
16. Soz. l. 1.
c. 5, 6, 7, 23.
Theod. l. 1.
c. 23, 24.
Ruf. l. 1. c. 9.
10. Baron.
Martyr. 15.
Dec.

Constantin. Jahr 328.

men nebst den Schätzen des Reichs den Glauben mit zurück in ihr Land. Die gefangenen Priester und Bischöffe machten ihnen den Namen Jesu Christi bekannt, und die Geduld, die Sanftmuth, das exemplarische Leben, die Wunderwerke dieser frommen Männer machten ihnen ihre Religion bewunderns- und liebenswürdig. Die Gothen hatten das Evangelium angenommen. Ein König von Armenien, Namens Tiridates, hatte seine Nation bekehrt, und der Handel der Armenier und der Osrhoenier eröfnete dem Glauben den Weg bis tief in Persien. Constantin hatte die Freude unter seiner Regierung dieses Licht sich über Gegenden ausbreiten zu sehen, welche es noch nie erleuchtet hatte, oder wo es wenigstens nach der Predigt der Apostel und ihrer ersten Nachfolger sogleich wieder verloschen war. Frumentius pflanzte den Glauben bey den Aethiopiern, und ward vom heil. Athanasius zum Bischoffe von Auxuma, der Hauptstadt dieses Landes, eingeweyhet. Eine Gefangene predigte das Evangelium in Iberien, und der König, nachdem er eine Kirche hatte bauen lassen, schickte Gesandte an den Constantin, um mit ihm ein Bündniß zu schlüßen, und sich bey ihm

ihm Priester auszubitten, die seine Nation unterrichten könnten. Die Eroberung dieses Königreichs würde dem Kayser keine so große Freude verursacht haben. Er schickte ansehnliche Geschenke an diesen Prinzen, unter welchen das kostbarste ein vom Geiste Gottes erfüllter Bischoff war, den noch andere würdige Diener der Kirche begleiteten. Der Glaube faßte tiefe Wurzeln in Iberien, und hat sich lange, mitten unter den Ketzereyen, die ihn umgaben, in seiner Lauterkeit daselbst erhalten. {Constantin Jahr 328.}

Was nun unter dem Constantin die Kirche vollends befestigte, und so zu sagen, ihre geistliche Armee vollzählich machte, war die Stiftung der Klöster. Die Verfolgungen hatten öfters die Christen in die Gebürge und Wüsteneyen getrieben, und dieses gab Gelegenheit zum einsamen Leben. Aber eben diese Ursache machte auch, daß sie von einander abgesondert blieben. Da nun der Kirche der Friede war geschenkt worden, vereinigten sich diese himmlischen Seelen wieder mit einander; es entstanden zahlreiche Gemeinschafften, wo die Verdienste eines jeden Mitgliedes zu einem allgemeinen Gute der ganzen Gesellschafft wurden. Die Wüsteneyen wurden mit {66. Stiftung der Klöster. Euſ. vit. l. 4. c. 28. Soz. l. 1. c. 12, 13, 14.}

Tugenden

Tugenden bevölkert. Der heil. Antonius, den der Kayser sehr hoch schätzte, brachte zuerst eine Anzahl Schüler zusammen. Der heil. Pacomus stifftete das Kloster zu Tabenna, zu eben der Zeit, da Constantin Constantinopel erbauete. Diese ersten Pflanzen des Klosterlebens breiteten sich in kurzer Zeit, unter dem Schatten einer Regierung, die sie schützte, weiter aus, und man sahe in allen Provinzen des Reichs Klöster entstehen, die für die Kirche allemal schätzbar sind, so lange sie den Eifer für ihre Grundanlage und für die Tugend beybehalten.

Constantin. Jahr 328.

67.
Ueberbleibsel der Abgötterey.
Euf. vit. l. 1. c. 8. l. 3. c. 1. l. 4. c. 16.
Soc. l. 1. c. 18
Theod. l. e. c. 20. Soz. l. 1. c. 8.
Prud. in Sym. Oraf. l. 7. c. 28. Cod.
Th. l. 12. t. 5.

Wir wollen in wenig Worten zusammen fassen, was Constantin für die christliche Religion that, und in welchem Zustande er sie ließ. Wir wollen es ein für allemal sagen, daß er sie selbst über die Maaßregeln zu Rathe zog, die er zu ihrer Fortpflanzung ergriff, und daß er keine andern Mittel anwandte, als die sie selbst billigte. Er erwies sich vorzüglich günstig gegen die, die sich zu derselben bekannten; er bemühete sich das Heidenthum in Vergessenheit zu bringen und verächtlich zu machen, indem er die abgöttischen Tempel entweder zuschloß oder niederriß, ihnen ihre Besitzthümer nahm, die Betrügereyen der Götzen

Götzenpriester entdeckte, die Opfer verbot, und dieses alles, so viel es sich thun ließ, ohne Gewaltthätigkeit und ohne dem Character eines Vaters aller seiner Unterthanen, selbst derer, die im Irrthume stacken, zu nahe zu treten. Wo er den Aberglauben nicht abschaffen konnte, erstickte er wenigstens die Unordnungen, welche eine Folge davon waren. Er gab strenge Gesetze, um den Lauf jener schrecklichen Ausschweifungen zu hemmen, welche die Natur verabscheuet. Er predigte selbst Jesum Christum durch seine Frömmigkeit, durch sein Beyspiel, durch seine Unterredungen mit den Abgesandten der ungläubigen Nationen, und durch die Briefe, die er an die Barbarn schrieb. Weit entfernt, daß er den heidnischen Göttern die Ehre erwiesen, und seine Bildsäulen in ihre Tempel gesetzt haben sollte, wie Socrates fälschlich vorgiebt, verbot er vielmehr diesen Mißbrauch durch ein ausdrückliches Gesetz, wie Eusebius berichtet. Er hielt die Bischöffe in Ehren, und setzte an verschiedenen Orten etliche ein; er gab dem äußerlichen Gottesdienste mehr Glänzendes und Prächtiges; er ließ allenthalben Creutze aufrichten; seine Paläste hatten dieses Bildniß über allen Thüren

Constantin. Jahr 328.

und auf allen Mauern. Die Aufschrifften der Müntzen, die nach Aberglauben schmeckten, wurden abgeschafft, man stellte den Kayser, mit gen Himmel erhabenem Angesichte, und mit ausgestreckten Händen, in Gestalt eines Bittenden auf denselben vor. Er überließ sich aber keinem übereilten Eifer, sondern erwartete von der Zeit, von den Umständen und besonders von der göttlichen Gnade die Vollendung des Wercks Gottes. Die heidnischen Tempel zu Rom, zu Alexandrien, zu Antiochien, zu Gaza, zu Apamea, und an verschiedenen andern Orten blieben stehen, weil ihre Verwüstung schlimme Folgen nach sich gezogen haben würde. Wir haben ein Gesetz, das zu Carthago den Tag vor seinem Tode angeschlagen ward, durch welches er die Privilegien der heidnischen Priester in Africa bestätigt. Dem Theodosius war es aufbehalten, die letzten Schläge zu thun. Die Menschlichkeit und selbst die Religion wissen es dem Constantin Dank, daß er der Abgötterey keine Märtyrer gegeben hat.

Constantin. Jahr 328.

Diese für die Religion so wichtige Begebenheiten haben kein gewisses Datum. Verschiedene können noch vor dem Concilio zu Nicäa vorhergegangen seyn; andere

Jahr 329. 68. Datum der

Kayserth. Viertes Buch. 499

andere sind nach der Erbauung der Stadt Constantinopel erst erfolgt. Sie machten einen wichtigen Theil der Beschäfftigungen Constantins aus, von der Zeit an, da er allein Kayser ward, bis an seinen Tod. Wir haben sie den Augen der Leser alle vereinigt vorgestellt, um uns weiter mit nichts, als mit der Erbauung des neuen Roms, zu beschäfftigen. Man weiß gewiß zu welcher Zeit Constantinopel vollendet und eingeweihet ward; über die Zeit aber, da man es zu bauen anfieng, ist man nicht einerley Meynung. Nach einigen Schriftstellern geschahe es im Jahr drey hundert fünf und zwanzig, nach andern aber zu Ende des drey hundert neun und zwanzigsten Jahres. Uns scheint es wahrscheinlicher, daß Constattin, da er im Jahre drey hundert sechs und zwanzig Rom verließ, den Vorsatz schon gefaßt hatte, dieser Stadt eine Nebenbuhlerin zu geben; daß er sich im folgenden Jahre nach einem Orte umgesehen habe, wo er sein Vorhaben ausführen wollte, und daß er endlich, nach einem ersten wieder unterlassenen Versuche, bey der Gegend um Byzantz stehen geblieben sey, wo er im Jahr drey hundert acht und zwanzig den Bau anfieng, und ihn so eifrig fortsetzte, daß er fast

Constantin. Jahr. 329. Erbauung der Stadt Constantinopel. Theoph. p. 17. Cod. orig. C. P. p. 8. Pagi diss. p. 145. Petau. doct. temp. l. 11. c. 42. Till. note 66. sur Const.

Ji 2 im

im folgenden Jahre damit zu Stande kam, und die Stadt im Monat May des Jahrs drey hundert und dreyßig eingeweyht werden konnte. Diese Muthmaßung bewegt uns, alles, was die Erbauung der Stadt Constantinopel betrifft, unter das Jahr drey hundert neun und zwanzig zu rechnen, da der Kayser zum achten, und sein ältester Sohn zum vierten mal Consul war. Er brachte den größten Theil dieser beyden Jahre in der Nachbarschafft seiner neuangelegten Stadt zu, damit er, so oft es ihm gefiele, selbst auf dem Platze gegenwärtig seyn, und den Bau anordnen und betreiben könnte.

Constantin. Jahr 329.

69. Gründe, die den Constantin bewogen eine neue Stadt zu bauen. M. l'Abbé de la Bleterie Hist. de Jovien. t. I. p. 383.

Wenn man die Regeln einer gesunden Staatsklugheit zu Hülfe nimmt, kann man sich nicht enthalten den Constantin zu tadeln, daß er sich einfallen ließ eine neue Hauptstadt zu bauen, und die Kräfte des Reichs zu theilen, zu einer Zeit, wo dieser große Staatskörper, durch die Länge der bürgerlichen Kriege entkräftet, und durch die Tyranney und die Verschwendung so vieler Prinzen erschöpft, die ihm zu gleicher Zeit zur Last wurden, seine Kräfte auf einen Punct zusammen zu nehmen und zu vereinigen nöthig hatte, um ihnen eine neue Anspannung zu geben.

geben. Diese Zertheilung mußte noth- *Constantin.*
wendig die wenigen noch übrig geblie- *Jahr 329.*
nen Lebensgeister vollends zerstreuen.
Constantinopel, das auf Unkosten Roms
erbauet und verschönert ward, that diesem allemal Abbruch, ohne daß es demselben jemals an Ansehen und Gewalt
gleich kam. Aber die Staatsgründe
mußten hier dem besondern Geschmacke
des Kaysers, der Abneigung, die er gegen Rom und den Aberglauben desselben empfand, und vielleicht auch dem
Stolze, gewissermaaßen für den Stifter
eines neuen Reichs angesehen zu werden,
wenn er den Sitz des alten anders wohin verlegte, weichen. Da dieser Entschluß nun einmal gefaßt war, so kam
es nur darauf an, den bequemsten Platz
zu einer kayserlichen Residenz in dem
weitläuftigen Gebiete des Reichs auszu-
suchen. Persien war damals die einzige Macht, welche die Römer beunruhigen konnte, und Constantin sahe gar
wohl voraus, daß Sapor nicht lange
Friede halten würde: er glaubte demnach, daß er den Mittelpunct seiner
Stärke weiter nach dem Orient verlegen, und einem so fürchterlichen Feinde
eine nähere Grenzvestung entgegen setzen
müsse.

Ji 3

Es war ehemals der Ruf gegangen, daß Julius Cäsar den ganzen Glanz Roms auf Troja habe bringen wollen. Eben dieses war auch anfänglich die Absicht des Constantin. Das Andenken der Stadt Troja war den Römern jederzeit lieb und werth, und die Dardanier in Europa, unter denen er gebohren war, sahen diese Stadt beständig als das Vaterland ihrer Vorältern an. Ausserdem ließ er sich ohne Zweifel von der Schönheit und dem Rufe der Ufer des Hellespont bezaubern, die Homer in seinen Gedichten weit schöner gemacht hat, als sie von Natur sind, und wo ihm alles heroische Bilder und Thaten vorstellte. Er zeichnete demnach den Umfang seiner Stadt zwischen den beyden Vorgebürgen Rhöteum und Sigeum, nahe bey dem Grabe des Ajax ab, und legte den Grund dazu. Die Mauern stiegen schon aus der Erde hervor, als eine himmlische Erscheinung, nach dem Sozomenes, oder seine eigene Ueberlegung ihn auf andere Gedanken brachte, und er die bequeme Gegend um Byzanz vorzog. Die Seereisenden sahen noch lange darnach die Thore dieser auf einer Höhe angefangenen Stadt.

Constantin. Jahr 329. 70. Er will zu Troja bauen. Suet. in Cæs. c. 79. Zos. l. 2. Soz. l. 2. c. 2. Crevier Hist. des Empereurs t. 12. p. 116.

Die

Die Griechen, über die Wunder, welche die Erbauung der Stadt Rom merkwürdig machten, eifersüchtig, haben hier ihre Fruchtbarkeit in Erdichtungen gezeiget. Sie führen den Leser von einem Wunderwerke zum andern. Wir wollen uns mit Anführung derselben nicht aufhalten. Es war kein anderes nöthig, um den Constantin nach Byzanz zu ziehen, als die vortreffliche Lage dieser Stadt; es giebt dergleichen in der ganzen Welt nicht. Ueber einer Anhöhe auf einer Erdenge an der Spitze von Europa, und im Angesicht Asiens gelegen, von welchem sie durch eine Meerenge von sieben Stadien abgesondert ward, hatte sie alle Vortheile der Sicherheit und der Handlung beysammen, nebst allen Schönheiten der Natur und der reizendesten Aussicht. Sie war der Schlüssel zu Europa und Asien, zum Pontus Euxinus und dem ägeischen Meere. Die Schiffe konnten aus einem Meere nicht ins andere übergehen ohne von den Byzantinern Erlaubniß zu haben. Sie hieng nur auf der Abendseite mit dem festen Lande zusammen, indem sie gegen Mittag vom Propontis, gegen Morgen vom Bosphorus, und gegen Mitternacht von einem kleinen Meerbusen Chrysoceras oder das

Constantin. Jahr 329. 71. Lage der Stadt Byzanz. Cod. Orig. Dionys. Byzant. Zos. l. 2. Polyb. L. 4. Proc. de ædif. c. 5. Gyll. de Bosp. Thrac. l. 1. c. 2.

Ji 4   güldes

Constantin Jahr 329.

güldene Horn genannt umgeben ward. Die Temperatur der Luft, die Fruchtbarkeit des Erdbodens, die Schönheit und Bequemlichkeit zweener Hafen, alles trug bey, sie zum angenehmsten Aufenthalte zu machen. Die Fische, und besonders der Thunfisch, welche Hausenweise aus dem Pontus Euxinus in den Propontis streichen, machten den Fischfang daselbst überaus reichlich. Die Stadt hatte vierzig Stadien im Umfange, das ist, beynahe zwo Meilen, ehe sie vom Kayser Septimius Severus war zerstöhret worden.

72. Kurze Geschichte von Byzanz, bis auf den Constantin.

Herodot. l. 4. 5. Thucid. l. 1. Xenoph. Hist. Græc. l. 1. Memnon apud Phot. Iust. l. 9. c. 1. Cic. Orat. de prov. consul. c. 6. Hesych. Miles. Herodian. l. 3. Suet. Vesp. c. 8. Pollio in Gallieno. c. 6. Syncell. p. 382. Chron.

Die Byzantiner giengen mit ihrem Ursprunge, wie gewöhnlich, bis auf die fabelhaften Zeiten zurück. Das gewisseste ist, daß, nachdem die Mägarenser auf der andern Seite der Meerenge Chalcedonien erbauet hatten, Byzas, der Anführer einer andern Colonie aus Mägara, sieben Jahre darnach, und mehr als sechs hundert und funfzig Jahre vor der christlichen Zeitrechnung Byzanz erbauete. Man setzt hinzu, daß das Orakel des Apollo ihm befohlen habe, eine Stadt den Blinden gegen über zu bauen; es waren dieses die Chalcedonier, die nicht scharfsichtig genug gewesen waren, um den Vortheil gewahr zu werden, den ihnen das Erdreich

Erdreich jenseit des Bosphorus anbot. Diese Stadt, die anfänglich unabhängig war, fiel nach und nach unter die Gewalt des Darius, der Jonier, des Xerxes. Pausanias unterwarf sie den Lacedämoniern, erweiterte sie und führte eine neue Colonie dahin; er ist daher als der zweyte Erbauer der Stadt Byzanz angesehen worden. Sieben Jahre darnach bemächtigten sich die Athenienser derselben, und die beyden Republiken machten lange einander den Besitz davon streitig. Die Byzantiner griffen während dieses Streits wieder zu ihrer Freyheit, verstärkten sich ansehnlich zur See, widersetzten sich dem Philippus von Macedonien, der sie vergebens belagerte, und wickelten sich mit Ehren aus verschiedenen Kriegen gegen mächtige Feinde heraus. Endlich kamen sie mit dem übrigen Griechenlande unter die Gewalt der Römer, und diese ihre neuen Herren ließen sie bey ihren Gesetzen und Regimentsverfassung, um sie wegen der treuen Dienste im Kriege wider den Mithridates zu belohnen. Byzanz war damals vermögend, volkreich und mit prächtigen Bildsäulen überall ausgezieret. Es hatte den Titel einer Hauptstadt. Vespasianus nahm ihm seine Freyheit. Nach-

Constantia. Jahr 329. Alex. p. 620. Tac. an. h. 12, c. 63.

dem Pescennius Niger, welcher dem Severus die Kayserwürde streitig machte, sich dieser Stadt bemächtigt, und bald darauf das Leben verlohren hatte, blieb sie diesem Prinzen, selbst nach seinem Tode noch getreu, und hielt drey Jahre lang eine von denen Belagerungen aus, die durch die hartnäckige Vertheidigung der Belagerten und durch das äußerste Elend während derselben in der Geschichte merkwürdig sind. Severus, der endlich Meister von Byzanz ward, begegnete dieser Eroberung mit der größten Grausamkeit. Die vornehmsten Einwohner wurden umgebracht; die durch ihre Bauart berühmten Mauern wurden niedergerissen; die Stadt ward geschleift und in ein Dorf verwandelt, welches der Stadt Perinthus oder Heraclea unterworfen ward. Severus bereuete es zeitig genung, daß er einen so starken Wall des Reichs niedergerissen hatte; er bauete sie auf Bitten seines Sohns Caracalla wieder auf; sie erhielt aber weder ihren vorigen großen Umfang noch ihren vorigen Glanz wieder. Unter dem Gallienus ward sie noch einmal verwüstet, und die Einwohner mußten über die Klinge springen, ohne daß uns die Geschichte die Ursache davon saget. Nur die blieben von den

Constantin. Jahr 219.

den alten Famillen übrig, die dieser entsetzlichen Massacre durch die Flucht ent- Constantin.
gangen waren. Sie ward nach diesem Jahr 329.
von zween ihrer Bürger, dem Cleoda-
mus und Athendus wieder aufgebauet.
Zu den Zeiten Claudius II kam eine
Flotte der Heruler über den Palus Mäotis und Pontus Euxinus, und nahm Byzanz und Chrysopolis gegen über, auf
der andern Seite der Meerenge weg: sie
ward aber bald wieder genöthigt, ihren
Raub fahren zu laßen. Wir haben diese
Stadt dem Licinius getreu gesehen, so
lange dieser Prinz noch einige Hofnung
vor sich hatte.

Der Ursprung der Kirche zu Byzanz ist 73.
noch weniger bestimmt, als der Ursprung Zustand der
der Stadt. Die neuern Griechen, die Religion zu
der römischen Kirche den Vorzug des Al- Byzanz.
ters nicht einräumen wollen, schreiben Le Quien Or.
die Stiftung derselben dem heiligen Apo- Chriſt. t. 1.
stel Andreas zu; sie führen von der p. 8. et 196.
Zeit her eine ganze Reihe Bischöffe an. Tertull. ad
Andere sagen mit mehrerer Wahrschein- Scapul. c. 3.
lichkeit, daß der bischöfliche Sitz daselbst
erst zu den Zeiten des Severus sey errichtet worden, unter welchem es in der
That viele Christen zu Byzanz gab. Einige geben gar erst den Metrophanes
als den ersten Bischoff daselbst an, welcher

her acht oder neun Jahre vor dem Concilio zu Nicäa starb. Alexander war ihm gefolgt, und regierte diese Kirche als ein Suffraganeus des Bischoffs zu Heraclea.

In diesem Zustande befand sich Byzanz, als Constantin sie zum Hauptsitze des Reichs zu machen beschloß. Er verlängerte sie um funfzehn Stadia, über die alte Weite, und umgab sie mit einer Mauer, welche vom Meerbusen bis an den Propontis gehen sollte, die aber erst unter dem Constantius zu Stande gebracht ward. Dieser Umfang ward nach der Zeit unter Theodosius dem großen, Theodosius dem jüngern, Heraclius und Leo aus Armenien, immer noch mehr erweitert. Eine Beschreibung von Constantinopel, welche unter der Regierung Theodosius des großen und des Justinianus verfertiget seyn soll, giebt dieser Stadt vierzehn tausend und fünf und siebzig Fuß in der Länge, gerade aus, vom goldenen Thore auf der Abendseite an, bis an die äußerste Spitze gegen Morgen, oder bis an den Bosphorus, und sechs tausend hundert und funfzig Fuß in der Breite, wahrscheinlicher Weise auf der Grundlinie des Dreyecks, oder auf der Seite gegen Abend. Der Boden

Constantin. Jahr 329.

74. Neuer Umfang der Stadt, Constantinopel. Jul. Orat. I. Themist. Orat. 18. Soc. l. 7. c. 1. Chron. Alex. p. 397. Zonar. t. 2. p. 47.

Boden ist dem zu Rom ähnlich, und theilt sich in sieben Hügel.

Der Kayser bemühete sich, so viel ihm möglich war, diese Aehnlichkeit zu erhalten, indem er in dem neuen Rom alle Zierathen und Bequemlichkeiten des alten anbringen ließ. Er ließ ein Capitolium, Palläste, Wasserleitungen, Bäder, bedeckte Säulengänge, ein Zeughaus, zwey große Gebäude zur Versammlung des Raths, und zwey andere zur Schatzkammer bauen, von denen das eine zu den öffentlichen Cassen, das andere aber zu den eigenthümlichen Einkünften des Prinzen bestimmt war.

Zween große Plätze machte eine der vornehmsten Zierden der Stadt aus. Der eine, ein Viereck, mit Gängen von zwo Reihen Säulen eingefaßt, dienten gleichsam der großen Kirche und dem Pallaste des Kaysers, welche einander gegen über standen, zu einem gemeinschaftlichen Vorhofe. Dieser Platz ward Augusteon genannt, weil er auf demselben die Bildsäule der Helena hatte aufsetzen lassen, die er, wie wir schon gesagt haben, mit dem Titel Augusta beehret hatte. In der Mitte sahe man den güldenen Meilenstein. Es war dieses nicht wie zu Rom eine bloße steinerne auf einem vier-

eckigten

Constantin.
Jahr 329.

75.
Merkwürdige Gebäude in Constantinopel.
Du Cange Const.Christ.

76.
Oeffentliche Plätze.
Eus. vir. l. 3. c. 48. 52. Zol. l. 2. Philost. l. 2. c. 18. Zonar. t. 2. p. 7. Codren. t. 1. p. 322.

Constantin Jahr 329.

eckigten Gestelle stehende Säule, die eine vergoldete Kugel trug, sondern ein hoher gewölbter Bogen, der mit allerhand Statuen gezieret war. Der Nutzen war mit dem zu Rom einerley: alle große Straßen des Reichs liefen hier, als in einem Mittelpunct zusammen, und von hier aus pflegte man die Entfernung der Oerter zu berechnen. Der andere Platz war rund, und mit breiten Steinen gepflastert; er lag im Mittelpuncte der Stadt, und führte den Namen des Constantin. Er war mit einem bedeckten Gange von zwo Etagen umgeben, welcher durch zween große Bogen, aus Proconneßischem Marmor, die einander gegen über standen, in zween halbe Zirkel abgetheilet ward. Die Plätze zwischen den Säulen waren mit Statuen besetzt. Es standen deren noch eine große Menge auf dem Platze selbst. In der Mitten war ein Brunnen, über welchem, so wie über allen andern Brunnen der Stadt, die Figur des guten Hirten stand; dieser war außerdem noch mit einem ehernen Bilde gezieret, welches den Daniel in der Löwengrube vorstellte. Die schönste Zierde dieses Platzes war die berüchtigte Säule von Porphyr, die man aus Rom hieher gebracht hatte, und auf welcher das Bild des

Con-

Constantin mit Sonnenstralen gekrönt stand. Es war eigentlich ein Bild des Apollo, das man aus Ilion geholt hatte. Es war weiter nichts daran verändert worden, als daß man ihm den Namen des Prinzen gegeben hatte. Diese Statue war es, in welcher er ein Stück des wahren Crtuhes einschloß. Die Griechen reden auch noch von verschiedenen Reliqvien, die er in den Grund unter dieselbe legen ließ. Auf einer Inscription ward gesagt, daß Constantin seine Stadt dem Schutze Jesu Christi unterwerfe. Diese Säule ward in den folgenden Jahrhunderten für sehr heilig gehalten. Der Patriarch, von der Geistlichkeit begleitet, kam alle Jahre am ersten September, da sich das Jahr der Griechen anfieng, in Procezion nebst dem Kayser dahin: die Arianer nahmen daher Gelegenheit die Christen der Abgötterey zu beschuldigen, gleich als ob sie diese Ehrerbietung der Statue des Constantin erwiesen. Diese Statue ward unter der Regierung des Alexis Comnenus durch ein Ungewitter herab geworfen, und man setzte ein Creutz an ihre Stelle. Einige abergläubische Griechen glaubten, daß Constantin unter dieser Säule das Palladium, das er heimlich von Rom

Constantin. Jahr 319.

mit

mit weggenommen haben sollte, vergraben gehabt: er würde aber dadurch das Heilige mit dem Unheiligen auf eine sehr seltsame Weise vermischt haben. Man siehet diese Säule noch zu Constantinopel. Sie ist zwar sehr beschädigt; aber ein gelehrter Reisender hat aus den Verhältnissen dessen, was noch davon da ist, den Schluß gemacht, daß sie mehr als neunzig Fuß, das Fußgestelle und Capital ungerechnet, in der Höhe gehabt haben müsse.

Zween Paläste erhoben sich an den beyden Enden der Stadt: der eine am Ufer des Meeres, ohngefehr da, wo heut zu Tage das Serail stehet, hieß der große Palast. Er gab dem zu Rom weder an Schönheit, noch an Größe, noch an den innern Auszierungen etwas nach. In dem großen Saale, der mit goldenen Lambris eingefaßt war, hatte die Decke ein großes goldenes mit blitzenden Edelsteinen besetztes Creutz. Am andern Ende der Stadt gegen Abend war ein anderer Palast, den man Magnaurus nannte. Constantin ließ auch noch nahe bey dem Rennplatze (Hyppodromus) einen prächtigen Saal bauen, der zu den Festen gebraucht ward, welche die Kayser ihrem Hofe bey großen Feyerlichkeiten

ten gaben, als z. E. an ihrem Krönungs- | Conſtantin.
tage, am Geburtstage ihrer Gemahlin- | Jahr 329.
nen und Kinder, und an den vornehmſten
Feſttagen des Jahres. Der Kayſer und
der Hof ſaßen alsdann an einer Tafel,
und wurden auf Silber bedient; am
Weinachtsfeſte aber lagen ſie nach alter
Art bey der Mahlzeit, und die Speiſen
wurden in goldenen Geſchirren aufge-
ſetzt.

Außer denen Werken, wovon er Urhe- | 78.
ber war, und mit deren ausführlichen | Andere Ge-
Beſchreibung man einen ganzen dicken | bäude.
Band anfüllen könnte, erweiterte und | Glycas l. 4.
verſchönerte er auch alle die, die vor ihm | Chron. Alex.
ſchon da geweſen waren, das Gefängniß | p. 620. 664.
ausgenommen, welches er klein und enge | Cedren. p.
ließ. Es ward dieſes erſt durch den grau- | 251. ſeq. Du
ſamen Phocas erweitert, welcher lieber | cange Conſt.
das ganze Reich in daſſelbe eingeſperrt | Chr.l.1.c.17.
hätte. Severus hatte ſchon die Renn-
bahn, das Theater, das Amphitheater, die
Bäder des Achilles und des Zeuxip-
pus erbauet. Conſtantin machte dieſe
Gebäude der Größe ſeiner Stadt anſtän-
dig; er fügte dem Rennplatze Spatzier-
gänge, Stufen und andere Verſchöne-
rungen bey. Da er die Fechterſpiele gern
abgeſchafft wiſſen wollte, ſo ward das
Amphitheater weiter zu nichts, als zu

I. Theil.   K k   Thier-

Thierkämpfen gebraucht, und in der folgenden Zeit, da die christliche Religion nach und nach die Völker von diesen oft blutigen und stets gefährlichen Vergnügungen abgezogen hatte, diente dieser Platz weiter zu nichts als zur Hinrichtung der Missethäter. Die Bäder des Zeurippus wurden die prächtigsten in der Welt, durch die grosse Menge Säulen und Statuen von Marmor und Erz, womit er dieselben bereicherte.

Diese Statuen, mit welchen, so zu sagen, Constantinopel bevölkert ward, waren die Bilder der heidnischen Götter, welche Constantin aus ihren Tempeln genommen hatte. Man sahe unter andern jene alten Götzen, welche so lange Zeit Gegenstände einer thörichten Anbetung gewesen waren: den pythischen, den sminthischen Apollo, nebst dem Dreyfuße von Delphos; die Musen des Helicons; den berühmten Pan, den Pausanias und die griechischen Städte nach dem Siege über die Perser hatten verfertigen lassen; die Cybele, welche von den Argonauten auf den Berg Dindymus war gesetzt worden; die Minerva von Lindus; die Amphitrite von Rhodis, und besonders alle Götzenbilder, welche vor Zeiten Orakelsprüche gegeben hatten,

Marginalien:
Constantin.
Jahr 329.

79.
Statuen.
Euseb. vit. l. 3.
c. 54. Soz.
l. 2. c. 4. Cod.
Or. C. P. p. 30.
31. 62.

hatten, und denen nun, da sie stumm geworden waren, kein anderer Weyrauch, als Spott und Verachtung dargebracht ward.

Jahr 329.

Um seine Stadt von aller Abgötterey zu reinigen, riß er die Tempel der heidnischen Götter nieder, oder weyhete sie zum Dienst des wahren Gottes ein. Er bauete verschiedene Kirchen. Der Tempel des Friedens war alt; Constantin erneuerte und verschönerte ihn. Er war der vornehmste in der Stadt, bis Constantius, der gleich daneben einen andern noch größern hatte bauen lassen, sie beyde in eine Mauer zusammen einschloß, und einen einzigen unter dem Nahmen der heiligen Sophie daraus machte. Andere Kirchen wurden Engeln, Aposteln und Märtyrern gewiedmet. Constantin bestimmte auch die Kirche der heiligen Apostel zum Begräbnisse der Kayser und der Bischöffe dieser Stadt. Sie war in der Gestalt eines Creutzes gebauet, sehr hoch, und von unten bis oben mit Marmor belegt. Das Gewölbe war mit einem vergoldeten Crantze eingefaßt; auswendig mit vergoldeten Ertze bedeckt, und die Koppel mit einem goldenen und ehernen Geländer umgeben. Dieses Gebäude stand ganz allein mitten auf

80. Erbauete Kirchen. Euf. l. 4. c. 58. seq. Soc. l. 1. c. 39. Soz. l. 2. c. 3. Greg. Naz. carm. 9. Theoph. p. 18. Hill. Misc. l. 11. Codren. p. 284. Niceph. Call. l. 7. c. 49. Du cange Const. Christ. l. 3. c. 3.

Kk 2 einem

einem großen viereckigen Hofe. Rings-
umher war ein bedeckter Gang, an welchen verschiedene Säle und Zimmer stie-
sen, die zum Gebrauch der Kirche und
zur Wohnung für die Geistlichen bestimmt waren. Diese Kirche ward nur
wenige Tage vor dem Tode des Constantin fertig. Sie fiel nach zwanzig Jahren ein, und ward vom Constantius
wieder hergestellt, vom Justinianus anders gebauet, und von Mahomet II.
eingerissen, welcher aus den Trümmern
derselben eine Moschee bauen ließ. Constantin ließ auch noch um die Stadt herum verschiedene schöne Kirchen aufüh-
ren: die berühmteste war die zu St.
Michael, am Ufer des Bosphorus gegen Europa zu; die Kranken kamen von
weit entlegenen Orten dahin, und suchten
daselbst ihre Genesung. Die ersten
Nachfolger dieses Prinzen scheinen zu
milden Stiftungen nicht so eifrig gewesen zu seyn. Es waren zu Constantinopel bis auf die Regierung des Arcadius
nicht mehr als vierzehn Kirchen.

Die Schleussen zu Rom wurden für
eins der schönsten Werke dieser Stadt
gehalten. Auch diese Pracht wollte Constantin nachahmen. Er ließ durch die
ganze Stadt breite und tiefe Gräbes
aus-

*Constantin.
Jahr 329.*

*st.
Schleussen
zu Constan-
tinopel.
Cod. Or. C.
P. p. 11. n 7).*

aushöler, welche ihren Abfluß ins Meer
hatten. Ein großer Fluß, Lycus ge‑
nannt, dessen Wasser man vermittelst ei‑
ner Schleuße aufhalten konnte, diente
sie zu reinigen.

<small>Constantin. Jahr 329. Du cange Const. Christ. L.1.c.29.</small>

So viel wichtige Unternehmungen be‑
schäftigten den Constantin seine ganze
übrige Lebenszeit. Er gebrauchte eine un‑
zählige Menge Aerme dazu, und verschrieb
Arbeiter und Künstler von den Gothen
und andern Barbarn jenseits der Donau.
Er war auf die Ehre der Aufschriften
nicht stolz; unter der großen Menge,
womit er alle Gebäude hätte bedecken
können, nahm er nur einige wenige an.
Er spottete über den Trajanus, den er
Parietarium nannte, weil sein Name auf
allen Mauern zu Rom zu lesen war.
Trajanus aber hatte dauerhafte Werke
aufgeführt, und die Eilfertigkeit des Con‑
stantin war Ursache, daß die seinigen
bald wieder ausgebessert werden mußten.

<small>82. Beschleuni‑ gung aller dieser Werke. Jornand. de reb. Got. c. 21. Vict. epit. Themist. Or. 3.</small>

Die angesehenen Personen, welche dem
Prinzen zu gefallen Rom verließen, lies‑
sen gleichfalls zu Constantinopel Häuser
aufbauen, wie sie sich für ihren Stand
und für ihr Vermögen schickten. Der
Kayser ließ auch auf seine Kosten einige
aufbauen, und gab sie den berühmten und
angesehenen Männern ein, die er aus al‑

<small>83. Häuser zu Constantino‑ pel erbauet. Soz. l. 2. c. 8. Hesych. Mi‑ lef. Novel. Theod. Jun. 12. Siden. cerm. a. Eu‑ nap. in Aedef. Zos. l. 2.</small>

len

Constantin. Jahr 329.

len Gegenden des Reichs, und selbst aus fremden Ländern, mit ihren Familien nach Constantinopel kommen ließ. Er zog durch Privilegien und Austheilungen an Lebensmitteln, wovon wir bald reden werden, viel Volks dahin. Er nahm allen, die in dem eigentlich so genannten Asien und im Pontus liegende Gründe besaßen, durch ein Gesetz die Freyheit, darüber disponiren oder ein Testament machen zu können, wenn sie nicht ein Haus zu Constantinopel besäßen: dieses beschwerliche Gesetz ward nicht eher als unter dem Theodosius dem jüngern abgeschaft. In kurzer Zeit war die Stadt so bevölkert, daß der Umfang, wie ihn Constantin abgezeichnet hatte, bey aller seiner Weitläuftigkeit, zu enge war. Die Menge der Häuser machte die Gassen enge; man bauete sogar Häuser auf Pfeilern bis ins Meer hinaus, und alle Flotten von Alexandrien, Asien, Syrien, Phönicien konnten itzt einer Stadt nicht genung Lebensmittel zuführen, die ehemals von den Atheniensern hinlänglich versorgt ward.

84. Namen und Eintheilungen von Constantinopel.

Der Kayser gab seiner Stadt den Namen Constantinopel und Neu-Rom. Er versicherte ihr diesen letztern Titel durch ein Gesetz, welches auf eine marmorne

morne Säule, auf dem Platze Strate-
gium genannt, eingegraben ward. Er
theilte sie, wie die Stadt Rom in vierze-
hen Quartiere; eine Eintheilung, die man
schon zu Carthago und zu Alexandrien
nachgeahmt hatte. Er verordnete zu jedem Quartiere einen Policenrichter, eine
Compagnie Bürger aus verschiedenen
Classen, die bey Feuersbrünsten zu Hülfe
eilen sollten, und fünf Aufseher über die
Gassen, welche für die Sicherheit der Einwohner zur Nachtzeit Sorge tragen
musten. Unter allen diesen Beschäftigungen, an denen das ganze Reich Theil
nahm, und zur Erweiterung und Verschönerung der Stadt Constantinopel
beytrug, war wohl die unnützeste die, die
ein Sterndeuter, Namens Valens, vornahm, welcher, wie man sagt, auf Begehren des Prinzen das Horoscoplum der
Stadt untersuchte, und nach seiner Be-
rechnung fand, daß sie sechs hundert sechs
und achzig Jahre stehen sollte. Diese
Prophezeyhung gehört nicht unter die
Zahl derer, welche der blinde Zufall bisweilen wahr gemacht hat. Man siehet
aus den alten byzantinischen Münzen,
daß der zunehmende Mond stets das
Sinnbild dieser Stadt gewesen sey.

Constantin.
Jahr 329.
Socr. l. 1. c. 16.
Hist. Misc. L.
11. Justin.
Nov. 43. c. 1.
Zonar. t. 2.
p. 6. Vetus
Topog. C. P.

Kk 4   Inhalt

Inhalt
des fünften Buchs.

1. Veränderungen im Regimente. 2. Einweihung von Constantinopel. 3. Vorsorge Constantins, die Stadt mit Lebensmitteln zu versehen. 4. Chrysargyrum. 5. Privilegien der Stadt Constantinopel. 6. Andere Stiftungen. 7. Neue politische Einrichtung. 8. Neue Eintheilung des Reichs. 9. Vier Präfecti Prätorio eingesetzt. 10. Soldatenregiment. 11. Patricier. 12. Herzoge und Grafen. 13. Vermehrung der Titel. 14. Pracht des Constantin. 15. Fortsetzung der Geschichte Constantins. 16. Krieg wider die Gothen. 17. Die Sarmaten werden überwunden. 18. Delmatius Consul. 19. Pest und Hunger im Orient. 20. Tod des Sopatrus. 21. Gesandtschaften an den Constantin. 22. Schreiben des Constantin an den Sapor. 23. Kriegszurüstungen der Perser. 24. Constantin schreibt an den heil. Antonius. 25. Constans Cäsar. 26. Bürgermeister. 27. Die Sarmaten werden von ihren Sclaven vertrieben. 28. Bürgermeister. 29. Tricennales des Constantin. 30. Delmatius Cäsar. 31. Theilung der Staaten des Constantin. 32. Comet. 33. Bürgermeister. 34. Vermählung des Constantius. 35. Gesandtschaft der Indianer. 36. Zurückberufung des Arius. 37. Zurückkunft des Eusebius und Theognis. 38. Absetzung des Eustathius. 39. Unruhen zu Antiochien. 40. Eusebius von Cäsarea schlägt die bischöfliche Würde zu Antiochien aus. 41. Athanasius will den Arius nicht aufnehmen. 42. Verläumdungen

Inhalt.

gen wider den Athanasius. 43. Anklage wegen des Arsenes. 44. Eusebius bemeistert sich ganz des Kaysers. 45. Concilium zu Tyrus. 46. Die Ankläger werden beschämt. 47. Schluß der Kirchenversammlung zu Tyrus. 48. Einweyhung der Kirche zum heiligen Grabe. 49. Kirchenversammlung zu Jerusalem. 50. Athanasius wendet sich an den Kayser. 51. Exilium des Athanasius. 52. Kirchenversammlung zu Constantinopel. 53. Bemühung des Eusebius, um den Arius vom Alexander aufnehmen zu lassen. 54. Tod des Arius. 55. Constantin will in die Zurückberufung des Athanasius nicht willigen. 56. Gesetze wider die Ketzer. 57. Gesetz wegen der Gerichtbarkeit der Bischöffe. 58. Gesetze wegen der Ehen. 59. Andere Gesetze zur Verwaltung des gemeinen Wesens. 60. Die Perser brechen den Frieden. 61. Krankheit des Constantin. 62. Seine Taufe. 63. Wahrheit dieser Geschichte. 64. Tod des Constantin. 65. Trauer über seinen Tod. 66. Sein Leichenbegängniß. 67. Treue der Legionen. 68. Beerdigung des Constantin. 69. Trauer zu Rom. 70. Ehrenbezeugungen seinem Andenken von der Kirche erwiesen. 71. Character des Constantin. 72. Uebelgegründete Vorwürffe von Seiten der Heyden. 73. Seine Töchter.

Kk 5   Geschichte

Geschichte
des
morgenländischen Kayserthums.

Fünftes Buch.

Constantin. Jahr 330.
1.
Veränderungen im Regimente.

Die Erbauung der Stadt Constantinopel kann als der Anfang eines neuen Reichs angesehen werden. Das zweyte Rom verdunkelte das erstere. Eine große Menge Verdienstvoller Männer, die in allen Arten die vornehmste Zierde und die wahre Stärke des Staats ausmachen, folgten dem Hofe, und trugen ihre Talente und ihre Dienste in die Sphäre der Gunstbezeugungen und der Belohnungen über. Rom, das von den Kaysern verlaßen ward, sahe nun einem großen und prächtigen Palaste gleich, der, nachdem er nicht mehr bewohnt wird, erstlich seine Zierrathen, und endlich selbst seine Festigkeit verliehrt. Es begegnete ihm das, was sich in unsern Himmelsstrichen zuträgt, wenn die Sonne sich entfernt: alles erkaltete daselbst

selbst und gefrohr nach und nach zu Eis, und hundert Jahre darnach fand man mitten in Rom keine Römer mehr. Die kurze Zeit, während welcher es, nach der Theilung des Reichs in zween Aeste, noch seine eigenen Herren hatte, die aber meistens nur Schattenbilder von Beherrschern waren, gab ihm seine vorige Fruchtbarkeit nicht wieder. Es war dieses nicht die einzige Wirkung dieser Neuerung; sie brachte noch eine andere in der Person der Kayser hervor: die Regierung ward despotischer. Das alte Rom gab sich seine Herren selbst, wenigstens schmeichelte es sich, daß es sich dieselben selbst gegeben habe, und es behielt alle Achtung gegen sie, ob es gleich von ihnen unter das Joch gebracht war. Ihre Gewalt war auf die Republik eingepfropft; sie hatten Gesetze bey derselben gefunden; die guten Prinzen verehrten die Majestät Roms in der Würde des Senats, und die bösen Regenten mißhandelten sie nicht ohne Gefahr, und beobachteten bey allen ihren Vergehungen doch wenigstens den äusserlichen Wohlstand, welchen ausgeartete Söhne öfters noch gegen ihre Mütter beybehalten. Die Kayser aber, die Constantinopel gleichsam aus nichts erschaffen hatten, sahen daselbst

Constantin. Jahr 330.

selbst auch keine andere Majestät als die ihrige, und glaubten, da sie älter waren als die Stadt, ihr nichts schuldig zu seyn. Die einen regierten sie als Väter, die andern als Tyrannen; alle aber erkannten keine andern Gesetze, als sie sich selbst gaben. Sie geboten unumschränkter; man gehorchte ihnen aber weniger.

Constantinopel ward den eilften May, im Jahr 330, unter dem Consulate des Gallicanus und Symmachus eingeweyhet. Das Fest dauerte vierzig Tage. Es war bey den Heiden eine geheimnißvolle und mit Aberglauben vermischte Ceremonie; für den Constantin aber war es ein ganz christliches Fest. Die Bischöffe und die ganze Geistlichkeit heiligten durch Gebete die Mauern dieser neuen Stadt. Der Kayser feyerte alle Jahre ein ähnliches Fest, bey welchem man, so wie dieses erste mal, Spiele im Circus gab; man theilte Geschenke unter das Volk und die Soldaten aus, und unter den folgenden Kaysern führte man die Bildsäule des Constantin, von Staatsbedienten und Soldaten begleitet, welche Wachskerzen in der Hand trugen, und Lieder sangen, auf einem Wagen herum. Der regierende Prinz, auf einem Throne im Hippodromus sitzend, machte

machte dieser Bildsäule eine ehrerbietige Vorbeugung, wenn sie bey ihm vorbey geführt ward. Das ganze Volk beehrte sie mit Freudengeschrey, bis sie wieder auf die Säule von Porphyr gesetzt ward. Sie hielt eine andere kleinere Statue in der Hand, die man die Fortuna von Constantinopel nannte. Die Stadt ward unter der Anrufung der heiligen Jungfrau eingeweyhet, welche auch stets als Patroninn und Beschützerinn derselben verehrt worden ist.

Constantin. Jahr 330.

Nachdem nun Constantin seine Schätze erschöpft, und verschiedene andere Städte von Einwohnern entblößt hatte, um seine Stadt zu besetzen, war er auch auf den Unterhalt einer so großen Menge von Menschen bedacht. Wir haben schon gesagt, daß die Flotte von Alexandrien, welche ehemals Getreyde nach Rom führte, nun für einen andern Ort bestimmt ward, und der Stadt Constantinopel zur Zufuhre dienen mußte. Der Präfect von Aegypten mußte dafür sorgen, daß vor Ausgang des Monaths August das benöthigte Getreyde dahin geschafft ward, und mußte mit seinem ganzen Vermögen dafür haften. Man gab dem Volke alle Tage achtzig tausend Maaß. Constantin schnitt die Helfte davon

3. Vorsorge Constantins, die Stadt mit Lebensmitteln zu versehen.
Eunap. Aedes. Hier. Chron. Anony. Valef. Socr. l. 2. c. 13. Philost. l. 2. c. 9 Edict. Just. 13. c. 4. 6. Claud. de Bel. Gildon. Soz. l. 2. c. 2. Zos. l. 2. cod. Theod. l. 14. t. 16. et ibi God. Suidas in Ἀνατολή. Val. Amm. l. 14 c. 6.

davon ab, als er einst wider die Stadt aufgebracht war. Theodosius setzte noch zu dem etwas zu, was Constantin verordnet hatte. Man theilte auch Oel, Schweinefleisch und Wein aus. Diese Austheilungen aber geschahen nur an Familien, welche Häuser in der Stadt hatten, um desto mehrere zu bewegen daselbst anzubauen.

Einige Schriftsteller sagen, daß Constantin, zu Bestreitung eines so großen Aufwandes, neue Auflagen gemacht habe. Die verhaßteste war die, die man Chrysargyrum nannte, ein griechisches Wort, welches Gold und Silber bedeutet, weil die gewöhnlichen Auflagen nur in Golde bezahlt wurden, diese aber entweder in Golde oder in Silber bezahlt werden konnte. Constantin war der Urheber davon, wenn man dem Zosimus glauben will. Diese Taxe war eigentlich den Kaufleuten aufgelegt, und es waren die geringsten Krämer, ja selbst die, die das schändliche Gewerbe der Kuppeley trieben, nicht davon ausgenommen. Man setzt hin, daß auch die Sclaven und Bettler diesen Tribut haben bezahlen müssen; daß er von den Pferden, den Maulefeln, den Rindern, den Eseln und sogar von den Hunden, so wohl in der Stadt

Constantin. Jahr 330.

4 *Chrysargyrum. Zos. L. 2. Evagr. l. 3. c. 39. Cedren. p. 337. God. ad Cod. Th. tom. 5. p. 4. Socr. Calig. c. 40. Lamprid. in Alex. c. 24. Theod. jun. nov. 13. Euseb. l. 4. c. 2. 3.*

Stadt als auf dem Lande sey gegeben worden. Selbst von Mist und Kothe mußte dieser Tribut gegeben, und die Erlaubniß, ihn wegzuschaffen damit erkauft werden. Er ward alle vier Jahre eingefodert. Man sahe nichts als Thränen und Verzweifelung, sagt Zosimus, wenn der Zahlungstermin heran kam; und kaum ließen sich die Einnehmer blicken, als man Geißeln und Martern häufig angewendet sahe, um das Elend zu nöthigen, das zu geben, was es nicht hatte. Die Mütter verkauften ihre Söhne; die Väter verhandelten die Ehre ihrer Töchter. Es hat sehr den Schein, daß dieses Gemählde vom Zosimus übertrieben ist, um den Andenken des Constantin einen Schandfleck anzuhängen; er ist es allein, der diesem Prinzen die Einführung dieses Tributs zuschreibt. Die Tare, die auf öffentliche Huren gelegt war, war so alt, als das Reich selbst; Caligula war der Erfinder davon, und man siehet, daß sie unter dem Alexander Severus noch gedauert habe. Theodosius der jüngere schaffte sie ab, und jagte alle lüderlichen Weibsbilder aus der Stadt; Anastasius hob nach ihm die ganze beschwerliche Auflage auf. Alles was man dem Constantin

Constantin. Jahr 335.

daben

Constantin.
Jahr 330

dabey vorwerfen kann, ist, daß er diesen beyden Printzen nicht zuvor kam, und daß er eine alte Auflage beybehielt, die vielleicht weniger beschwerlich war, als Zosimus sie vorstellt, die aber doch etwas schändliches an sich hat. Constantin war so wenig nach neuen Steuern begierig, daß er vielmehr seinen Unterthanen den vierten Theil der Auflagen erließ, womit die Ländereyen angesetzt waren. Da auch die alte Eintheilung für ungerecht gehalten ward, und zu beständigen Beschwerden Anlaß gab, ließ er mit der gewissenhaftigsten Genauigkeit eine neue Eintheilung machen.

§.
Privilegien der Stadt Constantinopel.
Soc. l. 1. c. 16.
Idem l. 6. c. 41. Soz. l. 2. c. 32. Idem l. 4. c. 22.
Zof. l. 2.
Anony. Valef.
Themist.
Orat. 3. 14.
Conc. Conft. can. 3. God. ad Cod.
Theod. l. 14. t. 13. Valef. ad Amm. l. 26. c. 6. Le Quien. Or.

In der Absicht seine Stadt so herrlich und prächtig als Rom zu machen, räumete er ihr große Privilegien ein, unter andern das, was man das Recht Italiens nannte. Es bestand in einer Ausnahme von Kopf- und Vermögenssteuern, und in dem Rechte in gerichtlichen Handlungen und Contracten eben den Gesetzen und Gewohnheiten zu folgen, welche Italien beobachtete. Das Volk ward daselbst eben wie zu Rom, in Curien und Tribus eingetheilt. Er führte eben den Unterschied der Stände, eben die obrigkeitlichen Aemter ein, und gab ihnen eben die Rechte und eben die Freyheiten. Er

verordnete

verordnete einen Senat daselbst; ob diese Rathsherren nun gleich auf eben die Weise erwählt wurden, als die zu Rom, so war ihr Ansehen doch nie so beträchtlich. Man hatte ein Recht zu diesen Rathsstellen, wenn man einige Zeit am Hofe des Kaysers Dienste gethan hatte. Nach einiger Schriftsteller Meynung war es nur ein Senat vom zweyten Range, und die Mitglieder desselben bekamen nur den Titel Clari, da hingegen die Rathsherren zu Rom den Titel Clarissimi hatten. Themistius sagt sogar, daß dieser Senat fünf und zwanzig Jahre nach dem Constantin noch so wenig Ansehen gehabt habe, daß man es für eine Thorheit hielt, wenn einer sich um eine Stelle bey demselben bewarb; und zu den Zeiten Theodosius I, da man diese Rathsherren Patres conscriptos nannte, waren sie weit unter diesem Titel. Man muß nicht meynen, als ob die Kayser sich nicht alle Mühe gegeben hätten, ihrem Senate so viel Glanz mitzutheilen, als ihnen möglich war: es war aber allemal nur ein mitgetheiltes Licht; der Rath zu Rom aber glänzte von seinem eigenen Lichte, und sein Alterthum gab ihm einen gewissen vorzüglichen Adel. Dieser ursprüngliche Unterschied zwischen diesen beyden Senaten

Constantin: Jahr 330: Chrift. t. I. p. 66. Till. art. 67.

war

Constantin.
Jahr 330.

war jedermann zu bekannt, und erhielt sich in den Gemüthern, so viel Mühe sich auch die kayserliche Majestät gab, denselben aufzuheben. Die Kayser thaten wirklich alles, um dem neuen Senate ein Ansehen zu geben, eine einzige Sache ausgenommen, welche doch am meisten einer politischen Gesellschaft einen Vorzug zu geben vermag; sie ließen ihm nemlich an der Regierung keinen Antheil, und hatten selbst nicht Achtung genung vor ihm, um ihn bey den Unterthanen in Achtung zu bringen. Constantin machte eine Art von Theilung zwischen Rom und Constantinopel; er erklärte diese zur Hauptstadt des ganzen Strichs von Mitternacht gegen Mittag, zwischen der Donau und den äußersten Grenzen Aegyptens, und von Abend gegen Morgen zwischen dem adriatischen Meerbusen und den Grenzen Persiens. Er legte den Sitz des Präfectus Prätorio im Orient daselbst an, und sonderte sie ganz von der Provinz Europa, und der Hauptstadt Heraclea, in Ansehung der bürgerlichen und geistlichen Gerichtsbarkeit ab. Die Kirche zu Constantinopel ward aber nicht eher zu einem Patriarchate erhoben, als auf der Kirchenversammlung zu Chalcedonien, im Jahr 451, worüber aber zwischen

schen dieser Kirche und der Kirche zu Rom bis zum Anfange des dreyzehnten Jahrhunderts große Streitigkeiten sind geführet worden. Constantin verordnete nach der Zeit noch einen Præfect der Stadt, und es ward zur Gewohnheit, daß der eine Bürgermeister sich beständig zu Rom, der andere aber zu Constantinopel aufhielt.

Constantin. Jahr 12..

Eben so wollte der Stifter auch, daß seine neue Stadt die Herrschaft der Wissenschaften mit Rom theilen sollte. Er legte große Schulen allda an, deren Professores ansehnliche Freyheiten genossen. Diese Schulen dauerten bis auf die Zeiten des Leo Isauricus. Die Bibliothec, welche Constantin anfieng, Julianus vermehrte, und in einem eigenen schönen Gebäude auffstellte, und über welche Valens sieben der Alterthümer kundige Männer zu Aufsehern machte, belief sich auf hundert und zwanzig tausend Bände, als sie unter dem Basilicus verbrannt ward. Zeno stellte sie wieder her, und sie war schon wieder sehr zahlreich, als eben der Leo, der ein eben so barbarischer Verwüster aller Wissenschaften war, als er es gern von der ganzen Orthodoxie gewesen wäre, sie nebst dem Bibliothecar, und denen ihm zugegebenen

6. Andere Stiftungen. Cod. Th. l. 13. t. 3. Hist. Misc. l. 21. Zon. t. 2. p. 52. Euf. vit. l. 4. c. 36. 37. lust. nov. 43. et 59. Leon. nov. 11. Du Cange Const. Chrift. l. 2. c. 9. Till. art. 65.

Ll 2 zwölf

Constantin Jahr 330. zwölf Gelehrten, welche die Aufsicht darüber hatten, verbrennen ließ. Constantin hatte auch die Kirchen zu Constantinopel mit Abschriften der heiligen Bücher versehen. Eusebius legt uns das Schreiben vor, in welchem dieser Prinz ihn bittet fünf hundert Exemplare, auf wohl zugerichtetes Pergament, von den geschicktesten Schreibern, abschreiben zu lassen, und sie ihm auf zween Wagen, unter der Begleitung eines Diaconus von Cäsarea zuzuschicken. Zu gleicher Zeit gab er dem General-Einnehmer der Provinz Befehl, die nöthigen Vorschüsse dazu zu thun. Seine Befehle wurden genau und schleunig befolgt, und der Kayser, der gewohnt war für den leiblichen Unterhalt seiner Unterthanen zu sorgen, theilte mit noch größerm Vergnügen denen Kirchen diesen geistlichen Unterhalt mit. Seine Vorsorge erstreckte sich sogar bis auf die Todten. Um ihnen ein freyes Begräbniß zu verschaffen, beschenkte er die Kirche zu Constantinopel mit neun hundert und funfzig Gewölbern, die von Auflagen frey waren. Für den Miethzins, der durch diese Befreyung noch mehr erhöhet ward, wurden eine gleiche Anzahl Personen unterhalten, welche die Leichenbegängnisse besorgen musten,

musten, wovon sie auch die Unkosten trugen. Man nannte sie Decani, Lecticarii, Copiatæ. Sie hatten den Rang der untern Kirchendiener. Der Kayser Anastasius vermehrte ihre Anzahl bis auf eilf hundert. Diese Einrichtung wird manchem nicht sehr wichtig scheinen; sie ersparte aber den Armen das Uebermaß der Thränen, und das Begräbniß derer, die in großer Armuth verstarben, war für ihre Kinder nicht der zweyte Verlust, den sie erlitten.

Constantin. Jahr 330.

Man muß, wie es mir scheint, die neuen politischen Einrichtungen im Reiche ebenfalls in die Zeit der Erbauung der Stadt Constantinopel setzen. Hadrianus hatte schon in den bürgerlichen und militärischen Aemtern Veränderungen vorgenommen; er hatte die Bedienungen im Hause der Kayser selbst eingerichtet und festgesetzt. Diocletianus und Constantin nahmen damit noch einige Neuerungen vor. Die Geschichte weiß uns nichts ausführliches davon zu sagen; in der That hat sie sich auch um dergleichen Begebenheiten nicht zu bekümmern, als in so fern sie in die öffentliche Regierung einen Einfluß haben. Bey diesen wollen wir uns auch nur ein wenig aufhalten.

7. Neue politische Einrichtung. Vid. epit. in Hadriano.

Constantin.
Jahr 330.
8.
Neue Eintheilung des Reichs.
Euf. hist. l. 8. c. 13.

Bis zur Abdankung des Diocletians hatte das Reich nur Einen unzertrennlichen Körper ausgemacht. Die Theilung nun, die damahls unter den beyden Kaysern und den zween Cäsarn geschahe, machte vier Stücke daraus, von denen ein jedes seinen Präfectus Prätorio und seine eigenen Bedienten hatte. Als Constantin und Licinius allein übrig blieben, bestand auch dieses weitläuftige Reich nur aus zween Theilen. Constantin vereinigte unter seiner Herrschaft alles, was zuvor Severus und hernach Maxentius besessen hatte. Licinius vermehrte das vom Galerius ihm zugefallene Reich mit dem ganzen Oriente, nach der Niederlage und dem Tode des Maximin. Der erste Krieg wider den Licinius half dem Constantin zum größten Theile dessen, was sein Nebenbuhler in Europa besaß; und durch den zweyten ward er Herr vom ganzen Reiche. Der Titel einer Hauptstadt, welchen Constantinopel erhielt, ohne daß ihn Rom verlohr, brachte die neue Eintheilung des Reichs in das abend- und morgenländische hervor. Diese Abtheilung war beynahe mit der einerley, die vor der Schlacht bey Chalis unter den Staaten des Constantin und des Licinius gemacht war.

Constantin.
Jahr 330.
9.
Vier Präfecti Prätorio eingesetzt.
Zos. l. 2. De la ſacrée mem. de l'Acad. des Inſcript. t. 8. p. 450. Giannoni Hiſt. de Nap. l. 2. c. 1.

Constantin ſahe wohl ein, daß es, wenn dieſe beyden großen Staatskörper im Gehorſam erhalten, und ſo zu ſagen biegſamer gemacht werden ſollten, nöthig ſey, noch einige Untereintheilungen zu machen. Das Beyſpiel des Diocletians hatte ihm gelehrt, daß er ſich keine Collegen oder Gehülfen ſetzen müſſe, die ſich ſogleich ſelbſt unumſchränkt machten. Er behielt die höchſte Gewalt für ſich allein, und machte anſtatt der zween Präfecte der oberherrlichen Gewalt, welche den Kayſern zu Stadthaltern gedient hatten, ſeitdem alle Gewalt in den Händen des Constantin und Licinius zuſammen gebracht war, deren viere. Dieſe vier Präfecte hatten faſt eben das Gebiete, welches die beyden Kayſer und Cäſare nach der Eintheilung des Diocletian gehabt hatten. Dieſe Gebiete waren das morgenländiſche, das illyriſche, das italieniſche und das galliſche. Es war ein jedes von ihnen wieder in andere Theile abgetheilt, die man Diöceſen nannte, von denen eine jede verſchiedene Provinzen in ſich begriff. Der Orient hatte fünf Diöceſen: den eigentlichen Orient, Aegypten, Aſien, Pontus und Thracien.

Thracien. Illyrien hatte deren nur zwo, Macedonien und Dacien. Unter dem Namen Macedonien war ganz Griechenland begriffen. Diese beyden Präfecturen machten das morgenländische Reich aus. Das abendländische enthielt die beyden andern. Italien hatte drey Diöcesen; das eigentliche Italien, das abendländische Illyrien und Africa. Gallien kam an der Anzahl mit diesem überein; es war nehmlich das eigentliche Gallien, Britannien und Spanien, mit welchem Mauritania Tingitana vereinigt war. Jede von diesen Diöcesen ward durch einen Vicarius des Präfects regiert, welchem die Statthalter der Provinzen unmittelbar unterworfen waren. Die Diöces Italien hatte allein zween Vicarien, von denen sich der eine zu Rom, der andere zu Meiland aufhielt. Der Rang der Statthalter war eben so verschieden, als ihre Namen, nach Beschaffenheit des Vorzugs, den der Kayser einer Provinz vor der andern gegeben hatte. Die ansehnlichsten Provinzen gaben ihren Statthaltern den Titel Consulares. Die vom zweyten Range wurden durch Correctores regiert, und die in den Provinzen vom untersten Range hießen Präsidenten.

Die

Die Präfecti Prätorio, die der ersten Einsetzung nach nichts weiter als Hauptleute der kayserlichen Leibwache waren, hatten seit der Regierung des Tiberius einen ansehnlichen Zuwachs ihrer Gewalt bekommen. Sie waren es, die die Soldaten anwarben, bezahlten und bestraften; sie trieben durch ihre Officiere die Steuern zusammen; die Soldatencasse war in ihren Händen, und führten die Aufsicht über alles was bey den Armeen vorgenommen ward. Die Truppen waren ihnen sehr ergeben, weil sie ganz unter ihnen stunden. Constantin ließ ihnen das Uebergewicht über andere obrigkeitliche Personen: er entwaffnete sie aber, und machte bloße Staatsbedienten aus ihnen, die über die Gerichtsbarkeit und die öffentlichen Einkünfte gesetzt waren. Er nahm ihnen die unmittelbare Gewalt über die Kriegsleute, welche sie indeß zu bezahlen fortfuhren. Um nun auch für andere Stücke der Kriegszucht gehörig zu sorgen, verordnete er zween magistros militum, einen für die Cavallerie, den andern für die Infanterie. Diese beyden Aemter wurden unter den Söhnen des Constantin in einer Person vereinigt; aber die Zahl dieser Soldatenmeister wuchs nach der Zeit.

Constantin. Jahr 330. 10.
Soldatenregiment.
Cos. l. 2. No-cit. Imper. Till. art. 83.

Man findet in der Beschreibung des Reichs, die zu den Zeiten Theodosius des jüngern verfertiget ist, deren bis auf acht. Es gieng ihnen am Range niemand vor, als die Bürgermeister, die Patricier, die Präfecti Prätorio, und die beyden Präfecte zu Rom und zu Constantinopel. Zosimus wirft dem Constantin vor, daß er die Kriegszucht geschwächt habe, da er das Amt die Soldaten zu bezahlen von dem Rechte sie zu bestrafen absonderte. Diese beyden Verrichtungen, die ehemals der Präfectus Prätorio beysammen hatte, erhielten die Soldaten im Gehorsam, indem sie sonst fürchten mußten, daß ihnen etwas von ihrem Solde abgezogen würde. Eine andere Unbequemlichkeit, die er anführt, und die mir mehr zu bedeuten scheint, ist, daß diese neuen Officiere, und noch mehr ihre Untergebene, durch neue Besoldungen den Unterhalt der Soldaten wegfraßen.

Um die kayserlichen Präfecte noch um eine Stufe weiter herab zu setzen, und ihre Gewalt nebst ihrem Stolze zu vermindern, führte der Kayser noch eine neue Würde ein, die er über sie hinweg setzte. Es war dieses die Würde der Patricier; ein bloßer Titel, der mit keinem Amte verknüpft

Constantin. Jahr 330.

11. Patricier. Zof. l. 2. God. ad Cod. Th. t. 2. p. 75. Du cange Gloss. lat. Patricius.

knüpft war. Ein Patricier stand in Ansehung des Ranges nach dem Consul; er behielt aber diesen Titel insgemein seine ganze Lebenszeit hindurch. Es konnten derer viele zu gleicher Zeit diesen Titel führen. Aspar, unter der Regierung des jüngern Theodosius ist der erste unter den Patriciern, der uns mit Namen genennt wird.

<small>Constantin. Jahr 330.</small>

Unter den vorigen Kaysern war der Titel eines Herzogs, der dem Ursprunge nach ein Haupt, einen Anführer bedeute, besonders den Commandanten der Truppen, welche die Grenzen gegen die Anfälle der Barbarn vertheidigen mußten, gegeben worden. Diese Truppen, die in einiger Entfernung von einander in verschanzten Lägern oder in Festungen standen, machten gleichsam einen Damm um das Reich herum. Zosimus lobt den Diocletian, daß er diese Dämme verstärkt habe, und tadelt dagegen den Constantin, daß er sie entblöße, indem er einen großen Theil der Soldaten in Städte verlegte, die keine Besatzung nöthig hatten, welches, wie er sagt, verschiedene Uebel auf einmal nach sich zog: den Barbarn ward der Weg eröfnet; die Soldaten plagten durch ihre Raubereyen und Unverschämtheit die Städte dermaßen,

<small>12. Herzoge und Grafen. Zos. l. 2. Aurel.Vict.Proc. Aedif. l. 4 c. 7. Amm.l.27. c. 5.Eus. l. 4. c. 1. Pancirol. in notit. Or. c. 4, 36, 139. God. ad Cod. Th. t. 2. p. 101.</small>

Constantin Jahr 339.

maßen, daß viele Einwohner davon lieffen, und die Städte machten die Soldaten durch ihre Wollüste weichlich. Andere aber, und selbst heidnische Schriftsteller, loben diesen Prinzen, daß er die Festungen auf den Grenzen vermehrt habe; und die Geschichte macht unter andern eine der ansehnlichsten nahmhaft, welche sie Daphne des Constantin nennt, und welche Ammianus jenseits, Procopius aber disseits der Donau im zweyten Mösien setzt. Die Herzoge, von denen wir reden, hatten ein jeder eine Grenze zu bewachen. Ihre Würde war höher als die Würde eines Tribuns; sie behielten sie nicht allein Zeit Lebens, sondern pflanzten sie auch auf ihre Nachkommen fort; und damit sie genauer mit der Grenzabtheilung, die ihnen zur Vertheidigung angewiesen war, verbunden würden, wieß man sowohl ihnen als ihren Soldaten die nächsten Ländereyen an den Grenzen der Barbarn an; man gab ihnen auch Sclaven, und das zum Anbau nöthige Vieh dazu. Sie besaßen diese Ländereyen uneingeschränkt, nebst dem Rechte sie auf ihre Erben zu bringen, doch mit der Bedingung, daß diese die Waffen trügen. Diese Landgüter wurden Beneficia genannt, und sie sind,

nach

nach einiger Schriftsteller Meynung, die ältesten Muster der Lehne. Einige von diesen Grenzcommandanten wurden vom Constantin mit dem Titel Grafen beehrt, der damals mehr bedeutete, als der Titel Herzog. Der Ursprung der Grafen war noch älter: schon von den Zeiten des Augustus an, findet man Rathsherren, welche vom Prinzen dazu ersehen waren, daß sie ihn auf seinen Reisen begleiten, und als Rathsgeber bey ihm seyn musten. Sie wurden nach der Zeit in drey Classen getheilt, nach dem stärkern oder geringern Zutritte, den sie beym Prinzen hatten. Man nannte sie Comites Augusti, welches weiter nichts als ein gewisses Geschäfft andeutete. Nach der Zeit ward eine Würde daraus gemacht. Es ward dieser Titel den vornehmsten Bedienten des kayserlichen Palasts, den Stadthaltern in der Diöces vom Orient, und verschiedenen von denen, welche die Armeen in den Provinzen commandirten, gegeben.

Constantin. Jahr 330.

Die Würde eines Nobilis oder Edlen, war seit beynahe einem Jahrhunderte an die Person der Cäsare gebunden. Der Titel Nobilissimus war erst einige Zeit nach dem Constantin aufgekommen. Er gab ihn seinen beyden Brüdern

17. Vermehrung der Titel. Pancirol. not. Orb. c. 2.

Constantin. Jahr 330. dem Julius Constantius und Hannibalianus, nebst dem mit Golde gestickten Scharlachrocke. Dieser Name ward hernach auch den Söhnen der Kayser zugeeignet, welche den Titel Cäsar noch nicht hatten. Es kamen überhaupt um diese Zeit jene stolzen Titel in Menge auf, die nach den verschiedenen Graden der Würde, der Befehlshabern und der obrigkeitlichen Aemter eingerichtet waren. Die Titel Illustris, Spectabilis, Clarissimus, Perfectissimus, Egregius u. s. w. hatten einen sehr merklichen Vorzug vor einander. Es war eine Sache von Wichtigkeit, sie alle ordentlich im Kopfe zu haben, und ein unvergeblicher Fehler, wenn man sie mit einander vermengte. Die Schreibart ward dadurch mit aufgedunsenen Beywörtern gespickt, und mit einer gothischen Artigkeit beladen. Man verglich sich gleichsam zu einem gegenseitigen Wechsel von Demuth und Stolze, indem man die Namen Durchlaucht, Excellenz, Magnificenz, Hoheit, Eminenz, Reverenz und eine Menge anderer bald gab, bald annahm, die öfters gar nichts, oder gewiß sehr lächerliche Eigenschaften zum Grunde hatten. Die Verdienste nahmen in eben dem Verhältnisse ab, als die Titel zunahmen.

Ob

Ob diese Eitelkeit schon vor dem Constantin ihren Anfang genommen hatte, und nach ihm immer höher stieg, so verdient er doch, daß man ihm einen Theil davon zuschreibt. Er, als Stifter der Stadt Constantinopel, konnte auch der Gesetzgeber derselben seyn. Es war dieses die günstigste Gelegenheit, die Sitten zu verbessern, und sie auf ihre alte Strenge zurück zu führen. Anstatt seine Senatoren mit so vielem äußerlichen Pompo auszuschmücken, hätte er sie mit wahren Tugenden zieren, und die Bande des Wohlverhaltens enger zusammen ziehen können. Seine Stadt würde nichts von ihrem Glanze verlohren, sondern vielmehr auf der Seite des Gründlichen und der wahren Hoheit gewonnen haben; Rom und das ganze Reich würden sich dieses Beyspiel zu Nutze gemacht haben. Constantin aber liebte den äußerlichen Pracht; und die Vorwürfe, die ihm Julianus macht, ob sie gleich durch Haß noch mehr vergifftet werden, scheinen nicht ohne Grund zu seyn. Er vermehrte die Perlen auf dem kayserlichen Gewande, deren Gebrauch Diocletianus zuerst eingeführt hatte. Er legte zu keiner Zeit den kayserlichen Hauptschmuck ab, woraus er eine Art von

Casquet

Constantin.
Jahr 330.
14.
Tracht des Constantin.
Iul. in Caes.
vid. epit Cedren. p. 295.
Du cange de numm. inf.
xvi. c. 17. De la Bletterie not. sor les Cesares de Iulien. p. 359.

> Constantin.
> Jahr 330.

Casquet oder geschlossener und mit Edelsteinen besetzter Crone gemacht hatte. Er gab der Verschwendung freyen Lauf, indem er gewisse Privatpersonen zu reich machte, deren Glück eine gefährliche Nacheiferung in Ansehung der Pracht und des Wohllebens rege machte. Indeß war er doch kein Sclave der Wollüste, wie ihn Julianus vorstellt, ob er gleich von einem ehrbaren Vergnügen kein Feind war. Er beschäftigte sich, sein ganzes Leben hindurch, mit den Staatsgeschäften, und vielleicht ein wenig zu viel mit den Angelegenheiten der Kirche. Er schrieb seine Gesetze und seine Befehle mit eigener Hand; er gab öftere Audienzen, und hörte alle mit Gütigkeit an, die ihm etwas vorzutragen hatten; wenn er nun die Pracht der Feste und den Glanz seines Hofes ein wenig zu weit trieb, so kann man es ihm als eine Erholung von seinen Arbeiten und von seinen Siegen noch einiger maßen vergeben.

> 15.
> Fortsetzung der Geschichte Constantins.
> Idatius. Zos. l. 2.

Nachdem ich alles unter einen Gesichtspunct zusammen gestellt habe, was die Erbauung der Stadt Constantinopel, und die vornehmsten Veränderungen betrifft, welche dadurch in der politischen Einrichtung veranlaßt wurden, wollen wir nun die Fortsetzung der Begebenheiten

gebenheiten wieder zur Hand nehmen. Das Jahr 331, unter dem Consulate des Bassus und Ablavius, ward zur Verfertigung neuer Gesetze, und zur Besorgung verschiedener Kirchenangelegenheiten angewendet, von denen wir an einem andern Orte reden wollen. Mit dem folgenden Jahre 332, in welchem Pacatianus und Hilarianus Bürgermeister waren, ergriff der Kayser die Waffen wieder, anfänglich, um die Sarmaten zu vertheidigen, hernach, um sie zu bestrafen. Zosimus sagt, daß seit der Erbauung der Stadt Constantinopel das Glück den Constantin verlassen habe, und daß er keinen Krieg mehr habe führen können, ohne dabey zu verliehren. Er erzählt, daß Constantin nicht das Herz gehabt habe, sich mit einer Parthey von fünf hundert Reutern von den Taifalen einzulaßen, welche in das Gebiete des Reichs einen Einfall thaten; sondern daß er nach dem Verluste des grösten Theils seiner Armee, (er sagt aber nicht, auf was für Art derselbe verlohren ging,) von der Kühnheit dieser Barbarn erschreckt, die ihn selbst in seinem Lager nicht ruhig ließen, sich glücklich schätzte, sein Leben durch die Flucht retten zu können. Diese Erzählung kommt weder mit dem Character des Constantin,

Constantin. Jahr 331.

Jahr 332.

I. Theil.　　Mm　　　noch

noch mit allen andern Zeugnissen der Geschichte überein, welche uns diesen Prinzen stets siegreich vorstellt.

Constantin. Jahr 332.

16.
Krieg wider die Gothen. Idacius. Anony. Valef. Euf. l. 4. c. 5. Socr. l. 1. c. 18. Soz. l. 1. c. 9. Themist. Or. 15. Cod. Th. l. 7. t. 22. l. 4. et ibi God. Conft. Porph. de adm. Imp. c. 53.

Er war es noch zweymal in diesem Jahre. Die Sarmaten, die von den Gothen angegriffen wurden, riefen die Römer zu Hülfe. Der Prinz warb eine grosse Armee zusammen, um ihnen beyzustehen, und erneuerte bey dieser Gelegenheit das Gesetz, welches die Söhne der ausgedienten Soldaten verband die Waffen zu tragen, wenn sie über sechzehn Jahre alt waren, und an den Privilegien ihrer Väter Antheil haben wollten. Er marschirte selbst bis nach Marcianopel in Niedermösien, und ließ seinen Sohn Constantin an der Spitze der Armee über die Donau gehen. Der junge Cäsar erfochte den zwanzigsten April einen glorreichen Sieg. Es kamen beynahe hundert tausend von den Feinden, theils durchs Schwerdt, theils durch Hunger und Kälte um. Die Gothen wurden gezwungen Geiseln zu geben, unter welcher sich der Sohn ihres Königs Ariarich befand. Diese Niederlage erhielt sie, so lange Constantin lebte, und unter der Regierung seines Sohns Constantius beständig ruhig. Der jährliche Tribut, den ihnen die vorhergehenden

den Prinzen, zur großen Schande des Reichs, zugestanden hatten, ward abgeschafft. Die Gothen versprachen sogar den Römern vierzig tausend Mann zu stellen, welche als Bundsgenossen bezahlt wurden. Die christliche Religion breitete sich unter ihnen aus, und mit derselben Leutseligkeit und gefälligere Sitten. Die Nation war in viele Völkerschaften vertheilt, von denen nicht alle einerley Schicksal hatten. Constantin wuste durch Unterhandlungen und Gesandschaften diejenigen zu gewinnen, die er nicht durch die Waffen bezwungen hatte. Er machte sich bey diesen alten Feinden des Reichs beliebt, und trieb vielleicht die Gefälligkeit gegen dieselben ein wenig zu weit, indem er die Angesehensten von ihnen zu Ehrenämtern und Würden erhob. Er ließ sogar eine Statue zu Constantinopel einem ihrer Könige, dem Vater des Athanarichs aufrichten, um diesen barbarischen Prinzen in der Freundschaft der Römer zu erhalten.

Constantius. Jahr 332.

Die Sarmaten, die sich von den Gothen loos sahen, griffen nun ihre Befreyer selbst an. Sie thaten Streifereyen auf dem Gebiete der Römer, so sehr war die Begierde zu plündern allen andern Gesinnungen bey diesen Barbarn

17. Die Sarmaten werden überwunden. Anony. Vales. Soc. l. I. c. 18.

Mm 2 überle=

überlegen. Der Kayser ließ sie aber diese

Constantin. Jahr 332. Undankbarkeit empfinden: sie wurden nemlich von ihm selbst, oder von seinem Sohne geschlagen. Es war dieses die letzte That des Constantin, während den fünftehalb Jahren, die er noch lebte; seine Ruhe ward diese Zeit über durch nichts gestört, als durch einen Einfall der Perser. Diese nöthigten ihn das letzte Jahr seines Lebens, Zurüstungen zu einem Kriege zu machen, der durch seinen Tod unterbrochen ward.

Constantin, Jahr 333. 18. Delmatius Consul. Idacius. Chron. Alex. p. 668. Auson. Prof. 16. God. ad Cod. Th. tom. 6. p. 357. Valef. ad Amm. l. 14. c. 1. Till. art. 71. 85. Idem not. 61. Bis zu dieser gänzlichen Beruhigung des Reichs hatte Constantin seine Brüder von allen Staatsgeschäfften entfernt. Vielleicht war ein geheimes Mißtrauen Schuld daran. Es ist zu bewundern, daß Prinzen, die vor dem Constantin den Vorzug hatten, daß sie im Purpur gebohren waren, sich dem Gehorsame während seiner langwierigen Regierung nicht entzogen. Sie sind das erste Beyspiel käyserlicher Prinzen, die sich den Stand gemeiner Unterthanen gefallen ließen. Das Testament ihres Vaters, das sie von der Regierung ausschloß, anstatt ihre Herrschsucht zu unterdrücken, würde ihre Eifersucht nur noch mehr gereizt haben, wenn sie nicht von Natur sehr gefällig gewesen wären, und Con-

stantin,

stantin, wie es scheint, nicht alle Vorsicht gebraucht hätte, um sie in der Unterwürfigkeit zu erhalten. Da sie sehr frühzeitig Waysen geworden waren, so fiel die Sorge für ihre Erziehung auf ihn, und man kann nicht zweifeln, daß er sie nicht von Kindheit an in der Abhängigkeit habe erziehen lassen, die er von ihnen verlangte. Sie lebten lange vom Hofe entfernt, bald zu Toulouse, wo sie den Thetor Arborius mit ihrer Freundschafft beehrten, bald zu Corinth. Nach dem Bericht des Julians, liebte sie ihre Stiefmutter Helena nicht; sie hielt sie, so lange sie lebte, in einer Art von Exilio. Endlich zog sie Constantin wieder näher an sich, und im Jahr 333 ernannte er den Delmatius nebst dem Xenophilus zum Consul. Kurze Zeit darnach machte er ihn zum Censor. Das Ansehen dieser alten obrigkeitlichen Würde war, so wie die andern alle, von der kayserlichen Gewalt verschlungen worden; sogar der Titel derselben war schon seit langer Zeit abgeschaft. Der Kayser Decius hatte ihn dem Valerianus zu gefallen einst wieder erneuert, der aber in der Censorwürde keinen Nachfolger hatte; in der Person des Delmatius verlosch sie endlich auf immer. Er hatte

Constantin. Jahr 333.

zween

Constantin.
Jahr 332.

zween Söhne, von denen der ältere, der mit ihm gleiches Namens war, eine gewisse Verwirrung in der Geschichte veranlasset. Man vermengt ihn mit seinem Vater, und eine große Anzahl von Schriftstellern eignet dem Sohne das Consulat von diesem Jahre zu.

19.
Pest und Hungersnoth im Orient.
Hier. Chron. Theoph. p. 23.

Der Kayser brachte daßelbe bis in den Monat November zu Constantinopel zu. Hernach that er eine Reise nach Mösien, von der man aber die Ursache nicht weiß. Die Ruhe, die ihm der Friede verschaffte, ward durch schrecklichere Plagen, als der Krieg war, gestöhrt. Salamin in der Insel Cypern ward durch ein Erdbeben zerstöhrt, und eine Menge von Einwohnern kamen unter den Ruinen um. Pest und Hunger wüteten im ganzen Oriente, besonders in Cilicien und Syrien. Die Bauern aus der Gegend von Antiochien, die sich haufenweise zusammen begeben hatten, kamen gleich wilden Thieren zur Nachtzeit in die Stadt gerannt, brachen mit Gewalt in die Häuser, und nahmen alles weg, was sie zur Nahrung brauchen konnten. Durch Verzweiflung noch kühner gemacht, kamen sie endlich sogar am Tage, und schlugen Böden und Vorrathshäuser auf. Die Insel Cypern war gleichen

gleichen Gewaltthätigkeiten ausgesetzt. Constantin schickte Getreyde an die Kirchen, um es an die Wittwen, die Waysen, die Fremden, die Armen und die Geistlichen auszutheilen. Die Kirche von Antiochien bekam davon sechs und dreyßig tausend Scheffel.

Constantin. Jahr 333.

Man muß ohne Zweifel den Tod des Sopatrus in die Zeit dieser Hungersnoth setzen; er trug sich in den letzten Jahren des Constantin zu. Es war dieser Mann ein von Apamäa gebürtiger Weltweise, der der platonischen Schule und der Lehre des Plotinus anhieng. Nach dem Tode seines Meisters des Jamblichus schien ihm der Hof der einzige Schauplatz zu seyn, auf welchem er sich und seine Talente gehörig zeigen könnte, denn er war eben so eingebildet als beredt. Er schmeichelte sich sogar dem Heydenthume Dienste zu leisten, dem er sehr ergeben war, und den Arm des Kaysers zurück zu halten, welcher alle Götzenbilder niederwarf. Wenn man dem Eunapius, seinem Bewunderer, glauben will, so fand Constantin soviel Geschmack an ihm, daß er ohne demselben nicht seyn konnte, und daß er ihn bey öffentlichen Audienzen immer zur rechten Hand sitzen ließ. Dieser große Vor-

20. Tod des Sopatrus. Sos.l. 2. Son. l. 1. c. 5. Cunap. in Aedes. Suidas Σωπατρος.

Conſtantin.
Jahr 334.

zug, fügt Eunapius hinzu, machte die Günſtlinge aufmerkſam; der ganze Hof ſchien Philoſoph zu werden; dieſe Rolle würde ſie in Verlegenheit geſetzt haben; es war ſicherer den neuen Apoſtel aus dem Wege zu ſchaffen; ſie thaten es, und dieſer ſeltene Mann ward, ſo wie Sokrates, das Opfer der Verläumdung. Man breitete zu Conſtantinopel aus, daß Sopatrus ein großer Zauberer ſey. Die Hungersnoth drückte damals die Stadt, weil die widrigen Winde den Schiffen, welche Getreyde von Alexandrien brachten, den Hafen verſchloſſen, als welche nicht anders als mit dem Mittagswinde in denſelben einlauffen konnten. Das hungerige Volk verſammelte ſich auf dem Schauplatze: aber anſtatt des Freudengeſchreyes, womit es den Kayſer zu empfangen pflegte, war nichts als ein tiefes Stillſchweigen zu ſpüren. Conſtantin, der nach Lobſprüchen noch hungeriger war, empfand es ſehr übel, und die Hofleute nahmen daher Gelegenheit ihm vorzuſchwatzen, daß Sopatrus durch Zauberey den Mittagswind zurück hielte. Der leichtgläubige Prinz ließ ihm den Augenblick den Kopf abſchlagen. Der Urheber dieſer Cabale war der Præfectus Prætorio Ablavius, dem der

Ruhm

Nahm des Philosophen verdächtig zu werden anfieng. Diese ganze Erzählung schmeckt nach der Trunkenheit eines Sophisten, der in der Dunkelheit seiner Schule statt einer Geschichte einen den Tücken des Hofes angemessenen Roman schreibt. Suidas sagt weiter nichts, als daß Constantin den Sopatrus habe umbringen lassen, um den Abscheu zu erkennen zu geben, den er vor dem Heydenthume hatte; und er tadelt diesen Prinzen aus einem vortrefflichen Grundsatze, indem er sagt, daß nicht die Gewalt über Tod und Leben, sondern die Liebe das Kennzeichen der Christen sey. Man wird sich leicht vorstellen, wenn man dem Constantin Gerechtigkeit will wiederfahren lassen, daß dieser verwegene Schwärmer, der mit einem übertriebenen Eifer für die Abgötterey an den Hof gekommen war, ein wenig unverschämt geworden sey, oder wohl gar heimlich etwas angesponnen habe, das den Tod verdiente.

Die ganze bekannte Welt erschallete von dem Namen des Constantin. Dieser Prinz arbeitete sehr eifrig an der Bekehrung der barbarischen Könige, und diese schickten ihm ihrer Seits öfters Geschenke. Sie bewarben sich um seine

Constantin. Jahr 333.

21. Gesandschaften an den Constantin geschickt. Euf. vit. l. I. c. I. Idem l. 4 c. 7.

Freundschaft, und richteten ihm sogar Bildsäulen in ihren Staaten auf. Man sahe in seinem Palaste Abgesandte von allen Völkern des Erdbodens: von den Blemmyern, von den Indianern, von den Aethiopiern. Sie brachten ihm das Kostbarste, was die Natur in ihrem Lande hervorbrachte, als einen Tribut von ihren Monarchen: goldene und mit Edelsteinen besetzte Cronen, Sclaven, reiche Zeuge, Pferde, Schilder und Waffen. Der Kayser ließ es sich an Pracht nicht zuvor thun; er übertraf nicht allein diese Könige in den Geschenken, die er ihnen schickte, sondern beschenkte auch ihre Abgesandten; denen Ansehnlichsten unter ihnen gab er Titel von römischen Würden, und verschiedene vergaßen darüber ihr Vaterland, und blieben Zeit Lebens bey einem so großmächtigen Prinzen.

Constantin. Jahr 333.

22. Schreiben des Constantin an den Sapor. Euf. vit. l. 4. c. 9 seq. Theod. l. 1. c. 25. Soz. l. 2. c. 9. seqq.

Der mächtigste von allen diesen Königen war Sapor, der in Persien regierte. Constantin nahm die Gesandschaft, die er an ihn schickte, zur Gelegenheit, ihm gütigere Gesinnungen gegen die Christen beyzubringen. Sapor, der durch die Wahrsager und Juden gegen sie verhetzt ward, beschwerte sie mit unerträglichen Auflagen. Er hatte eine grausame Verfolgung gegen dieselben angefangen, welche

che einen großen Theil seiner Regierung hindurch dauerte, und in welcher er eine Menge Kirchen verwüstete, eine Menge Bischöffe und Priester umbrachte, und einer ungeheuern Anzahl Christen von allerley Alter, Geschlecht und Stande das Leben nahm. Er schonte sogar den Usthazanes nicht, einen ehrwürdigen Alten, der sein Hofmeister gewesen war, und der seiner lange und treu geleisteten Dienste wegen die größte Hochachtung verdiente. Constantin, der über das Unglück so vieler Gläubigen betrübt war, sahe wohl ein, daß er einen stolzen und auf seine uneinschränkte Gewalt eifersüchtigen Prinzen nicht durch Vorwürfe und Drohungen noch mehr erbittern müßte, wenn er denen Christen Erleichterung verschaffen wollte. Er räumte seinen Abgesandten alles ein, und schrieb an den König einen Brief, in welchem er sich stellt, als ob er von den grausamen Anschlägen des Sapor gar nichts wisse, sondern ihm nur die Christen empfiehlt, und ihn versichert, daß er alles, was der König für sie thun würde, so annehmen wolle, als ob es für ihn geschehen sey. Er bittet ihn, einer den Herrschern der Erde so heilsamen Religion zu schonen. Er stellt ihm auf einer Seite das Bey-

Constantin. Jahr 333.

spiel

Constantin Jahr. 333.

spiel des Valerianus vor Augen, den Gott, als einen Verfolger, durch die Hand Sapors I züchtigte, auf der andern die Siege, die ihn selbst Gott unter der Fahne des Creuzes habe erfechten laßen. Dieser Brief aber machte auf die verwilderte Seele des Königs ✠ Persien keinen Eindruck.

23. Kriegszurüstungen der Perser. Liban. Basilic.

Die an den Kayser abgeschickte Gesandschaft hatte zur Absicht, Eisen zu bedingen dessen der König nöthig hatte, um Waffen daraus schmieden zu laßen. Die Perser hatten sich seit dem Siege des Galerius nur ruhig verhalten, um sich zu einem künftigen Kriege desto besser vorzubereiten. Es war dieses innerhalb vierzig Jahren ihre einzige Beschäftigung. Sie schrieben das vorige schlechte Glück dem Mangel der Zurüstungen zu. Sie machten den Römern durch Gesandschaften und Geschenke ein Blendwerk vor, da sie indeß zu Hause ihre Bogenschützen und Schleuderer fleißig übten, ihre Pferde abrichteten, Waffen schmiedeten, Schätze zusammen brachten, den Anwachs ihrer jungen Mannschaft abwarteten, eine große Menge Elephanten versammelten, und sogar die Kinder in der Kriegskunst übten. Der Feldbau ward unterdessen den Weibern überlaßen.

sen. Perſien war ſehr volkreich; es fehlte ihm aber an Eiſen. Dieſes nun ſuchten ſie von den Römern zu bekommen, unter dem Vorwande, daß ſie ſich deſſelben gegen ihre barbariſchen Nachbarn bedienen wollten. Conſtantin errieth zum Theil ihre Abſichten: um aber dem Sapor keine Gelegenheit zum Bruche zu geben, und da er ſich allenfalls auch auf ſeine überwiegende Macht verließ, verſprach er ihnen Eiſen zu geben. Sie machten Wurfſpieſe, Aexte, Picken, Degen und große Lanzen daraus; ſie überzogen Pferd und Reuter mit Eiſen, und dieſes vom Conſtantin erhaltene gefährliche Metall, diente in den Händen der Perſer, unter der Regierung ſeiner Nachfolger, zur Verheerung Meſopotamiens und Syriens.

Conſtantin. Jahr 335.

Alle Ehrenbezeugungen, welche dem Kayſer von auswärtigen Nationen erwieſen wurden, ſchmeichelten ihm nicht ſo ſehr, als der Brief, den er von einem Einſiedler erhielt, der in einer ganz leeren Höle unabhängiger und reicher war, als der größte König. Conſtantin, der beſtändig wuſte, wie nöthig ihm der Beyſtand des Himmels ſey, unterließ nie, ſelbſt mitten im Frieden, die Biſchöffe und die Gemeinen um ihre Vorbitte an-

14. Conſtantin ſchreibt an den heil. Antonius. Euſ. vit. l. 4. c. 14. Till. an. 70.

zuſpre

zusprechen. Er schrieb deswegen an den heil. Antonius, der am äußersten Ende des Reichs in den Wüsteneyen in Thebaida verborgen steckte; auch von seinen Kindern verlangte er, daß sie an ihn, als an ihren Vater schreiben sollten. Er begegnete ihm mit der größten Ehrerbietung, und erbot sich, für alle seine Bedürfnisse zu sorgen. Der Einsiedler, der keine Bedürnisse kannte, hatte nicht grosse Lust ihm zu antworten; endlich aber schrieb er, auf Anhalten seiner Schüler, an den Kayser, und an die Prinze. Anstatt aber etwas von ihnen zu bitten, gab er ihnen vielmehr Lehren, die mehr werth waren, als alle Schätze. Seine Briefe wurden mit Freuden aufgenommen. Er that in der Folge dem heil. Athanasius zum Besten verschiedene Vorstellungen, und es gereicht dem Ruhme des Constantin sehr zum Nachtheile, daß ein ungerechtes Vorurtheil in seinem Herzen über die Ehrerbietung siegte, die er gegen den frommen Einsiedler hegte.

Constantia. Jahr 333.

Der Kayser beschloß dieses Jahr damit, daß er den fünf und zwanzigsten December seinem jüngsten Sohne Constans, der damals ins vierzehnte Jahr gieng, den Titel Cäsar gab. Man erzählt, daß man in der folgenden Nacht

25. Constans Cäsar. Idacias. Aurel. Vict.

den

den Himmel voll Feuer gesehen habe, und diese Lufterscheinung ward als eine Vorherverkündigung der Unglücksfälle angesehen, welche der neue Cäsar verursachen und erfahren würde.

Constantin. Jahr 333.

Das folgende Jahr 334 hatte zween durch ihre Geburt, ihre Verdienste, und durch die Würden, die sie zuvor schon geführt hatten, ansehnliche Bürgermeister. Der erste war L. Ranius Acontius Optatus; er war Proconsul im narbonesischen Gallien, Statthalter des Kaysers in Asturien und Gallicien, und hernach in Asien Prätor, Tribun des Volks, und Quästor in Sicilien gewesen, ohne andere obrigkeitliche Würden zu rechnen, die ihm verschiedene italienische Städte aufgetragen hatten. Die Einwohner zu Nola richteten ihm eine eherne Bildsäule zu Ehren auf. Constantin ernannte ihn zum Patricier, und er ist nebst dem Julius Constantius, dem Bruder des Kaysers, der erste, von dem man weiß, daß er diesen Titel geführt hat. Einige Schriftsteller sagen, daß er, nach dem Tode des Bassianus, Anastasien geheyrathet habe, welches aber nicht leicht zu glauben ist, weil er ein Heyde war; die Einwohner zu Nola hatten ihm sogar die Aufsicht über ihre Opfer aufge-

Jahr 334. 26. Bürgermeister.
Idacius. Zos. l. 2. Byz. fam. p. 43. Buch. Cycl. p. 239. Grut. inscr. C. 6. CCCLIII. 4. CCCCLXIII. 3. 4. Reines. inscr. p. 67.

560 Geschichte des morgenl.

Constantin. Jahr 334.

aufgetragen. Der andere Consul war Anicius Paulinus, den man den jüngern nannte, um ihn von seines Vaters Bruder zu unterscheiden, der im Jahr 325 Consul gewesen war. Er war in eben dem Jahre seines Consulats Präfect zu Rom, und besaß diese Würde noch das ganze folgende Jahr hindurch. Er war schon Proconsul in Asien und im Hellespont gewesen, und in der Aufschrift einer Bildsäule, die ihm zu Rom auf Anregen des Volks, mit Bewilligung des Senats, des Kaysers und der Cäsare gesetzt ward, rühmt man seinen Adel, seine Beredsamkeit, seine Gerechtigkeit, und seine strenge Aufmerksamkeit auf die Beobachtung guter Ordnung und Zucht. Er ließ in diesem Jahre eine Bildsäule einweihen, die der Rath und das römische Volk dem Constantin zu Ehren aufrichteten.

17. Die Sarmaten werden von ihren Sclaven vertrieben. Jornand. de reb. Get. c. 22. Euf. vit. l. 4. c. 6. Anony. Va-lef. Hieron. Chron.

Die Gothen, die zwey Jahre vorher unter das Joch gebracht waren, unterstanden sich nicht mehr die Römer zu bekriegen. Da sie aber nicht Friede halten konnten, so rächten sie sich ihrer Niederlage wegen an den Sarmaten, die ihnen dieselbe zugezogen hatten. Sie hatten den Geberich an ihrer Spitze, einen kriegerischen Prinzen und Urenkel des

des Cuiva, welcher die Gothen in der Schlacht commandirte, in welcher der Kayser Decius das Leben verlohr. Die Sarmaten hatten den Wismar zum Könige, vom Geschlecht der Asdinger, dem edelsten und kriegerischten von ihrer Nation. Die Gothen griffen sie an den Ufern des Flusses Marisch an, und das Glück der Waffen war lange zweifelhaft. Endlich behielt Geberich den Sieg, indem Wismar mit dem größten Theile seiner Soldaten in einer Schlacht erschlagen ward. Die Ueberwundenen, die sich nun zu schwach befanden, um so mächtigen Feinden zu widerstehen, gaben die Waffen den Limiganten. So wurden ihre Sclaven genannt; die Herren derselben hießen Arcaraganten. Diese neuen Soldaten überwanden die Gothen; sie hatten aber kaum ihre Kräfte versucht, als sie dieselben wider ihre Herren selbst brauchten, und diese aus dem Lande jagten. Die Sarmaten, die sich an der Zahl über dreymal hundert tausend Seelen, von allen Altern und Geschlechtern, beliefen, giengen über die Donau, und warfen sich in die Arme des Constantin, der ihnen bis in Mösien entgegen gieng. Er nahm die unter seine Truppen auf, die im Stande waren die Waffen zu tragen;

Constantin. Jahr 334.

Constantin.
Jahr 334.

tragen; eine nicht wohl überlegte Vermischung, wodurch die Zucht der Legionen sehr verderbt und eine gewisse Wildheit unter denenselben eingeführt ward. Denen andern gab er Ländereyen in Thracien, in klein Scythien, in Mesopotamien, in Pannonien und selbst in Italien; und diese Barbarn konnten sich glücklich schätzen, daß sie aus einem zwar freyen, aber unruhigen und gefährlichen Zustande in eine gelinde Unterwürfigkeit versetzt würden, bey welcher sie Ruhe und Sicherheit fanden. Ein anderer Schwarm Sarmaten begab sich zu den Victohalen, welche vielleicht mit den Quaden jenseits der Geburge, in dem abendländischen Theile von Oberungarn einerley Volk sind. Diese wurden nach vier und zwanzig Jahren durch die Römer wieder in ihr Land versetzt, und die Limiganten daraus vertrieben.

Jahr 335.
28.
Bürgermeister.
Idacius. Byz.
fam. 49. Themist. Or. 4.
Grut. inscr.
CCCLXXVII.
3. Buch. Cycl.
p. 239. Till.
fur Julien.
not. L.

Constantin hatte das Consulat schon dem Delmatius, dem ältesten seiner Brüder, gegeben. Der zweyte, Julius Constantius, ward im Jahr 335, mit dem Rufius Albinus zugleich Bürgermeister. Er hatte zum erstenmal die Schwester der Bürgermeister Rufinus und Cerealis in den Jahren 347 und 358, Galla geheyrathet, und mit ihr
den

den Gallus erzeugt, welcher zu Toulouse im Jahr 325 oder 326 gebohren ward, nebst einem andern Sohne, den die Geschichte nicht nennt, und der nach dem Tode des Constantin ums Leben kam, wie auch einer Tochter, die an den Constantius verheyrathet ward, und von der man ebenfalls den Namen nicht weis. Die zweyte Gemahlin war Basilina, Tochter des Julians, Bürgermeisters im Jahr 322, und Schwester eines andern Julians, Grafens im Orient. Sie starb frühzeitig, und hinterließ einen Sohn, der wie sein mütterlicher Großvater Julianus genennet ward. Es ist dieser der bekannte Julianus, der den Beynamen des Abtrünnigen bekam, und um das Ende des Jahrs 331 zu Constantinopel gebohren ward, allwo seine Eltern das Beylager gehalten hatten. Rufius Albinus, der Gehülfe des Julius Constantius, ist, wie man glaubt, der Sohn des Rufius Volusianus, der im Jahr 314 zum zweytenmal Bürgermeister war. Eine Aufschrift giebt ihm den Beynamen des Philosophen. Er war im folgenden Jahre Präfect zu Rom.

Der Kayser hielt sich dieses gantze Jahr hindurch zu Constantinopel auf,

Constantin. Jahr 335.

19. Tricennales des Constantin.

wenn

wenn man eine Reise vornimmt, die er nach Obermösien that, nachdem er einige Tage vorher den Anfang seines dreyßigsten Regierungsjahrs, welches er den fünf und zwanzigsten Julius antrat, gefeyert hatte. Ein Umstand vermehrte die Freude und die Pracht dieses Festes, welches man Tricennales nannte: es hatte nemlich vom Augustus an kein Kayser so lange regiert. Wir haben eine Lobrede auf den Constantin, welche Eusebius von Cäsarea bey Gelegenheit dieser Feyer vor dem Kayser gehalten hat; es ist aber mehr ein Buch, als eine Rede. Eine so lange und frostige Lobrede hätte von Rechts wegen dem Kayser verdrüßlich fallen sollen; es geschahe dieses aber nicht, wenn man es dem Eusebius glauben will, welcher sich auf die gute Aufnahme derselben viel zu gute thut. Man lobt indeß am Constantin, daß er sich vor den Schmeicheleyen in Acht genommen habe, und die Geschichte rechnet ihn unter die kleine Anzahl der Regenten, die sich davon nicht haben verführen lassen. Als eines Tages ein Geistlicher zu weit gieng, und seine Glückseligkeit preisen wollte, indem er zu ihm sagte, daß, weil er würdig gewesen wäre in diesem Leben über die Menschen zu herrschen, er im andern

Constantin. Jahr 335. Idacius. Chron. Alex. p. 296. Euf. emr. in oric. Valois not. ib. c. 11. Euf. vit. l. 4. c. 48.

andern Leben mit dem Sohne Gottes herrschen würde, mißfiel ihm diese fromme Schmeichelen, und er gab dem Geistlichen zur Antwort: Man führe diese Sprache nicht gegen mich; ich habe nur eure Vorbitten nöthig; versaget mir diese nicht, und erbittet mir von Gott die Gnade ein würdiger Diener desselben in dieser und jener Welt zu seyn.

Constantin.
Jahr 335.

Es scheint, daß er unter seinen Brüdern den Delmatius vorzüglich geliebt habe. Julius Constantius hatte zween Söhne, von denen der ältere Gallus schon zehn Jahr alt war. Man findet nicht, daß der Kayser diesem Nefen einigen Vorzug gegeben habe; denen beyden Söhnen des Delmatius aber erwies er große Gunstbezeugungen. Der ältere, der seines Vaters Namen führte, war schon Magister Militum. Dieser junge Prinz zeigte das vortreflichste Naturel und war dem Kayser seinem Onkel sehr ähnlich. Die Soldaten, die ihn liebten, trugen zu seiner Erhebung viel bey. Er hatte sich bey ihnen noch beliebter gemacht, da er den Aufruhr des Calocerus mit ungemeiner Behendigkeit unterdrückt hatte. Es war dieses einer von

30.
Delmatius
Cäsar.
Idacius. Zof.
l. 2. Chron.
Alex. p. 286.
Eutrop. l.10.
Anony. Valef.
Aurel. Vict.
Philoft. l. 3.
c. 22. 28.
Amm. l. 14.
c. l. Byz. fam.
p. 49. Aufon.
præf. 17.

den untersten Bedienten des Hofes, Aufseher über die kayserlichen Cameele; dabey aber so verwegen, daß er den Anschlag gefaßt, sich unabhängig zu machen, und das Herz gehabt hatte, es öffentlich zu sagen. Er bekam einen Anhang, und bemächtigte sich der Insel Cypern. Der junge Delmatius gieng mit einigen Truppen auf ihn los, und hatte ihn kaum angetroffen, als er ihn schlug, und gefangen nach Tarsus brachte, wo er mit ihm als einem Sclaven und Straßenräuber verfuhr; er ließ ihn lebendig verbrennen. Constantin hatte seine Freude über eine Unternehmung, welche den Vorzug rechtfertigte, den er diesem Nefen gab. Er machte ihn seinen drey Söhnen gleich, indem er ihn den achtzehnten September zum Cäsar ernannte. Der jüngste Sohn des Delmatius, Namens Hannibalianus, wie auch einer von seines Vaters Brüdern hieß, bekam den Titel Nobilissimus, und König der Könige und der pontischen Völker. Der Kayser gab ihm seine älteste Tochter Constantina zur Gemahlinn, welche zugleich vom Vater den Titel Augusta erhielt. Diese beyden Prinzen hatten zu Nerbona den Unterricht des Rhetors Exuperus genossen, welchem

welchem sie die Statthalterschaft in Spanien, nebst großen Reichthümern verschafften, ob es gleich, wie man aus dem Lobspruche, den ihm Ausonius macht, schlüßen kann, eben kein Mann von sonderlichen Verdiensten war.

Constantin. Jahr 335.

Diese Ehrenbezeugungen machten die Eifersucht der Söhne des Constantin rege; sie wuchs noch durch neue Gunstbezeugungen, und brachte nach seinem Tode die traurigsten Wirkungen hervor. Dieser Prinz, der so viel Gelegenheit gehabt hatte, zu erfahren, wie beschwerlich es dem Reiche sey, wenn es mehr als einen Herrn hätte, konnte sich doch nicht entschlüßen, einen seiner Söhne um die oberherrliche Gewalt zu bringen. Er machte noch in diesem Jahre eine Theilung unter ihnen. Er gesellete ihnen noch den Delmatius und Hannibalianus zu, ohne an seine andern Nefen dabey zu gedenken. Constantin, der älteste von seinen Söhnen, erhielt das, was Constantius Chlorus besessen hatte, das ist, alles, was gegen Abend jenseits den Alpen gelegen ist, Gallien, Spanien und Großbritannien. Constantius bekam Asien, Syrien und Aegypten. Italien, Illyrien und Africa wurden dem Constans

31. *Theilung der Staaten des Constantins.*
Euf. Orat. ric. cap. 3.
Idem vit. l. 4
c. 51. Zos. l. 2.
Vict. epit.
Anony. Valef.
Chron. Alex.
p. 286. Soc.
l. 1. c. 19.
Theod. l. 1.
c. 32. Soz. l. 2.
c. 32. Iul. or.
l. 2. Eutrop.
l. 10. Hier.
Chron.

gegeben. Delmatius hatte auf seinem Antheile Thracien, Macedonien und Achaia. Das Reich des Hannibalianus bestand aus Klein-Armenien, Pontus und Cappadocien. Cäsarea war die Hauptstadt seiner Staaten. Unter den Söhnen des Kaysers war Constantius der, den er am meisten liebte, weil er sehr gefällig und biegsam war. Er hatte einige Zeit die Statthalterschaft in Gallien geführt, vielleicht eben damals, da sein Bruder wider die Gothen gebraucht ward. Er gieng von da nach dem Oriente, und der Vater ließ ihm, aus einer vorzüglichen Liebe, die Herrschaft über diese Provinzen, welche die schönsten vom ganzen Reiche waren.

Constantin Jahr 335.

Es erschien in diesem Jahre an einem gewissen Tage, von der dritten Stunde bis zur fünften, gegen Morgen zu, ein Gestirn am Himmel, welches einen dicken Rauch von sich zu blasen schien. Der Schriftsteller, welcher diesen Umstand berichtet, bestimmt den Tag nicht genau, so wie er auch nicht sagt, ob dieses Gestirn an mehrern Tagen sey gesehen worden. Wahrscheinlicher Weise ist es der Comet gewesen, dem leichtgläubige Geschichtschreiber die Ehre erweisen, und ihn

32. Comet. Theoph. p. 24. Europ. l. 10.

den

den Tod des Constantin vorher verkündigen laſſen.

Wenn die Muthmaßung einiger Neuern wahr iſt, ſo hatte Nepotianus, der nebſt dem Facundus im Jahr 336 Bürgermeiſter war, die Schweſter des Conſtantin, Eutropien zur Mutter, und den Nepotianus zum Vater, der unter dem Diocletianus, im Jahr 301, Bürgermeiſter geweſen war. Der Kayſer, nachdem er zween von ſeinen Brüdern mit dem Conſulate beehrt hatte, wird gern den Söhnen ſeiner Schweſter gleiche Ehre erwieſen haben; und eben dieſer Nepotianus wird es ſeyn, der funfzehn Jahre darnach, als er den Tod des Conſtans erfuhr, ſich den Purpur zueignete.

Der älteſte Sohn des Kayſers, Conſtantin, war ſchon ſeit geraumer Zeit vermählt geweſen; man weiß aber den Namen ſeiner Gemahlinn nicht. In dieſem Jahre nun heyrathete Conſtantius ſeine leibliche Muhme, die Tochter des Julius Conſtantius und der Galla. Julianus hält ſich über dieſe Verbindung auf, und giebt ſie für ſtrafbar aus. Er bedient ſich ihrer zu einer Gelegenheit ſeinen Haß gegen den Conſtantin und ſeine Kinder an den Tag zu legen,

Conſtantin. Jahr. 336. 33. Bürgermeiſter. Idacius. Byz. fam. p. 45.

34. Vermählung des Conſtantius. Euſ. l. 4. c. 49. Iul. Or. 7. Till. art. 76.

Constantin.
Jahr 336.

gen. Es waren aber damals diese Heyrathen zwischen Geschwisterkindern noch durch kein Gesetz verboten. Der Kayser feyerte dieses Beylager mit großer Pracht, und führte den Bräutigam selbst. Unterdessen opferte er doch einen Theil der Freude und des Vergnügens der strengen Ehrbarkeit auf, die er dabey beobachtet wissen wollte. Die Gäste wurden in zween Säle abgetheilt, von denen der eine für die Mannspersonen, und der andere für die Frauenzimmer bestimmt war. Er erwieß bey dieser Gelegenheit den Städten und Provinzen allerhand Gnaden und beschenkte sie ansehnlich.

35.
Gesandtschaft der Indianer.
Eul. vit. L. 4. c. 50.

Es war um eben diese Zeit, als eine Gesandschaft von Indianern zu ihm kam, welche sich wie Vasallen vor ihrem Herrn demüthigten, gleich als ob seine Gewalt eben so weit reichte als sein Name bekannt war. Die indianischen Prinzen schickten ihm Geschenke von kostbaren Steinen und seltenen Thieren; sie ließen ihm durch ihre Abgesandten sagen, daß sie seinen Bildnissen Ehrerbietigkeit bewiesen, daß sie ihm Bildsäulen aufrichteten, und ihn als ihren König und Kayser verehrten.

36.
Zurückberufung des Arius.

Während daß die Freude dieses Fests sich im ganzen Reiche ausbreitete, weinte die

die Kirche noch über die Verbannung des
Athanasius, und der schreckliche Tod
des Arius machte, daß auch seine Anhänger Thränen vergossen. Wir haben
diesen Erzketzer in seinem Exilio verlassen,
wie auch den Eusebius von Nicomedien
und ihre offenbaren Anhänger. Wir
müssen nun den Faden ihrer Geschichte
wieder ergreifen, und zeigen, durch was
für Kunstgriffe sie den Kayser hintergien-
gen, und ihn so gar selbst wider die be-
wafneten, die er stets als Vertheidiger
des orthodoxen Glaubens angesehen hatte.
Constantia, die Wittwe des Licinius
und Schwester des Kaysers, hatte einen
Priester, der ein heimlicher Arianer war,
um sich. Dieser hatte sich erst bey den
Verschnittenen eingeschmeichelt, und hatte es endlich durch diese so weit gebracht,
daß er sich des Herzens der Prinzessinn
bemeisterte. Er war keiner von den stolzen und gebieterischen Gewissensräthen,
deren Tyranney oft mehr Schaden an-
richtet, als Nutzen stiftet. Biegsam,
schmeichlerisch, kriechend, mehr für das
gründliche als glänzende besorgt, be-
herrschte er anfänglich Constantien, und
hernach den Kayser selbst, mit so wenigem Aufsehen, daß die Geschichte nicht
einmal seinen Namen weiß, sondern ihn
nur

Constantin.
Jahr 336.
Soc. l. 1. c. 14.
25. Theod.
l. 1. c. 20.
Soz. l. 2. c. 15.
26. Philost.
l. 2. c. 7.
Polit. apud
Phot. p. 1414
Baron. an.
327. Fuhrm.
de bapt.
Const. part. I.
p. 54.

nur durch seine Handlungen kenntlich macht. Einige Neuern halten ihn, ohne viel Grund, mit dem Acacius, mit dem Zunamen, der Einäugige, der nach dem Eusebius Bischof zu Cäsarea war, für eine Person. Dieser Unbekannte war es, der in den folgenden Trauerspielen, hinter der Scene versteckt, durch unsichtbare Triebfedern dem ganzen Hofe die Bewegung gab. Es ward ihm nicht schwer die Prinzessinn zu bereden, daß Arius ein unschuldiges Opfer des Neides gewesen sey. Constantia ward krank, und ihr Bruder, der von ihrem Zustande, und noch mehr von ihrem Unglücke gerührt ward, an welchem er selbst Schuld war, gab ihr fleißige Besuche. Als sie dem Tode nahe war, sagte sie zu ihm, indem sie auf den Priester zeigte: „Prinz, ich empfehle Ihnen diesen heili„gen Mann; ich habe mich bey seinen „klugen Rathschlägen wohl befunden; „schenken Sie ihm Ihr Vertrauen. Es „ist dieses die letzte Gnade, die Sie mir „erweisen können, und ich bitte um Ih„res eigenen Besten willen darum. Ich „sterbe; und alle Dinge dieser Welt ge„hen mich weiter nichts mehr an; ich „fürchte aber Ihrentwegen den Zorn Got„tes; man verführt Sie; haben Sie
„sich

„sich keinen Vorwurf zu machen, daß „Sie gerechte und tugendhafte Männer „im Exilio schmachten laßen?„ Diese Worte drangen dem Conſtantin ins Herz, das ohnedem ſchon durch Betrübniß weich gemacht war. Der Betrüger bemeiſterte ſich ſo gleich deſſelben, und erhielt ſich auch, bis an den letzten Augenblick des Prinzen im Beſitz. Die erſte Frucht dieſes Vertrauens war die Zurückberufung des Arius. Der Kayſer ließ ſich bereden, daß ſeine Lehre keine andere ſey, als die Lehre der Kirchenverſammlung ſelbſt; daß man ihn nicht anders für ſtrafbar hielte, als weil man ihn nicht anhörte; daß, wenn man ihm erlauben wollte, ſich ſelbſt dem Prinzen vorzuſtellen, er durch ſeine Unterwerfung unter die Schlüſſe der Verſammlung zu Nicäa, demſelben volle Genüge leiſten würde. So mag er denn kommen, ſagte hierauf der Kayſer, und wenn er das leiſtet, was ihr verſprecht, will ich ihn mit Ehren wieder nach Alexandrien zurück ſchicken. Man meldete dieſes ſo gleich dem Arius; aber dieſer liſtige Kopf, der ohne Zweifel von ſeinem geheimen Beſchützer unterrichtet ward, ſtellte ſich, als ob er an der Wirklichkeit der Befehle des Prinzen zweifelte,

und

und blieb in seinem Exilio. Constantin, der in seinem Begehren hitzig war, schrieb demnach selbst sehr gnädig an ihn, verwies ihm seine Kaltsinnigkeit, befahl ihm auf herrschaftliche Kosten zu kommen, und versprach ihm die gnädigste Aufnahme. Zu diesem Grade der Hitze wollte eben Arius den Prinzen gern bringen; er raiste nun sogleich ab, stellte sich dem Kayser vor, und hintergieng ihn durch Ablegung eines sehr zweydeutigen Glaubensbekenntnisses.

Constantin. Jahr 336.

Die Zurückkunft des Arius brachte auch seine Anhänger wieder zurück. Eusebius und Theognis vergaßen sich nicht. Um aber einen andern Auftritt zu machen, nahmen sie eine andere Wendung. Sie wandten sich an die vornehmsten rechtgläubigen Bischöfe, und entschuldigten sich, daß sie die Verbannung desselben nicht unterschrieben hätten, damit, daß sie von der Reinigkeit der Gesinnungen des Arius ganz besonders überzeugt gewesen wären. Sie betheuerten, daß ihre Lehre mit der Lehre der nicänischen Versammlung vollkommen überein käme: Nicht als ob uns unser Exilium zu beschwerlich würde, sagten sie; nichts als der Verdacht der Ketzerey gebt uns

37. Zurückkunft des Eusebius und Theognis.

uns zu Hertzen; die Ehre der bischöflichen Würde allein macht, daß wir unsere Stimme erheben; und weil man denjenigen zurückgerufen hat, den man als den Urheber der Uneinigkeit ansieht, weil man seine Vertheidigung hat anhören wollen, so urtheilet selbst, ob es vernünftig wäre, wenn wir durch unser Stillschweigen uns gewissermaaßen als schuldig bekenneten. Sie baten die Bischöfe, beym Kayser für sie zu sprechen, und ihm ihre Bittschreiben zu überreichen. Die Umstände waren bequem dazu, und die Bitte schien sehr gerecht. Sie kamen im dritten Jahre aus ihrem Exilio zurück, und zogen triumphirend in ihre Kirchen wieder ein, aus welchen sie sogleich die beyden Bischöfe verjagten, die man an ihre Stelle gesetzt hatte. Eusebius wußte nach der Zeit seine Ketzerey besser zu verbergen; als ein großer Feind der Rechtgläubigen, wußte er doch die Verfolgung mit dem scheinbarsten Vorwande zu bedecken, und erklärte sich nicht eher öffentlich für einen Arianer, als nach dem Tode des Constantin. Er kam bald, zum großen Schaden der Kirche, beym Kayser wieder in Gnaden,

Constantin. Jahr 336.

und

Constantin. Jahr 336. und man kann nicht ohne Erstaunen sehen, daß die häßlichen Farben, mit welchen der Kayser drey Jahre vorher diesen Prälaten in seinem Schreiben an die Einwohner zu Nicomedien abmahlte, schon in dem Gemüthe dieses Prinzen verloschen waren. Der Brief beweist, daß die Eindrücke beym Constantin sehr lebhaft waren, und die schnelle Zurückkehr seiner Gunst, daß sie nicht Wurzel genung hatten. Eusebius hatte sich des Herzens des Constantius bemeistert, des Sohns, den der Kayser vorzüglich liebte, und mehr bedurfte er nicht, um über den ganzen Hof zu gebieten. Das übrige der Geschichte des Constantin ist nichts als ein Gewebe von Betrügereyen auf Seiten der Arianer, und von Schwachheit und Verblendung auf Seiten des Prinzen. Arius, so geschickt er sich auch zu verstellen wußte, kam doch so leicht beym Athanasius nicht durch. Vergebens bemühete er sich von seinem Bischofe in die Gemeinschaft der Kirche wieder aufgenommen zu werden; dieser wollte in diese Aufnahme nie willigen, ob ihm gleich Eusebius deswegen hart anlag, und ihm einen drohenden Brief über den andern schrieb.

Um

Um den Athanasius schüchtern zu machen, und ihm zu gleicher Zeit der festesten Stütze zu berauben, die er in der Kirche hatte, ließ Eusebius das Ungewitter zuerst über den Eustathius, Bischof zu Antiochien ausbrechen. Es war zwischen diesem berühmten Prälaten und dem Eusebius von Cäsarea ein sehr hitziger Streit entstanden. Eustathius warf dem Eusebius vor, daß er das nicänische Glaubensbekenntniß verdrehe. Eusebius hingegen beschuldigte den Eustathius sabellianischer Irrthümer. Eusebius von Nicomedien wollte diesen Streit, zum Vortheile seines Freundes, durch einen Bannstrahl entscheiden. Er entwarf seinen Plan, und um den Kayser nichts davon merken zu lassen, stellete er sich, als ob er gern eine Wallfarth nach Jerusalem thun möchte, um die berühmte Kirche zu sehen, die der Prinz daselbst bauen ließ. Er reisete mit großen Zurüstungen von Constantinopel ab, und ward von seinem vertrautesten Freunde, dem Theognio begleitet. Der Kayser gab ihnen das benöthigte Fuhrwerk, und alles, was ihre Reise bequem machen konnte. Die beyden Prälaten reiseten durch Antiochien, und Eustathius nahm sie mit einem

Constantin. Jahr 336. 38.
Absetzung des Eustathius.
Soc. l. 1. c. 23. 24. Theod. l. 1. c. 21. Soc. l. 1. c. 17. 18. Philost. l. 2. c. 7.

I. Theil.   Oo   wahr-

Constantin Jahr 336. wahrhaftig brüderlichen Hertzen auf. Sie ließen es auf ihrer Seite auch an Versicherungen der aufrichtigsten Freundschaft nicht fehlen. Als sie nun in Jerusalem angelangt waren, eröfneten sie ihr Vorhaben dem Eusebius von Cäsarea, und verschiedenen andern arianischen Bischöffen, welche sich alle mit einander verbanden. Alle diese Prälaten begleiteten sie auf der Rückreise bis nach Antiochien. So bald sie in dieser Stadt angekommen waren, versammelten sie sich nebst dem Eustathius und einigen andern rechtgläubigen Bischöffen, die von ihren Absichten nichts wußten, und gaben dieser Versammlung den Namen eines Concilii. Kaum hatten die Sitzungen ihren Anfang genommen, als sie eine lüderliche Weibsperson hinein treten ließen, welche ein Kind an der Brust trug, und den Eustathius für den Vater dieses Kindes ausgeben mußte. Der fromme Prälat, dem sein Gewissen nichts vorwarf, und der sich auch nicht aus seiner Fassung bringen ließ, verlangte, daß das Frauenzimmer Zeugen auffstellen sollte; sie gab aber die unverschämte Antwort, daß man, wenn man ein solches Verbrechen begienge, keine Zeugen dazu nähme. Die Arianer verlangten hierauf einen Eid

von

von ihr, und sie schwor mit lauter Stimme, daß sie dieses Kind vom Eustathius habe. Die billigen Richter fälleten hierauf, ohne weitere Untersuchung und Beweise, das Urtheil, daß Eustathius abgesetzt werden müsse. Die rechtgläubigen Bischöffe, die über ein so unregelmäßiges Verfahren sich verwunderten, beschwerten sich vergebens über dieses Urtheil. Eusebius und Theognis eilten nach Constantinopel, um den Kayser bey Zeiten davon zu benachrichtigen, und verließen ihre Mitverschwornen versammelt zu Antiochien.

Constantin. Jahr 336.

Eine so grobe Betrügerey, und die Aussage des frommen Prälaten, brachte alle auf, die nicht an die Arianer verkauft waren. Der Rath der Stadt, die Einwohner, die Soldaten der Garnison, alles trennte sich in zwo Partheyen, und überall brach Lärmen, Schimpfen und Drohen aus. Man wollte einander die Hälse brechen, und Antiochien würde mit Blut überschwemmt worden seyn, wenn nicht ein Brief des Kaysers, und die Ankunft des Grafen Strategius, der sich mit dem Aeacius, Grafen vom Orient vereinigte, die Gemüther beruhigt hätte. Constantin foderte den Eustathius vor sich. Die

39. Unruhen zu Antiochien. Euf. vit. l. 3. c. 59. Soc. l. 1. c. 24. Theod. l. 1. c. 21, 22. Soz. l. 2. c. 19. Philoft. l. 2. c. 7. God. diff. in Phi- loft. l. 4. c. 7. Herm. vie de S. Athan. l. 3. c. 8. Till. Arianisast. 14. Athan. ad solit.

Dd 2   Feinde

Constantin. Jahr 336. Feinde des Prälaten glaubten nicht, daß eine so übel gegründete Anklage vom Kayser würde gehört werden; sie veränderten demnach die aufgeworfene Schanze, und beschuldigten den Eustathius, daß er vor Zeiten einmal der Ehre der Kayserinn Helena zu nahe getreten sey. Das hieß den Prinzen am empfindlichsten Orte angreifen; außerdem legte Constantin auch den Aufruhr dem Bischoffe zur Last. Eustathius ermahnte seine Kirchkinder, ehe er dieselben verließ, im Glauben der Consubstantialität standhaft zu bleiben, und man sahe in der Folge gar wohl, wie viel Eindruck seine letzten Worte gemacht hatten. Es war ihm nicht schwer sich vor dem Kayser zu rechtfertigen; aber dieser durch Verläumdung verblendete Prinz, verwies ihn nach Thracien, allwo er starb. Jenes unzüchtige und boshafte weibliche Geschöpf, das denen Prälaten, die noch böser waren als sie, zum Werkzeuge gedient hatte, gestand, da sie kurze Zeit darnach dem Tode nahe war, in Gegenwart einer großer Anzahl geistlicher Personen, die Unschuld des Eustathius, und die Betrügereyen des Eusebius. Doch wollte sie nicht ganz und gar Unrecht haben, weil sie wirklich das Kind von einem Hand-

werks-

werksmanne, Namens **Eustathius** | Constantin.
hatte; und diese strafbare Zweydeutig- | Jahr 336.
keit, nebst dem Gelde des Eusebius war
es ohne Zweifel, wodurch sie sich hatte
verführen lassen. Asclepas von Gaza,
der ein Freund des frommen Bischofs,
und dem reinen Glauben getreu war,
ward zu gleicher Zeit aus seiner Kirche
verjagt. Auf einer andern Seite ließ
auch Basilina, die zweyte Gemahlinn
des Julius Constantius, den Bischof
von Adrianopel Eutropius vertreiben,
weil er auf die Lehre und das Leben des
Eusebius, der ein Anverwandter dieser
Prinzessinn war, zu genau Achtung gab.

Paulinus von Tyrus und Eula- | 40.
lius, die einer nach dem andern dem Eu- | Eusebius
stathius gefolgt, und beyde innerhalb | von Cäsarea
einem Jahre verstorben waren, gaben zu | schlägt die
neuen Streitigkeiten Anlaß. Die aria- | bischöfliche
nische Parthey, an deren Spitze die mei- | Würde zu Antiochien
sten Bischöffe waren, die das so genannte | aus.
Concilium zusammen ausmachten, ver- | Eus. vit. l. 3.
langten den Eusebius von Cäsarea. | c. 60. Soc.
Die Rechtgläubigen widersetzten sich sei- | l. 1. c. 24.
ner Wahl. Die erstern schrieben deß- | Theod. l. 1.
wegen an den Kayser, und zugleich auch | c. 22. Soz.
Eusebius, entweder weil er gebeten seyn | l. 2. c. 18.
wolte, oder weil er merkte, daß diese neue
Trennung dem Kayser mißfallen würde;

Constantin. Jahr 336. er meldete ihm, daß er bey der strengen Verordnung der Kirchengesetze bliebe, und bat, daß man ihm erlauben möchte seiner ersten Braut getreu zu bleiben. Diese Weigerung des Eusebius ward willfähriger aufgenommen, als er vielleicht wünschte. Der Prinz schrieb an die Bischöffe und Einwohner zu Antiochien, um sie von der Wahl des Eusebius abzuziehen; er schlug ihnen selbst zween würdige Männer vor, ohne das durch die andern auszuschließen, die man sonst dazu für würdig halten könnte. Man kann sehen, daß Constantin gänzlich von den Arianern eingenommen war, indem die beyden Priester, die er vorschlug, offenbare Arianer, der eine, Euphronius von Cäsarea in Cappadocien, und der andere George von Arethusa waren. Der erstere ward erwählt, und der Kayser hielt die Eitelkeit des Bischofs zu Cäsarea dadurch schadlos, daß er ihm wegen der großmüthigen Unterwerfung unter die Anordnungen der Kirche große Lobsprüche machte. Dieser hat auch nicht vergessen in der Lebensbeschreibung des Constantin die Briefe ganz einzurücken, die sein Lob enthalten, und von der ganzen Geschichte der Absetzung des Eustathius ist dieses das einzig Stück, dessen

dessen er Erwähnung zu thun für gut befunden hat. Da nun der bischöfliche Stuhl zu Antiochien bis zum Jahre 361 mit Arianern besetzt blieb, so verließen die Rechtgläubigen die Kirchen, und hielten ihre besondern Versammlungen; man nannte sie Eustathianer.

Constantin. Jahr 336.

Eusebius von Nicomedien, der den Athanasius im Verhältnisse mit sich beurtheilte, schmeichelte sich, daß die fürchterlichen Merkmale seines Ansehens und seiner Gewalt den Bischof zu Alexandrien endlich zittern machen würden. Er verlangte demnach nochmals von ihm, daß er den Arius aufnehmen sollte, fand ihn aber stets unbeweglich. Da er nun die Hand und das Herz des Kaysers in seiner Gewalt hätte, bewog er ihn, daß er selbst an den Athanasius schrieb. Er sahe den Erfolg davon voraus. Die Weigerung des Bischofs gab ihm Gelegenheit den Kayser aufzuhetzen. Johann Arcaph, das Haupt der Meletianer, nebst einer Menge Bischöffe und Geistliche, welche das wiederholten, was ihnen Eusebius vorsagte, standen ihm bey. Er stellte den Athanasius als einen Aufrührer, als einen Stöhrer der Kirche, als einen Tyrannen vor, der durch Hülfe einiger ihm anhängigen

41. Athanasius will den Arius nicht aufnehmen. Socr. l. 1. c. 27. Soz. l. 2. c. 21.

Constantin Jahr 336.

Prälaten, zu Alexandrien umumschränkt herrschte, und sich mit Feuer und Schwerdt Gehorsam verschaffte. Der Angeklagte rechtfertigte sich, indem er alle Ungerechtigkeiten und Gewaltthaten auf seine Widersacher zurück warf, und seine Beweise waren so gegründet, daß der Kayser nicht wußte, woran er sich halten sollte. Constantin, der endlich dieser Ungewißheit müde ward, meldete dem Athanasius, daß er diesen Streit gehoben wissen wolle, und daß das einzige Mittel dazu sey, daß er niemanden die Thüre der Kirche verschlösse: Athanasius sollte demnach, so bald er den kayserlichen Willen aus diesem Briefe erkannt hätte, keinen mehr zurück weisen, der von der Kirche wieder aufgenommen seyn wollte; und im Fall er das wider handelte, sollte er von seinem bischöflichen Stuhle verstoßen seyn. Der Bischof, der über die Drohung einer ungerechten Absetzung nicht sehr erschrack, stellte mit einer ehrerbietigen Standhaftigkeit vor, was für eine Wunde eine blinde Nachsicht gegen Leute, die von einer allgemeinen Kirchenversammlung in den Bann gethan wären, und die sich den Aussprüchen derselben nicht unterwerfen wollten, der Kirche schlagen würde. Der Kayser

Kayser schien das Nachdrückliche seiner Vorstellungen zu empfinden.

Die Billigkeit des Prinzen reizte den Unwillen des Eusebius noch mehr. Er hatte den Athanasius kennen gelernt; und da er nicht mehr hoffte ihn zu überwinden, so beschloß er, ihn ins Unglück zu stürzen. Die Häupter der arianischen Parthey, die alles mit den Meletianern verabredet und sie durch Geld gewonnen hatten, breiteten gleich anfänglich aus, daß seine Einweihung nichtig sey, indem sie durch Betrug und Gewalt geschehen. Da aber die Fabel, die sie zur Beschönigung dieses Vorgebens erdichteten, durch den Augenschein widerlegt ward, und man doch den Prinzen aufmerksam machen wollte, hielten sie es für bequemer ihm einige Staatsverbrechen aufzubürden. Sie beschuldigten ihn demnach, daß er eigenmächtig den Aegyptern einen Tribut aufgelegt habe, und sich leinene Röcke für die Kirche zu Alexandrien geben lasse. Die Priester Apis und Macarius, die sich damals zu Nicomedien befanden, rechtfertigten ihren Bischof mit leichter Mühe. Sie zeigten dem Kayser, daß es ein freywilliger Beytrag sey, der, weil er der Kirche zum Besten geschähe, nichts ver-

Constantin.
Jahr 336.
42.
Verläumdungen wider den Athanasius.
Athan. Apol.
2. Socr. l. 1.
c. 27. Theod.
l. 1. c. 26, 27.
Soz. l. 2. c. 21.
Philost. l. 2.
c. 11.

werf-

Constantin Jahr 336. werfliches an sich habe. Die Ankläger, die sich noch nicht abschrecken ließen, beschuldigten weiter den frommen Bischof zwoer ungeheuerer Missethaten: die erste war eine Majestätsbeleidigung. Er sollte, wie sie vorgaben, den Aufruhr des Philumenes unterstützt, und ihm große Summen Geldes vorgeschossen haben. Dieser Rebelle, von dem man sonst nichts weiß, ist vielleicht mit dem Calocerus eine Person. Das andere Verbrechen griff Gott selbst an; man sehe, was für eine Begebenheit sie dazu mißbrauchten: In einer Gegend Aegyptens, Mareotis genannt, nicht weit von Alexandrien, war ehemals ein gewisser Ischyras vom Colluthus zum Priester eingeweihet worden. Auf der Kirchenversammlung zu Alexandrien, in Gegenwart des Osius, waren die Einweihungen dieses Erzketzers für null und nichtig erklärt worden. Aber der Aussprüche der Kirchenversammlung ungeachtet, denen sich doch Colluthus selbst unterworfen hatte, fuhr Ischyras beständig fort priesterliche Handlungen vorzunehmen. Athanasius, als er eine Kirchenvisitation in Mareotis hielt, schickte den Macarius, einen seiner Priester an ihn, und ließ ihn vorfordern. Da aber

Ischy=

Ischyras krank zu Bette lag, so nahm man weiter nichts gegen ihn vor, als daß man ihm die Verrichtungen seines Amts untersagte, und diese Begebenheit hatte damals weiter keine Folgen. Zu der Zeit aber, da Eusebius allenthalben Ankläger wider den Athanasius aufsuchte, kam auch Ischyras, und bot ihm seine Dienste an; sie wurden angenommen, und ihm ein Bischofthum dafür versprochen. Er sagte demnach aus, daß Macarius, auf Befehl des Bischofs, ihn gewaltsamer Weise überfallen habe, als er eben das heilige Abendmahl austheilen wollte; daß er den Altar und den heiligen Tisch umgeworfen, den Kelch zerschlagen, und die heiligen Bücher verbrannt habe. So harter Beschuldigungen wegen ward Athanasius an den Hof gefodert. Der Kayser hörte ihn an, erkannte seine Unschuld, schickte ihn nach Alexandrien zurück, und schrieb an die Alexandriner, daß die Verläumder ihres Bischofs zu Schanden geworden wären, und daß diesem Manne Gottes (mit diesem Namen belegte er ihn) an seinem Hofe mit der ehrerbietigsten Art sey begegnet worden. Ischyras, der vom Kayser und vom Eusebius, dem er ohne Nutzen gedient hatte,

Constantin.
Jahr 336.

Constantin.
Jahr 336.

verachtet ward, warf sich seinem Bischoffe zu Füßen, und bat mit Thränen um Vergebung. Er gestand in Gegenwart verschiedener Zeugen, durch ein eigenhändig unterschriebenes Bekenntniß, daß seine Anklage falsch sey, und daß er durch drey meletianische Bischöffe, die er namhaft machte, dazu wäre gezwungen worden. Athanasius vergab es ihm; nahm ihn aber in die Gemeinschaft der Kirche nicht eher wieder auf, als bis er die in den Gesetzen der Kirche verordnete Buße gethan hätte.

43.
Anklage wegen des Arsenes.
Soc. l. 1. c. 27.
Theod. l. 1. c. 30. Soz. l. 2. c. 21. Ath. Apol. 2. Herman. vie de S. Athan. l. 3. s. 14.

Die Widersacher des Athanasius, ob sie gleich schon so vielmal beschämt worden waren, verlohren doch den Muth nicht, überzeugt, daß unter einer Menge von Schlägen, ein einziger zu einer tödlichen Wunde hinreichend seyn werde. Arsenes, Bischoff zu Hypsele in Thebaida, war ein Anhänger der meletianischen Secte. Dieser verschwand auf einmal, und die Meletianer, die in allen Städten die rechte Hand eines Mannes herum zeigten, gaben vor, daß es die Hand des Arsenes sey, den Athanasius habe umbringen lassen; daß er ihm die rechte Hand abgehauen habe, um sich ihrer zu Zaubereyen zu bedienen; sie beklagten sich ferner mit Thränen, daß er

er den Ueberrest seines Körpers versteckt
hielte; sie glichen jenen alten Schwär- *Constantin.*
mern in Aegypten, welche die zerstreue- *Jahr 336.*
ten Gliedmaßen des Osiris zusammen-
suchten. Johann Arcapl spielte bey
dieser Comödie die Hauptrolle. Die
Sache machte viel Lärmen am Hofe.
Der Kayser trug die Untersuchung derselben dem Censor Delmatius auf, der
sich damals zu Antiochien befand; den
Eusebius und Theognis schickte er zu
Beyständen dahin ab. Athanasius
sahe wohl ein, daß der Mangel des Be-
weises auf Seiten seiner Widersacher
nicht hinreichend seyn würde, ihn zu rechtfertigen, und daß er sie nicht besser widerlegen könnte, als wenn er ihnen den
Arsenes lebendig zeigte. Er ließ ihn
demnach in ganz Aegypten suchen. Man
entdeckte ihn auch in einem Kloster bey
Anteopolis in Thebaida; als man aber
ins Kloster kam, hatte er sich schon fort-
gemacht, um sich anderswo zu verbergen. Man nahm demnach den Superior des Klosters, und einen Mönch
mit, welcher ihm die Gelegenheit zur
Flucht verschafft hatte. Man führte sie
nach Alexandrien zu dem Commandanten der Truppen in Aegypten, und sie
bekannten hier, daß Arsenes noch am
leben

Constantin. Jahr 336.

leben sey, und sich bisher in ihrem Kloster aufgehalten habe, Der Superior meldete es auch schriftlich, an den Johann Arcaph, daß die Betrügerey entdeckt, und in gantz Aegypten bekannt sey, daß Arsenes noch lebe. Der Brief fiel dem Athanasius in die Hände. Man fand endlich den Flüchtling zu Tyrus, wo er anfänglich läugnete, daß er Arsenes sey; aber der Bischoff in dieser Stadt, Paulus, der ihn sehr genau kannte, überführte ihn des Gegentheils. Athanasius schickte hierauf durch den Diaconus Macarius alle Beweise des Betrugs an den Constantin. Der Kayser widerrief sogleich den dem Dalmatius geschehenen Auftrag; er versicherte den Bischof zu Alexandrien seiner Gnade, und vermahnte ihn, künftig für nichts zu sorgen, als für die Verrichtungen seines Amts, und sich für den geheimen Kunstgriffen der Meletianer nicht weiter zu fürchten. Er befahl, daß dieser Brief in der Versammlung des Volks abgelesen werden sollte, damit seine Meynung und Wille zu iedermanns Wissenschaft käme. Die Drohungen des Prinzen brachten die Verläumdung einige Zeit zum Stillschweigen, und die Ruhe schien wieder hergestellt. Arsenes

nes schrieb selbst an seinen Bischoff, und bat, daß er ihn in die Gemeinschaft seiner Kirche wieder aufnehmen möchte. Arcaph folgte diesem Beyspiele, und wußte sich beym Kayser viel damit. Der Prinz war darüber sehr froh, indem er sich Hoffnung machte, daß die ganze Meletianische Parthey, nach dem Muster ihres Anführers, sich mit der Kirche wieder vereinigen würde.

Constantin. Jahr 336.

Die Ruhe aber war nicht von langer Dauer. Die Hartnäckigkeit der Arianer siegte endlich über die guten Absichten des Kaysers. Es waren Bischöffe, deren Aeußerliches alles Ehrwürdige an sich hatte, die ohn Unterlaß schrien, und es dem ganzen Hofe in den Mund legten, daß Athanasius sich der abscheulichsten Verbrechen schuldig gemacht habe; daß er es durch Geld dahin zu bringen wisse; daß ihm alles ungestraft hinginge; daß er durch eben dieses Mittel dem Meletianer Arcaph eine andere Sprache gelernt habe; daß der neue Arsenes eine dazu abgerichtete Person sey; daß es unerhört sey, daß unter einem tugendhaften Prinzen die Bosheit auf einem der größten bischöflichen Sitze der Welt gedultet würde. Johann Arcaph ließ sich sogar von den Arianern wieder gewinnen, und

44. *Eusebius bemeistert sich des Herzens des Constantin. Athan. Ap. 2. Soc. l. 1. c. 17. Theod. l. 1. c. 28. Soz. l. 2. c. 24. Pagi ad Bar. an. 332.*

und gestand zu seiner größten Schande, vor dem Kayser, daß er sich habe bestechen lassen. Constantin, der ein aufrichtiges und großmüthiges Herz hatte, konnte sich aber von einer so schändlichen Untreue nicht überzeugen. Indeß machten doch so viel wiederholte Schläge, daß er endlich seine Hand abzog, und den Athanasius seinen Feinden überließ; denn es hieß in der That ihn verlassen, da man ihm einer Kirchenversammlung unterwarf, von welcher Eusebius das Haupt war. Die Wahl der Stadt Cäsarea in Palestina, allwo der andere Eusebius Bischof war, sagte schon vorher, wie es ablaufen würde. Der fromme Prälat wollte sich daher vor diesem Concilio nicht stellen. Die Arianer machten sich diesen Umstand zu Nutze, und wenn man sie die zwey und ein halbes Jahr über, da Athanasius nichts mit ihnen zu thun haben wollte, reden hörte, war er nichts anders, als ein Verbrecher, der sich ihrem Gerichte entzog. Der Kayser veränderte endlich den Ort der Zusammenkunft, gleich als ob er sich nach dem Widerwillen und den Besorgnissen des Angeklagten richtete, und ernannte dazu die Stadt Tyrus. Sein Wille war, daß, wenn erst alle Streitigkeiten

in

in dieser Stadt beygeleget wären, die Vä-
ter der Kirchenversammlung sich einmü-
thig nach Jerusalem begeben, und daselbst
die Kirche zum heiligen Creuz einweihen
sollten. Er meldete demnach den Bi-
schöffen, deren verschiedene schon seit lan-
ger Zeit zu Cäsarea waren, daß sie sich
ungesäumt nach Tyrus begeben, und da-
selbst den Beschwerden der Kirche aufs
schleunigste abhelfen sollten. Sein
Brief, ob gleich Athanasius nicht
darinne genennet wird, zeigt deutlich ge-
nung, daß er sehr wider diesen frommen
Mann eingenommen war, und ganz auf
die Seite seiner Feinde hieng. Er ver-
sichert diese, daß er alles gethan habe,
was sie gebeten hätten; daß er die Bi-
schöffe zusammen berufen habe, die sie zu
Mitgehülfen verlangt hätten; daß er den
Graf Dionysius zum Concilio abge-
sandt habe, damit derselbe auf gute Ord-
nung dabey sehen möchte; er versichert,
daß, wenn einer von denen dazu berufe-
nen sich weigern würde zu erscheinen, un-
ter was für einem Vorwande es auch
seyn möchte, er ihn so gleich aus der Kir-
che wolle verstoßen lassen. Dieser Brief,
der das Concilium zusammen berief, hob
zu gleicher Zeit das Ansehen desselben
auf; er allein kann zeigen wie unregel-

Constantis.
Jahr 336.

mäßig daſſelbe war. Die Wahl ſolcher Biſchöffe, die alle Arianer waren, die Gegenwart des Grafen Dionyſius, der Gerichtsdiener und Soldaten mitbrachte, waren eben ſo viele Mißbräuche, die in der Folge das Concilium zu Alexandrien ſehr gut zu nutzen wußte. Es fand ſich indeſſen doch eine geringe Anzahl rechtgläubiger Biſchöffe dabey ein, unter denen Maximus von Jeruſalem, der auf den Macarius gefolgt war, Marcellus von Ancyra, und Alexander von Theſſalonich waren. Die Verſammlung beſtand ſchon aus ſechzig Prälaten, ehe noch die neun und vierzig ägyptiſchen Biſchöffe ankamen, welche Athanaſius mitbrachte. Er kam ſehr ungern dahin, blos weil es ihm der Kayſer zu wiederholten malen befahl, und um das Aergerniß zu vermeiden, welches der ungerechte Zorn des Kayſers der Kirche gegeben haben würde, indem er dem Athanaſius gedrohet hatte, daß er ihn mit Gewalt dahin wolle führen laſſen. Der Prieſter Macarius ward als ein Gefangener mit Ketten gebunden gebracht. Mit dem Grafen Dionyſius vereinigte ſich auch der Graf vom Orient Archelaus.

Man gab dem Athanaſius keinen Stuhl zum Niederſitzen; er mußte demnach

nach als ein Angeklagter die ganze Zeit stehen. Anfänglich verwarf er, mit den ägyptischen Bischöffen einstimmig, die Richter als seine Feinde. Da man aber darauf nichts achtete, beschloß er, sich zu vertheidigen, indem er auf seine Unschuld rechnete. Hier hatte er nun eben die Ungeheuer zu bekämpfen, die er schon so vielmal zu Boden geworfen hatte. Alle alten Verläumdungen, deren Falschheit der Kayser schon lange eingesehen hatte, kamen ietzt wieder aufs Tapet. Verschiedene ägyptische Bischöffe, die sich an die Meletianer verkauft hatten, beschwerten sich, daß sie auf seinen Befehl beleidigt und mißhandelt worden wären. Ischyras, der doch schon einen schriftlichen Widerruf von sich gegeben hatte, trat auch noch einmal unter den Anklägern auf, und dieser böse Mensch ward noch einmal vom Athanasius und Macarius der Lügen überführt. Niemand als die Anhänger des Eusebius fanden die Unwahrheiten wahrscheinlich, die sie selbst erdichtet hatten. Sie thaten dem Grafen Dionysius den Vorschlag, daß man Abgeordnete nach Mareotis schicken, und an den rechten Oertern selbst Erkundigung einziehen lassen wolle. Was nun auch Athanasius und alle

Constantin.
Jahr 3.6.
Athan. Apol.
2. Epiph. hær.
65. Soc. l. 1.
c. 29. Theod.
l. 1. c. 30.
Soz. l. 2. c. 24.

rechtgläubigen Bischöffe dagegen einwendeten, so wurden doch sechs von seinen ärgsten Feinden zu Commissarien ernannt, und mit einer Bedeckung von Soldaten abgeschickt.

Constantin.
Jahr 336.

46. Zwo Anklagen beschäfftigten nach diesem das Concilium *). Man ließ ein unverschämtes Weibsbild hinein treten, welche zu schreyen anfieng, daß sie das Gelübde der Keuschheit gethan habe; daß ihr aber das Unglück begegnet sey, vom Athanasius ihrer Ehre beraubt zu werden,

Die Ankläger werden beschämt.
Athan. Apol.
s. Theod. l.
1. c. 30. Soz.
l. 2. c. 24
Vita Athan.
apud Phot.
p. 1438.

*) Ich kann es nicht verheelen, daß die Geschichte mit dieser Weibsperson eben so wenig Grund hat, als die mit dem Arsenes. Rufinus erzählt sie; Rufinus aber ist voller Fabeln. Sozomenes, Theodoretus, und der Verfasser des Lebens des heil. Athanasius beym Photius haben sie angenommen, und dieses bewegt mich, sie auch zu erzählen. Man muß aber gestehen, daß weder Athanasius, ob er gleich an verschiedenen Orten seiner Schriften die Ungerechtigkeiten der Kirchenversammlung zu Tyrus an den Tag legt, noch die Synodalschreiben des Concilii zu Alexandrien, und des zu Sardich, wo die Lügen der Arianer alle angeführt werden, noch das Schreiben des Pabstes Julius, noch der Geschichtschreiber Socrates derselben einige Erwähnung thun.

werden, als derselbe einst bey ihr eingekehrt sey. Die Richter verlangten, daß Athanasius darauf antworten sollte; er aber schwieg stille. Hierauf wendete sich einer von seinen Priestern, Namens Timotheus, der gleich neben ihm stand, gegen die Frauensperson, und sagte zu ihr: Meynst du mich, daß ich dir die Ehre geraubt habe? Ja, dich meyne ich, antwortete sie, indem sie ihm mit der Faust nach dem Gesichte fuhr, und ihm einen Ring zeigte, den sie von ihm erhalten zu haben vorgab. Sie bat um Genugthuung, und zeigte immer auf den Timotheus, den sie Athanasius nannte, und bald auf ihn schimpfte, bald ihn wieder mit einem Strome gemeiner und liebkosender Worte, wie sie solchen Weibsbildern gewöhnlich sind, an sich zu ziehen suchte. Ein so unanständiger Auftritt beschämte die Ankläger, machte die Richter roth, und bewog den Grafen und die Soldaten zum Lachen. Man ließ das unverschämte Weibsbild ihren Abtritt nehmen, ob gleich Athanasius verlangte, sie weiter zu befragen, damit die Urheber einer so schrecklichen Verläumdung entdeckt würden. Man antwortete ihm, daß man weit wichtigere Artickel wider ihn habe, aus denen er sich

Constantin.
Jahr. 336.
Philost. l. 2.
12.

Conſtantin.
Jahr 336.

nicht durch Spitzfündigkeiten heraus helfen würde, ſondern wo man ſich mit den Augen ſelbſt ſollte überzeugen können. Man zog ſo gleich eine vertrocknete Hand aus einer Büchſe, bey deren Erblickung alle zu ſchreyen anfiengen; einige vor Entſetzen, weil ſie die Hand des Arſenes zu ſehen glaubten; die andern aus Verſtellung, um der Lüge einen Nachdruck zu geben; die Rechtgläubigen endlich aus Unwillen, indem ſie von der Betrügerey überzeugt waren. Athanaſius fragte hierauf nach einem kleinen Stillſchweigen die Richter, ob ſie den Arſenes kenneten; einige antworteten, daß er ihnen vollkommen bekannt ſey. Athanaſius ließ ſo gleich dieſen Mann rufen, der an der Saalthüre wartete, und in einen Mantel gehüllt, mitten unter die Verſammlung trat. Iſt dieſes der Arſenes, fragte Athanaſius, den ich getödtet habe, den man ſo lange geſucht hat, und dem ich, nachdem er tod war, die rechte Hand abgehauen habe? Arſenes war es in der That ſelbſt; die Freunde des Athanaſius hatten ihn nach Tyrus gebracht, und ihn bis auf dieſen Augenblick verborgen gehalten; und ſo wie er ehemals ſich ungerechter Weiſe von den Verläumdern

dern hatte brauchen lassen, so ließ er sich ietzt auf die billigste Art brauchen, die Verläumder zu beschämen. Die, die einmal gesagt hatten, daß sie ihn kenneten, wagten es nicht, ihn zu verkennen. Athanasius zog hierauf den Mantel des Arsenes auf eine Seite, und ließ eine von seinen Händen sehen; viele nun, die von den Arianern hinters Licht geführt waren, glaubten nicht, daß sie die andere auch würden zu sehen bekommen: aber Athanasius zeigte sie ihnen, und sagte: Da sehet den Arsenes mit seinen beyden Händen; der Schöpfer hat uns nicht mehrere gegeben, und unsern Widersachern liegt ob, darzuthun, wo man die dritte hergenommen hat. Die Ankläger, die sich für Schaam kaum mehr kannten, und gleichsam von ihrer eigenen Schande berauscht waren, erfüllten die ganze Versammlung mit Tumulte. Sie schrien, daß Athanasius ein Zauberer sey, ein Hexenmeister, der den Augen ein Blendwerck vormache, und wollten ihn in Stücken zerreißen. Johann Arcaph machte sich den Tumult zu Nutze, und schlich sich heimlich davon. Der Graf Archelaus entriß den Athanasius den Händen der Schwär-

Constantin.
Jahr 336.

Schwärmer, und ließ ihn in der folgenden Nacht heimlich auf ein Schiff bringen. Der fromme Bischoff rettete sich nach Constantinopel, und mußte sein ganzes Leben hindurch erfahren, daß die Boshaften niemals das Böse vergeben, das sie haben thun wollen, und daß es ein unverzeihliches Verbrechen der Unschuld in ihren Augen sey, daß sie nicht zu Boden gesunken. Diese trösteten sich über ihre Niederlage damit, daß sie sich als Triumphirende anstellten, und wurden, nach der alten Regel der Verläumder, nie müde, die Anklagen immer wieder vorzubringen, die schon tausendmal als falsch waren verworfen worden. Ihre Geschichtschreiber haben sich nicht weniger bemühet, der Nachwelt falsche Vorstellungen zu machen: sie werden aber wohl nie andere Gemüther überzeugt haben, als die an ihrem Hasse gegen die rechtgläubige Kirche Antheil nahmen.

Constantin. Jahr 336.

Die nach Mareotis geschickten Commissarien stellten, dem Auftrage der Verläumder gemäß, Untersuchungen an. Alle Regeln wurden dabey verletzt, und die Partheylichkeit, welche durch den Präfect Philagrius, einen abtrünnigen und in seinen Sitten sehr verdorbenen Mann unterstützt ward, erstickte dabey die

47. Schluß der Kirchenversammlung zu Tyrus. Ath. Apol. 2. Soc. l. 1. c. 31. 32. Theod. l. 1. c. 30. Soz. L. 2. c. 24.

die Wahrheit. Die Rechtgläubigen protestirten wider dieses unregelmäßige Verfahren. Alexandrien ward der Schauplatz der Unverschämtheit eines unbändigen Soldatenpöbels, der den Prälaten beystand, und ihnen mit den Kränkungen, die sie denen ihrem Hirten getreuen Gläubigen anthaten, eine Freude zu machen suchte. Die Commissarien fanden den Athanasius nicht mehr zu Tyrus, als sie zurück kamen; und was war leichter zu vermuthen, als daß man ihn, ihren Untersuchungen nach, und aller der Verbrechen wegen, gegen die er sich gerechtfertiget hatte, verdammte. Das Urtheil der Absetzung ward gesprochen; man verbot ihm, wieder nach Alexandrien zu kommen; Johann Arcaph, der Meletianer, und alle, die ihm anhiengen, wurden in die Gemeine wieder aufgenommen, und wieder in ihre vorigen Würden eingesetzt. Um dem Ischyras Wort zu halten, machte man ihn zum Bischof einer kleinen Stadt, allwo man ihm eine Kirche bauen mußte; und damit alles bey diesem Concilio unerhört seyn möge, gewann man in kurzer Zeit den Arsenes wieder, daß er das Verdammungsurtheil desjenigen unterschrieb, dessen Un-

Constantin. Jahr 336.

schuld

schuld er selbst bewiesen hatte. Die Acten des Concilii wurden an den Kayser geschickt. Man ließ durch ein Synodalschreiben an alle Bischöffe gelangen, daß sie mit dem Athanasius, der so vieler Missethaten überwiesen wäre, nichts mehr gemein haben sollten; man beschuldigte ihn einer hartnäckigen Widerspenstigkeit, daß er sich bey dem Concilio in keiner andern Absicht eingefunden habe, als um es in Verwirrung zu bringen, um die versammelten Prälaten zu verspotten, erst ihre richterliche Gewalt zu verwerfen, und sich hernach ihrem Urtheile durch die Flucht zu entziehen. Die rechtglaubigen Bischöffe wollten nicht unterschreiben, und begaben sich vor dem Schlusse der Versammlung hinweg.

Constantin. Jahr 336.

48. Einweihung der Kirche zum heil. Grabe. Euf. vit. l. 4. c. 43. sequ. Soc. l. 1. c. 33. Theod. l. 1. c. 31. Soz. l. 2. c. 12, 25, 26.

Dieses Geheimniß der Bosheit war kaum vollendet, als die Bischöffe den Befehl erhielten, sich nach Jerusalem zu begeben, und die Einweihungsceremonie daselbst vorzunehmen. Die Briefe wurden durch den Geheimschreiber des Kaysers, Marianus überbracht, der seines Amts, als auch seiner Tugend und der Standhaftigkeit wegen, mit welcher er den Glauben unter den Tyrannen bekannt hatte, ein berühmter Mann war.

war. Es war ihm aufgetragen, die Feyerlichkeit des Fests zu besorgen, die Bischöffe prächtig zu bewirthen, und an die Armen Geld, Kleider und Lebensmittel auszutheilen. Der Kayser hatte ihm auch reiche Geschencke für die Hauptkirche allda mitgegeben. Außer denen zu Tyrus versammelten Bischöffen kamen auch noch viele aus allen Gegenden des Orients dazu. Es befand sich sogar ein Bischof aus Persien darunter, den man für den heil. Milesius hält, der, nachdem er unter der Verfolgung des Sapor viel erduldet hatte, seine bischöfliche Stadt verließ, wo er nur verhärtete, und dem Joche des Glaubens widerstrebende Herzen antraf, und der nach Jerusalem kam, ohne andere Schätze mitzubringen, als einen Bettelsack, in welchen er das Evangelienbuch gesteckt hatte. Eine unzählige Menge Gläubiger kam von allen Seiten herzu gelaufen. Alle wurden auf Kosten des Kaysers frey gehalten, so lange sie sich zu Jerusalem aufhielten. Die Stadt erschallete von Gebeten, von christlichen Unterweisungen, von Lobsprüchen des Prinzen und der neuen prächtigen Kirche. Es ward dieses Fest alle Jahre gefeyert; es dauerte acht Tage, und die

Constantin. Jahr 336.

Pilgrim-

**Constantin.
Jahr 336.**

Pilgrimme fanden sich aus den entlegensten Ländern dabey ein. Nach der Einweihung begaben sich die andern Bischöfe wieder hinweg, und nur die von der Kirchenversammlung zu Tyrus blieben da.

**43.
Concilium
zu Jerusalem.**

Dieser glänzenden Feyerlichkeit folgte eine für die Kirche traurige Begebenheit. Arius und Evzoius hatten Briefe vom Constantin erschlichen. Dieser Prinz, der durch ein Glaubensbekenntniß hintergangen ward, das ihm mit dem nicänischen überein zu kommen schien, erkannte gleichwohl, daß es nur der Kirche zukomme in solchen Sachen einen Ausspruch zu thun. Er wies den Arius an die zu Jerusalem versammelten Bischöffe, und trug diesen schriftlich auf, die Glaubensformel, die ihnen Arius übergeben würde, sorgfältig zu untersuchen, und mit ihm auf eine gelinde Art zu verfahren, wenn sie finden sollten, daß er mit Unrecht verdammt worden sey, oder, falls er auch den Bann verdient gehabt, wenn er nun nur auf einen bessern Weg gekommen wäre. Constantin sahe nicht ein, daß es ein Stoß für das Concilium zu Nicäa sey, wenn er die Gerechtigkeit der Verdammung des Arius als zweifelhaft voraus setzte. Es wäre so viel nicht nöthig gewesen, um die

die heimlichen Arianer zu ermuntern, ih-
ren Lehrer nebst seinen Lehrsätzen wieder   *Conſtantin.*
auf den Thron zu heben. Die zu Je- *Jahr 336.*
ruſalem aufs neue vereinigten Prälaten,
nahmen den Arius und Evzoius mit
offenen Armen auf; ſie gaben ein Sy-
nodalſchreiben an alle Biſchöffe der gan-
zen Welt herum; ſie berufen ſich darinne
auf die Genehmigung des Kaysers, und
geben das Glaubensbekenntniß des
Arius für vollkommen orthodox aus.
Sie erſuchen alle Kirchen, ihn und alle
die, die mit ihm verbannt geweſen, wie-
der in ihre Gemeinſchaft aufzunehmen.
An die Kirche zu Alexandrien ſchrieben
ſie beſonders, daß es Zeit ſey den Neid
zum Schweigen zu bringen, und den
Frieden wieder herzuſtellen; daß die Un-
ſchuld des Arius an den Tag gebracht
ſey; daß die Kirche ihm ihren Schooß
eröffne, und dagegen den Athanaſius
von ſich ausſtoße. Marcellus von
Ancyra wollte mit dieſer Aufnahme des
Arius nichts zu ſchaffen haben.

Die Biſchöffe hatten eben ihre Briefe 50.
an den Kayſer abgeſchickt, in welchen ſie *Athanaſius*
ihm von ihren Schlüſſen und Ausſprü- *wendet ſich*
chen Nachricht gaben, als ſie einen von ſel- *an den Kay-*
biger Seite erhielten, der nicht gar zu *Ath. Apol. 2.*
ſchmeichelhaft für ſie war. Athana- *Epiph. hær.*
                          ſius *68. Socr. l.1.*
                              c. 33. Soz.
                              l. 2. c. 27.

Constantin Jahr 335.

sius, der sich von Tyrus weggemacht hatte, befand sich iezt zu Constantinopel, und als der Kayser durch die Stadt ritt, kam ihm dieser Prälat, von einigen Freunden begleitet, so geschwind und unvermuthet in den Weg, daß Constantin darüber erschrack. Der Kayser würde ihn nicht erkannt haben, wenn einige seiner Hofleute ihm nicht gesagt hätten, daß es Athanasius sey, und wie ungerecht man mit ihm verfahren habe. Constantin ritt aber fort, ohne mit ihm zu sprechen, und ob gleich Athanasius gehört seyn wollte, so war doch der Kayser schon im Begriff ihn wegführen zu lassen, als der Bischof seine Stimme erhob, und zu ihm sagte: Prinz, der Herr sey Richter zwischen Jhnen und mir, weil Sie sich für die erklären, die mich verläumden. Jch habe nichts von Jhnen zu bitten, als meine Richter vorzufodern, damit ich meine Beschwerden in Gegenwart derselben bey Jhnen anbringen könne. Der Kayser, von einer so gerechten und seinen Grundsätzen so gemäßen Bitte gerührt, ließ so gleich an die Bischöffe Befehl ergehen, daß sie kommen, und ihr Verfahren rechtfertigen sollten. Er verhielt ihnen dabey nicht,

nicht, daß man sie beschuldigte, daß sie mit vieler Uebereilung und Partheylich= keit gehandelt hätten.

Constantia. Jahr 336.

Dieser Befehl erschreckte die Bischöffe nicht wenig; anstatt die Reise nach Hofe anzutreten, zerstreueten sie sich, und flo= gen nach ihren Kirchspielen zurück. Nicht mehr als sechse waren herzhaft ge= nung da zu bleiben, unter denen sich die beyden Eusebii befanden. Sie bega= ben sich zum Kayser; hüteten sich aber sorgfältig, daß sie mit dem Athanasius in keinen Wortwechsel über das vorher= gegangene kamen. Sie blieben bey ih= rer gewöhnlichen Art: anstatt die Klage, wovon die Rede war, zu beweisen, brach= ten sie lieber eine neue vor. Da sie die vorzügliche Liebe Constantins gegen sei= ne neue Stadt kannten, gaben sie dem frommen Bischoffe Schuld, daß er die Stadt habe aushungern wollen, indem er das Getreyde zu Alexandrien zurück zu halten entschlossen gewesen. Athana= sius mochte dagegen vorstellen wie er wollte, daß ein solcher Vorsatz einem Manne, ohne Gewalt und Ansehen nicht in den Sinn kommen könnte, so be= hauptete doch Eusebius dagegen, daß Athanasius ein reicher Mann, und das Haupt einer mächtigen Parthey sey.

§. 51. *Exilium des Athanasius Ath. Apol. 2. Soc.l.1.c.35. Theod. l. 1. c.11. Soz.l.2. c.27.*

Dieser

Dieser bloße Vorwurf brachte den Kayser dergestalt auf, daß er weiter gar nichts hören wollte, sondern den Angeklagten nach Trier verwies, wobey er sich zugleich schmeichelte, daß die Entfernung dieses unbiegsamen Prälaten der Kirche den Frieden bald wiedergeben würde. Der fromme Vertriebene ward mit allen Ehrenbezeugungen vom Bischof Maximin, einem für die Wahrheit sehr eifrigen Manne, aufgenommen, und der junge Constantin, der sich in dieser Stadt aufhielt, gab sich alle Mühe, ihm seine Verbannung, durch die großmüthigsten Begegnungen, erträglich zu machen.

Constantin Jahr 336.

Die Arianer, die jetzt Meister vom Schlachtfelde geblieben waren, hielten eine neue Versammlung zu Constantinopel. Man rief die Bischöffe von ihrer Parthey weit und breit zusammen; sie kamen auch in sehr großer Anzahl. Das erste, was man in Vorschlag brachte, war, daß man dem Athanasius einen Nachfolger erwählen sollte. Der Kayser wollte nicht darein willigen. Man setzte auch den Marcellus von Ancyra ab, und Basilius ward an seine Stelle genommen. Marcellus hatte die Arianer nie geschont; er hatte sich auf der Kirchen-

52. Concilium zu Constantinopel. Ath. Apol. 2. Soc. l. 1. c. 36. Soz. l. 4. c. 31.

Kirchenversammlung zu Nicäa besonders gegen sie hervor gethan; er hatte auf dem Concilio zu Jerusalem nicht mit ihnen zu thun haben, und so gar keinen Antheil an der Einweihungsceremonie nehmen wollen. Diesen letztern Umstand wußte man dem Kayser von einer sehr gehäßigen Seite vorzustellen, welcher auch ziemlich ungnädig darüber war. Sein größtes Verbrechen aber war der Krieg, den er einem Sophisten aus Cappadocien, Namens Asterius, angekündigt hatte. Dieser war ein Spion der Arianer, und lief von einer Stadt zur andern, um überall ihre Lehren auszubreiten. Marcellus trieb ihn ein, und dieser glückliche Erfolg trieb den Haß aufs höchste, den die Ketzer ohnedem schon gegen ihn hatten. Sie klagten ihn als einen Sabellianer an; er ward zwar auf dem Concilio zu Sardich gerechtfertigt; aber seine Schriften gaben doch in der Folge noch mehr Gelegenheit, seinen Glauben für verdächtig zu halten. Verschiedene fromme Lehrer haben ihn, als einen, der die Irthümer des Photinus unterstützte, verdammt. Es warden auch noch einige andere Bischöffe wider alles Recht und Billigkeit

Constantii. Jahr 336.

auf dem Concilio zu Constantinopel abgesetzt.

Das große Werk des Eusebius aber, und das ihm am meisten am Herzen lag, war, die Rechtgläubigen zu zwingen, daß sie den Arius wieder aufnähmen. Dieser Erzketzer war nach dem Concilio zu Jerusalem wieder nach Alexandrien zurück gekehrt. Er schmeichelte sich, daß das Exilium des Athanasius alle Mauern vor ihm niederwerfen würde; er fand aber die Gemüther weit erbitterter als iemals. Man verabscheuete ihn überall. Die Unruhen giengen schon wieder an, als ihn der Kayser nach Constantinopel berief. Seine Gegenwart vermehrte die Unverschämtheit seiner Anhänger, und die Standhaftigkeit der Rechtgläubigen. Eusebius lag dem Bischof Alexander sehr an, daß er ihn in seine Gemeinschaft aufnehmen sollte, und drohete ihm mit der Absetzung, da er sich dessen weigerte. Der Bischof, dem tausendmal mehr an der Reinigkeit seines Glaubens, als an seiner Würde, gelegen war, ward durch diese Drohungen gar nicht erschreckt. Der Kayser, dem ein so hartnäckiger Streit zu lange dauerte, wollte ihn mit Gewalt geendigt wissen. Er ließ den Arius vor sich

Constantin. Jahr 336.
§.
Bemühungen des Eusebius, um den Arius vom Alexander aufnehmen zu lassen.
Socr. l. 1. c. 37.
Theod. l. 1.
c. 14. Soz.
l. 2. c. 28.
Polit. apud
Phot. p. 1415.

sich kommen, und fragte ihn, ob er es mit den Schlüssen der nicänischen Kirchenversammlung hielte. Arius antwortete, daß er sich ihnen von ganzem Herzen unterwürfe, und überreichte ein Glaubensbekenntniß, in welchem die Irrthümer sehr fein unter die Ausdrücke der heil. Schrift versteckt waren. Der Kayser, der in der Sache recht sicher gehen wollte, verlangte einen Schwur von ihm, daß dieses seine wahren Gesinnungen, ohne Vorbehalt wären. Arius machte keine Schwierigkeit. Einige Schriftsteller sagen, daß er, indem er das nicänische Glaubensbekenntniß in der Hand hielt, das Formular seines ketzerischen Glaubens unter dem Arme verborgen gehabt, und den Schwur auf dieses gethan habe, den er auf jenes zu thun schien. Arius war aber wohl zu fein, daß er sich einer solchen List ohne den geringsten Nutzen bedient haben sollte; er wußte, ohne Zweifel, mehr als zu wohl, daß das, was man in den Gedanken zurück behält, den Meyneid um nichts geringer macht. Constantin, der mit seiner Unterwerfung sehr zufrieden war, sagte zu ihm: Gehet! wenn Euer Glaube mit Eurem Schwure überein kommt,

Constantin, Jahr 336.

so ist nicht der geringste Tadel an Euch; wenn er aber damit nicht übereinstimmt, so mag Gott Richter über euch seyn. Er schrieb zu gleicher Zeit an den Alexander, daß er nicht länger säumen sollte, den Arius in die Gemeinschaft aufzunehmen. Eusebius, der diesen Befehl zu überbringen hatte, nahm den Arius mit zum Alexander, und kündigte dem Bischofe den Willen des Kaysers an; und der Bischof blieb bey seiner Verweigerung. Eusebius nahm darauf einen hohen Ton an, und sagte zu ihm: Wir haben, ohne Sie zu fragen, den Arius zurück rufen lassen; wir werden ihn auch morgen, ohne Ihre Einwilligung, in Ihre Kirche einzuführen wissen. Dieses trug sich den Sonnabend zu; und da den folgenden Tag alle Gläubigen zur Feyer des Sonntags sich versammlen sollten, so würde das Aergerniß um so viel größer gewesen seyn. Alexander nahm demnach, da er die Mächte der Erden wider sich sahe, seine Zuflucht zum Himmel. Alle Rechtgläubigen waren schon seit sieben Tagen, auf Anrathen des Jacob von Nisibis, der damals zu Constantinopel war, in Fasten und im Gebete,

Gebete, und Alexander hatte verschiedene Tage und Nächte hinter einander, allein, in der Kirche des Friedens, auf den Knien und mit beständigem Beten zugebracht. Die letztern Worte des Eusebius erschreckten den frommen Alten, daß er von zween Priestern begleitet, von denen der eine Macarius von Alexandrien war, sich wieder in den Tempel begab, sich zu den Füßen des Altars niederwarf, die Erde mit Thränen benetzte, und mit einer durch Schluchzen unterbrochenen Stimme zu Gott sagte: „Herr, wenn morgen „Arius in unsere heilige Versammlung „wieder aufgenommen werden muß, so „nimm deinen Knecht von der Welt! „laß den Frommen nicht mit dem Gott„losen ins Verderben gerathen. Wenn „du aber noch Erbarmung für deine „Kirche hast, und ich weiß, du hast „noch Erbarmung, so höre, was Eu„sebius sagt, und laß dein Erbe nicht „in Verfall und in Schande gerathen. „Nimm den Arius weg, damit es nicht „scheint, wenn er in die Kirche wieder „aufgenommen wird, als ob die Ketze„rey zugleich mit ihm aufgenommen „würde, und damit die Lüge sich nicht „auf den Thron der Wahrheit setze.„

Constantin. Jahr 336.

Constantin.
Jahr 336.
54.
Tod des Arius.
Soc. l. 1. c. 37.
Theod. l. 1. c. 14. Soz. l. 2. c. 29.

Während daß dieses Gebet des Alexanders mit seinen Seufzern zum Himmel stieg, führten die Anhänger des Arius diesen gleichsam im Triumphe in der ganzen Stadt herum, um ihn dem Volke zu zeigen. Als er nun unter einer ansehnlichen Begleitung, auf den großen Platz, und nahe zu der Säule von Porphyr kam, fühlte er sich von einem gewissen natürlichen Bedürfnisse getrieben, daß er eine der öffentlichen Bequemlichkeiten suchen mußte, dergleichen damals in allen großen Städten vorhanden waren. Als der Bediente, den er auf sich warten ließ, seinen Herrn nicht wiederkommen sahe, fürchtete er, daß ihm etwas zugestoßen seyn könnte; er gieng demnach zu ihm hinein, fand ihn tod auf der Erde liegend, im Blute schwimmend, und alle Eingeweide aus dem Leibe getreten. Das Schreckhafte eines solchen Anblicks machte anfänglich seine Anhänger sehr schüchtern; aber ihre verhärteten Herzen schrieben bald den Zaubereyen des Alexanders einen Zufall zu, den man allen Umständen nach für nichts anders, als ein göttliches Strafgericht halten konnte. Der Ort, wo Arius den Geist aufgegeben hatte, ward nach der Zeit nicht mehr besucht;

besucht; ja man wagte es nicht einmal, sich demselben zu nähern; man zeigte ihn nur von weiten, als ein besonderes Denkmal der göttlichen Rache. Lange Zeit darnach kaufte ein reicher und angesehener Arianer den ganzen Fleck, und ließ ein Haus darauf bauen, um das Andenken des traurigen Todes des Arius in Vergessenheit zu bringen.

Constantin. Jahr 336.

Der Ruf davon breitete sich bald durchs ganze Reich aus. Die Arianer schämten sich und erröteten. Den folgenden Tag, als an einem Sonntage brachte Alexander und seine ganze Gemeine dem Allmächtigen ein feyerliches Dankopfer, nicht, daß er den Arius hinweggerissen hatte, dessen unglückliches Schicksal er vielmehr bedauerte, sondern, daß er seine Hand ausgestreckt, und die Ketzereh zurück gestoßen habe, welche ihr Haupt empor trug, und kühn genung war, mit Gewalt ins Heiligthum einzudringen. Constantin ward vom Meyneide des Arius überzeugt, und diese Begebenheit bestätigte ihn in seiner Abneigung gegen die arianische Secte, und in seiner Liebe gegen die nicänische Kirchenversammlung. Die Arianer aber, die nach dem Tode ihres Meisters im *Eusebius* von *Nicomedien*

54. Constantin will den Athanasius nicht zurück berufen. Athan. ad Solit.

eben

Constantin Jahr 336.

eben so viel Bosheit und noch mehr Ansehen fanden, fuhren fort, dem aufrichtigen Herzen des Kaysers Schlingen zu legen, und er ward noch mehr als einmal von ihrer Heucheley und Verstellung hinters Licht geführt. Die Einwohner zu Alexandrien baten sehr um die Zurückberufung ihres Bischofs; man stellte in der Stadt öffentliche Gebete an, um von Gott diese Gnade zu erflehen. Der heil. Antonius schrieb verschiedenemal an den Constantin, um ihm die Augen über der Unschuld des Athanasius, und der Betrügerey der Meletianer und der Arianer zu öffnen; der Prinz aber war unbeweglich. Er antwortete den Alexandrinern durch Vorwürfe ihrer Hartnäckigkeit und ihres unruhigen Geistes; er gebot den Geistlichen und Nonnen Stillschweigen, und sagte ihnen frey heraus, daß er den Athanasius nie zurück rufen werde; daß er ein Aufrührer, und durch den Ausspruch der Kirche verbannt sey. Er schrieb an den heil. Antonius, daß er sich nicht entschlüßen könne, das Urtheil einer Kirchenversammlung zu verachten; daß zwar die Parteylichkeit bisweilen eine kleine Anzahl von Richtern verführte; daß man ihn aber nicht bereden würde,

würde, daß sie die Stimmen einer so großen Anzahl berühmter und tugendhafter Prälaten nach sich gezogen hätte; daß Athanasius ein hitziger, trotziger, zänkischer und unbiegsamer Mann sey. Es war dieses in der That das Bild, das die Feinde des Athanasius von ihm dem Kayser machten, weil sie den Abscheu kannten, den derselbe vor Leuten von diesem Character hatte. Er war deswegen ein abgesagter Feind des Meletianers Arcaph, dem auf dem Concilio zu Tyrus so säuberlich war begegnet worden. Da der Kayser erfahren hatte, daß er das Haupt der dem Athanasius entgegen gesetzten Parthey sey, riß er ihn, so zu sagen, den Meletianern und Arianern aus den Armen, und schickte ihn ins Exilium, ohne daß er eine Vorbitte seinetwegen anhörte. Doch wandte er sich noch in den letzten Augenblicken seines Lebens von seinem ungerechten Vorurtheile zurück. Ehe wir aber von dem Tode dieses Prinzen reden, müssen wir noch etwas von den Gesetzen gedencken, die er seit der nicänischen Kirchenversammlung gegeben hatte.

Gleich im Anfange seiner Regierung hatte Constantin die Donatisten von

Constantin. Jahr 336.

56. Gesetze die er die Reden der

den Wohlthaten ausgeschlossen, die er der Kirche in Africa erwies. Er beobachtete eben diese Aufführung in Ansehung aller derer, welche sich nach der Zeit entweder als Schismatiker oder als Ketzer von der Gemeine der Rechtgläubigen absonderten. Er erklärte durch ein Gesetz, daß sie nicht allein an denen der Kirche verliehenen Freyheiten keinen Antheil haben, sondern ihre Geistlichen auch allen Beschwerden gemeiner Bürger unterworfen seyn sollten. Doch bezeugte er zu eben der Zeit einige Achtung gegen die Novatianer. Da man ihnen das Eigenthumsrecht ihrer Tempel und Kirchhöfe streitig machen wollte, so befahl er, daß man sie im Besitz dieser Oerter ungestöhrt lassen sollte, voraus gesetzt, daß sie dieselben auf eine rechtmäßige Weise an sich gebracht, und nicht denen Rechtgläubigen mit Gewalt genommen hätten. Gegen das Ende seines Lebens aber ward er viel strenger. Er gab ein Edict wider die Ketzer heraus, in welchem, nach einer voraus gesetzten Strafrede, er ihnen sagt, daß er sie zwar bisher geduldet habe, nun aber, da er sehen müsse, daß seine Geduld nur der Seuche Gelegenheit gebe sich weiter auszubreiten, entschlossen sey, das Unkraut mit der Wurzel auszureissen.

Diesem

Constantin.
Jahr 336.
Cod. Theod.
l. 16. t. 5. Euseb.
vit. l. 3. c. 63.
seq. Soz. l. 2.
c. 30. Amm.
l. 15. c. 13. et
ibi Vales.

Diesem zu Folge verbietet er ihnen alle Zusammenkünfte, so wohl in öffentlichen, als Privathäusern; er nimmt ihnen ihre Tempel und Bethäuser, und schenkt sie den Rechtgläubigen. Man untersuchte ihrer Bücher, und da man darunter verschiedene fand, die von magischen Künsten und Zaubereyen handelten, so wurden die Besitzer in Verhaft genommen, um sie nach den Gesetzen zu bestrafen. Dieses Edict brachte viele Ketzer auf einen andern Weg; einige aus gutem Herzen, die andern aus Heucheley. Die, die in ihren Irthümern beharreten, hinterließen wenig Nachfolger, weil ihnen die Freyheit sich zu versammeln, und durch ihren Unterricht andere zu verführen, benommen war. Diese unglücklichen Pflanzen trockneten nach und nach aus, und giengen endlich ganz ein, weil es ihnen an Wartung und Saamen fehlte. Die Novatianer, ob sie gleich im Edict mit benennet waren, kamen doch auch diesesmal gelinder durch; sie waren von den Lehrsätzen der Rechtgläubigen weniger entfernt, und der Kayser liebte ihren Bischof Acesius vorzüglich. Man ließ auch die Cataphrygier ungestört, welche sich in Phrygien und den anliegenden Provinzen ausgebreitet hatten;

Constantin. Jahr 336.

ten; sie waren eine Gattung Montani-
sten. Das Edict sagt gar nichts von den
Arianern: sie machten noch keine abge-
sonderte Secte aus, und seit ihrem ver-
stellten Widerrufe hielt sie der Kayser für
so wenig von der Kirche ausgeschlossen,
daß er sich vielmehr Mühe gab, sie alle
im Schooße derselben zu behalten. Er
hatte sich durch den Strategius in den
Lehrsätzen und Gebräuchen der verschiedenen Secten unterrichten lassen. Dieser Strategius, dem Constantin den
Namen Musonianus gab, war von
Antiochien gebürtig, und brachte sich
durch seine Gelehrsamkeit, und durch seine
große Kenntniß in der griechischen und
lateinischen Sprache beym Kayser in grosses Ansehen. Er hieng der Secte der
Arianer an, und gelangte unter dem
Constantius zu hohen Ehrenstufen,
welche seine guten und bösen Eigenschaften sehr deutlich an den Tag legten.

Eusebius sagt, daß es Constantin
für seine Pflicht gehalten, die auf
den Kirchenversammlungen abgefaßten
Schlüsse durch seine Gewalt zu unterstützen, und daß er sie von den Statthaltern der Provinzen zur Ausübung habe
bringen lassen. Sozomener setzt hinzu, daß er, aus Ehrerbietung gegen die
Reli-

Religion, denen, die Proceſſe hatten, erlaubte, von den weltlichen Richtern abzugehen, und ihre Sache den Biſchöffen zur Entſcheidung vorzutragen; imgleichen, daß er gewollt habe, daß wider die Urtheile der Biſchöffe eben ſo wenig appellirt würde, als wider die Urtheile des Kaÿſers ſelbſt, und daß ihnen die Obrigkeiten den weltlichen Arm zu Hülfe geben ſollten. Wir haben im theodoſianiſchen Geſetzbuche einen Titel, von der biſchöfliſchen Gerichtsbarkeit, deſſen erſtes Geſetz, das dem Conſtantin zugeſchrieben wird, und an den Präfectus Prätorio Ablavius gerichtet iſt, den Biſchöffen eine uneingeſchränkte Gewalt, Urtheile abzufaſſen, beylegt; es verordnet, daß alle Urtheile, es ſey in was für Sachen es wolle, die von Biſchöffen geſprochen worden, für heilig ſollen gehalten, und unwiderruflich ausgeführt werden, ſelbſt in Sachen, die Unmündigen betreffend; daß der Präfectus Prätorio und die andern Obrigkeiten die Ausführung unterſtützen ſollen; daß wenn der Kläger oder der Beklagte, entweder zu Anfange des Proceſſes, oder nach den verfloſſenen Terminen, oder wenn auch ſchon der Richter das Urtheil zu ſprechen angefangen hätte, von ihm an einen Biſchof appelliren

Conſtantin. Jahr 336.

pelliren würde, die Sache so gleich an denselben gelangen solle, wenn sich auch die Gegenparthey dawider setzte; daß man von einem bischöflichen Urtheile nicht appelliren könne; daß das Zeugniß eines einzigen Bischofs vor allen Gerichten ohne Schwierigkeit angenommen werden, und aller Widerspruch nicht gehört werden solle. Es ist eine große Frage unter den Rechtsgelehrten, ob dieses Gesetz ächt oder untergeschoben sey. Es kommt mir nicht zu, mich in diesen Streit zu mischen. Der Leser wird vielleicht selbst urtheilen, daß die, die das Gesetz für ächt erklären, denen Bischöffen mehr Ehre, und die es für untergeschoben halten, mehr Ehre dem Constantin erweisen. Cujaz rechtfertigt hier den Prinzen, durch die vorzüglichen Verdienste der Bischöffe damaliger Zeit, und durch ihren großen Eifer für die Gerechtigkeit. Constantin sahe in der That in der Kirche das, was man zu allen Zeiten gesehen hat, hellglänzende Lichter, und erhabene Tugenden: ich zweifle aber, daß der heil. Eustathius, der heil. Athanasius und Marcellus von Ancyra mit dem Cujaz einerley Meynung gewesen seyn werden; wenigstens würden sie wohl eine gute Anzahl

zahl kleiner Kirchenversammlungen davon ausgenommen haben.

Religion und Sitten unterstützen einander: Constantin war daher sehr besorgt, die Reinigkeit der Sitten zu erhalten, besonders in Ansehung der Ehen. Er setzt in seinen Verordnungen stets den Ehebruch dem Todschlage an die Seite. Nach den römischen Rechten, welche in diesem Stück mit den athenienſiſchen überein kamen, wurden die Weiber, die Schenkwirthinnen abgaben, in die Classe öffentlicher Huren geſetzt, und waren den Strafen des Ehebruchs nicht unterworfen. Constantin nahm ihnen dieſes ſchimpfliche Privilegium; es ward daſſelbe aber, damit dieſer Mißbrauch nicht ganz abgeſchafft würde, ihren Mägden noch ferner verſtattet, und der Kayſer führt dazu eine Urſache an, die dem Sinne des Chriſtenthums nicht ſehr gemäß iſt: Es geſchiehet, ſagt er, weil die Strenge der Richter nicht für Perſonen iſt, welche ihre Niedrigkeit der Aufmerkſamkeit der Geſetze unwürdig macht. Der Ehebruch war ein öffentliches Verbrechen; das iſt, ein ieder ward als Kläger angehört. Damit aber der Friede im Eheſtande nicht ſo leicht geſtöhrt werden möchte,

Constantin.
Jahr 336.
58.
Geſetze wegen der Ehen
Cod. Th. l. 9.
t. 7. l. 3. c. 16.
Cod. Juſt. l. 5.
t. 27. l. 4. t. 39.

Constantin. Jahr 336. möchte, untersagte Constantin den Fremden die Klage wegen Ehebruchs; er behielt sie den Männern, den Brüdern und Geschwisterkindern vor; und damit sie auch der Gefahr als Ankläger nicht ausgesetzt seyn möchten, erlaubte er ihnen, die angefangene Klage wieder liegen zu lassen, ohne daß man sie deßwegen als Verläumder ansehen könnte. Er ließ den Männern die Freyheit, welche seine Vorfahren ihnen eingeräumt hatten, daß sie ihre Weiber aus einem bloßen Verdachte anklagen konnten, ohne sich der Strafe der Verläumdung blos zu stellen, wenn die Klage nur innerhalb sechzig Tagen, von dem begangenen oder gemuthmaßten Verbrechen an zu rechnen, angebracht ward. Die Ehescheidungen waren in der alten Republic sehr gemein; Augustus hatte sie in etwas engere Grenzen eingeschlossen: aber der Muthwille hatte sich bald wieder Luft verschaft, und die geringsten Ursachen waren hinreichend das Band der Ehe zu trennen. Constantin knüpfte dieses Band fester; er benahm den Weibern die Freyheit sich zu scheiden, wenn sie nicht ihre Männer eines Mordes, einer Vergiftung, oder eines geplünderten Grabmals wegen beschuldigen konnten,

Dieses

Dieses letztere war eine Art von Rauberey, die seit einiger Zeit sehr Mode geworden war. In diesen Fällen nun konnte die Frau ihr Eingebrachtes wieder zurück nehmen; in allen andern Fällen aber mußte sie, wenn sie sich vom Manne schied, ihm alles, bis auf eine Nadelspitze, lassen, wie sich das Gesetz ausdrückt, und ward noch dazu auf Zeit Lebens verbannt. Der Mann konnte gleichfalls seine Frau nicht verstoßen, und eine andere heyrathen, als im Fall eines Ehebruchs, einer Vergiftung, oder eines gewissen andern viehischen Umgangs. In andern Fällen war er genöthigt, ihr alles zurück zu geben, was sie ihm mitgebracht hatte, ohne daß er nach diesem eine andere Heyrath schließen durfte. Die erste Frau war berechtigt, wenn er sich wieder verheyrathete, ihm alle sein Vermögen, und auch was ihm die zweyte Frau mitbrachte, zu nehmen. Man siehet, daß dieses Gesetz, ob es gleich strenge genung scheinen kann, dennoch dem Gesetze des Evangelii, wegen Unzertrennlichkeit der Ehen, noch nicht angemessen genung ist. Constantin suchte noch durch ein anderes Gesetz die Heyrathen zu hintertreiben, die den öffentlichen Wohlstand beleidigten. Er verordnete,

Constantin. Jahr 336.

I. Theil.   Rr   daß

daß Väter, die in ansehnlichen Würden und Aemtern stünden, Kinder, die sie in einer Ehe mit niedrigen und unehrlichen Weibsbildern erzeugt hätten, nicht als rechtmäßige Kinder sollten ansehen können; er rechnet in diese Classe Mägde, Freygelassene, Comödiantinnen, Schenkwirthinnen, Höckenweiber, und die Töchter dieser Gattung von Weibern, so, wie auch die Töchter derer, die Kuppler und Hurenwirthe abgaben, oder auf dem öffentlichen Schauplatze kämpften. Er befahl, daß alle Schenkungen, alle Verkäuffe an diese Kinder, sie möchten nun unter dem Namen des Vaters, oder unter einem entlehnten Namen geschehen seyn, nichts gelten, sondern den rechtmäßigen Erben zu gute gehen sollten; daß es in Ansehung der Schenkungen oder Käuffe zwischen Mann und Frau eben so gehalten werden sollte, und daß, im Fall man muthmaßen könnte, daß schon etwas von dem Geschenkten oder Verkauften weggenommen worden, man die Frau, ihrer verführerischen Schmeicheleyen wegen, auf die Folter bringen sollte; daß in Ermangelung näherer Anverwandten, die sich binnen zween Monaten zu melden hätten, die Erbschaft dem Fiscus anheim fallen sollte, und daß, nach

einer

einer strengen Untersuchung, diejenigen, die man überführen könnte, daß sie etwas von der Erbschaft bey Seite geschaft, gehalten seyn sollten, es vierfach zu ersetzen. Mit einem Worte, er that alles, was ihm die Klugheit an die Hand gab, um den Lauf jener Freygebigkeiten aufzuhalten, welche das Gesetz unzüchtige Freygebigkeiten nennt. Er verbot bey Lebensstrafe im ganzen Reiche einen Knaben zu verschneiden, und sprach den Sclaven, an welchem man diese Grausamkeit ausgeübt hatte, dem Fiscus zu, so wie auch das Haus, in welchem eine solche Handlung unternommen ward, wenn anders der Herr des Hauses etwas davon gewußt hatte.

Conſtantin. Jahr 336.

Da er stets auf alle Theile der bürgerlichen Regierung sehr aufmerksam war, so verlohr er auch nie die Vortheile der Unmündigen aus dem Gesichte, die theils den Betrügereyen eines ungetreuen Vormundes, oder einer Mutter, die sie einer neuen Liebe aufopferte, ausgesetzt waren. Er wollte, daß die Nachläßigkeit der Vormünder, wenn sie die gemeinen Abgaben nicht richtig abtrügen, niemanden als ihnen selbst nachtheilig seyn sollte. Er sorgte noch, ehe er Rom verließ, für die Verpflegung dieser großen Stadt,

59. Andere Geſetze die bürgerliche Regierung betreffend. Cod.Th. l.2. t. 16.l.14.t. 4.24.l.8.t.9. l.1.t.7.l.6. t.37.l.2.t.25. l.4.t.4.l.2. t.26.l.15.t.2. l.13.t.4. Cod. Iuſt. l. 11.t.61.L.2. t. 2b. l.1.t.6. 31.l.3.t.27. l.11.t.62.l.1.

Stadt, und schnitt nichts von den Austheilungen ab, die seine Vorfahren daselbst eingeführt hatten. Die gewaltsamen Erpreſſungen, denen man den Mantel eines Kaufs umgab, wurden mit dem Verluſt der gekauften Sache so wohl, als des dafür gegebenen Geldes bestraft. Er that der Habsucht gewiſſer Staatsbedienten Einhalt, welche schon auf die Stellen anderer ihre Einrichtung machten. Er schrieb ihnen eine Ordnung vor, nach welcher sie weiter befördert werden sollten, und wollte die Geschicklichkeit und Ehrlichkeit derer, die auf höhere Poſten Ansprüche machten, selbst unterſuchen. Denen Einnehmern öffentlicher Gefälle wurden gleichfalls die Hände gebunden, und den Pachtern die Gelegenheit zu gewaltsamen Erpreſſungen benommen. Ein weit ſtärkerer Beweis aber, als alle Zeugniſſe der Geschichtschreiber, von dem Verderben der Staatsbedienten dieses Prinzen, als auch von dem Abscheu, den er an ihren Räubereyen hatte, iſt das Edict, das er von Conſtantinopel aus an alle Provinzen des Reichs ergehen ließ; es verdient ganz hier eingerückt zu werden. Der Unwille, den der Prinz darinne zeigt, macht ihm Ehre; der hitzige Ton aber, in dem er redet, iſt

vielleicht

vielleicht ein Beweis, wie angelegen er
sichs seyn ließ, immer zu drohen, und sel=
ten seine Drohungen auszuführen.
Daß doch unsere Diener endlich
einmal aufhören möchten, sagt er,
daß sie doch aufhören möchten un=
sere Unterthanen ganz zu erschö=
pfen. Wenn diese Vermahnung
nicht genung ist, so soll das
Schwerdt das übrige thun. Man
entheilige nicht mehr durch ein
schändliches Gewerbe das Heilig=
thum der Gerechtigkeit; man fo=
dere kein Geld mehr, wenn einer
vor Gerichte gehört seyn, und vor
dem Präsidenten erscheinen will.
Die Ohren des Richters sollen dem
Armen eben so wohl offen stehen,
als dem Reichen. Der, dem das
Verhör aufgetragen ist, wuchere
nicht mehr mit seinem Amte, und
lasse auch seine Untergebenen denen
Partheyen keine Contributionen
auflegen. Man thue der Unver=
schämtheit der Unterbedienten
Einhalt, welche von Geringen
und Vornehmen ihren Vortheil
ohne Unterschied ziehen, und man
setze der unersättlichen Habsucht
derer Grenzen, die die Urtheile

Constantin.
Jahr 336.

aus=

Constantin. Jahr 316. ausliefern. Es kommt dem Oberrichter zu, auf alle diese Bedienten Achtung zu geben, daß sie nichts von den Partheyen fodern. Wenn sie fortfahren, sich selbst Gesetze nach ihrem Gefallen zu machen, so werde ich ihnen den Kopf abschlagen lassen. Wir erlauben allen, die etwas von diesen Beschwerlichkeiten erfahren, es so fort der Obrigkeit zu melden, und wenn diese nicht Anstalten dagegen vorkehrt, so gebieten wir allen und jeden ihre Klagen bey den Grafen der Provinzen, oder beym Präfectus Prätorio, wenn derselbe näher ist, anzubringen, damit diese Uns von dergleichen Raubereyen benachrichtigen, und Wir den Verbrechern die Strafe zutheilen, die sie verdienen. Durch ein anderes Edict, oder vielleicht durch ein Stück eben dieses Edicts, erlaubt der Kahser, ohne Zweifel um die Richter, die sich bestechen lassen, schüchtern zu machen, und sich die Mühe, sie zu bestrafen, zu ersparen, den Einwohnern der Provinzen rechtschaffene und treue obrigkeitliche Personen, wenn sie sich öffentlich sehen lassen, mit Freudengeschrey

schrey zu begrüßen, und sich mit lauter
Stimme über diejenigen zu beschweren, Constantin.
die boshaft und ungerecht handeln. Er Jahr 336.
verspricht, daß er sich von diesen
Stimmen des gemeinen Wesens durch
die Statthalter und den Präfectus
Prätorio Nachricht geben lassen, und
den Grund ihrer Verschiedenheit untersuchen wolle. Die mit großen
Titeln verbundene Privilegia wurden
in Ansehung derer aufgehoben, welche
diese Titel durch List oder durch Geld an
sich gebracht hatten, ohne daß sie die dazu erforderlichen Eigenschaften besaßen.
Er versicherte denen Privatpersonen den
Besitz der Güter, die sie vom Fiscus
kauften, und erklärte, daß sie und ihre
Nachkommen dieselben ungestöhrt besitzen sollten, ohne daß sie ihnen iemals
wieder aus den Händen gerißen werden
könnten. Ein Umstand, welcher be-
weißt, daß die geringsten Gegenstände
den Augen des Constantin nicht entgiengen, wenn der Menschlichkeit daran
gelegen war, ist, daß er durch ein ausdrückliches Gesetz befahl, daß man,
wenn alle Pachte der herrschaftlichen
Güter erneuert, und neue Eintheilungen gemacht würden, alle Sclaven eines
Gutes, die eine Familie zusammen aus-

Rr 4 mach-

machten, wieder unter einen Pachter zusammen bringen, und beysammen lassen sollte: Es ist, sagte er, eine Grausamkeit, die Kinder von ihren Vätern, die Brüder von ihren Schwestern, und die Männer von ihren Weibern zu trennen. Er machte auch verschiedene Verordnungen in Ansehung der Testamente; wegen des Schicksals der Kinder, wenn die Freyheit ihrer Mutter streitig gemacht würde; wegen der Handlungen vor Gericht, um den Ungerechtigkeiten und Chicanen vorzubeugen, und die Processe abzukürzen. Den Eigenthümern der Grundstücke, durch welche Wasserleitungen giengen, ward auferlegt, dieselben rein zu halten; sie wurden dagegen von allen außerordentlichen Auflagen frey gesprochen; wenn aber die Wasserleitung durch ihre Nachläßigkeit zu Grunde gieng, sollten ihre Grundstücke confiscirt werden. Die Menge Gebäude, die Constantin zu Constantinopel aufführte, und die Kirchen, die man auf seinen Befehl in allen Provinzen bauete, erfoderten eine gute Anzahl Arbeiter: er beschwert sich, daß er deren nicht genung finden könne, und giebt dem Präfectus Prätoria Felix in Ita-

Constantin. Jahr 336.

Italien Befehl, das Studium der Baukunst zu befördern, und besonders die jungen Africaner, vom achtzehnten Jahre an, wenn sie schon etwas in den schönen Wissenschaften gethan hätten, dazu anzuhalten. Um sie destomehr anzutreiben, verspricht er ihnen eine Befreyung von allen persönlichen Beschwerden, so wie auch ihren Vätern und Müttern; er befiehlt zugleich, daß man den Lehrern dieser Kunst einen ansehnlichen Gehalt aussetzen solle. Es ist merkwürdig, daß er hauptsächlich die Africaner dazu erwählte, als die er für geschickter hielt, in den Wissenschaften etwas vor sich zu bringen. Durch ein ander Gesetz, das an den Präfectus Prätorio in Gallien gerichtet ist, verspricht er eben die Befreyung denen verschiedenen Arbeitern, die zu Aufführung oder Auszierung der Gebäude gebraucht würden, damit sie sich in ihrer Kunst ungehindert üben, und auch ihre Kinder darinne unterrichten könnten.

Constantin. Jahr 336.

Der Kayser trat das vier und sechzigste Jahr seines Lebens an, und ungeachtet seiner beständigen Arbeiten, seiner großen und empfindlichen Kränkungen und seines sehr zärtlichen Temperaments, hatte er doch der Mäßigkeit und

Jahr 337. 60. Die Perser brechen den Frieden. Euf. l. 4. c. 53, 56, 57. Eutr. l. 10. Aur. Vict. Chron. Alex. p. 286.

Constantin.
Jahr 337.

und der Enthaltung von allen Arten der Ausschweifung eine stets dauerhafte Gesundheit zu danken. Er hatte sein gutes äußerliches Ansehen völlig behalten, und das herannahende Alter hatte ihm nichts von seiner natürlichen Leibesstärke benommen. Er war noch eben so lebhaft, und man sahe ihn, als Soldaten, noch mit eben der Leichtigkeit zu Pferde steigen, oder einen Marsch zu Fuße thun, oder den Wurfspieß schleudern. Er glaubte, daß er davon einen neuen Beweis gegen die Perser ablegen müsse. Sapor, der nur sieben und zwanzig Jahre alt war, und folglich vom Feuer der Jugend und von Herzhaftigkeit glühete, glaubte, daß es Zeit sey, die großen Vorbereitungen ins Werk zu richten, welche Persien seit vierzig Jahren gemacht hatte. Er ließ vom Constantin die fünf Provinzen zurück fodern, welche der überwundene Narses den Römern hatte abtreten müssen. Der Kayser ließ ihm sagen, daß er ihm in Person die Antwort bringen wolle. Zu gleicher Zeit machte er sich marschfertig, und sagte öffentlich, daß ihm zu seinem Ruhme weiter nichts fehle, als die Perser zu besiegen. Er zog seine Truppen zusammen, und machte

machte solche Anstalten, daß auch mitten unter dem Tumulte des Krieges seine Uebungen in der Religion nicht unterbrochen wurden. Die Bischöfe, die sich an seinem Hofe befanden, erboten sich alle, ihn zu begleiten, und mit ihrem Gebete für ihn zu streiten. Er nahm diese Hülfleistung an, auf die er, in der That, mehr rechnete, als auf die Waffen, und unterrichtete sie von dem Wege, den er gehen würde. Er ließ ein prächtiges Zetzelt verfertigen, wo er mit den Bischöfen dem höchsten Geber der Siege seine Opfer darbringen wollte, und begab sich, an der Spitze seiner Armee, nach Nicomedien. Sapor war schon über den Tigrus gekommen, und verheerte Mesopotamien, als er den Anmarsch des Constantin erfuhr; es sey nun, daß ihn diese Eilfertigkeit furchtsam machte, oder daß er den Constantin durch einen Tractat nur bey der Nase führen wollte: genug, er schickte Gesandte an ihn, und ließ mit einer heuchlerischen Demuth um Friede bitten. Es ist ungewiß, ob ihm dieser Friede zugestanden ward; so viel aber wissen wir, daß sich die Perser aus den Gränzen des Reichs zurück zogen, und nicht eher wieder kamen, als im

fol=

folgenden Jahre, unter der Regierung des Constantius.

Constantin.
Jahr 337.
61.
Krankheit des Constantin.
Euf. vit. l. 4. c. 22. 55. Soc. l. 1. c. 39. Theod. l. 1. c. 32. Soz. l. 2. c. 32. Valef. not. ad Euf. vit. l. 4. c. 61. Concil. Neocæf. Can. 12.

Das Osterfest, das in diesem Jahre auf den dritten April fiel, fand den Constantin zu Nicomedien. Er brachte da die Nacht vor dem Feste im Gebet mitten unter der Versammlung der Gläubigen zu. Er hatte diese heiligen Tage stets durch eine sehr solenne Andacht gefeyert; es war seine Gewohnheit die Nacht vor Ostern Wachsfackeln und Lampen in der Stadt anzünden zu lassen, in welcher er sich befand; die Nacht ward dadurch so glänzend gemacht als der hellste Tag, und so bald der Morgen anbrach, ließ er in seinem Namen reichliche Almosen im ganzen Reiche austheilen. Wenige Tage vor seiner Krankheit hielt er in seinem Palaste noch eine lange Rede von der Unsterblichkeit der Seele, und dem Zustande der Frommen und Gottlosen in jenem Leben. Nach Endigung dieser Rede rief er einen von seinen Hofleuten, den er für einen Ungläubigen hielt, und fragte ihn, was er von dieser Rede meynte. Es ist fast nicht nöthig erst zu sagen, wie es auch Constantin gar wohl hätte voraus sehen können, daß es dieser Hofmann an Lobeserhebungen nicht mangeln ließ, er mochte davon ben-
ken

ken was er wollte. Die Kirche der heil.
Apostel, die er zu seiner Grabstädte bestimmt hatte, war nur erst fertig geworden, und Constantin gab Befehl zur Einweihung derselben, ohne daß man auf seine Zurückkunft nach Constantinopel warten solle, gleich als ob er seinen nahen Tod voraus gesehen habe. Er fühlte in der That so gleich nach dem Feste eine kleine Unpäßlichkeit; als er nun immer kränker ward, ließ er sich in die warmen Bäder nach Helenopolis bringen; er fand aber keine Erleichterung davon. Als er in diese Stadt gekommen war, die ihm das Andenken seiner Mutter werth machte, blieb er lange Zeit im Gebet in der Kirche des heil. Lucianus. Da er nuh sein Ende immer näher verspürte, glaubte er, daß es Zeit sey zu einem heilsamern Bade seine Zuflucht zu nehmen, und durch die heilige Taufe alle Flecken des vergangenen Lebens abwaschen zu lassen. Die Gewohnheit, die Taufe bis auf die Annäherung des Todes zu verschieben, war damals sehr gemein. Die Kirchenversammlungen und die heil. Väter der Kirche haben sich oft wider diesen gefährlichen Mißbrauch gesetzt. Der Kayser, der sich der Gefahr, ohne die Gnade der Taufe aus der Welt

Constantin. Jahr 337.

zu gehen, ausgesetzt hatte, bereuete diese Nachläßigkeit bußfertig, bat Gott auf den Knien um Vergebung, bekannte seine Vergehungen, und ließ sich durch Auflegen der Hände lossprechen.

61. Nachdem er sich nahe bey Nicomedien in das Schloß Achyron, welches den Kaysern gehörte, hatte bringen lassen, rief er die Bischöffe zusammen, und hielt folgende Rede an sie: „Endlich ist der „glückliche Tag da, nach welchem ich „mich so herzlich gesehnt habe. Ich „will mir das Siegel der Unsterblichkeit „aufdrücken lassen. Ich hatte mir vor„gesetzt, meine Sünden in den Wassern „des Jordans abwaschen zu lassen, welche „der Heiland so heilsam gemacht hat, „indem er sie würdigte, sich selbst darinne „taufen zu lassen. Gott aber, der bes„ser weiß als wir, was uns gut ist, hält „mich hier zurück; er will mir diese „Gnade hier wiederfahren lassen. Ich „will demnach nicht mehr säumen. „Wenn der höchste Gebieter über Leben „und Tod es für gut befindet mich leben „zu lassen, wenn er mir noch gestattet, „mich mit den Gläubigen zu vereinigen, „um an den Gebeten derselben in ihren „heiligen Versammlungen Theil zu neh„men, so bin ich entschlossen, mir solche
„Lebens-

Constantin Jahr 337.

Seine Tauffe. Euf. l. 4. c. 61. sequ. Soc. l. 1. c. 39. Theod. l. 1. c. 32. Soz. l. 2. c. 32. Hieron. Chr. Chron. Alex.

"Lebensregeln vorzuschreiben, die einem
"Kinde Gottes anständig sind." Als
er diese Worte geredet hatte, gaben ihm
die Bischöffe die Taufe nach den Gewohnheiten der Kirche, und ließen ihn an
den heiligen Geheimnissen Theil nehmen.
Der Kayser empfieng dieses heilige Sacrament mit Freude und Erkenntlichkeit;
er fand sich gleichsam neu gebohren, und
von einem göttlichem Lichte erleuchtet.
Man legte ihm weiße Kleider an; sein
Bette ward mit eben dergleichen Decken
belegt, und von dem Augenblicke an wollte
er den Purpur nicht mehr an seinen Leib
kommen lassen. Er dankte Gott mit
lauter Stimme vor die von ihm empfangene Gnade, und setzte hinzu: Nun bin
ich wahrhaft glücklich, wahrhaft
würdig eines unsterblichen Lebens. Welch ein Glanz strahlt in
meine Augen! O, wie beklage ich
diejenigen, die dieser Güter beraubet sind! Als die vornehmsten Officiere
von der Armee mit Thränen zu seinem
Bette kamen, und ihm zeigten, wie betrübt sie wären, daß er sie als Wansen
zurück lassen wollte, und daß sie um ein
längeres Leben für ihn zum Himmel beteten, sagte er zu ihnen: Meine Freunde, nur das Leben, zu welchem ich

Constantio.
Jahr 337.

jetzt

ietzt übergehe, ist ein wahrhaftes Leben. Ich kenne den Werth der Güter, die ich bisher besessen habe, und derer, die dort auf mich warten. Ich eile, um zu Gott zu kommen.

Constantin. Jahr 337.

So erzählt Eusebius, der unter den Augen der Söhne des Constantin und des ganzen Reichs schrieb, zwey oder drey Jahre nach der Begebenheit selbst, die Taufe dieses Prinzen, und es ist wider dieses sein Zeugniß nichts einzuwenden. Es wird durch die Zeugnisse des heil. Ambrosius, des heil. Prosper, des Socrates, Theodorets, Sozomenes, Evagrius, Gelasius von Cyzicus, des heil. Isidorus und der alexandrinischen Chronic bestätigt. Allen diesen Zeugnissen wird durch nichts widersprochen, als durch die falschen Acta des Sylvesters, und durch einige andere Schriften, die ebenfalls keinen höhern Werth haben. Der Aussatz des Constantin, und die darauf gegründeten Fabeln, die Taufe, die er zu Rom, vor der nicänischen Kirchenversammlung, vom Pabst Sylvester bekommen haben soll, imgleichen seine wunderbare Heilung, finden nur bey denen Beyfall, welche die Schenkung des Constantin hart-

85. Wahrheit dieser Geschichte. Athan. de Syn. Ambr. Orat. in fun. Theod Hier. Chron. Soc. l. 1. c. 26. Theod. l. 1. c. 32. Soz. l. 2 c. 38. Till. not. 65. sur Constant. Cyrill. Alex. l. 7. contra Julian.

hartnäckig behaupten, zu deren Bestätigung der ganze Roman erfunden ist. Er war es noch nicht, als einige Jahre nach dem Tode dieses Prinzen, Julianus auf einer Seite der Christen spottete, indem er ihnen vorwarf, daß ihre Taufe nicht vom Aussatz reinige, und auf der andern, der heil. Cyrillus, der ihm antwortete, bey einer so guten Gelegenheit nicht ein einziges Wort weder von dem Aussatze noch von der Heilung des Constantin sagte.

Dieser große Prinz, für den Himmel wiedergebohren, dachte nicht weiter an die Dinge der Erde, als in so fern es zum Glück seiner Kinder und seiner Unterthanen nöthig war. Er vermachte der Stadt Rom und Constantinopel ansehnliche Summen, davon in seinem Namen alle Jahre Almosen ausgetheilt werden sollten. Er machte ein Testament, in welchem er die Theilung zwischen seinen Kindern und Neffen bestätigte, und gab es dem heuchlerischen Priester in die Hände, welcher die Zurückberufung des Arius bey ihm ausgewirckt hatte; es hatte ihm derselbe durch einen Eid versprechen müssen, daß er es niemanden, als seinem Sohne Con-

Constantin. Jahr 337.

64.
Tod des Constantin.
Lib. Basilic.
Athan. Apol.
2. Theod. l. 1.
c. 22. et l. 2.
c. 2. Soz. l. 3.
c. 2. Acta
Mart. p. 667.
Philost. l. 2.
c. 17. Cedren.
p. 397. Zon.
t. 4. p. 10.
Till. art. 78.
Rufin. l. 1.
c. 11.

I. Theil.　　Ss　　　stan-

stantius aushändigen wolle. Er wollte auch einen Eid von den Soldaten haben, daß sie nichts wider die Kirche und seine Söhne unternehmen wollten. Des Eusebius von Nicomedien ungeachtet, der ihm vermuthlich in diesen letzten Augenblicken nicht von der Seite gieng, machte ihm doch die Verbannung des Athanasius Unruhe im Gewissen, so daß er denselben nach Alexandrien zurück zu berufen befahl. Dieser fromme Prälat, der nichts rachgieriges in seinem Gemüthe hegte, und gegen das Andenken des Prinzen voll Ehrerbietung war, ob er gleich Ursache hatte sich über ihn zu beschweren, suchte ihn auch in der künftigen Zeit zu entschuldigen, und glaubte, daß Constantin nicht eigentlich ihn verwiesen habe, sondern daß er ihn seinem ältesten Sohne, der ihn liebte, nur gleichsam zur Verwahrung übergeben habe, um ihn aus den Händen seiner Feinde zu retten. Einige Schriftsteller haben behaupten wollen, daß Constantin von seinen Brüdern durch Gift aus dem Wege geschafft worden sey, und daß er, da er es erfahren, seinen Kindern befohlen habe, seinen Tod zu rächen.

Es

Es ist dieses aber eine von den Arianern erdichtete Lüge, wodurch sie ihren grossen Beschützer Constantino, welcher seines Vaters Brüder umbringen ließ, zu rechtfertigen suchen. Constantin starb den zwey und zwanzigsten May, am Pfingstfeste, gegen Mittag, unter dem Consulate des Felicianus und Titianus, nachdem er dreyßig Jahr, neun Monate und sieben und zwanzig Tage regiert; drey und sechzig Jahre aber, zween Monate und fünf und zwanzig Tage gelebt hatte.

Constantin. Jahr 337.

Seine Leibwache gab so gleich, als er den Geist aufgegeben hatte, Beweise der lebhaftesten Betrübniß von sich; sie zerriß die Kleider, warf sich in den Staub, und schlug an die Brust; sie rief dabey beständig, mit dem wehmüthigsten und kläglichsten Geschrey, ihrem Herrn, ihrem Kayser und ihrem Vater. Es schien als ob die Tribune, die Centurione und die Soldaten alle mit einander, die so oft Zeugen seiner Tapferkeit im Kriege gewesen waren, ihm ins Grab folgen wollten. Dieser Verlust war ihnen empfindlicher, als die härteste Niederlage. Die Einwohner zu Nicomedien liefen in voller Verwir-

61. Trauer wegen seines Todes. Euſ.l.4. c.65.

rung auf den Gassen herum. Jede Familie sahe es als einen eigenthümlichen Verlust an; ein ieder beweinte seinen Prinzen, und in ihm sein eigenes Unglück.

Sein Körper ward in einem goldenen Sarge, mit Purpur ausgeschlagen, nach Constantinopel gebracht. Die Soldaten marschirten in einem tiefen Stillschweigen vor und hinter dem Sarge. Man setzte ihn, in Purpur gekleidet und mit dem kaiserlichen Hauptschmucke geziert, in das prächtigste Zimmer des Pallasts, auf ein erhabenes Gestelle, und auf allen Seiten eine große Menge brennender Fackeln, auf goldenen Leuchtern. Seine Leibwache blieb Tag und Nacht dabey stehen. Die Generale, die Grafen und andere vornehme Staatsbedienten kamen alle Tage, als ob er noch am Leben wäre, ihm zur gesetzten Stunde die Aufwartung zu machen, und beugten, wie sie gewohnt waren, die Knie vor ihm. Hinter ihnen kamen die Rathsherren und andere obrigkeitliche Personen, und endlich eine große Menge Volks von allerley Alter und Geschlecht. Seine Hausbedienten kamen und traten zu ihm hin, als ob sie ihn

---
Constantius Jahr 337.

66. Sein Leichenbegängniß. Eus. l. 4. c. 66. 67.

ihn noch bedienen mußten. Diese traurigen Ceremonien dauerten bis zur Ankunft des Constantius.

Constantin. Jahr 317.

Die Tribune lasen unter den Soldaten diejenigen aus, die der Kayser im Leben am meisten geliebt hatte, und schickten sie an die drey Cäsare, mit der Nachricht von diesem traurigen Todesfalle. Die Legionen, die in den verschiedenen Provinzen des Reichs zerstreuet waren, hatten den Tod ihres Prinzen kaum erfahren, als sie, von seinem Geiste gleichsam noch einmal belebt, einmüthig beschlossen, keinen andern, als seine Kinder, für ihren Herrn zu erkennen. Sie riefen sie kurz darauf alle mit einander zu Augusten aus, und theilten einander durch reitende Boten alles mit, was auf einer Seite beschlossen oder gethan ward.

67. *Treue der Legionen. Euf. vit. l. 4. c. 68.*

Unterdessen kam Constantius, der nicht so weit entfernt war, als die beyden andern Cäsare, zu Constantinopel an. Er ließ den Leichnam seines Vaters in die Kirche der heil. Apostel bringen. Er gieng selbst in Person vor dem Zuge her, und die Armee marschirte in guter Ordnung hinter ihm drein. Die Leibwache gieng neben dem Sarge und

68. *Beerdigung des Constantin. Euf. vit. l. 4. c. 70. 71. Soz. l. 2. c. 32. Sulp. Sev. l. 2. Joan. Chryf. in 2. ad Co- rinth. nom. 26. Cedren. p. 296. Hist. Misc. l. 11.*

und hinter demselben eine unzählbare Menge Volks. Als man in der Kirche ankam, begab sich Constantius, der noch ein Catechumenos war, nebst seinen Soldaten hinweg, und man las eine Messe. Der Leichnam ward in ein Grabmal von Porphyr gesetzt, welches nicht in der Kirche selbst, sondern in der Vorhalle derselben war. Chrysostomus sagt, daß Constantius geglaubt habe, seinem Vater eine vorzügliche Ehre zu erweisen, da er ihn im Eingange der Kirche der Apostel beysetzen ließ. Zwanzig Jahre darnach, als man diese Kirche, die seitdem ziemlich verfallen war, neu aufbauen mußte, ward der Körper des Constantin in die Kirche des heil. Acacius gebracht; man schaffte ihn aber nach diesem wieder an den erst bestimmten Ort. Aegidius, ein gelehrter Reisebeschreiber des sechzehnten Jahrhunderts, sagt, daß man ihm zu Constantinopel, nahe an dem Orte, wo diese Kirche gestanden hatte, ein leeres und offenes Grabmal von Porphyr gezeigt habe, das zehn Fuß in der Länge und fünf und einen halben in der Höhe hatte, und das die Türken für das Grahmal des Constantin ausgaben.

Constantin. Jahr 337. Gyll.Topog. Constantinop. l. 4. c. 2.

Das

Das ganze Reich beweinte diesen Prinzen. Seine Eroberungen, seine Gesetze, seine prächtigen Gebäude, womit er alle Provinzen verschönert hatte, Constantinopel selbst, welches ganz ein prächtiges Denkmal seines Ruhms war, hatten ihm eine allgemeine Bewunderung zugezogen; seine Freygebigkeit aber, und die Liebe gegen seine Unterthanen hatten ihm die Herzen derselben gewonnen. Er liebte die Stadt Rheims; und vermuthlich hat man es mehr ihm selbst als seinem Sohne zuzuschreiben, daß daselbst auf seine Kosten öffentliche Bäder waren angelegt worden. Der prächtige Lobspruch, welchen die Aufschrift dieser warmen Bäder enthält, schickt sich auf niemanden, als auf den Vater. Er hatte Tripolis in Africa und Nicäa in Bithynien von gewissen beschwerlichen Auflagen befreyet, die diesen Städten, seit mehr als einem Jahrhunderte, von den vorigen Kaysern aufgebürdet waren. Er hatte den Titel eines Strategius oder Prätors zu Athen angenommen; eine Würde, die seit den Zeiten des Gallienus mehr bedeutete, als die Würde eines Archonten. Er ließ alle Jahre daselbst ein Ansehnliches an Getreyde aus-

Constantin. Jahr 317. 69. Trauer zu Rom. Euf. vit. l. 4. c. 69, 73. Aur. Vid. Iul. or. l. Eunap. in Prox. Gru. Inscr. clxxviii.

Constantin.
Jahr 337.

——theilen, und diese Freygebigkeit ward zu einem immerwährenden Gesetze gemacht. Rom that sich mit seiner Trauer vor allen andern Städten hervor. Es bedauerte diese Stadt, daß sie diesem guten Prinzen zu großem Mißvergnügen Anlaß gegeben, und ihn genöthigt hatte, Bnjanz vorzuziehen. Man versperrete die Bäder und die Marktplätze; man verbot die Schauspiele und alle öffentlichen Lustbarkeiten; man sprach von nichts, als von dem erlittenen Verluste. Das Volk erklärte sich öffentlich, daß es keine andern Kayser haben wolle, als die Söhne des Constantin. Es verlangte den Körper des verstorbenen Kaysers bey sich zu haben, und die Betrübniß ward um ein merkliches vermehrt, als man erfuhr, daß dieser zu Constantinopel bleiben würde. Man erwieß seinen Bildnissen Ehrerbietung, auf welchen er im Himmel sitzend vorgestellt ward. Die Abgötterey, die stets lächerlich ist, setzte ihn unter eben die Götter, die er zu Boden geworfen hatte, und auf verschiedenen Münzen wird ihm, neben dem verzogenen Namen Christi, der Titel eines Gottes gegeben. Man findet in Münzcabinettern auch andere,

wie

wie sie Eusebius beschreibt: man siehet auf denselben den Constantin auf
einem mit vier Pferden bespannten Wagen sitzen, und eine Hand aus den
Wolken scheint ihn in den Himmel zu
heben.

Constantin.
Jahr 337.

Die Kirche hat ihm eine bessere Ehre
erwiesen. Während daß die Heiden einen Gott aus ihm machten, machte ihn
die Kirche zu einem Heiligen. Man
feyerte im Oriente sein Fest mit dem der
Helena zugleich, und seine Legende,
die sehr alt ist, schreibt ihm Wunderwerke und wunderthätige Heilungen zu.
Man bauete zu Constantinopel ein Kloster unter dem Namen des heil. Constantin auf; man erwieß seinem Grabe, und seinem auf der porphyrnen
Säule stehenden Bildnisse sonderbare
Ehrerbietung. Die Väter der chalcedonischen Kirchenversammlung glaubten
den Marcianus, einen sehr frommen
Prinzen, nicht mehr ehren zu können,
als wenn sie ihn mit dem Namen des
neuen Constantin belegten. Im neunten Jahrhunderte ward sein Name,
nebst dem Namen Theodosius des ersten und anderer ihnen ähnlicher Prinzen, zu Rom noch in der Litaney gefun-

70.
Ehrerbie-
tung der Kir-
che gegen
sein Anden-
ken.
Bolland. 21.
Maii. Till.
art. 78.
Theod. L. 1.
c. 34. Baron.
an. 334.

Ss 5 gen,

gen. In Engeland gab es verschiedene
seinem Namen geweihete Kirchen und
Altäre. In Calabrien ist ein Schloß
St. Constantin, vier Meilen vom
Berge St. Leon. Zu Prag in Böh-
men hat man sein Andenken lange in
Ehren gehalten, und so gar verschiedene
Reliquien von ihm aufgehoben. Sein
Ruf eines Heiligen hat sich sogar in
Moscau ausgebreitet, und die neuern
Griechen sagen insgemein von ihm, daß
er den Aposteln gleich sey.

Constantin.
Jahr 337.

71.
Character
des Con-
stantins.
Aur. Vict.
Eutrop. l. 10.

Die Fehler des Constantin machen,
daß wir ein so übertriebenes Lob nicht
unterschreiben können. Die grausamen Schauspiele so vieler von wilden
Thieren zerrissener Gefangener, der Tod
seines unschuldigen Sohnes, seiner Gemahlinn, der wenigstens, weil man zu
sehr damit eilte, den Schein der Ungerechtigkeit hat, alle diese Umstände zeigen, daß das Blut der Barbarn noch
in seinen Adern wallete, und daß, wenn
er bey ruhigem Gemüthe gnädig und
mitleidig war, er in der Hitze hart und
unbarmherzig ward. Vielleicht hatte
er gerechte Ursachen, den beyden Licinius das Leben zu nehmen: aber die
Nachwelt hat allewigl das Recht, Prinze

zu

zu verurtheilen, die sich nicht die Mühe genommen haben, sich vor ihrem Richterstuhle zu verantworten. Er liebte die Kirche, und sie hat ihm ihre Freyheit und ihren Glanz zu danken: da er aber gar leicht zu verführen war, so that er ihr öfters Schaden, wenn er ihr einen Dienst zu erweisen glaubte. Er trauete seinen eigenen Einsichten zu viel zu, und verließ sich allzu leichtgläubig auf die verstellte Ehrlichkeit der Betrüger, die um ihn herum waren. Dem zu folge ließ er öfters Prälaten verfolgen, die es vielleicht mehr verdienten, als er, den Aposteln gleich gesetzt zu werden. Die Verbannung und die Absetzung der Vertheidiger des nicänischen Glaubensbekenntnisses halten wenigstens dem Ruhme, dieses Concilium zusammen berufen zu haben, die Wage. Ob er gleich selbst der Verstellung nicht fähig war, so ward er doch beständig von den Ketzern und Hofschmeichlern hintergangen. Er liebte, so wie Titus Antoninus und Marcus Aurelius, seine Unterthanen, und wollte von ihnen wieder geliebt seyn: aber eben der Grund der Gütigkeit, aus welchem er sie liebte, machte sie unglücklich;

Constantin. Jah: 337.

lich; denn selbst die, die sie ausplünderten, kamen ungestraft bey ihm durch. Er war geschwind und hitzig, Mißbräuche zu verbieten: aber langsam und nachläßig sie zu bestrafen. Den Ruhm suchte er ein wenig zu begierig, und vielleicht bisweilen in allzu kleinen Dingen. Man wirft ihm vor, daß er zur Spötterey mehr geneigt gewesen, als es einem großen Prinzen anstehet. Uebrigens war er keusch, fromm, arbeitsam und unermüdet, ein großer Feldherr, glücklich im Kriege, und verdiente dieses Glück durch eine ruhmwürdige Tapferkeit und durch die großen Einsichten seines Verstandes. Er beschützte die Künste, und munterte sie durch seine Wohlthaten auf. Man wird finden, wenn man ihn mit dem Augustus vergleicht, daß er die Abgötterey mit eben so großer Vorsicht und Geschicklichkeit zu Boden warf, als der andere angewandt hatte, die Freyheit zu zerstöhren. Er gründete, so wie Augustus, ein neues Reich: aber weniger geschickt, weniger staatsklug, wußte er ihm nicht eben die Festigkeit zu geben. Er schwächte den Staatskörper, indem er gewissermaßen, durch die

Er

Erbauung der Stadt Constantinopel, noch einen Kopf darauf setzte; und indem er den Mittelpunct der Bewegung und der Stärke zu weit an die morgenländischen Gränzen hinaus setzte, benahm er den Theilen gegen Abend das Feuer und fast das Leben, so daß sie bald ein Raub der Barbaren wurden.

Constantin. Jahr 337.

Die Heiden sind zu sehr seine Feinde, als daß sie ihm Gerechtigkeit sollten wiederfahren lassen. Eutropius sagt, daß er in den ersten Jahren seiner Regierung mit den besten Prinzen, in den letzten aber nur mit den mittelmäßigen zu vergleichen sey. Der jüngere Victor, der ihn über ein und dreyßig Jahre regieren läßt, beschreibt ihn in den zehn ersten Jahren als einen Helden, in den zwölf folgenden, als einen Räuber, und in den zehn letztern, als einen Verschwender. Man kann leicht einsehen, daß von den beyden Beschuldigungen Victors die eine auf die Schätze ziele, die Constantin der Abgötterey raubte, und der andere, auf die, die er der Kirche gab.

72. *Uebelgegründete Vorwürfe von Seiten der Heiden. Eutr. l. 10. Vict. Epit.*

Außer seinen drey Söhnen hinterließ er noch zwo Töchter: Constantina, die anfänglich an den Hannibalianus, König

73. *Seine Töchter. Fam. Byz. p. 47. Till. not. 18.*

Constantin
Jahr 337.

König in Pontus, hernach aber an den Gallus vermählet ward; und Helena, welche den Julianus zum Gemahl hatte. Einige Schriftsteller fügen noch eine dritte hinzu, die sie Constantia nennen; sie sagen, daß sie in Rom die Kirche und das Kloster der heil. Agnes erbauet, und darinne das Gelübde der Keuschheit gethan habe: dieses Vorgeben aber beruhet auf schwachen Gründen.

Ende des ersten Theils.

gen. In Engeland gab es verschiedene seinem Namen geweihete Kirchen und Altäre. In Calabrien ist ein Schloß St. Constantin, vier Meilen vom Berge St. Leon. Zu Prag in Böhmen hat man sein Andenken lange in Ehren gehalten, und so gar verschiedene Reliquien von ihm aufgehoben. Sein Ruf eines Heiligen hat sich sogar in Moscau ausgebreitet, und die neuern Griechen sagen insgemein von ihm, daß er den Aposteln gleich sey.

Constantin. Jahr 337.

71. Character des Constantins. Aur. Vict. Eutrop. l. 10.

Die Fehler des Constantin machen, daß wir ein so übertriebenes Lob nicht unterschreiben können. Die grausamen Schauspiele so vieler von wilden Thieren zerrissener Gefangener, der Tod seines unschuldigen Sohnes, seiner Gemahlinn, der wenigstens, weil man zu sehr damit eilte, den Schein der Ungerechtigkeit hat, alle diese Umstände zeigen, daß das Blut der Barbarn noch in seinen Adern wallete, und daß, wenn er bey ruhigem Gemüthe gnädig und mitleidig war, er in der Hitze hart und unbarmherzig ward. Vielleicht hatte er gerechte Ursachen, den beyden Licinius das Leben zu nehmen: aber die Nachwelt hat allemal das Recht, Prinze zu verurtheilen, die sich nicht die Mühe genommen haben, sich vor ihrem Richterstuhle zu verantworten. Er liebte die Kirche, und sie hat ihm ihre Freyheit und ihren Glanz zu danken: da er aber gar leicht zu verführen war, so that er ihr öfters Schaden, wenn er ihr einen Dienst zu erweisen glaubte. Er trauete seinen eigenen Einsichten zu viel zu, und verließ sich allzu leichtgläubig auf die verstellte Ehrlichkeit der Betrüger, die um ihn herum waren. Dem zu folge ließ er öfters Prälaten verfolgen, die es vielleicht mehr verdienten, als er, den Aposteln gleich gesetzt zu werden. Die Verbannung und die Absetzung der Vertheidiger des nicänischen Glaubensbekenntnisses halten wenigstens dem Ruhme, dieses Concilium zusammen berufen zu haben, die Wage. Ob er gleich selbst der Verstellung nicht fähig war, so ward er doch beständig von den Ketzern und Hofschmeichlern hintergangen. Er liebte, so wie Titus Antoninus und Marcus Aurelius, seine Unterthanen, und wollte von ihnen wieder geliebt seyn: aber eben der Grund der Gütigkeit, aus welchem er sie liebte, machte sie unglücklich;

Erbauung der Stadt Constantinopel, noch einen Kopf darauf setzte; und indem er den Mittelpunct der Bewegung und der Stärke zu weit an die morgenländischen Gränzen hinaus setzte, benahm er den Theilen gegen Abend das Feuer und fast das Leben, so daß sie bald ein Raub der Barbaren wurden.

Constantin. Jahr 337.

Die Heiden sind zu sehr seine Feinde, als daß sie ihm Gerechtigkeit sollten wiederfahren lassen. Eutropius sagt, daß er in den ersten Jahren seiner Regierung mit den besten Prinzen, in den letzten aber nur mit den mittelmäßigen zu vergleichen sey. Der jüngere Victor, der ihn über ein und dreyßig Jahre regieren läßt, beschreibt ihn in den zehn ersten Jahren als einen Helden, in den zwölf folgenden, als einen Räuber, und in den zehn letztern, als einen Verschwender. Man kann leicht einsehen, daß von den beyden Beschuldigungen Victors die eine auf die Schätze ziele, die Constantin der Abgötterey raubte, und der andere, auf die, die er der Kirche gab.

72. *Uebelgegründete Vorwürfe von Seiten der Heiden.* Eutr. l. 10. Vict. Epit.

Außer seinen drey Söhnen hinterließ er noch zwo Töchter: Constantina, die anfänglich an den Hannibalianus, König

73. *Seine Töchter.* Fam. Byz. p. 47. Till. not. 18.

Constantin Jahr 337.

König in Pontus, hernach aber an den Gallus vermählet ward; und Helena, welche den Julianus zum Gemahl hatte. Einige Schriftsteller fügen noch eine dritte hinzu, die sie Constantia nennen; sie sagen, daß sie in Rom die Kirche und das Kloster der heil. Agnes erbauet, und darinne das Gelübde der Keuschheit gethan habe: dieses Vorgeben aber beruhet auf schwachen Gründen.

Ende des ersten Theils.

www.ingramcontent.com/pod-product-compliance
Lightning Source LLC
Chambersburg PA
CBHW021219300426
44111CB00007B/360